中公文庫

キム・フィルビー

かくも親密な裏切り

ベン・マッキンタイアー
小 林 朋 則 訳

JN009502

中央公論新社

キム・フィルビー　かくも親密な裏切り――――目次

MARY EVANS PICTURE LIBRARY / EPIC

ハロルド・エイドリアン・ラッセル・「キム」・フィルビー、18歳。
ケンブリッジ大学在学時から、ひそかに共産主義を信奉していた。

COLLECTION OF KENNETH W. AND WINSTON E. H. JACOB. ALL RIGHTS RESERVED.

8歳ころのフィルビー。

THE FAY AND GEOFFREY ELLIOT COLLECTION / LEEDS UNIVERSITY LIBRARY

青年時代のフィルビー。「彼は、崇拝者を勝ち取る類の人間だった」。

MIDDLE EAST CENTRE ARCHIVE, ST ANTONY'S COLLEGE, OXFORD / PHILBY COLLECTION

シンジャン・フィルビー。著名なアラブ学者・探検家・作家で、トラブルメーカーであり、厳しい父親でもあった。

COURTESY OF MARK ELLIOTT

バジル・フィッシャー（左）とニコラス・エリオット。二人の深い友情は、フィッシャーがバトル・オヴ・ブリテンで撃墜されるという悲劇で終わった。

TOPFOTO

COURTESY OF MARK ELLIOTT

イートン校時代のエリオット。支配階級に生まれ、矢継ぎ早に放つジョークで内気な性格を隠していた。

ニコラスの父クロード・エリオット。著名な登山家で、イートン校の校長でもあった。写真は、視察のため来校した若き日の女王エリザベス２世を案内しているところ。

〈ケンブリッジ・スパイ網の面々〉

ドナルド・マクレイン（右）。才能あふれる言語学者で、後に外務省に入省。

WWW.LOFTYIMAGES.CO.UK

PRIVATE COLLECTION

アントニー・ブラント（下、写真の左端）とケンブリッジ大の友人たち。優れた美術史家にして、ソ連側のスパイ。

GETTY IMAGES

ガイ・バージェス（上）。ウィットに富み、派手で、非常に頭はよかったが、トラブルの塊だった。

TRINITY COLLEGE LIBRARY, CAMBRIDGE

ケンブリッジ大学トリニティー・カレッジのグレート・コート。似つかわしくないが、ここが共産主義革命の「るつぼ」だった。

PRIVATE COLLECTION

フィルビーの初恋の女性で最初の妻となったアリス・「リッツィ」・コールマン。ウィーンの共産主義地下運動の活動家だった。

HARRY BAUER, VIENNA

イーディス・チューダー＝ハート。イギリス人と結婚したオーストリア出身の写真家で、フィルビーとソ連の情報機関との会合を手配した。

GETTY IMAGES

ウィーンでは1933年に極右政権が左派への武力弾圧を開始し、翌年には内戦が起こった。

COURTESY OF MARK ELLIOT

ＭＩ６に入ったばかりのニコラス・エリオット。ＭＩ６では「ある種の和気藹々とした仲間意識が、まるでクラブのような感じで広がって」いた。

戦時中のロンドンに来た駆け出しの情報将校、ジェームズ・ジーザス・アングルトン。アイダホ州出身のアメリカ人だが、「イギリス人よりもイギリス人」らしく、そのため閉鎖的なイギリス情報機関に受け入れられた。

PRIVATE COLLECTION

昼食会に来たタイムズ紙の戦時特派員フィルビー（左から2人目）と、イギリス海外派遣軍司令官ゴート卿（フィルビーの左隣）。1939年、フランスにて。

© IWM (O 454)

PRIVATE COLLECTION

アルノルト・ドイッチュ。別名「オットー」。フィルビーをスカウトしたカリスマ性のあるスパイ監督官。

PRIVATE COLLECTION

テオドール・マリ。フィルビーのNKVD監督官。後にスターリンによる粛清で殺害される。

PRIVATE COLLECTION

ユーリ・モジン。ケンブリッジ・スパイ網を担当した頭脳明晰で独創的な監督官。

PRIVATE COLLECTION

クロップ・ユスティノフ。ロシア系のドイツ人ジャーナリストで、イギリスの秘密工作員だった。息子は俳優のピーター・ユスティノフ。

RICHARD POHLE / THE TIMES / THE NATIONAL ARCHIVES

アレグザンダー・フット。ソヴィエト側スパイ網「赤いオーケストラ」の無線通信員を務めたイギリス人。

CORBIS

イーゴリ・グーゼンコ。1945年の亡命後、顔を隠して記者会見を待っているところ。

PRIVATE COLLECTION

ディック・ホワイト。元学校教師で、1951年にＭＩ５の対情報活動の責任者になった。

PRIVATE COLLECTION

フィーリックス・カウギル。セント・オールバンズに拠点を置いたＭＩ６の対情報部隊セクションＶの責任者。

WWW.LOFTYIMAGES.CO.UK

ヴィクター・ロスチャイルド。ＭＩ５の破壊工作対策の責任者で、キム・フィルビーの友人だった。

E. O. HOPPÉ / CORBIS

Ｃことサー・スチュアート・ミンギス。戦時中にＭＩ６長官を務めた。

BEFFMANN / CORBIS

ガイ・リデル。ＭＩ５の対情報活動の責任者であり、詳細な日記を残した。

CROWN COPYRIGHT

ヴァレンタイン・ヴィヴィアン。通称ヴィー＝ヴィー。「彼の家族を知っている」と言ってフィルビーの保証人になったＭＩ６副長官。

COURTESY OF JOHN SMEDLEY LTD ARCHIVE

ヘスター・ハリエット・マーズデン＝スメドリー。サンデー・エクスプレス紙の戦時特派員で、フィルビーをＭＩ６へ導いた。

TIMES LIFE PICTURES / GETTY IMAGES

セイラ・アルジェリア・マージョリー・マクシ。保守党の組織責任者で、ＭＩ６の採用係でもあった。フィルビーは、彼女を「大いに好感が持てる」と思った。

COURTESY OF MARK ELLIOTT

エリザベス・ホルバートン。ニコラス・エリオットのＭＩ６での秘書で、やがて彼の親友となり、妻になった。

COURTESY OF MARK ELLIOTT

結婚式当日のエリオット夫妻。1943年4月10日、イスタンブールのパーク・ホテル前にて。

PRIVATE COLLECTION

エーリヒとエリーザベトのフェアメーレン夫妻。夫妻の亡命は、エリオットが仕組んだもので、これによりドイツの情報機関は危機的状況に陥った。

PRIVATE COLLECTION

GETTY IMAGES

キム・フィルビー（左）は、1949年９月にＭＩ６のワシントン支局長に任命された。上の写真は、キュナード社の豪華な外洋定期客船カロニア号で、「緑の女神」と呼ばれた同船に乗って彼はニューヨークへ向かった。「フィルビーは、とても魅力のある人だった。その彼が、とてつもない評判を引っ提げて我々のところにやってきたのだ」と、ＣＩＡの同僚は語っている。

フィルビーの同居人となった問題児ガイ・バージェス。しょっちゅう酔っ払っていて、わずかに不快な臭いを漂わせているが、いつも人を最高に楽しませる男だった。

GETTY IMAGES

PRIVATE COLLECTION

ジェームズ・アングルトン。詩人であり、蘭愛好家であり、ＣＩＡの対情報部門の責任者であり、アメリカで最も強力なモグラ（潜入スパイ）狩りの名手だった。

ＣＩＡで対情報を担当していたビル・ハーヴィー。元ＦＢＩ捜査官で、フィルビーにとってはアメリカにおける最も危険な敵だった。

GARSTON WALLACE DRIVER

ワシントンの高級レストラン、ハーヴィーズ・オイスター・サルーン。ここでフィルビーとアングルトンはランチを取り、その間に「フィルビーは彼から情報をすべて引き出した」。

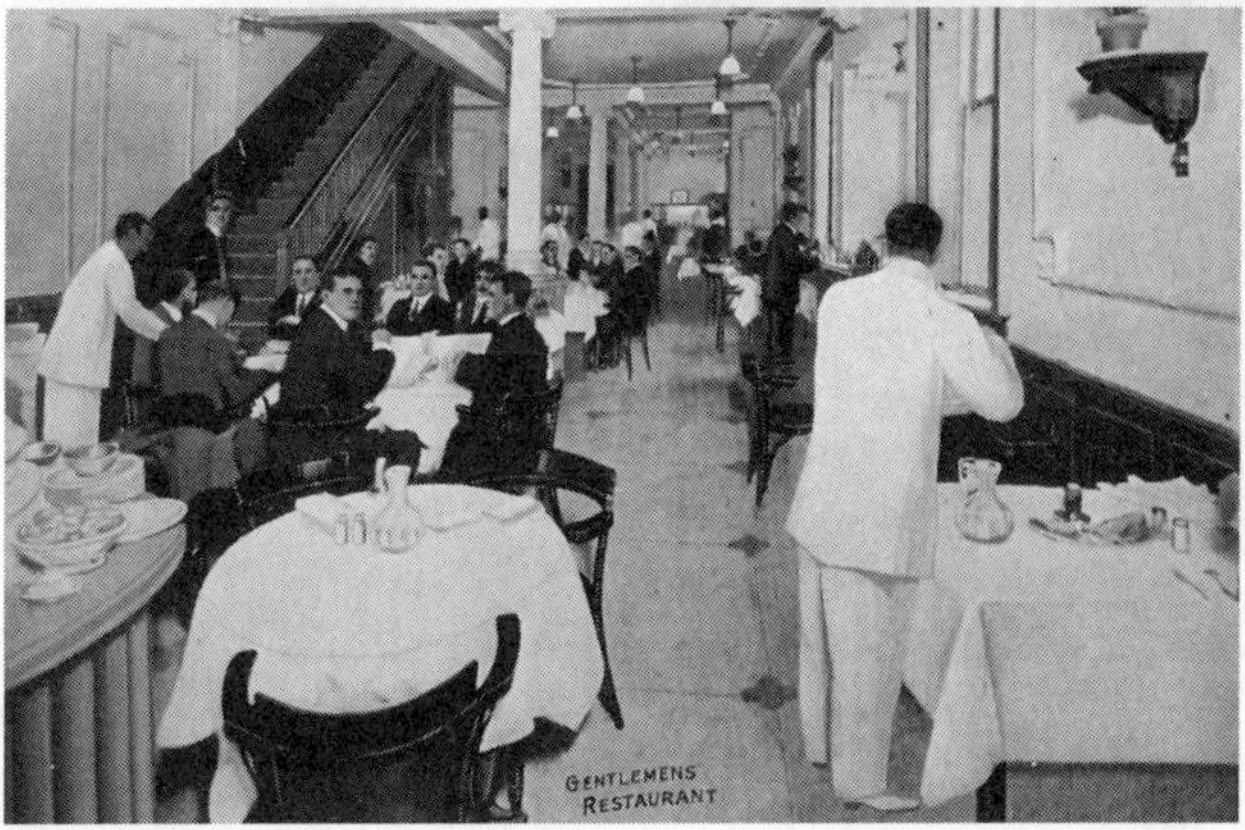

PRIVATE COLLECTION

アルバニアを支配した強硬な共産主義者エンヴェル・ホッジャ。

GETTY IMAGES

COURTESY OF XAN SMILEY

デイヴィッド・デ・クレスピーニ・スマイリー。貴族出身のイギリス陸軍将校で、勇敢な行為が好きなことで知られていた。写真で一緒にいるのは、イエメンの抵抗運動の戦士たち。

COURTESY OF XAN SMILEY

ストーミー・シーズ号。プレジャーボートに偽装した43トンのスクーナーで、ちょっとした戦争を始めるのに十分な弾薬を積んでいた。

COURTESY OF XAN SMILEY

「ヴァリュアブル」作戦開始のためアルバニアの海岸へ向かう途中での一枚。この作戦は、冷戦で最も壊滅的な失敗に終わった秘密作戦の一つになった。

COURTESY OF XAN SMILEY

「ヴァリュアブル」作戦に参加した「妖精たち」ことアルバニア人兵士たち。写真に写っている4人のうち3人が、カラブルン半島上陸の数時間後に殺された。

TOPFOTO

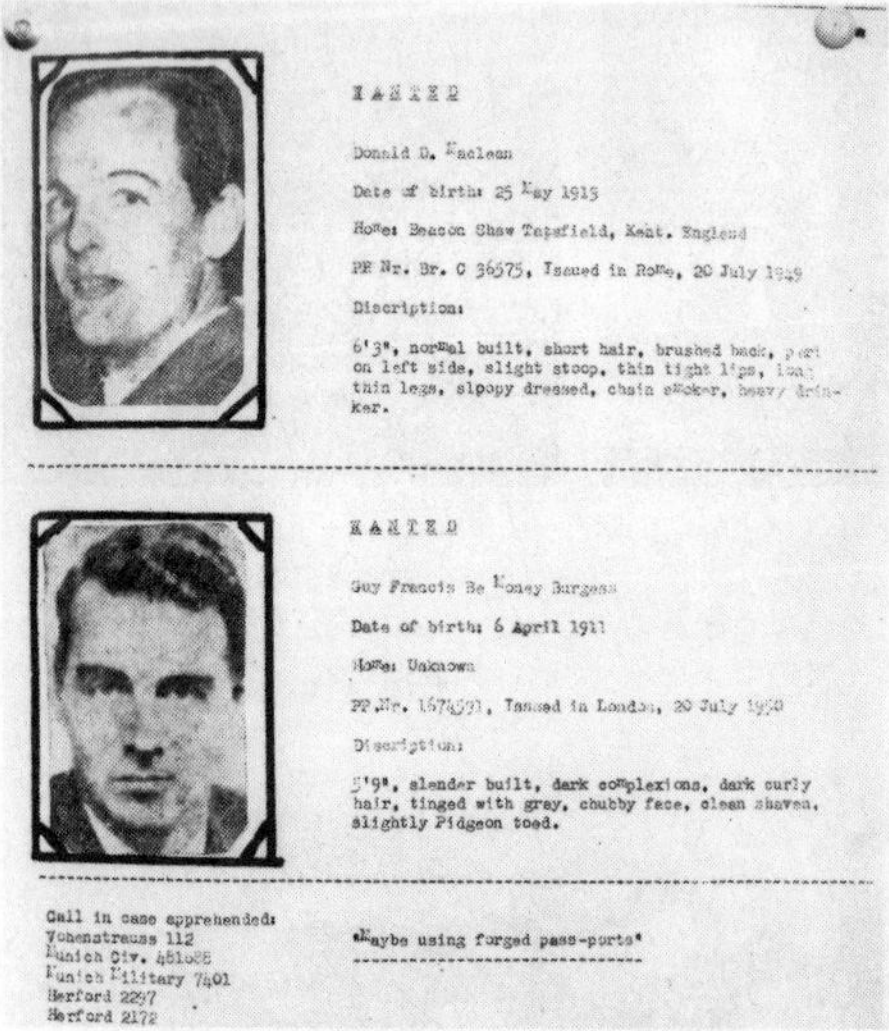

WANTED

Donald D. Maclean

Date of birth: 25 May 1913

Home: Beacon Shaw Tatsfield, Kent. England

PP Nr. Br. C 36575, Issued in Rome, 20 July 1949

Discription:

6'3", normal built, short hair, brushed back, part on left side, slight stoop, thin tight lips, long thin legs, slopy dressed, chain smoker, heavy drinker.

WANTED

Guy Francis Be Money Burgess

Date of birth: 6 April 1911

Home: Unknown

PP.Nr. 1674591, Issued in London, 20 July 1950

Discription:

5'9", slender built, dark complexions, dark curly hair, tinged with grey, chubby face, clean shaven, slightly Pidgeon toed.

Call in case apprehended:
Vohenstrauss 112
Munich Civ. 481085
Munich Military 7401
Herford 2297
Herford 2172

"Maybe using forged pass-ports"

ドナルド・マクレインとガイ・バージェスの「指名手配」ポスター。2人が1951年5月にイギリスから逃走した後に出されたもの。

TOPFOTO

ガイ・バージェスがモスクワで描いた、いかにも彼らしい無礼な漫画2枚。「不満の種」という意味の慣用句「肩に載せた木片(chip)」そのままの姿のレーニンと、激怒しながら「俺は非常に人間的だ!(I'm very human !)」と言っているスターリン。

FINAL NIGHT EXTRA

CLOSING CITY PRICES

GONZALEZ TIO PEPE

Evening Standard

TUESDAY, OCTOBER 25, 1955 Twopence

ROOTES CAR HIRE

RING CUNNINGHAM 5141

EDEN REJECTS INQUIRY INTO MACLEAN CASE

But early debate is promised

MP TALKS OF 'DUBIOUS THIRD MAN ACTIVITIES OF MR. HAROLD PHILBY'

Sir Anthony Eden refused in the Commons this afternoon to appoint a select committee to investigate the disappearance of Burgess and Maclean and the efficiency of civil service security arrangements in general.

But he said it was desirable to have an early debate on the subject and he would be glad to take part.

Early debate

General Lopes rides to the Palace

GORDON PIRIE TO MARRY SHIRLEY HAMPTON

Evening Standard Reporter

She did not tell

CABINET HEARS BUDGET SECRETS

Evening Standard Political Correspondent

Lord Elton asks about Maclean

HOUSING SUBSIDIES

Missing girl found

フィルビーが第三の男だと報じるイヴニング・スタンダード紙の見出し。

TOPFOTO

マーカス・リプトン下院議員。議員特権を擁護し、ポップ・ミュージックを敵視し、フィルビーを最初に告発した人物。

ZUMA / REX FEATURES

フィルビーの２番目の妻アイリーン。1955年10月、クロウバラの自宅を報道陣に取り囲まれたときの様子。

BETTMANN / CORBIS

ノー・コメントを繰り返すが、フィルビーは有罪だと思っていた。

ASSOCIATED NEWSPAPERS / REX FEATURES

アイリーンは、フィルビーがベイルートへ出発した後、この家でアルコールにおぼれながら独り寂しく死んだ。

後にジェームズ・アングルトンは、以前からフィルビーはスパイではないかと疑っていたと主張する。しかし過去の言動からは、少しも疑っていなかったことがうかがえる。

PRIVATE COLLECTION

FBI長官J・エドガー・フーヴァーは、フィルビーの裏切りを確信しており、彼が起訴されなかったと知って激怒した。

AKG-IMAGES

GETTY IMAGES

法廷弁護士ヘレナス・「バスター」・ミルモ。ＭＩ５の依頼でフィルビーを厳しく尋問し「絶対に有罪だ」と言った。

GETTY IMAGES

ジム・スカードン。元警部補で、監視班の班長であり、ＭＩ５の主任尋問官だった。その彼がフィルビーを自白させようとした。

CROWN COPYRIGHT

ディック・ホワイトは、1953年にＭＩ５の長官になり、1956年にはＭＩ６の長官になった。彼はフィルビーを10年以上追い続けた。

COURTESY OF ALEX BROOMAN-WHITE

リチャード・ブルマン＝ホワイト下院議員。元ＭＩ６将校で、エリオットの助けを借りてマクミランのためフィルビーを強く擁護する声明文を作った。

WALTER STONEMAN, 1944 © NATIONAL PORTRAIT GALLERY, LONDON

ＭＩ６長官サー・ジョン・「シンバッド」・シンクレアは、ＭＩ５がフィルビーに復讐しようとしていると言って非難した。

GETTY IMAGES

1955年に外務大臣だったハロルド・マクミランは、フィルビーの裏切りを疑う「理由はない」と下院で述べた。

GETTY IMAGES

フィルビーは、世界各国の報道機関を母のアパートに招き、身の潔白を訴えた。記者に「その第三の男とは、実はあなたなのではないですか？」と尋ねられると、フィルビーは「いいえ、違います」と答えた。

GETTY IMAGES

「私が最後に、相手が共産主義者だと知った上で共産主義者と話したのは、確か1934年です」

GETTY IMAGES

「友情という点からは残念だと思いますが、できればあまり多くは話したくありません」

GETTY IMAGES

フィルビー勝利の瞬間。彼のソヴィエト側担当官ユーリ・モジンは、彼の演技を「息をのむような」名演だったと述べた。

REX FEATURES

イギリスで最も有名な潜水工作員ライオネル・「バスター」・クラブ海軍中佐が、幼いファンたちに囲まれているところ。

CORBIS

潜水の準備をするバスター・クラブ。

TOPFOTO

ポーツマス港に停泊するソ連の巡洋艦オルジョニキーゼと、それを見物しに集まってきた群衆。

アントニー・イーデン首相は、ソ連首脳の訪英中は隠密作戦を一切実施してはならないとの命令を出していた。それでもクラレット作戦は進められた。

CORBIS

イギリスで歓迎されるソ連共産党第一書記ニキータ・フルシチョフと、ニコライ・ブルガーニン首相。

REX FEATURES

COURTESY OF MARK ELLIOT

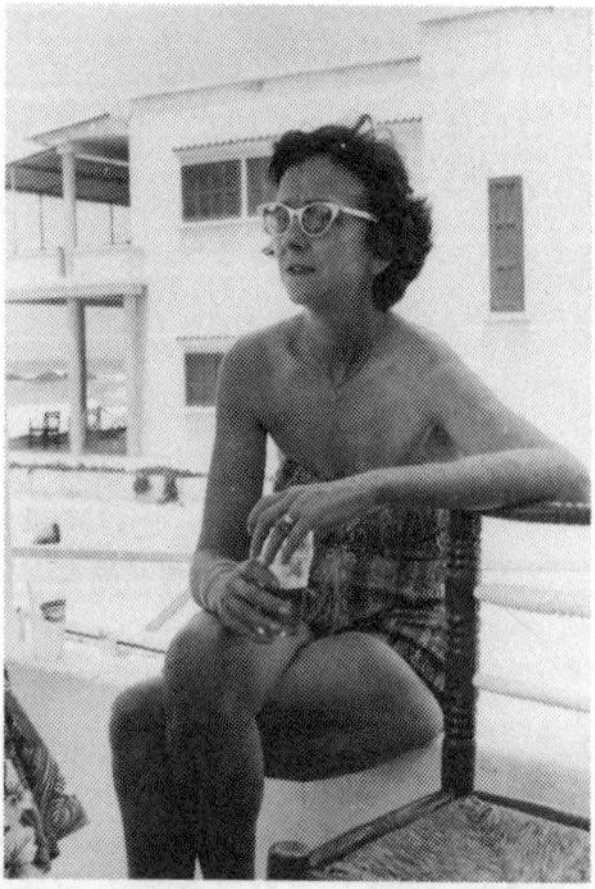

COURTESY OF MARK ELLIOT

キム・フィルビーと、彼の３人目の妻エレナー。ベイルートのハルデ海岸でエリオット家と共同使用している豪華なコテージでくつろぐ二人。

PRIVATE COLLECTION

山中の水たまりでくつろぐフィルビー。このころが「一番幸せな時期」だったと、エレナーは書いている。

COURTESY OF MARK ELLIOTT

ベイルートの自宅アパートでくつろぐニコラス・エリオット。

COURTESY OF MARK ELLIOTT

ベイルート郊外の丘陵地帯でのピクニックで、酒に酔ったキム・フィルビー。

COURTESY OF MARK ELLIOTT

コープランド家でのパーティー。左から順に、エレナー・フィルビー、キム・フィルビー、マイルズ・コープランド、ニコラス・エリオット、ロレイン・コープランド、エリザベス・エリオット。３人のスパイは、それぞれがＫＧＢ、ＣＩＡ、ＭＩ６という３つの異なる情報機関のために活動していた。

PRIVATE COLLECTION

キム・フィルビーが父と撮った最後の写真。1960年、シンジャンは息子をベイルートに訪ね、ランチ・パーティーに出席し、大使館職員の妻にちょっかいを出した後、死んだ。父を亡くしたことをきっかけに、キム・フィルビーは酒に深くおぼれていった。

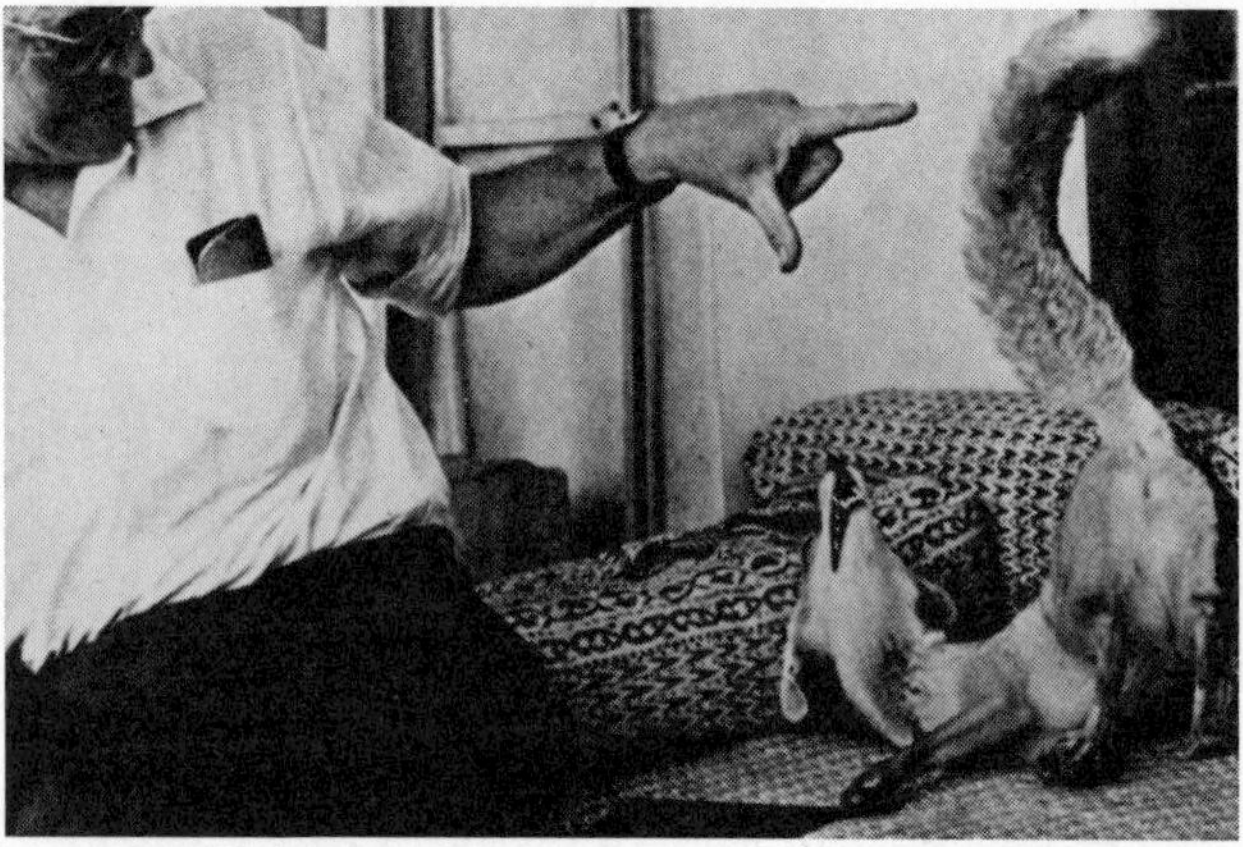

PRIVATE COLLECTION

ペットの狐ジャッキーとじゃれ合うフィルビー。このペットの死で、彼は「悲しみに沈んだ」。

ソ連の情報将校アナトーリ・ゴリツィン。彼が亡命したことで、フィルビーに対する調査が再び始まった。

PRIVATE COLLECTION

THE M&S COMPANY ARCHIVE

フィルビーの旧友フローラ・ソロモン。彼女はＭＩ５に、自分は1936年にフィルビーから共産主義のための「危険な」仕事にスカウトされそうになったと告げた。

PA PHOTOS / TOPFOTO

ジョージ・ブレイク。ＭＩ６に潜んでいたソ連側スパイで、逮捕されると起訴され、42年の禁固刑の判決を受けた。

TOPFOTO

フィルビーがベイルートで姿を消し、その後モスクワに現れたことで、マスコミが騒ぎ出した。

JOHN PHILBY / CAMERA PRESS

寒い国に来た、モスクワでのキム・フィルビー。このベテラン・スパイは、ソ連を私の「祖国」と言っていたが、自分を「変えようのない完全なイギリス人」だとも述べており、ＫＧＢから完全に信頼されることはなかった。

REX FEATURES

TOPFOTO

ジェームズ・ジーザス・アングルトンは、フィルビーの裏切りによるショックから立ち直ることができず、モグラ狩りを始めてＣＩＡに甚大な損害を与えた。

THE TIMES

1992年のニコラス・エリオット。彼は、あらゆる点で自分と非常によく似ていると思った男が、どうしてこれほどまったく違う道を歩むことになったのかと、常に考え続けた。

TOPFOTO

キム・フィルビー。「私はいつも、個人的レベルと政治的レベルという二つのレベルで活動していた。この二つが衝突したとき、私は政治を優先させなくてはならなかった」。

リック・ビーストンを偲《しの》んで

※（　）は原著者、〔　〕は引用者、［　］は訳者による注を示す。
引用出典注は割愛したが、本文理解に必要なものは適宜補った。

キム・フィルビー　かくも親密な裏切り

「The Friends *n.*【友】情報機関のメンバーを指す俗語。特にイギリスでは、MI6こと秘密情報部のメンバーを指す」（www.spymuseum.org/education-programs/news-books-briefings/language-of-espionage）

「もし祖国を裏切るか友人を裏切るかのどちらかを選ばなくてはならないとしたら、祖国を裏切る勇気を持ちたいものだと思う。そんなことを言うと、現代の読者は憤慨し、愛国心から即座に電話に手を伸ばして警察に通報するかもしれない。しかしダンテだったら、私の決断には驚かないだろう。ダンテは、ブルートゥスとカッシウスを地獄の最下層に配したが、それは二人が祖国ローマではなく友であるユリウス・カエサルを裏切るほうを選んだからであった」

――E・M・フォースター、一九三八年（*The Nation*, 16 July 1938.［E・M・フォースター「私の信条」、小野寺健編『フォースター　老年について』（みすず書房、二〇〇二年）所収。右掲は小林訳］）

はしがき

キム・フィルビーを取り上げた書籍は、たとえばパトリック・シールやフィリップ・ナイトリー、トム・バウアー、アンソニー・ケイヴ・ブラウン、ゲンリフ・ボロヴィクといった作家による非常に優れた先駆的著作をはじめ、すでに膨大な数が存在している。しかし多くの読者にとって、フィルビーという存在は冷戦そのものと同じく今も曖昧《あいまい》なままで、名前は知られていても、その実像はほとんど理解されていない。ところが近年、それまで秘密指定されていた資料の多くが公開され、加えてＭＩ５とＭＩ６の公式史も発表されたことで、冷戦と、その冷戦でフィルビーが占めていた位置に新たな光が当てられるようになった。

本書は、キム・フィルビーの新たな伝記ではない。そうではなく、歴史の中で重要な役割を担った一種独特な友情を、物語という形式で描こうとしたものである。政治やイデオロギーあるいは責務の話ではなく、人となりや性格と、これまで詳しく論じられることのなかった、いかにもイギリス人らしい人間関係がテーマなのだ。ＭＩ６とＣＩＡおよびＫ

GBの文書が今も非公開のため、参考にした資料は大半が二次的なもの、つまり第三者の証言で、しかもその多くは後に回想して述べたものである。そもそもスパイは、過去の出来事を間違えて覚えるのがことのほか得意で、この物語の主な登場人物は、全員が程度の差はあれ、自分の過去を歪《ゆが》めるという大罪を犯している。フィルビー事件をめぐる「事実」は、その多くが今も激しい論争の的となり、様々な仮説が、陰謀説であれ何であれ、いくつも唱えられている。特に議論を呼んでいる問題については、その一部を注で取り上げることにする。フィルビーについて書かれたものは、記憶を頼りにしていたり、憶測の域を出なかったりなど、文書による裏付けを欠いているものが多い。プロパガンダで粉飾されたものもあれば、まったくの作り話にすぎないものもある。公式文書が完全に公開される日が来ない限り、一連の出来事にはいつまでも一定の謎がつきまとうだろう。歴史作家にとって、これはかなりの難題だ。矛盾する説明と、異なる見解と、一致しない記憶を前にして、私は各種出典の信憑《しんぴょう》性について判断を下し、数ある証言の中から最も真実に近いと思えるものを選び取らなくてはならなかった。私の選んだ結果に反対する人も、きっといるだろう。しかし、本書は厳密な研究書ではない。ここに記したのは、私ができる限り真相に迫って綴った物語なのだ。

　本書がキム・フィルビーに関する決定版だと言うつもりは毛頭ない。むしろ本書で目指したのは、彼の物語を個人的友情というプリズムを通して別の角度から描くことであり、それによって、現代の最も非凡なスパイについて新たな理解を得られればと思う。

序――一九六三年一月、ベイルート

中年スパイが二人、キリスト教徒地区にあるアパートの一室で、夕暮れが迫る中、座って紅茶を飲みながら、礼儀正しい態度で嘘の応酬を繰り広げている。二人はイギリス人であり、あまりにイギリス人的であるがゆえに、人と人とをつなぎもすれば隔《へだ》てもする礼儀正しい態度を一瞬たりとも崩しはしない。街の喧騒《けんそう》が開け放した窓から部屋の中まで届き、車のクラクションや馬のひづめの音が、陶磁器の触れ合うカチャカチャという音や人の話し声に混じって聞こえてくる。ソファーの下にはマイクロフォンが分からぬように隠されており、二人の会話を拾ってコードで隣室に伝えている。コードは壁の板張りに開けた小さな穴で隣室に通じており、その隣室では、もう一人別の男が、作動中のテープレコーダーの前に身を乗り出して、ベークライトのヘッドフォンから聞こえてくる言葉を聞き漏らすまいと神経を集中させている。

二人の男は昔からの友である。知り合ってから、もう二〇年以上になる。しかし、今や二人は、情け容赦ない闘争で敵味方に分かれて戦う不倶戴天《ふぐたいてん》の敵であった。

キム・フィルビーとニコラス・エリオットは、スパイの仕事を第二次世界大戦中に一緒に学んだ仲だ。大戦が終わると、二人はイギリスの情報機関で共に出世し、ありとあらゆる秘密を共有してきた。同じクラブに出入りし、同じバーで酒を飲み、同じ仕立てのよいスーツを着こなし、自分たちの「仲間」出身の女性と結婚した。しかしフィルビーには、その間ずっと打ち明けずにきた秘密が一つあった。極秘裏にソ連政府のために働き、エリオットから聞いたことを一つ残らず記録し、ソ連側の監督官《スパイマスター》に伝えていたのである。

エリオットがベイルートへやってきたのは、自白を引き出すためだ。すでにアパートには盗聴装置を取りつけ、ドアと通りには監視員を配置してある。彼は、フィルビーが二人の友情を裏切ったことでどれだけの人間が死んだかを知りたかった。自分がいつから道化役になったのかを知りたかった。真実を、せめてその一部でもいいから、知らなくてはならなかった。それさえ分かれば、あとはフィルビーがモスクワへ亡命しようが、イギリスへ戻ろうが、三重スパイとして新たなスタートを切ろうが、あるいはベイルートのバーで酒を飲み過ぎて死のうが、かまわない。そんなことは自分にはどうでもいいことだと、エリオットは考えている。

フィルビーは、勝負の駆け引きに熟達していた。何せ三〇年にもわたって見事な勝利を収めてきたのだ。しかし、そのフィルビーもエリオットがどこまで知っているのかは知らない。ひょっとして、以前のように今度も友情によって救われるかもしれない。二人は、欺瞞《ぎまん》をあしらった多少の真実を語り、本心から説き伏せようとして嘘をつく。話のあちこちで嘘に嘘が重ねられていく。

夜のとばりが下りても、二人の間で奇妙な死闘は続いた。階級とクラブと教育で結びついているが、イデオロギーによって分断された二人。趣味も生まれ育ちもほぼ同じだが、忠誠心の向かう先が異なる二人。敵でありながら誰よりも親しい二人。二人の会話は、知らない者には、きわめて優雅で、イギリスの古い儀式を外国で執《と》り行《おこ》なっているように聞こえるかもしれない。しかし現実には、これは手加減なしの容赦ない戦いであり、血に汚された友情が無残に打ち砕かれる最後の瞬間なのであった。

1　見習いスパイ

選ばれし者のクラブ

ニコラス・エリオットは、アスコット競馬場に来て、本命馬クウォッシュトが四・五倍のオッズで走って大差で優勝するのを見ていた次の瞬間、あっけないほどすんなりスパイになっていた。時は、史上最も悲惨な戦争が勃発する約三か月前の一九三九年六月一五日。二二歳のことである。

ことは、シャンパン・グラスを片手に進んだ。ジョン・ニコラス・リード・エリオットの父サー・クロード・オーリーリアス・エリオット大英帝国四等勲士は、イギリスきっての名門パブリック・スクールであるイートン校の校長で、登山家としても知られ、イギリス支配階級を支える大黒柱の一人だった。サー・クロードの交友相手は大物ばかりで、小物の知り合いは一人もいない。そんな彼が知る数々の重要人物の一人に、サー・ロバート・ヴァンシタートがいた。イギリス政府の首席外交顧問で、海外における情報収集活動を担当している秘密情報部（Secret Intelligence Service　ＳＩＳ）、通称ＭＩ６と深いつながりを持っていた。ニコラス・エリオットは、あらかじめ約束をして「ヴァン」とアスコットで会い、シャンパンを飲みながら、情報機関に入りたいと思っているのですが、と告げた。

　サー・ロバート・ヴァンシタートは、にっこり笑うと、「君の頼みがそんな簡単なことで助かったよ」と答えた。

　後年エリオットは「つまり、そういう次第だったのだ」と書き記している。

　同窓生の人脈ネットワークは、完璧に機能した。

　ニコラス・エリオットは、見るからにスパイに向いているタイプというわけではなかった。学校の成績は平々凡々だった。複雑な国際政治についてはほとんど知識がなかったし、ましてや、戦争を間近に控えたこの時期にＭＩ６が繰り広げていた、巧妙だが危険な駆け引きのこともまったく分かっていなかった。そもそも諜報《ちょうほう》活動のことは全然知らなかったのだが、しかし、スパイの仕事は面白そうだし、重要らしいし、選ばれた者にしかできないようだと思っていた。エリオットは自信満々だった。何しろ、育ちがよくて裕福で、イートン校出身、ケンブリッジ大学を卒業したての若者で、しかるべき人脈まで持っているのだから、自信を持つなと言うほうが無理だ。生まれたときから支配階層入りが決まっており（ただし、そうだと自分から吹聴して回るようなことは決してしなかった）、MI6というイギリスで選抜基準が最も厳しい組織に入るのは、その経歴をスタートさせる絶好の出発点に思われた。

　エリオット家は、何世代にもわたって大英帝国の屋台骨であり、一族からは、軍の将校、高位聖職者、法律家、植民地行政官など、イギリスが七つの海と、その海に囲まれた陸地の多くを支配し続けるのに必要な人材を輩出してきた。エリオットの祖父のうち、一人はベンガルの副総督で、もう一人は上級裁判官だった。また、イギリスの有力一族のご多分に漏れず、エリオット家も奇行ぶりで有名だった。ニコラスの大おじエドガーは、両切り葉巻を自分の身長と同じ分だけ毎日三か月間吸い続けられると言って、同僚のインド軍将校と賭けをして話題となり、その二か月後に葉巻の吸い過ぎで死んでしまった。大おばのブランチは、噂によると二六歳のとき「恋に破れた」らしく、以来、病の床に臥したまま五〇年間寝たきりだった。おばのナンシーは、カトリック信者は動物に霊魂はないと思っているのだからペットを飼うのにふさわしくないと固く信じ込んでいた。また、この一族は登山がことのほか好きで、そのせいで命を落とすこともたびたびあった。ニコラスのおじで聖職者のジュリアス・エリオット師は、一八六九年にマッターホルンで滑落したが、その直前に彼に会ったフランス人小説家ギュスタヴ・フロベールは、ジュリアスを「イギリス紳士の典型」と評していた。奇行ぶりは、一見すると弱さのように見えるが、実は芯の強さを覆い隠すイギリス人らしい特徴の一つであり、風変わりを装った個性なのだ。

ニコラスの幼少期に誰よりも強い影響を与えたのが、父のクロードだ。彼はヴィクトリア時代特有の揺るぎない道徳観と激しい偏見の持ち主だった。音楽は、聞くと消化不良になると言って忌み嫌い、暖房は「女々しい」として一切認めず、「外国人に対しては英語で怒鳴りつけるのが最善の対処方法である」と思っていた。イートン校の校長になる前は、ケンブリッジ大学で歴史を教えていたが、学問研究には根深い不信の念を持ち、知的会話も大嫌いだった。それでも、大学に長期休暇があるおかげで登山に出かける時間をたっぷり確保することができた。そのままいけば同時代で最も著名な登山家になれたかもしれないが、湖水地方で滑落して膝の皿を割ってしまい、そのせいでマロリーのエヴェレスト遠征に参加できなかった。クロードは肉体的にも精神的にも威圧的な人物で、そのためイートン校の生徒たちからは「皇帝」と呼ばれていた。ニコラスは父を畏《おそ》れ敬《うやま》っていたが、クロードは一人息子を無視したり苦しめたりした。当時の同じ階級の父親たちと同様、彼も愛情を示すと息子が「軟弱」になり、場合によっては同性愛者になってしまうと思っていた。ニコラスは長ずるにつれ、「クロードは、私の存在自体にひどく戸惑っている」と思い込むようになった。母親は、一人息子の話によると、くつろいだ会話は、「神と病気と、へそより下」の話題も含め、一切避けていたという。

そのためにエリオット少年は、次々と入れ替わる乳母たちに育てられ、その後、イギリス南部ドーセットにあるダーンフォード・スクールに入れられた。そこは、イギリスのプレップ・スクール［以下訳注／名門パブリック・スクールを目指すための私立初等学校］の基準から見ても、きわめて虐待的な伝統があり、校長は、自分が見て楽しむためだけに、毎朝生徒たちを裸にして冷水プールに突き落とさせていたし、校長夫人は、晩になると小柄な生徒を二人呼んで、伸ばした両脚をその生徒たちの体に乗せ、さらにもう一人の生徒に足の裏をくすぐらせながら教訓小説を朗読するのが趣味だった。新鮮な果物は出ず、トイレにドアはなく、いじめがあっても注意されず、逃げ出せる可能性はゼロだった。現代なら、こんな処遇は違法とされるが、一九二五年当時は「人格形成」に必要と見なされていた。この学校をエリオットは、「これほど不愉快なことはこの先絶対に起こらないはずだ」との確信と、権威に対する強い軽蔑心と、どんな状況でも発揮されるユーモアのセンスとを抱いて卒業した。

　ダーンフォードの「生き地獄」の後では、イートン校はまるで天国のようだった。父親が校長であることは、ニコラスにとっては格別問題にならなかった。ここでも父クロードがニコラスなど存在しないかのように振る舞ったからだ。息子のほうのエリオットは、非常に頭がよくて陽気だったが怠け癖もあり、必要最低限の勉強しかしなかった。ある記録には、「次第に読める字を書けるようになったものの、その結果は、単語を正しく綴れないことが判明しただけだった」と記されている。ここで彼は、会員制組織《クラブ》に初めて加わる。

イートン校でとりわけ人気のある生徒たちだけが入れる校内団体「ポップ」への入会を認められたのである。このイートン校でエリオットは、自分に友達作りの才能があることに気がついた。後年、当時を振り返り、この才能こそ自分にとって最も重要な能力であり、キャリアを積む基盤になったと語っている。

　エリオットの最初の親友は、バジル・フィッシャーだった。文武両道の魅力的な男子で、クリケットの一軍チームのキャプテンと、ポップの会長を務め、同名の父親バジルは、先の大戦中、一九一七年にガザでトルコ軍狙撃兵に撃たれて戦死した正真正銘の戦争の英雄だった。仲のよい二人は、いつも食事を分かち合い、休日は一緒に過ごし、クロード校長が晩餐《ばんさん》会に出かけて留守のときは校長宿舎に忍び込んでビリヤードをすることもあった。当時の写真を見ると、二人は腕を組んで楽しそうに笑っている。二人の間には性的な関係もあったと勘繰ることもできるが、おそらくそうではないだろう。それまでエリオットは、乳母の「かわいい娘《ダッキー・ピット》」（本名は歴史の闇に消えてしまった）しか愛したことがなかった。彼はバジル・フィッシャーを敬愛した。

　一九三五年秋、親友二人はケンブリッジ大学に進んだ。エリオットは、当然のごとく父の出身カレッジであるトリニティー・カレッジへ入った。大学初日、彼は父の知人で、文筆家で歴史教師でもあったロバート・ギティングズを訪ね、以前から頭を悩ませていた疑問をぶつけた。「何を、どのくらい一生懸命、勉強すればいいのでしょうか?」。ギティングズは、相手の性格を見抜く名人だった。エリオットの回想によると、「彼は私に、ケンブリッジでの三年間は、次の戦争までの幕間《まくあい》を存分に楽しむために使えと強く忠告してくれた」という。この忠告を、エリオットは文字どおり実践した。クリケットに興じ、賭け事をやり、乗用車ヒルマンミンクスに乗ってケンブリッジ周辺をドライブし、たいへん楽しいパーティーにたびたび出席し、自分でもパーティーを何度か開いた。スパイ小説もたくさん読んだ。週末には、狩りに行ったり、ニューマーケット競馬場へ出かけたりした。

一九三〇年代、ケンブリッジ大ではイデオロギー論争が沸騰していた。ヒトラーが政権の座に就いたのが一九三三年、スペイン内戦が勃発するのが一九三六年の夏であり、大学の構内や路上では極右と極左が徹底的にやり合っていた。しかし、こうした激しい政治的な雰囲気は、エリオットの横をただ通り過ぎただけだった。彼は面白おかしく過ごすのに大忙しだった。本を開くことはほとんどないまま、三年後には多くの友人を得て大学を卒業した。成績は、優等学位で最低の第三級優等学位だったが、これをエリオットは「試験官に対する勝利」と考えた。

心は決まった

ニコラス・エリオットは、ケンブリッジを出たとき、社会に出るのに申し分ない交友関係と立派な学歴を持っていたが、具体的に何をしたいという展望をまったく持ち合わせていなかった。しかし、お気楽そうで平々凡々とした外見と、「上流階級らしい物憂げな態度」の裏には、それよりもっと複雑な、冒険好きで少々反骨精神のある性格が隠れていた。父クロード・エリオットがヴィクトリア時代人らしく厳格だった反動で、ニコラスは規則に強い反感を抱くようになっていた。「私は、規律に対してあまり従順ではないので、よい軍人には絶対になれなかっただろう」と述懐している。これこれをしろと言われても、「上司から実際に与えられた命令にではなく、その上司が自分で何を言っているのか分かっていたら与えたであろう命令に従おう」とする癖があった。ダーンフォードでの過酷な日々に鍛えられていたので、精神的には強かったが、その一方で繊細でもあり、孤独な子供時代を過ごしたことが心の傷になっていた。その内気な性格を、彼は多くのイギリス人と同じく、身を守るため矢継ぎ早に放つジョークで隠していた。また彼は、やはり父からの影響で、自分には肉体的な魅力がないと思い込んでいた。以前に父クロードから「ひどく醜い」と言われたことがあり、自分はそうなんだと思いながら大人になった。確かにエリオットは、誰もが認める美男子とは言いがたく、体軀はひょろっとしていて顔も細く、縁の太い眼鏡をかけていたが、落ち着いた物腰と、ちらちらと見え隠れする茶目っ気と、女性たちが即座に魅了される揺るぎない明るさを持ち合わせていた。「我が同類の相当数と比べても、それほど変な風采《ふうさい》ではない」との考えに至るのは、かなり後年になってからだ。また一族からは、自然に身についた保守的な考え方と共に、その奇行癖も受け継いでいた。彼は身分を鼻にかけるような男ではなかった。相手がどの階級の出身であれ、誰とでも会話を始めることができた。神を信じず、マルクスも資本主義も信奉していなかった。彼が信を置いていたのは、国王と、祖国と、階級と、クラブ（彼の場合は、セント・ジェームジズ通りにある紳士クラブ「ホワイツ・クラブ」）。しかし何にもまして、友情を重んじていた。

一九三八年夏、バジル・フィッシャーがロンドンの金融街シティーで職に就き、エリオットは、自分はどうしようかと漠然と考えていた。この問題は、学校のOBたちがすぐに解決してくれた。同年夏、エリオットはイートン校でクリケットの試合をしたが、その紅茶休憩のとき、上級外交官で家族ぐるみの知人サー・ネヴィル・ブランドに声をかけられた。サー・ネヴィルは、エリオットの父が息子について「堅実な仕事に就くことができないのではないか」と心配していることを鋭く見抜いていた（サー・クロードは、息子とは人を介して話すのを好んでいた）。彼は、先日オランダのハーグ駐在イギリス公使に任命されたと説明し、ニコラスに、よければ名誉随行員として一緒に来ないかと誘った。エリオットは、ぜひお願いしますと答えたが、名誉随行員が実際に何をする仕事なのかはさっぱり分かっていなかった。「本格的な身元確認の手続きはなかった」と、後にエリオットは書いている。「ネヴィルが外務省に、私のことはよく知っているし、その父親とはイートン校で一緒だったから大丈夫だと告げただけだった」。

出発前、エリオットは外務省で暗号訓練の講習を受けた。教官は、ジョン・キング陸軍大尉というベテランの暗号係だったが、実はこの人物はソ連のスパイでもあった。キングは一九三四年以降、外務省の電報の内容をソ連政府に伝えていたのである。エリオットに秘密保持を指導した最初の人物は、二重スパイだったわけだ。

エリオットは一九三八年一一月半ば、愛車ヒルマンミンクスに乗ってハーグに到着し、公使館に顔を出した。夕食後、サー・ネヴィルから「外交官の世界では、同僚の妻と寝るのは免職に値する不法行為だ」という警告と、「私と同じように振る舞い、葉巻に火をつけるのはポートワインの三杯目に口をつけてからにするように」との助言を受けた。エリオットの職務は少しも面倒なものではなく、公使のちょっとしたカバン持ちと、無線室での暗号化および暗号解読、それにフォーマルな晩餐会への出席くらいだった。

エリオットは、オランダに来てわずか四か月後に隠密《おんみつ》活動を初めて体験し、「ドイツの軍事機構を直接目にする機会」を得た。彼はある晩、ディナーの席で、グリン・ハーソンという名の若い海軍将校と話をした。在ベルリン大使館付き駐在海軍武官補佐官であるハーソン中佐は、実は私はハンブルク港をひそかに探る特殊任務を帯びているのだと打ち明けた。当時ハンブルク港には、ドイツ軍が小型潜水艇を配備中だと考えられていたからである。さらに何杯かグラスを傾けた後、ハーソンはエリオットに、よければ君も一緒に来ないかと尋ねた。エリオットは、これは名案だと考えた。サー・ネヴィルも許可を与えた。

二日後の午前三時、エリオットとハーソンは、壁をよじ登ってハンブルク港に侵入した。「私たちは、一時間ばかり港中のあちこちを慎重にのぞき込んで」写真を撮り、「無事に戻って強い酒を一杯飲んだ」。エリオットには、正式な外交官という身を守る肩書もなければ、正式な訓練も受けていなかったし、ハーソンにも、エリオットを任務に採用する権限などなかった。もし捕まっていたら、二人ともスパイとして射殺されていたかもしれない。少なくとも、イートン校の校長の息子が真夜中にドイツの海軍造船所をのぞき回っているところを捕まったことが知れ渡れば、外交上の大騒動が持ち上がっていたことだろう。エリオットも自ら進んで認めているように、これは「まったくもって無謀な行為」だった。しかし、実に愉快な冒険行であり、成果も大きかった。二人は車でベルリンへ、意気揚々と引き揚げた。

一九三九年四月二〇日は、ヒトラー五〇歳の誕生日だった。この日はナチ・ドイツの祝日となり、第三帝国史上最大の軍事パレードが実施された。この祝典パレードは、宣伝大臣ヨーゼフ・ゲッベルスが計画したもので、ヒトラーへの個人崇拝を最大の見せ場としており、まさに計算しつくされた阿諛追従《あゆついしょう》をこれでもかと見せつける内容だった。沿道に松明《たいまつ》が並ぶ中、ヒトラー総統を先頭に白のリムジン五〇台の車列が進んだ後、ドイツの軍事力を誇示すべく、兵士五万人、戦車数百両、軍用機一六二機などが参加して五時間にわたり豪華絢爛《けんらん》なパレードが行なわれた。イギリス、フランス、アメリカの三か国の大使は、ヒトラーがチェコスロヴァキアに侵攻したのを受けて本国に戻っていたため出席しなかったが、それ以外の二三か国は代表を派遣してヒトラーの誕生日を祝った。「総統閣下は、かつていかなる人間も味わったことがないほどの祝賀を受けた」と、ゲッベルスは日記に書き残している。

　この祝典を、エリオットはシャルロッテンブルク通りに立つアパートの七階から、驚嘆と恐怖の入り混じった感情を抱きながら見物した。部屋の主は、イギリスのベルリン駐在武官ノエル・メイソン＝マクファーレン陸軍少将。「メイソン＝マク」は、ひげを蓄えた古強者《ふるつわもの》で、第一次世界大戦では西部戦線での塹壕《ざんごう》戦とメソポタミアでの戦いを経験していた。その彼が、嫌悪感を隠すことができずにいた。アパートのバルコニーからは、観閲台に立つヒトラーの姿がよく見えた。少将は、声を潜めてエリオットに、ヒトラーはライフルの射程圏内に十分入っていると告げた。「この機会を活《い》かしたくてたまらんよ」と少将は小声で言い、「ここからなら、あの人でなしを狙い撃ちするのもウィンクするくらい簡単なことだ」と付け加えた。エリオットは「狙撃するよう強く主張した」。結局メイソン＝マクファーレンは考え直して実行には移さなかったが、その後、バルコニーからヒトラーを暗殺する許可を正式に求めた。全人類にとっては残念なことに、この請願は却下された。

　エリオットは、新たに二つの確信を得てハーグに戻った。ヒトラーは何としてでも食い止めなくてはならないということと、その目的に貢献するにはスパイになるのが最善だろうということだ。「私の心は難なく決まった」。あとは、アスコット競馬場へ行ってサー・ロバート・ヴァンシタートとシャンパンを飲み、イギリス政府の重要人物と会うだけでよかった。再びハーグへやってきたエリオットは、公式には依然として名誉随行員だったが、その実態は、サー・ネヴィル・ブランドの後押しを受けたＭＩ６の新人職員だった。表向きは公使館での活動を以前と同じく続けながら、裏ではイギリスの情報活動という未知の分野で見習いスパイとして働き始めたのである。

南京虫という名のスパイ

エリオットがＭＩ６に入れるよう根回しをした外務省の高官サー・ロバート・ヴァンシタートは、私的な情報機関とも言うべき組織を動かしており、政府の公的な管轄範囲外でＭＩ６とＭＩ５（保安局）の両方と密接に連携しながら活動していた。ヴァンシタートは、ドイツに対する宥和《ゆうわ》政策に強硬に反対しており、ドイツは「十分に力を蓄えたと思ったらすぐに」再び戦争を始めるだろうと確信していた。彼はスパイ網を通じてナチの意図に関する膨大な情報を集め、それを使ってネヴィル・チェンバレン首相に、衝突が迫ってきていることを納得させようとした（が、成功しなかった）。配下の情報提供者のうち、最初期に最も派手な活躍をした一人が、ドイツ人ジャーナリストで、内心ナチズムに強硬に反対していたジョーナ・フォン・ユスティノフ〔ドイツ語名ヨーナ・フォン・ウスティノフ〕だった。ユスティノフは、通称を「クロップ」といった。これは、ロシア語で「トコジラミ（南京虫）」を意味する言葉で、丸々とした体型から付けられたニックネームだが、意外にも当人は、このあだ名をいたく気に入っていた。父親はロシア生まれの陸軍将校で、母親は両親がエチオピア人とユダヤ人である。一九二一年に生まれた息子が一人おり、それが偉大な喜劇俳優で劇作家のピーター・ユスティノフだ。クロップ・ユスティノフは、第一次世界大戦ではドイツ陸軍で兵役に就いて鉄十字勲章を受章し、その後、ドイツ通信社のロンドン支局に職を得た。しかし一九三五年、彼の先祖に様々な外国人が大勢いることに疑念を抱いたドイツ当局から、アーリア人であることを証明せよと迫られ、職を失った。その同じ年、彼はイギリスの工作員《エージェント》としてスカウトされ、暗号名「Ｕ35」を与えられた。ユスティノフは、太っていて片眼鏡をかけており、身のこなしは一見すると愚鈍そうな感じがした。しかし彼こそ、「私が共に働く名誉に浴した最も優秀かつ最も独創的な諜報員」だったと、担当将校《ケース・オフィサー》で後にＭＩ５とＭＩ６の両方で長官を務めるディック・ホワイトから評された人物だった。

ＭＩ６でのエリオットの最初の仕事は、ユスティノフが戦前で最も重要だが最も無名なスパイの一人を運用するのを支援することだった。ロンドンのドイツ大使館付き報道官ヴォルフガング・ガンス・エードラー・ツー・プートリッツは、ぜいたくが好きな貴族で、派手な生活を送る同性愛者だった。ユスティノフは、プートリッツをスカウトし、ドイツの外交と軍事計画について、「きわめて貴重な情報であり、おそらくは戦前期に人を情報源としてイギリスが入手した最も重要な情報」を引き出し始めた。プートリッツとユスティノフは、ヴァンシタートと同じく、有和政策は転換させなくてはならないと強く確信しており、特にプートリッツは、「私はナチの運動にダメージを与えるのに直接手を貸しているのだ」と思っていた。一九三八年にプートリッツがハーグのドイツ大使館へ転勤になると、クロップ・ユスティノフは、インドの新聞社のヨーロッパ特派員を装い、自身もひそかにハーグへ渡った。ユスティノフを仲介役として、プートリッツは大量の情報を送り続けたが、その一方で、イギリスが一向にヒトラーと対決しようとしないことに不満を募らせていた。「イギリス人には見込みがない」と、彼は不平を口にしている。「イギリス人がナチのやり方に対抗するのを助けようとしても無駄だ。明らかに彼らには、ナチのやり方が理解できないのだ」。やがて、自分は「何の目的もなく我と我が身を犠牲にしている」のだと思うようになった。

　ハーグでは、クロップ・ユスティノフとニコラス・エリオットがすぐさま関係を築き、二人は生涯の友になった。「クロップは、幅広い才能の持ち主だった」とエリオットは書いており、「美食家で、ウィットがあり、話し上手で、物真似もうまく、数か国語を操り、真面目なものから下品なものまで非常に広範な知識を身につけていた」。ユスティノフは、エリオットを働かせ、日増しに陰気になって悩みを深めているヴォルフガング・プートリッツを励ましていた。

プートリッツは、エリオットいわく「面倒な男」で、愛国心と道徳心の板挟みに苦しんでいた。「彼の動機は、もっぱら理想主義的なもので、自分が漏らした情報のせいでドイツ人が命を失うかもしれないと知って、激しい精神的な苦痛を味わっていた」。一九三九年八月のある晩、エリオットはプートリッツを誘ってロワイヤル・ホテルへディナーに出かけた。デザートになり、今度の休暇はドイツへ行こうと考えていると言い、「九月の第一週の週末に戻ってくるんだが、その前にヒトラーは戦争を始めるつもりだろうかね？」と、冗談半分に尋ねた。プートリッツは、ニコリともせずにこう答えた。「現在の計画では、ポーランド侵攻は八月二六日に始まることになっているが、一週間ほど延期されるかもしれない。だから、私だったら旅行は中止にするね」。エリオットは、この「驚くべき発言」をただちにクロップに伝え、クロップはロンドンに報告した。エリオットは、休暇を取りやめにした。九月一日、プートリッツの予言どおり、ドイツの戦車部隊がポーランドに北と南と西から侵入した。二日後、イギリスはドイツに宣戦布告した。

その後まもなく、ハーグ駐在のドイツ大使が、ヴォルフガング・プートリッツに、オランダにいるドイツ側工作員の一覧表を見せた。この一覧表は、実はしばらく前にプートリッツがクロップ・ユスティノフとニコラス・エリオットに渡した表と同じものだった。つまり、ＭＩ６の支局内にドイツのスパイがいたわけだが、当時は、愛想のいいオランダ人フォルカート・ファン・カウトリックを疑う者など、ただの一人もいなかった。ファン・カウトリックは、支局長リチャード・スティーヴンズ陸軍少佐の補佐で、同僚たちによると、「非の打ちどころのない本物の忠誠心を常に示していた」という。しかし、彼はひそかにアプヴェーア（ドイツ国防軍情報部）のために働いており、「一九三九年秋の時点でドイツ側は、オランダにおけるＳＩＳの全活動をかなり正確に把握していた」。プートリッツがＭＩ６に渡したドイツ側スパイの一覧表を、ファン・カウトリックが入手し、ドイツ側情報機関に再び渡していたのだ。

プートリッツは、「見つかって処罰されるのは、もはや時間の問題だろう」と思った。ただちにイギリスへの亡命を求めたが、従者で愛人でもあるヴィリー・シュナイダーと一緒でなければ行かないと言い張った。プートリッツは九月一五日にすぐさまロンドンへ移され、隠れ家に収容された。

フェンロー事件

これほど貴重な工作員を失うだけでも痛手なのに、その後、さらにまずい事件が起こる。

一一月九日、エリオットの新たな上司である支局長のスティーヴンズ少佐は、この戦争を一瞬で見事に終結させられるかもしれないとの期待を抱いて、ドイツとの国境にあるオランダの町フェンロー［ヴェンロー］へ向かった。これに、同僚のベテラン軍事情報将校シギスマンド・ペイン・ベストが同行した。エリオットはスティーヴンズに好意を抱いていて、「数か国語を見事に操り、話も素晴らしくうまい」と評していた。その一方でベストについては、「思い上がりも甚《はなは》だしい、見栄っ張りの大バカ者」だと考えていた。

数か月前、スティーヴンズとベストは、ドイツ軍内部で不満を募らせ、軍事クーデターを起こしてヒトラーを排除しようと計画している将校の一団と秘密裏に接触していた。ドイツからの政治亡命者フランツ・フィッシャー博士が仲介して開かれた会合で、将校団のリーダーであるハウプトマン・シェンメルという人物は、ドイツ国防軍最高司令部の内部に、ポーランド侵攻での損害の大きさに驚愕《きょうがく》し、「現在の体制を転覆させて軍事独裁政権を樹立すること」を目指す人々がいると説明した。この反ヒトラー謀議の件はイギリス首相チェンバレンに報告され、スティーヴンズは、クーデターの計画者たちとの交渉を進めるようにと促された。「この戦争は春までに終わりそうな予感がする」と、チェンバレンは書き記した。スティーヴンズとベストは、オランダ軍の情報将校一名を連れ、「親玉《おやだま》本人」つまりクーデターを指揮するドイツ軍の将軍ともうじき会えるものと思い込んで、意気揚々とフェンローへ向かった。実は「シェンメル」の正体は、ナチ党の情報機関であるナチ親衛隊保安部（Sicherheitsdienst　SD）のヴァルター・シェレンベルクだった。彼は頭脳明晰《めいせき》かつ冷酷無比な有能スパイで、後にドイツの情報機関の責任者となる人物だ。また、フィッシャー博士はゲシュタポから報酬を受け取っていた。つまり、この会合そのものが、親衛隊長ハインリヒ・ヒムラーが直々に命じた罠《わな》だったのだ。

　午前一一時の少し前、一行は会合場所であるカフェ・バッカスに到着した。この店はドイツとの国境に接していて、検問所からは数メートルしか離れていない。スティーヴンズによると、「ドイツ税関の係官と、道の真ん中で大きな犬とボール遊びをしている女の子とがいるだけで、ほかには誰の姿も見えなかった」。シェレンベルクは、カフェのベランダに立っており、帽子を振って挨拶をした。それが合図だった。一同が自動車から降りた途端、私服姿のSS（親衛隊）コマンドー部隊が空に向かって機関銃を発射しながら駆け寄ってきて、スティーヴンズとベストを取り囲んだ。オランダ軍の将校は、リヴォルヴァーを取り出したところを撃たれた。

　その後の展開を、ベストはこう述懐している。「次の瞬間、私たちそれぞれの目の前に男が二人立ち、一人がこちらの頭にピストルを突きつけ、もう一人が手錠をかけた。それからドイツ兵たちは、私たちに大声で『進め！』と命じると、背中をピストルで突きながら『イチ、ニ、イチ、ニ』とかけ声を出して、私たちをドイツ国境のほうへ追い立てていった」。コマンドー隊員たちは、瀕死《ひんし》のオランダ軍将校を引きずりながら、捕虜たちを待機していた車に押し込んだ。

「たったの一撃で、オランダにおけるイギリスの情報活動すべてが危機にさらされた」と、エリオットは書いている。さらにまずいことに、このときスティーヴンズは愚かにも、西ヨーロッパでの情報源を書き記した一覧表をポケットに入れていた。MI6は工作員ネットワークを、ドイツ側に急襲されないよう大慌てで撤退させた。

フェンロー事件は、純然たる大失敗だった。オランダ側の関与は明白で、事実、将校を一名失っているから、ヒトラーはオランダが中立を破ったと主張して、そのわずか半年後に始まるオランダ侵攻の口実として利用することができた。またイギリス側には、反ナチ派だと訴えるドイツ陸軍将校は信用ならないという根深い不信感を植えつけ、その態度は、戦争の終盤に本当の反ナチ派の将校が現れても変わらなかった。スティーヴンズとベストは、終戦まで収容所で過ごすことになる。一二月には、この囚《とら》われのイギリス人二名と二重スパイのファン・カウトリックとから引き出した情報により、ドイツ側は「詳細かつ非常に正確な〔MI6の〕工作員ネットワークの見取り図を作成することができた」し、何よりMI6そのものの組織構成も知ることができた。これは、この戦争でドイツ側が最も大きな成果を出した最初の二重スパイ作戦であった。ちなみに、意外に思われるかもしれないが、これはほぼ最後の成功例でもあった。

エリオットは、フェンロー事件を振り返って、その原因はスティーヴンズの「激しい功名心」にあり、彼は「独力で戦争を勝利に導く可能性」を嗅《か》ぎつけ、「このことが作戦に対する判断力を完全に曇らせた」と言って非難している。シェレンベルクは、ドイツ国防軍最高司令部内に抵抗組織があるとの作り話を続けるのをやめ、代わりに、次のような勝ち誇ったメッセージを送りつけた。「自惚《うぬぼ》れが強い愚か者との会話は、いずれ退屈になるものだ。我々は連絡を絶つことにする。諸君の友人であるドイツ国内反対派より、心からの挨拶を送る」。差出人には「ドイツ秘密警察」と記されていた。

　スパイとしての最初の六か月で、エリオットは諜報活動の通貨と言うべき捏造《ねつぞう》と詐欺について有益な教訓を学んだ。彼の上司は巧妙な欺瞞に引っかかって、今やドイツの収容所にいる。有能なスパイだったプートリッツは、二重スパイに正体を暴露されかけてロンドンへ亡命し、オランダでの情報ネットワークは全体が壊滅的な打撃を受けた。エリオットに暗号を教えてくれた、あの人畜無害な暗号係ジョン・キング大尉でさえ、金のために「あらゆることをソ連政府に売っていた」ことをソ連からの亡命者に暴露され、今ではスパイ容疑で一〇年の判決を受けて刑務所に入れられている。

　エリオットは、周りを取り巻く嘘偽りに嫌気がさすどころか、このまやかしと裏切りのゲームにますます引き込まれていくのを感じていた。フェンローでの大失敗は「不名誉であるばかりか破滅的でもあった」とエリオットは結論づけたが、同時にたいへん興味をそそられ、相手が最も信じたがっているものを信じるように仕向けさえすれば、それがきわめて知的な人物であっても簡単に騙《だま》すことができると知る具体的な教訓になった。彼は急速に学んでいった。記念にこんな戯《ざ》れ歌《うた》さえ作っている。

ああ、私たちは、何と手の込んだ罠を編んで、
騙しの練習を始めることか。
しかし、うんと練習すれば、
本当にうんと上手になれる。

一九四〇年五月九日午前三時、エリオットはロンドンから緊急電報が来たとの知らせに起こされた。公使の金庫から暗号帳を取り出し、公使館のダイニング・テーブルに座って暗号電報の解読に取りかかると、そこには次のように書かれていた。「ドイツ軍に西部戦線全体で攻勢を開始する意図ありとの情報を入手……」。翌日、ドイツはフランスとオランダに侵攻した。「オランダ軍は、勇敢に戦ったものの、長くは持たないだろうことは、すぐに明らかになった」と、エリオットは書いている。

イギリス人たちは国外脱出の準備を始めた。エリオットとＭＩ６の同僚たちは、すぐさま公使館の中庭で機密書類を焼却処分した。別の将校は、アムステルダムにある工業用ダイヤモンドのストックの大半を確保すると、ひそかにイギリスへ移送した。オランダ女王は、閣僚と護衛および黄金と共にイギリス海軍の駆逐艦に乗って亡命した。エリオットは、主たる任務として、巡業中だったヴィック＝ウェルズ・バレエ団の恐怖に震えるダンサー

たちを避難させることになり、一行をエイマイデン港で徴発した浚渫《しゅんせつ》船に乗せて切り抜けた。五月一三日、イギリス海軍駆逐艦モホークが、フック・ファン・ホラント港沖に投《とう》錨《びょう》し、最後まで残っていたイギリス人を安全圏へ移送すべく待機した。エリオットは、他の人々と一緒に急いで海岸へ向かう途中、戦火に燃えるロッテルダムの炎で地平線が明るく照らされているのを目撃した。乗船したのはエリオットたちが最後だった。五月一五日、オランダは降伏した。イギリスに帰り着くと、この若いＭＩ６将校は次の言葉で迎えられた。「我々には、もう後がない」。

初めての悲劇

エリオットは、国中が危機感を抱いているだろうと思っていたが、ロンドンが「普段と変わらず冷静であること」に衝撃を受けた。このとき以降、「私たちがこの戦争に負けるかもしれないなどということは、一瞬たりとも私の脳裏に浮かばなかった」とエリオットは書いている。数日後、彼は情報部の将校となり、そして、本人も驚いたことに、刑務所で過ごすことになった。

ワームウッド・スクラブズ刑務所は、ヴィクトリア時代に西ロンドンに建てられた刑務所で、戦時中はＭＩ５こと保安局の本部として利用され、当時はドイツによる諜報活動の脅威に対処するため大急ぎで拡張工事が進められていた。フランスとオランダが降伏した原因の一つは、ナチの第五列、つまりドイツの進撃を支援するため国内で活動する敵スパイの存在にあった。ドイツ侵略の脅威が高まると、イギリスでは熱狂的なスパイ狩りが始まり、ＭＩ５には、疑わしい活動の通報がどっと押し寄せた。「イギリスはスパイ熱に侵されている」とエリオットは書いているが、そのエリオットは、「オランダで直接目にした第五列の活動について証言する」ためＭＩ５へ一時的に転属となった。イギリスで第五列の脅威が現実のものとなることはなかったのだが、それは、そもそもそんな脅威は存在しなかったからだ。当初ヒトラーにはイギリスと戦争を始めるつもりはなく、ドイツ軍によるイギリス侵攻の準備は、ほとんど進められていなかった。

　アプヴェーアは、この出遅れを挽回《ばんかい》すべくさっそく動き出した。それから数か月にわたって、いわゆる「侵攻スパイ」が、ボートやパラシュートや潜水艦を使って大勢イギリスに潜入したが、訓練も装備も十分でなかったため、当然ながら、たちまちのうちに逮捕された。その一部は収監され、ごく少数が処刑されたが、多くは二重スパイとして採用され、偽情報をドイツ側担当官《ハンドラー》に流すのに利用された。これが、あの有名なダブル・クロス・システムの始まりだ。これは二重スパイのネットワークで、その重要性は、戦争が進むにつれて着実に拡大していくことになる。逮捕されたスパイたちの多くは、尋問を受け、秘密情報部にとって非常に興味深い情報を提供した。エリオットは、ＭＩ５とＭＩ６の連絡将校に任命され、ワームウッド・スクラブズ刑務所で勤務することになった。ここは臭くて陰気な、何とも異様な職場だった。ほとんどの囚人はすでに退去させられていたが、残っている囚人もわずかながらおり、その中には、エリオットと同じころにイートン校で学んだ同窓生で後に第六代ブリストル侯爵となるヴィクター・ハーヴィーもいた。評判の悪い遊び人で、メイフェアの宝石商から金品を強奪したかどで一九三九年に収監されていたのである。エリオットの執務場所は防音処理した独房で、ドアの内側にはハンドルがなかった。だから、その日の最後の来訪者が、部屋を出るとき、うっかり外のハンドルを回してしまおうものなら、エリオットは翌日の朝まで閉じ込められてしまうのだった。

エリオットは、この新たな生活を大いに気に入り、空襲を受けて侵攻の脅威にさらされている大都市で、昼は刑務所で働き、夜は好き勝手に過ごす日々を送った。住まいも、ロンドンのベイズウォーター地区にあるケンブリッジ・スクエアのアパートへ移した。このアパートは、同じくイートン校以来の友人で、ＭＩ６の職員でもあったリチャード・ブルマン＝ホワイトの祖母が所有する物件だった。バジル・フィッシャーは、今では第一一一飛行中隊の戦闘機パイロットになり、ハリケーン戦闘機に乗ってクロイドン飛行場から出撃していた。フィッシャーが休暇のときは、この友人三人で必ず集まり、たいていはホワイツ・クラブで一緒に過ごした。ロンドン大空襲はすでに始まっており、エリオットは、ロンドンで最も由緒ある最も高級な紳士クラブに来て、マホガニーのパネルを張った、紫《し》煙《えん》の立ち込める豪華な部屋で友人たちとくつろぎながら、「仲間意識」を満喫していた。

「私が本当の危険に遭遇したのは、たった一度、クラブのバーでピンク・ジンを飲んでいたときだけだ。爆弾が隣の建物に落ち、そのせいでジンのグラスはひっくり返り、私は床に倒れた。その後、バーテンダーの厚意でピンク・ジンをもう一杯もらった」。エリオットは、自分の戦争を楽しんでいた。しかし、ロンドンに戻って三か月後、彼は戦争の現実を知ることになる。

八月一五日、ドイツ空軍の戦闘爆撃機メッサーシュミットの編隊が、イギリス海峡を渡ってダンジェネス岬へ飛来したため、これを迎撃すべく第一一一ハリケーン飛行中隊が緊急発進した。大空を縦横無尽に飛び回っての激しい空中戦が始まると、英独間での航空戦「バトル・オヴ・ブリテン」全体を通じても屈指の激戦となり、ドイツ側の戦闘爆撃機七機が撃墜された。バジル・フィッシャーの搭乗機は、機体から煙と炎を出しながら戦闘空域から離脱していくのを目撃された。フィッシャーは、ウェスト・サセックスのシドルシャム村上空で脱出に成功したものの、パラシュートには火が燃え移っていた。ロープが焼き切れ、エリオットの親友は地面に叩きつけられた。パイロットを失ったハリケーンは、納屋に墜落した。バジル・フィッシャー空軍中尉は、シドルシャム池で遺体となって発見された。亡骸《なきがら》は、彼が生まれたバークシャーの村の教会墓地に埋葬された。

エリオットは、口にこそ出さなかったものの、心の内では完全に取り乱していた。上流階級に属するイギリス人の常で、彼も自分の感情を言葉に表すことはめったになかったが、抑制のきいた簡潔で苦悩に満ちたバジル・フィッシャーへの私的追悼文は、感情的な言葉をいくつも並べ立てるよりも、その心情を雄弁に語っていた。ここでは、軽佻《けいちょう》浮薄《ふはく》という仮面は滑り落ちている。「バジル・フィッシャーは、交戦中に死亡した。私はこれを、たいへん痛切に感じている。彼は私にとって兄のような存在だった。私が悲劇に見舞われたのは、これが初めてであった」。

　エリオットは、それからわずか数週間後、まだ悲しみで呆然としていたときに、新たに秘密活動の世界へ入ってきた新人と出会った。ウェストミンスター校出身の、同じケンブリッジ大学トリニティー・カレッジを卒業した同窓生で、エリオットのその後の人生を決定づけることになる人物だ。その名は、ハロルド・エイドリアン・ラッセル・フィルビー、通称キム・フィルビーであった。

2　セクションV

招待状を待つ

キム・フィルビーを語るのに最も頻繁に使われた言葉は、「魅力」であった。イギリス人が持つ、人々を酔わせて惑わせ、ときには破滅に導きさえする、あの資質だ。フィルビーは、相手の心に愛情を、いとも簡単に吹き込んだり伝えたりでき、そのため相手は自分が魅力の虜《とりこ》になっているとは、ほとんど気づかないほどだった。男性も女性も、老いも若きも、富める者も貧しき者も、誰もがキムに取り込まれた。彼は世間の人々を、癖のある前髪の奥から、何も見逃すまいとする優しい青い目で観察していた。立ち居振る舞いは実に見事で、常に誰よりも早く飲み物を差し出し、相手の母親が病気なら誰よりも早く具合を尋ね、子持ちなら子供の名前を誰よりも早く思い出した。笑うのが大好きな上に、酒を飲むのも人の話を聞くのも大好きで、しかも聞くときは心の底から真剣に、興味津々になって聞いた。当時のキムを知る人は、次のように語っている。「彼は、崇拝者を勝ち取る類《たぐい》の人間だった。皆、ただ好きになったり、敬愛したり、賛同したりするのではない。彼を崇拝するのだ」。話すときは、吃音《きつおん》が出たり出なかったりするが、そこから感じられるわずかな弱々しさが好印象を与え、彼の魅力をいや増していた。人々は、友人で小説家のグレアム・グリーンが言うところの「つっかえつっかえ、たどたどしく出てくる警句」を期待して、キムが話すのを待った。

キム・フィルビーは、戦時下のロンドンで颯爽《さっそう》と振る舞っていた。スペイン内戦ではタイムズ紙の特派員として、反乱軍である国民戦線の側から記事を送っていたが、そのとき、すんでのところで死を免《まぬか》れたことがあった。一九三七年の末、車の中でチョコレートを食べながらブランデーを飲んでいたとき、近くに共和国軍の砲弾が落ち、同僚の戦時特派員が三名全員死亡した。フィルビーは頭に軽傷を負っただけで助かり、「えらい度胸」の持ち主との評判を得た。この若い戦時記者には、フランコ将軍から直々に戦功赤十字勲章が授けられた。

第二次世界大戦が勃発すると、フランスへ向かうイギリス海外派遣軍に新聞各社の特派員が一五名だけ同行することになり、フィルビーはその一員に選ばれた。ヨーロッパ大陸に渡ると、部隊が戦闘を開始するのを待ちながら、皮肉のこもった彼らしい至急報を次々とタイムズに送った。たとえば、「多くの者が、最終決戦に向かう序曲のテンポが遅いことに不満を表明している。危険を覚悟で来たのに、士気が削《そ》がれるばかりである」という具合だ。ドイツ軍が前進してくる間もフィルビーは記事を送り続け、ようやくアミアンから引き揚げたのは、ドイツ軍の装甲師団が轟音《ごうおん》と共に市内へ突入し始めてからだった。イギリス行きの船に大急ぎで乗り込んだため、荷物は残していかざるを得なかった。このとき失った品々に対する彼の損害請求は、新聞業界の語り草になった。「キャメルのオーバーコート（二年間着用）、損害額一五ギニー。ダンヒルのパイプ（二年間使用。だからこそ）、損害額一ポンド一〇シリング［一ポンドは二〇シリング。一ギニーは二一シリング］」。タイムズ社は、自社の花形特派員が失くした古いパイプを弁償したが、このことから彼の評判がどれほど高かったのかがうかがい知れる。フィルビーは優れたジャーナリストだったが、彼の野心は別のところにあった。ＭＩ６に入りたかったのだ。しかし、ここでスパイ志望者の例に漏れず彼も難題に突き当たった。公式には存在しないことになっているため就職志願書を出しようのない組織に、どうやって入ればよいのか分からなかったのだ。

結局、フィルビーは諜報機関に入るために、エリオットと同じく直接的で非公式なルートを採ることにした。影響力のある知人らの間で「あちこちに少々ヒントを落とす」と、このクラブに入会する招待状が来るのを待つことにしたのである。そうしたサインが受け止められた最初の兆《きざ》しは、フランスから引き揚げてロンドンへ戻る途中の列車の中で訪れた。一等車の個室で、彼はサンデー・エクスプレス紙の女性記者ヘスター・ハリエット・

マーズデン＝スメドリーと同室になった。マーズデン＝スメドリーは三八歳、海外での戦争取材のベテランで、樫《かし》の木のように頑丈だった。このときはルクセンブルク国境で敵の砲火に遭い、ドイツ軍がジークフリート線を突破するのを目撃していた。諜報機関の関係者と面識があり、本人も副業としてちょっとしたスパイ活動をしていると言われていた。当然ながら、彼女もフィルビーの虜になった。回りくどい話はせずに、単刀直入にこう言った。

「あなたみたいな人が軍隊に入るなんてバカげてるわ。あなたなら、ヒトラーを負かすために、もっといろいろなことができるんだから」

フィルビーは、具体的に何のことを言われているのか理解すると、つっかえながら「その世界には、まったくコネがない」と答えた。

「何とかしましょう」とヘスターは言った。

ロンドンに戻ると、フィルビーはタイムズ紙の外信部長室に呼ばれ、「陸軍省」のレスリー・シェリダン大尉という人物から電話があり、フィルビーに詳細不明の「戦争の仕事」をしてもらえるかどうか尋ねられたと聞かされた。シェリダンは、以前デイリー・ミラー紙で朝刊の編集主任をしていた人物で、このときはMI6で偽情報と噂の流布《るふ》を担当するセクション「D／Q」の責任者を務めていた。

二日後にフィルビーは、セント・ジェームズ公園に近く、ブロードウェー五四番地のM

Ｉ６本部からは目と鼻の先のセント・アーミンズ・ホテルで、もう一人の女傑と一緒にお茶を飲んでいた。女傑の名は、セイラ・アルジェリア・マージョリー・マクシ。ＭＩ６で準軍事秘匿作戦を専門とするセクションＤ（Ｄは「破壊（Destruction）」の頭文字）の幕僚主任だ。マージョリー・マクシ女史は、保守党の最高組織責任者で、どうやらこの役職にあったおかげで、プロパガンダを広めたり物事を誇張したりするのがうまそうな人物を見つけ出すことができるようになったようだ。フィルビーは、彼女には「大いに好感が持てる」と思った。彼女も彼を気に入ったようで、その証拠に二日後再び会ったとき、フィルビーがケンブリッジで共に学んだ友人で、すでにＭＩ６の一員だったガイ・バージェスを連れてきた。「私は関係者の名を臆面《おくめん》もなく口にして見栄を張り始めた」が、「それは時間の無駄だったことが分かった。すでに採用は決定済みだったからだ」と、フィルビーは書いている。事前にＭＩ５が一通りの身元調査を行なって、「不利な記録は一切ない」こと、つまり息子のほうのフィルビーに問題がないことを確認していたのである。ＭＩ６の副長官ヴァレンタイン・ヴィヴィアンは、フィルビーの父とはインドで共に植民地行政官だったときに知り合っており、この新人の身元を個人的に保証しようとして、イギリスの同窓生ネットワークとは何たるかを典型的に示すかのように、「彼について聞かれたので、彼の家族を知っていると答えた」と述べている。

　フィルビーはタイムズ社を辞め、ＭＩ６本部の近くにある建物へ正式に出向くと、紙の束一つと鉛筆一本と電話一台を備えた執務室を与えられた。最初の二週間は特にすることがなく、新聞を読んだり、バージェスと二人でアルコールがメインのランチを長々と満喫したりしただけだった。自分は本当にＭＩ６の一員になったのか、それとも何か奇妙で退屈な関連部署に入れられてしまったのかと悩み始めたちょうどそのときに、フィルビーはブリッケンドンベリー・ホールに配属された。これは、都会を離れたハートフォードシャーにある秘密のスパイ養成学校で、チェコ人、ベルギー人、ノルウェー人、オランダ人、スペイン人など一風変わった亡命者の集団に秘匿作戦の訓練を行なっていた。この一団は、やがて特殊作戦執行部（Special Operations Executive　ＳＯＥ）に吸収されることになる。ＳＯＥとは、ウィンストン・チャーチルの言葉を借りれば、「ヨーロッパを炎上させる」ために敵戦線の後方で活動することを目指して結成された組織だ。しかし、当初この学校の工作員たちに炎上させることができそうだったのは、ブリッケンドンベリー・ホールと周辺の田園地帯だけだったようだ。常駐している爆破作業の専門家が、視察に来たチェコ軍の情報将校たちのため公開授業をしたところ、森に火をつけてしまい、視察団全員を危うく焼き殺してしまうところだったのである。フィルビーは、すぐにＳＯＥそのものへ転属となり、その後、ハンプシャーのビューリにあり、爆破作業と無線通信および転覆活動を専門とする別の訓練学校へ移った。ここではプロパガンダの講義を担当した。ジャーナリストだったので適切な訓練を受けているだろうと見なされたからである。だがフィルビーは、本物の戦時情報戦に参加したくてうずうずしていた。だから「何かにつけてロンドンへ逃げ出していた」。そうしてたびたびロンドンに来ていたときに、ニコラス・エリオットと出会った。

誰からも好かれる男

エリオットは、二人が最初に出会った場所がどこだったか、どうやっても思い出すことができなかった。世界で最も知られていない酒場と言うべき、ブロードウェーのＭＩ６ビル内部のバーだったか？ それとも、エリオットが所属するホワイツ・クラブだったのか？ あるいは、フィルビーが入っていたアシニーアム・クラブだったかもしれない。もしかすると、エリオットの遠い親戚で、後にフィルビーの妻となるアイリーンが、二人を引き合わせたのかもしれない。いずれにせよ、二人が出会うことは避けられなかっただろう。同じ世界の住人だったからだ。二人とも、重要な極秘の仕事に飛び込んだだけでなく、経歴も気性も驚くほどよく似ていた。クロード・エリオットと、フィルビーの父で著名なアラブ学者・探検家・作家であるシンジャンは、同じ時期にトリニティー・カレッジで学んだ友人で、二人の息子は、どちらも父親と同じ大学へ素直に進み、四歳年上のフィルビーは、エリオットが入学した年にケンブリッジ大学を卒業している。二人とも、立派だが距離のある父親の影を感じながら暮らし、父親から褒《ほ》めてもらいたいと願いながらも、それはついにかなわなかった。二人は帝国の子供であった。キム・フィルビーは、父親が植民地行政官を務めていたパンジャーブで生まれ、母親は、ラーワルピンディー［現パキスタンの都市］の公共事業部に勤めるイギリス人公務員の娘だった。エリオットは、父がインド北部のシムラ生まれだ。二人とも、主に乳母に育てられた後、学校教育で人格を形成された。それは一目瞭然で、実際エリオットはイートン校OB用のネクタイを誇らしげに着用していたし、フィルビーはウェストミンスター校のスカーフを大切にしていた。さらに二人は、いくらか内気だったが、それをフィルビーは一分の隙もない魅力と、出たり出なかったりする吃音で隠し、エリオットは矢継ぎ早に繰り出すジョークで隠していた。

二人はすぐに友情を結んだ。「あのころは、友情が生まれるのが平時よりも早く、特に極秘任務に携わる人々の間では、そうだった」と、エリオットは書いている。エリオットは、イギリスに送り込まれてくる敵スパイの捕獲を支援し、フィルビーは、占領下のヨーロッパへ連合軍の破壊工作員を送り込む準備を進めていた。二人は、この居心地よい絶対極秘の世界の中で、互いに話したりジョークにしたりできる話題が山ほどあることに気づいた。

バジル・フィッシャーの死でエリオットの生活にぽっかりと開いた穴は、フィルビーによって埋められた。「彼には、信頼と愛情を呼び起こす能力があった」と、エリオットは書いている。「誰からも一目で好かれるが、その割に理解されることは少ない、そういうタイプの人間だった。友人には、型破りな者や普通と違った人を求めた。他人を飽きさせなかったし、尊大に振る舞うこともなかった」。戦前にフィルビーは、親ナチ的な傾向がある英独友好協会に入っていたが、今ではエリオットと同様、「ナチズムという生来的な悪」と戦う覚悟を決めている。この友人二人は「政治を論じたことはほとんどなく」、多くの時間をクリケットの国際試合での「イングランドの得点率」について議論したり「ローズのマウンド・スタンドからクリケットを観戦」したりして過ごした。ちなみにローズとは、エリオットもメンバーになっているメリルボン・クリケット・クラブの本拠地で、クリケットの聖地と呼ばれる競技場である。フィルビーは、祖国イギリスに対してエリオットが抱いているのと同じ、堅固だがイデオロギーとは無縁の素朴な愛国心を持っているように思われた。「実際、私には彼が政治的動物のようにはまったく見えなかった」とエリオットは記している。二人が会ったときフィルビーはまだ二八歳だったが、エリオットの目にはもっと年上に見え、交戦地帯での経験があるので一人前の大人に思えたし、自信満々で有能そうで、いい意味でいかがわしい感じがした。

　MI6は、世界で最も恐るべき情報機関との名声を得ていたが、一九四〇年は過渡期にあり、戦争に対応するため大急ぎで組織を再編している最中だった。フィルビーは、MI6の仕事にプロ意識という新たな風をもたらしたようだ。彼が功名心を抱いていたのは間違いないが、その野心を、いかにもイギリス人らしく、「好感の持てる落ち着き払った世慣れた態度」の裏に隠していた。

戦時中に情報機関に入ってきた新人の一人に、ヒュー・トレヴァー＝ローパーがいる。イギリスでもずば抜けて頭脳明晰な人物ながら無礼きわまりない男であるトレヴァー＝ローパー（後に歴史家となり、受爵してデイカー卿になった）は、誰であれ同僚を褒めることはめったになかった（いわく、「総じてたいへん愚かで、中には非常に愚かな者もいる」）。しかしフィルビーは例外で、「非凡な人物。長所において非凡であり、見たところ知的で洗練されていて、裏表がないようにさえ思えた」と評している。フィルビーの頭は理路整然としているようだった。エリオットによると、フィルビーは情報活動について話をするとき圧倒的な「頭脳の明晰さ」を示したが、淡々と空理空論を重ねたり杓子定規《しゃくしじょうぎ》に考えたりすることはなく、「理論の人である以上に、実践の人であった」。フィルビーは服装も他人と違っていて、政府の役人が着そうなピンストライプのスーツと硬いカラーや、元戦時特派員として着用を許可されていた軍服は、あえて避けていた。代わりに、ひじ当てを縫い付けたツイードのジャケットを着て、スエードの靴を履き、首にはスカーフを巻いていた。これにときには、グリーンの布地に鮮やかな赤の狐の毛皮で縁取りをしたコートを羽織ることもあった。このコートは父からの贈り物だが、もともとは父がアラブの王族からもらった物である。この人目を引く装いの総仕上げとばかりに、頭にホンブルグ帽をかぶり、柄《え》が黒檀製の粋な傘を持ち歩いた。戦時中に情報機関にスカウトされた作家マルコム・マガリッジは、フィルビーの独特な身なりについて、「かつて秘密情報部のプロたちは、短ゲートルと片眼鏡を、時代遅れになって久しいのに支給されていた」が、新たに採用された将校たちは、「セーターにグレーのフランネルのズボンという格好でだらしなく歩き回り、バーやカフェや、いかがわしい酒場で酒を飲み、（中略）地下世界での知り合いや結びつきを自慢していた。フィルビーは、その原型と言ってよく、実際、彼らの多くにとっては真似るべき手本であった」と記している。エリオットも、フィルビーのような服装をし始めた。傘もフィルビーと同じ、この世の支配階級に属する者が持つにはふさわしいが、貫禄がないと似合わない、あの高価な傘を、オックスフォード通りのジェームズ・スミス&サンズから買い求めている。

フィルビーを通じてエリオットは、MI5とMI6の血気盛んで頭がよく酒にも強い情報将校の一団、通称「青年トルコ党〔本来はオスマン帝国末期に活動した進歩派の総称だが、「急進的で反抗的な若者」の意味でも使われる〕」と付き合うようになった。この気心の知れた、ほぼ男性だけのグループは、非番のときによくトマス・ハリスの家に集まっていた。ハリスは、スペイン人を母に持つ裕福な美術商で、当時はMI5で働いており、後に二重スパイ「ガルボ」ことファン・プジョル・ガルシアの担当将校として、かの有名な欺瞞作戦「ダブル・クロス」で中心的な役割を担うことになる人物だ。ハリスと妻のヒルダは、共に客を気前よくもてなす性格で、二人がチェルシーに持っている大きなワイン・セラー付きの自宅は、スパイたちが自由に出入りできるサロンになった。「誰が来ているかを見に、よく立ち寄ったものだ」と、フィルビーは回想している。この「高級料理と高級ワインがふんだんにある場所」には、フィルビーの友人ガイ・バージェスが来ることもあった。同性愛関係が派手で、しょっちゅう酔っ払っていて、わずかに不快な臭いを漂わせているが、いつも人を最高に楽しませる男だ。またここには、二人の友人で、もともとケンブリッジ大学の美術史家だったが、このころはＭＩ５の中核に収まっていたアントニー・ブラントも来ていた。ほかにも常連として、ＭＩ５で破壊工作対策の責任者だった貴族のヴィクター・ロスチャイルド卿や、ＭＩ５の対情報活動のトップで、この秘密の世界にあった内輪だけの飲食クラブの内情を詳細に教えてくれる日記を残したガイ・リデルなどがいた。ＭＩ６からは、ウェストミンスター校でフィルビーと一緒だったティム・ミルン（『くまのプーさん』の作者A・A・ミルンの甥）と、このころはイベリア半島におけるＭＩ６の活動の責任者になっていたリチャード・ブルマン＝ホワイト、そして当然ながら、ニコラス・エリオットが参加していた。ヒルダ・ハリスは、ぜいたくなスペイン料理を振る舞った。ときにはリデルがチェロを弾いて、かつてプロの音楽家を目指していた腕前を披露した。バージェスは、そのときのお気に入りの男娼を連れてくるのが常で、彼が来るとどんな乱痴気騒ぎになるか予想がつかなくなった。そうした面々の間を、フィルビーは笑顔で魅力を振りまきながら歩いては、情報活動について自説を延々と弁じて議論を吹っかけたり

（ただし「悪意からではなく議論を楽しむため」だったとエリオットは主張している）、ハリスの極上ワインをじゃぶじゃぶと注いで回ったりしていた。

　戦時中は飲酒量が増えるものだが、それを差し引いても、スパイたちはかなりの大酒飲みであった。アルコールは、人付き合いの潤滑油や絆となるので、秘密の戦争から来るストレスを緩和するのに役立ったし、紳士クラブは、配給を受けている一般庶民がなかなか手に入れられなかった酒類を、会員向けに入手することができた。当時イギリス情報機関の欺瞞作戦を担当する部署で働いていた小説家デニス・ホイートリーは、同僚の将校たちと食べていた典型的なランチを、次のように描写している。「まず初めに、バーのテーブルで決まってピムスを二、三杯飲み、それからアブサンをかなり加えた、いわゆる『キュッと一杯《ショートワン》』をやる。（中略）最初にスモーク・サーモンかポット・シュリンプが出て、次はシタビラメか、野ウサギのシチューか、サーモンか、ジビエで、これにチーズトーストが付く。これを上質の赤ワインか白ワインで流し込み、最後にポートワインかキュンメルで締めくくる」。この豪勢な食事が終わると、よくホイートリーはこっそりベッドに潜り込んで「一時間ほど眠って酔いを醒《さ》まし」、それから仕事に戻ったという。

　生きる喜びを味わいながら信念をもって酒を注ぐ（あるいは飲む）ことにかけては、キム・フィルビーに並ぶ者はいなかった。エリオットによると「彼はすごい酒飲み」で、「重度の酒飲みは運動をしたり、急に激しい動きをしたりしてはならない」のであり、さもないと「猛烈な頭痛」に襲われるという不可解な説を順守していた。フィルビーは、まるで使命であるかのように、酒をガブガブと飲み、他人にもゴクゴクと飲ませた。

エリオットは、こうした仲間と過ごすことができて嬉しかったし、リラックスできた。イギリス人は、もともと寡黙な傾向がある。エリオットと同じ階級や性格のイギリス人なら、なおのことそうだ。諜報機関のメンバーは、自分たちの仕事を友人や妻、両親、子供らに話すことを禁じられており、だからこそ多くの者が、他人に絶対知られてはならない秘密を共有することで結束している閉鎖的な集団に引き寄せられていた。一般人のいるところでは、エリオットは自分の仕事について一言も漏らさなかった。しかし、俗世の修道院とも言うべきMI6の内部や、特にハリス邸での騒々しい夜会では、完全に信頼できる人々に囲まれ、外部では考えられないほど何でもオープンに話すことができた。「同僚の大部分が、男性であれ女性であれ、みな個人的な友人であるような組織だった」とエリオットは書き、「ある種の和気《わき》藹々《あいあい》とした仲間意識が、まるでクラブのような感じで広がっており、誰もが互いをファースト・ネームで呼び合い、職場の外でも頻繁に会っていた」と記している。

共に出世街道を歩む

フィルビーとエリオットの友情は、単に興味や職業が同じというにとどまらず、もっと仲が深かった。ニコラス・エリオットは、誰とでも親しくなれたが、誰かと精神的に強く結ばれることはほとんどなかった。それだけにフィルビーとの絆は、彼の人生では他に似たもののない特別なものになった。「二人は馬が合ったのです」と、エリオットの息子マークは回想し、「キムは、父の友人の中でも第一の親友でした」と語っている。この親愛の情を、エリオットはあからさまに言葉にしたり行動で示したりすることは決してなかった。男らしさを尊ぶ当時の風潮を反映してか、口には出されぬままだった。エリオットはフィルビーを英雄として崇拝したが、同時に彼を愛してもいた。それは、男が男に抱く、報われることを期待せず、肉体関係も求めない、心に秘めた強い愛慕の念であった。

二人の関係は、共にイギリス情報機関の周縁部から引き抜かれ、その中核と言うべき、MI6で対情報活動を専門とする部署セクションVに配属されると、さらに強くなった。MI5の任務は、イギリス本国および植民地における治安維持で、敵スパイの取り締まりもMI5の仕事だった。これに対してMI6は、海外での情報収集および工作員の運用を担当していた。そのMI6内でセクションVは特別で重要な役割を担っており、外国で活動する敵の諜報機関に関する情報をスパイや亡命者を通じて収集し、イギリスがスパイ活動の脅威にさらされそうな場合はMI5へ事前に警告を発することになっていた。つまりセクションVは、イギリスにある二つの情報機関をつなぐ重要な部署であり、その任務は「外国の政府またはその機関による隠密情報収集作戦および同作戦の工作員を、妨害し、混乱させ、欺き、失敗させ、監視し、統制下に置く」ことだったのである。戦前にこのセクションは、国際共産主義の拡大を監視し、ソ連の諜報活動と戦うことに精力の大半を注いでいた。しかし戦争が進むにつれ、ほぼもっぱら枢軸諸国の情報活動に焦点を絞るようになった。特に関心が向けられたのはイベリア半島だ。中立国であるスペインとポルトガルは、諜報戦の最前線だった。ドイツがイギリスに向けて実施する情報作戦の多くは、この二か国から仕掛けられ、そのためMI6は一九四一年以降、イベリア半島での作戦を強化していた。ある晩、トマス・ハリスがフィルビーに、上司たちが「拡張した班を任せるためスペインに関する知識を持った」人物を探していると告げた。フィルビーが即座に興味を示すと、ハリスはエリオットの友人で、MI6がイベリア半島で実施する作戦の責任者だったリチャード・ブルマン＝ホワイトに伝えた。フィルビーいわく「OBのネットワークが動き始め」、数日後に彼は呼び出されてセクションVのトップと会うことになった。

フィーリックス・カウギル陸軍少佐は、昔ながらの情報将校の典型だった。インド警察の元警官だった彼は、厳格で血の気が多く、疑り深いが、頭はかなり鈍かった。トレヴァー＝ローパーは彼を「鈍感で手の付けようのない誇大妄想家」と言って片づけていたが、フィルビーも内心では同じように酷評しており、「情報将校としては、創造力の欠如、細部への無関心、および世界情勢に関する純然たる無知という障害を抱えていた」と記している。またカウギルは、自分のセクション以外の者には誰彼かまわず「疑念を抱いて怒りを向ける」が、セクション内の者なら無条件で信頼しており、フィルビーの魅力に抵抗できるような人物ではなかった。

フィルビーは、その仕事に正式に応募したわけではなかったし、カウギルも正式に提示したわけではなかったが、ある晩、延々と酒を飲んで過ごした後に、フィルビーはセクションVイベリア班の新たな班長になっていた。この仕事に就いたことで、フィルビーが嬉しそうに記しているとおり、職務が広がるのに加え、「SISとMI5の他のスタッフとの個人的接触」も増えることになった。なお、フィルビーがこのポストに就く以前、MI6の副長官ヴァレンタイン・ヴィヴィアン、通称「ヴィー＝ヴィー」は、フィルビーの父親ともう一度話してみることにした。ヒラリー・シンジャン・ブリッジャー・フィルビーは、悪名が非常に高い人物だった。サウジアラビア初代国王イブン・サウードの顧問として、この地域の石油政策で中心的な役割を担っていた（し、この先も担い続けた）。イスラム教に改宗して、シャイフ・アブドゥッラーと名乗り、アラビア語を流暢《りゅうちょう》に話し、後にはサウジ国王から贈られたバルチスタン「イランからパキスタンにかけての山岳地帯」出身の奴隷少女を二番目の妻にしている。それでも、趣味や嗜好は完全にイギリス人のままで、何を考えているのかまったく予想がつかなかった。戦争に反対したため逮捕されて一時期収監されたが、それで社会的立場が悪くなることもなければ、息子の前途が潰れることもなかった。ヴィヴィアンは、クラブでランチを取りながら、シンジャン・フィルビーに息子の政治思想について尋ねた。

「ケンブリッジでは少々共産主義にかぶれていたのではないかね？」

「いやあ、あんなのは学生時代の愚行に過ぎんよ」と、シンジャン・フィルビーは軽い調子で言った。「今はもう改心している」。

同じころ、それと並行するようにニコラス・エリオットも出世街道を進んでいた。一九四一年の夏には彼もセクションVへ異動となり、オランダでの作戦を任された。以後、フィルビーはイベリア半島でドイツの諜報活動と戦い、エリオットは隣のオフィスから同じことをナチ占領下のオランダで行なうことになった。両名とも、給料として年六〇〇ポンドを支給され、情報機関での長年の規則に従い、税金は一ペニーも払わなかった。フィルビーとエリオットは、今や肩を並べて「敵の情報機関を徹底的に追跡して排除する」べく戦い始めたのであった。

理想の上司と愉快なチーム

セクションVは、MI6の他の部署のようにロンドンに置かれたのではなく、首都から北へ三〇キロメートル以上離れたセント・オールバンズのキング・ハリー・レーンにあるヴィクトリア時代の大邸宅グレンアーモンド、暗号名「戦時駐屯地XB」に本部を置いていた。キム・フィルビーとアイリーンは、町はずれに一軒のコテージを借りた。

フィルビーと未来の妻アイリーンの出会いは、宣戦布告された日にケンブリッジ時代の女友達フローラ・ソロモンから紹介されたのがきっかけだった。ユダヤ系ロシア人の金鉱王を父に持つソロモンは、フィルビーの仲間たちという色彩豊かな温室に数多く咲く異国の花の一輪だった。若いころは、ロシア臨時政府首相で後の一〇月革命でレーニンに追放されたアレクサンドル・ケレンスキーと関係を持ち、その後、第一次世界大戦で活躍したイギリス陸軍の将軍と結婚した。一九三九年、小売チェーンのマークス・アンド・スペンサーに労働条件改善のため招かれたが、ここでマーブル・アーチ店の売り場監視員だったアイリーン・ファーズと出会って親しくなった。「アイリーンは、今では時代遅れな言い方になったが、あの『旧家』と呼ばれる階級に属していた」と、ソロモンは書いている。「典型的なイギリス人で、ほっそりしていて魅力的で、強烈な愛国心を抱いていた」。ツインセットにレインコートという地味な服装でマークス・アンド・スペンサーの売り場通路をひそかに監視しているときは、ほとんど誰にも気づかれない。アイリーンは、人混みの中ではそこに紛れ、後ろのほうから注意深く周囲を観察するようなタイプだった。わずか四歳で父親を第一次世界大戦で亡くし、ロンドン周辺の州で育てられたが、その養育はきわめて型通りの、退屈で実に孤独なものだった。彼女は人知れず「鬱《うつ》状態になった」。アイリーン・ファーズとキム・フィルビーは、ロンドン市内のメイフェアにあるソロモンの自宅でアルコールを楽しんでいたときに出会った。フィルビーは、スペインで特派員だったときの体験を話し始めた。ソロモンによると、「彼は、アイリーンが自分の話を熱心に聞いてくれることに気がついた」ようで、「いつの間にか、二人はアパートで同棲していた」。

二人が一緒になることは、どちらも楽しい仲間と一緒に過ごすのが好きなことを考えれば、エリオットには理想的に思われた。エリオットは、フィルビーへの好意とほとんど変わらないほどアイリーンにも好意を抱いており、その気持ちは、糖尿病になったとき彼女から優しく看病されて回復すると、いっそう強くなった。「彼女はたいへん知的で、とても思いやりがあり、勇気に満ちあふれ、ユーモアのセンスもよかった」とエリオットは書いている。それどころかアイリーンこそ、誠実で、控えめで、愛国心にあふれ、彼のジョークを喜んで笑ってくれるという点で、エリオット自身が自分の妻にしたいと望むような女性だった。フィルビーとアイリーンの間には、最初の子として女の子が一九四一年に生まれ、二年後には男の子が、その翌年にはもう一人男の子が生まれた。フィルビーは父親として子供をとにかくかわいがり、まったくの「子煩悩」だったとエリオットは好意的に記している。

フィルビーの家は、セクションVの若い情報将校たちのたまり場になった。いわば、ロンドンにあるハリスのサロンの郊外版で、この家は、多数取り揃えた酒類も含め、誰もがいつでも利用できた。当時フィルビーの副官の一人だったグレアム・グリーンは、「セント・オールバンズでは日曜日にだらだらとランチを取りながら、班の全員が彼を中心に数時間しこたま飲んで、のんびり過ごしたものだった」と回想している。同僚たちによると、フィルビーは「ささやかな誠実さ」があり、心が広く、職場のくだらない権力争いを毛嫌いしており、そのため皆から敬愛されていた。「彼には、何か特別な感じがあった。言ってみれば冒険小説に出てくる小隊長のような、誰からも好かれる権威のオーラがあり、そのため誰もが彼の前ではいいところを見せようとした。上官でさえ彼の能力を認め、その意見に従った」。

セクションVは、わずか一〇名ほどの将校とその副官、およびこれと同数の支援スタッフから成る、小規模ながら固く結ばれた集団だった。将校と秘書は互いをファースト・ネームで呼び合い、中にはそれよりもっと親しい関係になった者もいた。フィルビーの「愉快な仲間」には、学生時代からの旧友ティム・ミルンのほか、愉快な変人で、かつて「フランスの香水会社モリニューのためアビシニア［現エチオピア］でスカンクの排泄物の購入担当者」を務めていたトレヴァー・ウィルソン、流暢なスペイン語を話す果実輸出業者ジャック・アイヴンズなどがいた。地元の人々は、あの大きな家にいる大卒の若い男女は大英博物館の考古学者チームで、ローマ時代にウェルラミウムと呼ばれていたセント・オールバンズの遺跡を発掘に来たのだと思わされていた。料理係のレニット夫人がイギリス料理をたっぷり用意し、金曜日にはフィッシュ・アンド・チップスを作った。週末には、みんなでグレンアーモンドの裏にあるグラウンドでクリケットをプレイし、それが終わると隣のパブ「キング・ハリー」へ飲みに行った。

上司はカウギルだったが、グループを動かす原動力となっていたのはフィルビーで、「何であれ自分がしていることに対して彼が示すやる気と目的意識が人々の心に届き、彼に従おうと思わせた」。彼を褒めそやしたのは、エリオットだけではない。「キム・フィルビーほどのいい上司は、おそらくいなかっただろう」と書いているのはグレアム・グリーンだ。いわく、「ほかの誰よりも熱心に働きながら、苦労している素振りは一向に見せなかった。常にリラックスしていて、何事にも動じなかった」。官僚組織は、どれほど略式なものであっても権力争いの余地があるものだが、フィルビーは誠実さの塊だった。「誰かが判断ミスをしても、批判したりはせず、決まってその影響を最小限に抑えてミスを覆い隠してくれた」。デズモンド・ブリストーは、スペイン語を話す新人として一九四一年九月にグレンアーモンドに到着し、フィルビーの出迎えを受けたが、その第一印象をこう記している。「にこやかな目と自信にあふれた雰囲気を持った、優しそうな男性だった。私は第一印象として、知的で落ち着いた魅力のある人物だと感じた。（中略）精神的な静けさを漂わせていた」。セクションＶの「居心地の良さ」は、ＭＩ６のもっと堅苦しい部署とは対照的だった。チームのメンバーどうしで互いに秘密にしていることは、職務上のことであれ、それ以外であれ、ほとんどなかった。「同僚が何をしているかを突き止めるのは、さほど難しいことではなかった」とフィルビーは書いている。「誰か一人に知られたら、それはいずれ全員が知るところになった」。

部下からの称賛と並んで、フィルビーは上司からも高評価を受けた。フィーリックス・カウギルは、彼を「クリケットの名審判」と呼んだ。これ以上の褒め言葉はないだろう。最も公明正大なルールに従って行動する人物という意味だからだ。しかし中にはフィルビーに、それとは違った横顔として、もっと冷徹で底知れない、「計算ずくの野心」や非情な「決意」を垣間見る者もいた。エリオットと同じく彼も質問をかわすのにジョークを利用した。トレヴァー＝ローパーによると、「彼にはどこかミステリアスなところがあった。真面目な話はしようとせず、常に皮肉を利かせていた」。

イベリア班の班長として、フィルビーは手強《てごわ》い難題に直面した。スペインとポルトガルは、表向きは中立国として戦争に参加していなかったが、裏では両国ともドイツの大規模な諜報活動を黙認し、積極的に支援してさえいた。アプヴェーアのスペイン支部長はヴィルヘルム・ライスナーといい、彼の下には、二〇〇名以上の将校（ドイツの外交官の半数以上）とスペイン全土に散らばる約一五〇〇人の工作員とで構成される、潤沢な資金を受けた大規模な情報ネットワークがあった。ライスナーの主たる標的はイギリスで、スパイをスカウトしてイギリスへ送り込んだり、イギリス大使館を盗聴したり、スペインの役人を買収したり、イギリスの船舶を破壊させたりしていた。ポルトガルも諜報活動の舞台だったが、支部長のドイツ人貴族ルドヴィコ・フォン・カルストホフは怠惰な男で、そのためアプヴェーアの活動はスペインほどの成果を上げてはいなかった。アプヴェーアは、スペインとポルトガルにスパイと資金を大量に注ぎ込んでいたが、フィルビーには、ライスナーやカルストホフと戦う上で一つ圧倒的な強みがあった。ブレッチリー・パークである。これは極秘の暗号解読局で、傍受したドイツ側の無線通信文を解読して、ナチの諜報活動についてたいへん貴重な情報を提供してくれていた。「ほどなくして半島でのアプヴェーアについては非常に詳細な全体像が判明した」とフィルビーは書いている。そうした情報は、すぐに「敵の土俵で敵を混乱させるか、せめては大いに辱《はずかし》めるのに利用」された。

特別な報告書

ニコラス・エリオットは、かつてたびたび訪れていたオランダでドイツの情報機関と戦う任務を帯びていたわけだが、それはイベリア半島とは様子が違い、むしろかなり難しかった。ナチ占領下のオランダにいるアプヴェーアは非常に有能で、スパイを続々とスカウトしては、訓練してイギリスへ送り込んでいた。それに対して、こちらからオランダに工作員を潜入させるのは恐ろしく困難だった。フェンロー事件を切り抜けて残ったわずかばかりのネットワークも、ナチへの情報提供者によってズタズタにされていた。

ジェームズ・ボンドを連想させる（だけでなく、エリオットの策略の特徴をすべて備えた）計画が立てられ、オランダ人工作員ペーテル・タゼラールが、夜会用の正装をし、その上から濡れないようにダイビング・スーツを着用した姿で、スヘーフェニンゲンの海岸通りにあるカジノの近くに上陸した。上陸すると、タゼラールはただちにダイビング・スーツを脱ぎ捨て、タキシード姿で「海岸通りの群衆に紛れ込」もうとした。タキシードには、「パーティー好きのイメージ」を補強するため、あらかじめブランデーが振りかけてあった。正装姿でかすかにアルコールの匂いを振りまいていたタゼラールは、ドイツ軍の歩哨《ほしょう》の目を首尾よく逃れ、事前にパラシュートで投下してあった無線機を回収した。これが００７張りなのは、決して偶然ではない。当時イギリスの情報機関にいた若手の中に、海軍情報部の青年将校で、後に「ジェームズ・ボンド」シリーズを執筆するイアン・フレミングがいた。イアン・フレミングとニコラス・エリオットは、どちらもダーンフォード・スクールで教育を受けたという悪夢を経験しており、そのため二人は親友になった。

ペーテル・タゼラールは、イギリスに帰還できた数少ない工作員の一人だった。一九四〇年六月から一九四一年一二月の間にオランダへ送り込まれた一五名の工作員のうち、生き残れたのは四人しかいなかったが、これはオランダでエリオットと対峙するアプヴェーアの対情報作戦の責任者ヘルマン・ギスケス陸軍少佐が、恐ろしいほど有能だったためである。一九四一年八月にギスケスは、高速魚雷艇でオランダへ輸送されたＳＯＥのオランダ人工作員の一団を捕まえると、処刑すると脅して、暗号化した無線通信文をイギリスへ無理やり送信させ、さらに多くのスパイを海の向こうからおびき寄せた。その結果、この二重スパイ作戦「エングラントシュピール（イングランドのゲーム）」では、五五名ものオランダ人工作員が逮捕されて数十名が処刑され、イギリス側は、何とか逃げ出してきた二名の工作員から知らされるまで、騙されていることに気づかなかった。作戦終了に当たり、ギスケスは最後に相手をバカにするかのような、こんな無線通信文を送った。「貴殿が当方の支援なしにオランダで業務を行なおうとするのは、これで最後となります。当方が貴殿の唯一の代理人として長期にわたり何の問題もなく協力してきたことを鑑《かんが》みれば、これはかなり不公平ではないかと考えております。それでも、貴殿が大陸へご訪問の折は、これまで当方へ派遣された方々全員と同じおもてなしでお迎えする所存です。草々」。この一件は、フィルビーの言葉を借りれば「作戦上の大失敗」だったが、それに劣らぬほど衝撃的だったのは、オランダのドイツ情報機関がスパイを少なくとも一名、気づかれることなくイギリスへ潜入させていたのが判明したことだった。

　一九四一年春、あるオランダ人の遺体がケンブリッジの防空壕で見つかった。名前は、珍名と言っていいだろう、エンゲルベルトゥス・フッケン。ポケットとスーツケースからは、オランダのパスポートと偽造身分証明書、それに一シリングと六ペンスが見つかった。五か月前にパラシュートでバッキンガムシャーに降下し、避難民になりすましていたが、所持金が底をついたため銃で自分の頭を撃って自殺したのである。これほど長期にわたって捕まらずにいたナチのスパイはおらず、ブレッチリー・パークの傍受情報にも、その痕《こん》跡《せき》はまったく現れていなかったため、捕まっていないスパイがほかにもいるのではないかという、エリオットにとっては懸念すべき可能性が浮上した。

　カウギルの管理体制は緩やかだったので、セクションＶの将校たちは「ほとんど自由に」ロンドンへ行くことができた。フィルビーとエリオットは、機会あるごとにロンドンへ行っては、「ＳＩＳの他の部署や、ＭＩ５など他の政府機関との関係」を深める一方、所属するクラブに顔を出したり、夏には一緒にローズでクリケットを観戦したりした。二人は月に一、二度「空襲監視の夜勤」に志願し、ＭＩ６の本部で世界中から夜通し送られてくる電報に目を通し、イギリスの情報作戦について興味の尽きない知識を得た。この極秘組織において、エリオットとフィルビーは、共に危険と向き合い、懸命に働き、一緒に猥談《わいだん》で盛り上がる、最も親しい仲間であった。

　一九四一年のある朝、キム・フィルビーはロンドン行きの列車に乗り込んだ。持っていくのは、いつもと同じ「膨らんだブリーフケースと長い訪問先リスト」だ。それ以外に、セクションＶの業務と、その人員、目的、作戦、成功例と失敗例などを「整った小さな字で手書きした」詳細な報告書も携帯していた。いつも通りＭＩ５とＭＩ６での会議を終えたフィルビーは、普段ならＭＩ６の下にあるバーか、所属するクラブか、あるいは夜通し酒を飲んだり秘密を交換したりできるハリス邸へ向かうのだが、この日はそのいずれにも行かなかった。彼が足を向けたのは、地下鉄のセント・ジェームズ公園駅だった。構内に入ると、最初の列車は乗らずにやり過ごした。次の列車が来ると、他の乗客が全員乗り込むのを待ち、ドアが閉まる瞬間に飛び乗った。二つ目の駅で下車すると、反対方向へ向かう列車に乗った。その後、動いているバスに飛び乗った。こうしてようやく、尾行されている気配はないと確信すると（これをスパイ用語で「ドライクリーニング済み」という）、フィルビーは、ある公園へ向かった。そこには、体格のいい金髪の男性がベンチに座って待っていた。二人が握手を交わす。フィルビーは、ブリーフケースの中身を渡すと、セント・オールバンズへ帰る電車に乗るためキングズ・クロス駅へ向かった。

もしニコラス・エリオットが、親友の書いたセクションVに関する報告書をじっくり読んだら、きっと驚き、そして憤激したことだろう。その一節には、こう書かれていた。「ニコラス・エリオット氏。二四歳、五フィート九インチ［約一七五センチメートル］。茶色い髪、突き出た唇、黒縁眼鏡、外見は醜く、やや豚に似ている。頭がよく、ユーモアのセンスもいい。酒が好きだが、先ごろ大病を患い、そのため今の飲酒量は少ない。オランダ担当」。

さらに、エリオットがフィルビーと彼の会っていた相手について真相を知ったら、もっと驚いたに違いない。書類の束を持って夜の闇へ足早に消えていった男は、スターリンの情報機関NKVD（人民内務委員会）の将校であり、彼の親友キム・フィルビーは、「坊や」の暗号名で七年前から活動している経験豊富なソ連側スパイなのであった。

3　オットーと坊や

二重生活の始まり

キムという名は、フィルビーの父親が付けたニックネームで、ラドヤード・キプリングの有名な小説『少年キム』の主人公に由来する。フィルビーは、インド人の乳母に育てられたため、最初に習得した言語は子守歌代わりのパンジャーブ語で、キプリングの少年キムと同じく、彼も白人ながらインド人として通りそうな子だった。キムの名前はそのまま使われ続けたが、その名が彼にふさわしかったことは、後年になるまで分からなかった。小説のほうのキムは、二つの異なる個性を持つ、二面性のある人物だった。

慈育《じいく》の土は有り難し——
慈養《じよう》の糧《かて》はさらなり——

だが我が精神に二面を与えし
アラーの恩寵《おんちょう》には及ばず。

［ラドヤード・キプリング『少年キム』斎藤兆史訳、晶文社、一九九七年］

キム・フィルビーを育てた慈育の土は、パブリック・スクールで教育を受けた伝統的な上流階級のイギリス人を生み出したが、慈養の糧は、それとはまったく異なる人物を作り出し、しかもその糧について、親友のニコラス・エリオットは何一つ知らずにいた。自分がケンブリッジ大学に進んだのと同じころに、フィルビーがソ連側スパイになったことを知らなかった。フィルビーの田舎での結婚生活はまやかしで、この友人が実はオーストリア人の共産主義スパイと結婚していることも知らなかった。フィルビーがＭＩ６に入ったのは、自分と同じく熱烈な愛国者だったからではなく、フィルビー自身の言葉を借りれば、「ソヴィエトの利益のために働く潜入スパイ」としてだったことも、知らなかった。さらには、日曜日にセント・オールバンズで和気藹々とランチを楽しんでいる最中や、夜にハリス邸で飲み会をしているときや、ＭＩ６の地下やホワイツ・クラブのバーで飲んでいる最中も、フィルビーは職務に励み、ジンをグイグイ飲むのと同じ勢いで友人たちの秘密を集め、それをすべてソ連政府へ伝えていたことも、エリオットは知らなかった。

　フィルビーが二重生活を送るようになった理由は、子供時代の生活や父親の影響、受けた教育のほか、成人初期に彼の人格を形作ったイデオロギーの大転換にもあった。フィルビーは自分の二重生活について、一八歳のときに見つけ、以後、決して捨てることのなかった一連の政治的信条に対する揺るぎない信念から生まれたものだと主張し、フィルビーの敵が裏切りと呼んだものを忠誠と見なしていた。しかし、フィルビーにとってこれには単なるイデオロギー以上の意味があった。大英帝国末期に支配階層に生まれた人物の例に漏れず、彼も自分には世界を変革して支配する能力と権利があるのだと当然のごとく信じていた。この点はエリオットも同じだったが、世界をどのように動かすべきかについて、二人の考えはこれ以上ないと言っていいほど正反対だった。二人とも帝国主義者だったが、それぞれ敵対する帝国を支持していたのである。フィルビーの輝くような魅力の下には、分厚い自尊心の層が横たわっていた。魅力で相手を自分の世界へ引き込むが、決して深入りはさせず、自分の見せたいものしか見せない。イギリス人は秘密が大好きで、隣に立っている人物よりちょっと詳しい知識を持っているのが何より好きだ。しかし、その隣の人物も秘密を隠していたら、トレヴァー＝ローパー言うところの「情け無用で相手を騙してはばからない秘密の力の、えも言われぬ魅力」は倍増することになる。フィルビーは、若いころに欺瞞という強烈な麻薬に手を出し、その後は生涯を通じて背信中毒だった。

　キムは父親のお気に入りであり、父親の事業の対象であった。クロード・エリオットと同じく、シンジャン・フィルビーも息子には大いに望みをかけていたが、愛情はほとんど示さなかった。ウェストミンスター校とケンブリッジ大学へ進めるように息子を仕込み、この二つの目標を息子が成し遂げたときは鼻高々だった。しかし、年中ほとんど不在で、アラブ世界を走り回っては論争を引き起こしたり名声を求めたりしていた。本人自ら「私が求めるのは名声であり、その名声がどんなものであろうとかまわない」と語っている。シンジャン・フィルビーは、著名な知識人・言語学者・鳥類学者で、確かにある種の名声を手にしてはいたが、その高評価が長続きしなかったのは、おそらく彼が極度に怒りやすくて我がままで、傲慢だったからだろう。自説は、たとえどれほど手短に述べたものであっても、すべて明かされた真理と見なし、撤回はおろか、反論に耳を傾けたり妥協したりすることも絶対になかった。人を怒らせるのも早ければ、自分が怒りだすのも早く、自分以外のあらゆる人間を言葉厳しく酷評した。妻のドーラに対しては、無視するか怒鳴り散らすかのどちらかだった。上昇志向が強く、多くの点で保守的だったが、本能的に何事にも反対する人で、常日頃から体制に逆らっているくせに、体制から正しく評価されないと激怒して不平を訴えた。そんな父を、キムは心から尊敬すると同時に、心の底から忌み嫌っていた。

学校時代、フィルビー少年は「常に父親の長い影を感じて」いた。成績優秀で誰からも好かれていたが、やや虚言癖があり、それが両親の心配の種になっていて、父からは「結果がどうなろうと真実を話すよう常に気をつけなくてはならない」と言われていた。キムは、一七歳のとき歴史学の奨学金を得てケンブリッジ大学にやってきたが、この時点ですでに父から、知的な自信過剰と、時勢に逆らおうとする決意の二つを受け継いでいた。一九三〇年代にケンブリッジを襲った猛烈なイデオロギーの潮流は、一つの渦を作り出し、フィルビーをはじめとして、疎外感を抱く怒れる聡明な青年たちを何人も引き込んでいた。フィルビーは政治的左派の人々と友人になり、極左の人間とも親しくなった。ヨーロッパではファシズムが拡大を続けており、それに対抗できるのは共産主義だけだと、多くの人は考えていた。学生たちは、パネル張りの部屋で酒を何杯も飲みながら夜遅くまで、様々なイデオロギーを次々と取り上げながら、議論や討論を繰り返して吟味し、ごく稀《まれ》にではあるが、暴力革命を支持することもあった。フィルビーが新たに親しくなった過激な友人たちのうち、最も重要で、間違いなく最も派手だったのが、ガイ・フランシス・デ・モンシー・バージェスという名の、道徳観念はないが機転が利いて、どうしようもなく危険で、共産主義を声高に支持していた人物だ。もう一人の同じく過激な友人が、聡明な若き言語学者で外務省への採用が決まっていたドナルド・マクレインだった。

フィルビーは、ケンブリッジ大学社会主義協会に入った。労働党のため選挙運動も行なった。しかし、「突然の回心」や世界観を一変させる悟りがあって共産主義という宗教に心を奪われたわけではない。そうではなく、学生時代のフィルビーは徐々に左傾していったのであり、そのスピードが速くなったのは、一九三三年にベルリンを訪れ、反ユダヤ人集会でナチズムの残虐性をエリオットと同じく直接目にした後だった。友人の多くは共産党に入ったが、フィルビーは決して入党しなかった。彼の信条は過激ながらも単純なもので、金持ちはあまりにも長きにわたって貧者を搾取しており、ファシズムに対する防壁は「世界運動の本丸」であるソヴィエト共産主義以外になく、資本主義は破綻するのが明白で今や崩壊の一途をたどっており、イギリスの支配階層はナチ寄りの態度で毒されているというものだった。「私は、生涯を共産主義に捧げなくてはならないとの確信をもって大学を卒業した」と書いている。しかし、そうした確信を表に出すことは少なく、周囲の者に悟られることはほとんどなかった。確かに彼は、学位に対して与えられた一四ポンドでカール・マルクス著作集を買っている。しかし、それを徹底的に熟読したどころか、目を通した形跡すらない。後に人生を政治に左右されることになるが、政治理論には大して関心がなかった。エリオットが後に述べているように、「彼が弁証法的唯物論を講義しているところなど、ちょっと想像できない」のだった。

ケンブリッジを卒業する前、フィルビーは指導教官でマルクス経済学者のモーリス・ドブを探し出し、「共産主義の大義に生涯を捧げる」にはどうするのが一番よいかと尋ねた。こんな誘導尋問まがいの質問をしてもフィルビーは危険だとは思わなかったし、ドブも返答するのを何らためらわなかったことからも、マルクス主義がケンブリッジ大学にどれほど深く浸透していたかが分かる。ドブから、国際的な共産主義組織コミンテルンのパリ駐在工作員ルイ・ジバルティに会えと指示され、そのジバルティからは、オーストリアの共産主義地下組織を紹介された。話は実に簡単に進んだ。極左にも独自の同窓生ネットワークがあったわけだ。

ウィーンで恋に落ちる

一九三三年秋、フィルビーはウィーンへ向かった。外務省への入省希望を出す前にドイツ語の腕を磨くというのが表向きの理由だったが、実際には、当時オーストリアの首都で進行していた左派と右派の戦いを目撃し、できることなら、その戦いに自らも参加するのが目的だった。オーストリアの極右政治家で独裁者のエンゲルベルト・ドルフースは、社会主義運動を弾圧しようとして、すでに憲法を停止し、ストライキとデモを法律で禁止していた。全面的な衝突が起こるのは時間の問題で、状況は、フィルビーいわく「緊迫して」いた。フィルビーは、ジバルティから教えられた住所を訪ね、住人に自己紹介した。住んでいたのは、イスラエル・コールマンと妻のギーゼラ、そして二人の娘アリスで、フィルビーはアリスに一目で恋をした。皆から「リッツィ」と呼ばれていたアリスは、このとき二三歳、黒髪のユダヤ人で、とても明るく、ぶしつけと言っていいほど率直で、一八歳で結婚したが最近離婚したばかりだった。フィルビーは、リッツィと会ったときはまだ童貞で、政治についても単純な考えしか持っていなかったが、こうした経験不足はどちらもリッツィがすぐに解消してくれた。リッツィは、非常に熱心な革命家で、当時の人によると、「ものすごくセクシーな娘」だった。

リッツィは、ウィーンの共産主義地下組織で活動しており、ソ連の情報機関とも接触していた。破壊活動の罪で二週間投獄された経験もある。フィルビーは、たちまち夢中になった。二人は、積もった雪の上でセックスをした(「実際、慣れてしまえば結構暖かいよ」と、フィルビーは後の恋人に語っている)。フィルビーがオーストリアに来て数か月後、ドルフースは左派を壊滅させようとして、社会主義者のリーダーたちを逮捕して労働組合を禁止し、そのためオーストリアは短期間ながら激しい内戦に陥った。フィルビーとリッツィは、短命に終わった社会主義者と共産主義者の同盟「革命的社会主義者」のため戦いに参加し、通信文を運んだりビラを書いたり、指名手配された男女がひそかに国外へ脱出するのを助けたりした。四日後に左派は鎮圧され、一五〇〇人が逮捕されて社会主義者のリーダーは処刑された。リッツィは指名手配リストに名前が載り、警察が迫ってきていたが、フィルビーが持つイギリスのパスポートを使えば守ってあげられるはずだ。一九三四年二月二四日、彼はウィーン市庁舎でリッツィと結婚した。これは、マルクス主義が縁で結ばれた結婚だったが、それだけにとどまるものではなかった。フィルビー夫人として、彼女は新たな夫と共に安全なイギリスへ逃れることができた。リッツィはフィルビーから「リジー」と呼ばれていたが、もしかすると彼女こそフィルビーがイデオロギー的にも性的にも誠実であり続けた唯一の女性だったのかもしれない。「確かに私たちの関係の基盤は、ある程度は政治的なものだったが、それでも私は心から彼女を愛し、彼女は私を愛した」。

数か月後、新婚夫婦はロンドンに到着し、フィルビーの母の家に滞在した。昔気質《むかしかたぎ》の母親であるドーラ・フィルビーは、慢性的に金に困っていたが体面を保とうと必死になっており、息子が外国人の共産主義者と結婚したことを、あまり面白く思っていなかった。息子が政治に夢中になったのは、ニキビと一緒で若いときだけのもので、いずれ覚めるだろうと考えていた。「キムには、あの忌々しい共産主義から抜け出せる仕事に就いてほしいと、心底願っています」と、サウジアラビアにいる夫に宛てた手紙に記し、「まだそれほど過激なことは言っていませんが、いずれそうなるかもしれません」と知らせている。シンジャンは、息子の過激思想を心配せず、「行き過ぎは、いずれは必ず収まるものだ」と断言した。

ウィーンから戻ってわずか数週間後、フィルビーはリージェンツ・パークのベンチに座り、リッツィから人生を変えることになると確約された「決定的に重要な人物」が来るのを待っていた。妻に、その人物は誰で、なぜそれほど重要なのかと尋ねたが、リッツィは口を閉ざして何も答えてくれなかった。

六月の日差しの中から現れたのは、背が低く恰幅のよい男で、年のころは三〇代前半、髪は縮れた金髪で、知性あふれる目をしている。きつい東ヨーロッパなまりのある英語を話し、自分は「オットー」だと名乗った。フィルビーは、この最初の会話を決して忘れることはなかった。オットーは芸術と音楽について語り、パリは好きだがロンドンは嫌いだと言った。これは「かなりの文化的素養のある人物」だと、フィルビーは思った。フィルビーは魅了された。「彼は素晴らしい人物だ。実に素晴らしい。私はその場ですぐにそう思った。彼と会ってまず吸い寄せられるのは、その目だ。まるで、今この瞬間にはあなたやあなたと話すこと以上に重要なことなど何一つ存在しないのだというような感じで、こちらを見つめるのだ」。この特徴は、多くの人がフィルビーに感じていることでもあった。二人の会話は、次第に政治の話となり、やがてマルクスとレーニンの著作が話題になったが、どうやらオットーは著作をすべて暗記しているようだった。一方のフィルビーは、ケンブリッジ大学での政治体験を語り、ウィーンでの活動を説明し、共産党に入りたい旨を告げた。二人は直截《ちょくせつ》的な言い方はせず、オットーはフィルビーに「重要で興味深い仕事」を紹介できると匂わせた。スパイ活動での人間関係は多くがそうだが、この二人の関係も政治ではなく友情から始まった。「私は最初から彼を信頼した」とフィルビーは書いている。「素晴らしい会話だった」。二人はまた会うことにした。

オットーは、フィルビーが知るのは数十年も後のことだが、本名をアルノルト・ドイッチュといった。イギリスでソ連の情報機関のため人員をスカウトする責任者で、後にケンブリッジ・スパイ網と呼ばれることになるスパイ集団を作り上げた中心人物であった。チェコ系ユダヤ人を両親に持つアルノルトは、幼いときに一家でオーストリアに移住した。ずば抜けた秀才で、ウィーン大学をわずか五年で卒業したときは、化学の博士号のほかに、共産主義への熱烈な支持と、性に対する並々ならぬ関心とを抱いていた。最初に就いた仕事は、性科学者ヴィルヘルム・ライヒの出版者兼宣伝係だった。ライヒは「よりよいオルガスムの提唱者」と呼ばれ、性的抑圧とファシズムの全体主義的性格を同一のものと見る「セックス・ポル（性政治学）」運動の一環として、上品ぶったウィーン市民を性的に啓発しようとした人物だ。ライヒは、「貧乏人は性的能力のせいでファシズムへ向かう」という、過激で少々怪しげな説を唱えた。ドイッチュは、よりよいセックスがよりよい革命家を生むというライヒの考えを広める一方、ひそかにソ連の情報機関のため活動しており、すでにモスクワで訓練講習も受けていた。一九三三年には短期間ながらゲシュタポに逮捕され、ウィーン警察のポルノ取締班からも追われていたが、それはセックス・ポル活動のためだった。一年後、彼はイギリスへやってきて、ロンドン大学ユニヴァーシティー・カレッジで音声学と心理学の大学院課程に入る一方、スパイのスカウト係としても働き始めた。イギリスにはドイッチュの親戚がいた。たとえばいとこのオスカーは、映画館チェーン「オデオン」の創業者として財を成した人物で、世間の人は「オデオン（Odeon）」を、「オスカー・ドイッチュは我々国民を楽しませる（Oscar Deutsch Entertains Our Nation）」

の頭文字を取ったものだと噂していた。こちらのドイッチュはイギリスの資本主義で大もうけしたわけだが、もう一方のドイッチュは、その資本主義を何としてでも破壊しようと考えていた。

ドイッチュは、スパイ用語で言うところの「イリーガル」、つまり外交官の身分を持たずに活動するスパイだった。その任務は、やがて権力や影響力を振るえる地位に上るかもしれない若者が集まる最高学府で（大学での研究を隠れ蓑《みの》にして）過激な学生をスカウトすることだ。ドイッチュが探し求めていたのは、長期にわたって正体を隠し続け、怪しまれることなくイギリスの支配階層に紛れ込むことのできる、思想的に堅固なスパイだった。ソ連の情報機関は長期戦を想定しており、今まいた種は何年も後に収穫できればいいし、場合によっては休眠状態のままでもかまわないと考えていた。実に単純かつ見事な戦略で、永遠に続く世界革命に取り組む国家でなければ始めることのできないような、長期にわたる作戦だった。これはやがて、驚くほどの大きな成果を収めることになる。

フィルビーをドイッチュと引き合わせる手はずを整えたのは、オーストリア生まれの共産主義者でリッツィの友人だったイーディス・チューダー＝ハートだったようだ。イーディスは、もともとエーディト・ズーシツキーという名でウィーンの裕福な出版業者の娘として生まれ、やがてイギリス人医師で同じ共産主義仲間のアレグザンダー・チューダー＝ハートと結婚した。一九三〇年にイギリスへ移り住むと、写真家として働くかたわら、N

ＫＶＤの非常勤スカウトとして、想像力のかけらもない「イーディス」という暗号名で活動した。一九三一年以降ＭＩ５の監視下にあったが、これも運命というべきか、リージェンツ・パークでフィルビーをドイッチュと会わせた日には、監視を受けていなかった。

スカウトによる教育

フィルビーは、まさにドイッチュが探し求めていた候補者だった。野心があり、人脈が広く、共産主義に傾倒しているが、それをあからさまにはしていない。ほかの人々と違い、フィルビーは自分の過激な意見を明らかにしたことが一度もなかった。職業としては外交官かジャーナリストあるいは公務員を目指しており、どれもスパイが就く仕事として申し分ない。またドイッチュは、シンジャン・フィルビーが実はイギリスの情報機関の工作員で、重要な極秘資料にアクセスできるのではないかとの印象を持っていた。

二度目に会ったとき、ドイッチュはフィルビーに、共産主義の大義のため秘密工作員として活動する気はないかと尋ねた。フィルビーは少しも躊躇《ちゅうちょ》しなかった。「エリート部隊への入隊を提示されて、ためらう者などいない」とフィルビーは書いている。この一文がすべてを物語っている。この新たな役割に魅かれたのは、それが誰でもなれるわけではない排他的なものだったからだ。ある意味、フィルビーの物語は、どこまでも排他的なクラブを求め続けた男の物語と言える。作家Ｃ・Ｓ・ルイスは、一九四四年に執筆した見事な講演原稿の中で、イギリス人の「中枢集団」に対する致命的な執着を論じている。イギリス人は、どこか手の届かない所に真の権力と影響力を持った排他的なグループが存在していると思い込んでおり、一部の人は、このグループを何としてでも見つけ出して一員になりたいと考えているというのだ。ウェストミンスター校とケンブリッジ大学はエリート・クラブであり、ＭＩ６は、それ以上に排他的な集団だ。さらに、ＭＩ６内部でＮＫＶＤのため秘密裏に働くことで、フィルビーは、秘密の中枢集団の最も優れたエリート・メンバー一名から成るクラブに入ることになった。ルイスは、次のように書いている。「あらゆる情熱のうち、中枢集団に入りたいという情熱は、まだそれほどの悪人ではない人物に、実に巧みに大きな悪事を働かせてしまう」。

「私の未来は夢に満ちあふれているように見えた」とフィルビーは書いている。その未来の具体像を、ドイッチュが設計した。まず、フィルビーとリッツィは共産主義者との付き合いをすべてやめなくてはならない。共産党に入るなどもってのほかで、むしろフィルビーは新たな政治的イメージとして、自分は右派だと周囲に思わせ、さらにはナチの同調者だと信じ込ませたほうがいい。とにかく表面上は、自分が猛烈に反対している、まさにその階級の典型的な一員にならなくてはならない。「経歴、教育、外見、物腰、いずれを取ってみても、あなたは知識人であり、ブルジョワです。前途も有望です。ブルジョワとして有望なのです」と、ドイッチュは告げた。「反ファシスト運動には、ブルジョワジーに入り込める人物が必要なのです」。支配階級の中に隠れることで、フィルビーは革命を「現実的かつ明白な形」で支援できる。ドイッチュはフィルビーに、スパイ術の基本も指導した。会合を手配する方法に始まり、メッセージを残すべき場所、電話が盗聴されているかを見破る方法、尾行の見分け方とまき方など、その内容は多岐にわたった。新型のミノックス超小型カメラをフィルビーに与え、文書のコピーを作る方法も教えた。フィルビーは、ドイッチュの教えを「まるで詩」を暗記するかのように習得していった。かくして彼の二重生活が始まった。

　ドイッチュはフィルビーに愛情あふれる暗号名「坊や」（ドイツ語で「ゼーンヒェン(Söhnchen)」）を与え、この有望な新人についてロンドンのレジジェントに報告した。レジジェントとは、NKVD（KGBの前身）の地域担当責任者のことで、報告を受けたこのレジジェントは、NKVDのモスクワ本部へ「我々は、イギリス人工作員でイブン・サウードの顧問フィルビーの息子をスカウトした」と伝えた。本部は感激し、「彼が外交官になる見込みは如何《いかん》？　現実になりそうか？　自分の進路を自分で選ぶだろうか、それとも父親から誰かと会って相談するよう『意見』されるだろうか？　そうなれば幸いである」と答えている。ドイッチュは新たな弟子に、同じ目的のためにスカウトできそうな知人や同期生を、ケンブリッジ大卒だけでなくオックスフォード大卒も含めてリストアップし、一覧表にするよう指示した。また、シンジャン・フィルビーが自宅のオフィスに保管しているあらゆる文書を慎重に調べ、「最も興味深いもの」は写真に撮るようにと命じた。自分の父親をスパイしろというのは、きっとフィルビーの本気度を試すテストだったのだろう。これにフィルビーはやすやすと合格した。彼は、命じられたことは何でもためらわずにやった。ドイッチュは、この新人が「裕福なブルジョワである両親や、自分の社会環境全体について語るときは、本心からの軽蔑と憎しみを示す」と報告している。おそらくフィルビーは、階級闘争の戦士としての意気込みをドイッチュに示そうとしていたのだろう。なぜなら彼は、このスパイ監督官に魅了され、「彼の素晴らしい教養と、人間性と、新たな社会を建設しようとするひたむきさ」に魅せられていたからだ。二人は頻繁に会った。場所は、たいていは「ロンドン市内の比較的人目のない空き地」だったが、パリで会ったことも一度ある。ドイッチュは、この若い弟子を褒めたり励ましたりした。フィルビーとリッツィの関係がおかしくなりかけたときは、年長者として結婚に関する忠告を与えた（「彼の妻は、彼が生まれて初めて愛した女性だった」とドイッチュはモスクワに報告しており、以前と変わらずセックスを社会主義者としての熱意と結びつけたがっていた。また「夫婦の間で問題が持ち上がると、二人はたびたび私に相談し、どちらも私の忠告に従った」とも伝えている）。

フィルビーは、このカリスマ性のあるソ連側監督官と、イデオロギー的にも心情的にも強く結びついていた。「私たちは子供のころからの友達ではないかと思うことがある」と書いている。また、「彼は職務上からというより人として私の人生と私自身に興味を持ったのだと、私は確信していた」とも記している。大半のスパイにとって致命的となるのは、自分は愛されていて、相手と対等な関係にあり、ただ操られているだけではないと思い込んでしまうことだ。ドイッチュは、フィルビーの心理を丹念に調べ、颯爽とした外観の裏で突然の不安感にさいなまれたり、いきなり吃音が出たり、高圧的な父親に心の奥で敵意を抱いていることを見て取った。ドイッチュは本部に対し、フィルビーには見込みはあるが「常日頃からの励まし」が必要だとして、次のように報告している。「坊やは、変わった家族の出身である。父親は、現時点で最も高名なアラブ世界の専門家と考えられており、（中略）野心的な暴君で、息子を偉大な人物にしたいと思っていた」。さらにドイッチュは、この見習いスパイの知的好奇心や、むら気、古風な立ち居振る舞い、決意などにも触れており、「これほど若い青年が、これほど広くて深い見識があるとは驚きである。（中略）本人も自分がまだ二五歳にすぎないことを忘れてしまうほど熱心である」と記している。

ドイッチュはフィルビーに、報道業界に就職するよう強く勧め、「業界に入ってから、様子を見てどちらへ行くか決めればいい」と語り、モスクワには、フィルビー家の人脈を考えればすぐに昇進するのは間違いないと請け合った。何しろ「彼には、良家出身の友人が大勢いる」のだ。すぐにフィルビーは、文学と政治を扱う月刊誌「ワールド・レヴュー・オヴ・レヴューズ」で原稿整理係の職に就き、その後に雑誌「英独貿易ガゼット」へ移った。同誌は、イギリスとドイツの経済関係改善を目的とした雑誌で、資金の一部をナチ政府から受けていた。さらに、（秘密の立場である）極左から（表向きの立場である）極右へ転換する仕上げとして、英独友好協会に入会した。この協会は、ドイツへの理解を深めることを目的に一九三五年に結成された組織で、宥和政策を支持してナチを礼賛する人々の拠点であり、会員には政治家、貴族、実業界のリーダーなどがいて、深く考えずに入会した者や他人の意見をうのみにして入った者もいれば、猛烈なファシストもいた。このような、自分とは一八〇度反対の意見を持つ人々のおかげで、フィルビーは格好の政治的カムフラージュを得ると同時に、モスクワが待ち望んでいる、ナチとイギリス人同調者とのつながりに関する情報も入手することができた。フィルビーは、協会の代表として定期的にベルリンへ旅行し、ドイツの外務大臣フォン・リッベントロップとも面会した。彼は後年、熱心なファシスト青年の役を演じるのは「まったく不愉快」だったと語っている。「友人たちから見れば、真正保守派以外の保守的な友達にさえ、私は親ナチ派と映っていた」からだ。左派に属する旧友たちは、フィルビーが表向き転向したことに絶句し、中には絶交する者もいた。そんなフィルビーをドイッチュは、「昔からの友達と別れるのがどれほどつらいか」よく分かると言って慰めた。

リッツィもフィルビーも、共産主義に対する思いは強かったが、互いに対する思いはそれほど長続きしなかった。二人は円満に別れ、リッツィはパリへ引っ越した。またモスクワの期待に反し、フィルビーは父親の書類から価値のある情報を何一つ見つけ出すことができなかった。NKVDは、シンジャン・フィルビーほど人脈が広く、世界各地を自由に旅行している人物は絶対スパイに違いないと思い込んでおり、「彼の父が（中略）情報機関の密接で緊密な協力者でないとは考えられない」と言っている。これに限らずソ連側は、この先も様々な間違った期待を事実と見なしていくことになる。一方フィルビーは、言われたとおり、ケンブリッジ大学時代の左派の友人たちの中からスカウトできそうな人物のリストを作って提出した。そのリストに含まれていたのが、ドナルド・マクレインとガイ・バージェスである。

ケンブリッジ・スパイ網

依然として熱心な共産主義者だったマクレインは、このころ外務省にいた。フィルビーは彼をディナーに誘い、党のためにやってほしい重要な秘密の仕事があるとほのめかした。「僕が紹介しようというのは、とても重要な人物なんだ」。そう言うとフィルビーはマクレインに、明るい黄色のカバーを付けた本を持って、いついつの日にどこそこのカフェへ行くようにと指示した。カフェでは「オットー」が待っており、この「とても真面目でよそよそしい」ものの「人脈の広い」青年を、当然ながら採用した。「孤児」という暗号名を与えられたマクレインも、過激な過去と決別し始めた。「坊やは孤児を大いに称賛している」とドイッチュはモスクワに報告した。これに対してバージェスのほうは、スパイ候補としては今一つ信頼できないように思われ、「非常に賢い（中略）が、少々薄っぺらで、状況によっては秘密を漏らしかねない」と評価された。

バージェスは、かなり楽しめそうな危険な集団に入るのを拒まれそうだと察すると、いかにも彼らしく、強引に入り込むことにした。ある晩、マクレインに向かってこう言ったのだ。「君が共産主義者をやめただなんて、これっぽっちでも僕が信じると思うかい？　これから何かやらかそうっていうんだろ」。ドイッチュは、いささか気が進まなかったものの、バージェスをメンバーに加えた。当然ながらバージェスも、自分はマルクスからムッソリーニに乗り換え、今ではイタリアのファシズムの支持者になったと、声高に触れて回った。このバージェスから、さらに新たなスパイ候補として後にドイッチュが紹介されたのが、すでに美術史家として有名だったアントニー・ブラントである。ゆっくりと慎重に、ドイッチュは父親のような勤勉さで、フィルビーの助けを借りながら、ケンブリッジ・スパイ網にメンバーを一人また一人と付け加えていった。

スカウトはドイッチュの担当だったが、スパイの日常的な監督は、その大半をもう一人の「イリーガル」であるテオドール・ステパノヴィッチ・マリが行なっていた。マリはハンガリー人の元聖職者で、第一次世界大戦では陸軍付き従軍司祭となるが、カルパチア山脈で捕虜となって恐ろしい惨事を目撃し、それがきっかけで革命家になった。そのときのことを、自ら「私は神を信じられなくなり、革命が勃発するとボルシェヴィキに加わった。共産主義者になり、それからずっと共産主義者であり続けている」と語っている。彼は工作員監督の訓練を受けた後、一九三二年にパウル・ハルトという偽名でロンドンにやってきた。マリは、身長一九三センチ、「明るい灰色の肌」で、前歯に金の詰め物をしていたので、スパイにしてはたいへん目立った。しかし、きわめて有能な監督官で、ドイッチュと同じくフィルビーを称賛し、「インスピレーションを与える人物で、真の同志であり理想主義者」だと評している。こうした好感は、フィルビーのほうでも抱いており、彼の心の中では、両担当官の魅力的な性格は政治的な魅力と分かちがたく、「二人とも知的で経験豊富なプロフェッショナルであるばかりか、本当にとてもよい人たちだ」と述べている。

「英独貿易ガゼット」誌でのフィルビーの仕事は、一九三六年、ナチが資金援助を引き上げたことで突然終わりを告げた。しかし、そのころにはもうモスクワ本部は、フィルビーのために別の計画を用意していた。当時スペインでは、共和国軍と、フランコ将軍率いる反乱軍でファシズム陣営の支援を受けた国民戦線との間で内戦が勃発していた。フィルビーは、フリーランスの記者という身分を隠れ蓑に国民戦線側をスパイして、軍隊の移動や通信経路、士気、およびドイツとイタリアからフランコ軍に与えられている軍事支援について報告せよとの指示を受けた。旅費はモスクワが持つ。フィルビーは「我々の金を非常に注意深く扱っている」と、ドイッチュは上司たちに伝えている。スペインに着くとフィルビーは、さっそくフランコの報道官たちに取り入り、タイムズなどイギリス各紙に消息筋からの詳しい記事を送り始めた。イギリスに戻るとタイムズを説得して同紙のスペイン特派員に任命してもらった。「とにかくフランコ側から情報を得るのにたいへん苦労しているんだ」と、タイムズの外信部長ラルフ・ディーキンはフィルビーに語っている。

その一方でフィルビーは、ソ連側スパイ監督官のため熱心に情報を収集し、「部隊の兵力と位置、銃砲の口径、戦車の性能」などの軍事情報を集めた。これを暗号にして、パリにいる「デュポン嬢」に送った（後に彼は、その住所がソ連大使館のものであると知る）。また、このころからリンゼー＝ホッグ卿夫人フランシス・ドーブルと愛人関係になった。貴族と結婚した元女優で、彼より一〇歳年上だった彼女は、フランコを支持する「最右翼の王党派」で、彼女のおかげでフィルビーはフランコの側近グループに接近することができた。彼は後に、「仕事のためだけに関係を持ち始めたと言ったら、嘘になるだろう」と述べている。フィルビーは、相手が自分の嫌う意見の持ち主であっても、何の苦もなく愛を交わすことができた。

パリにおけるフィルビーの監督官でラトヴィア人のオゾリン＝ハスキンズは、彼を絶賛し、「彼は非常に意欲的に働き、我々が興味を持ちそうなものは何か、常に承知している。金銭を要求することはまったくない。質素に暮らしている」と書いている。さらにフィルビーは、共産主義のためにスパイをスカウトする役割も忘れたわけではなかった。ロンドンへ戻ったとき、マークス・アンド・スペンサーの幹部で後にアイリーンを紹介してくれるフローラ・ソロモンとランチを取った。フローラ・ソロモンは、親から財産を相続し、元将軍の株式仲買人と結婚していたにもかかわらず、固い信念を持った左派だった。あるMI5将校によると、彼女が「一九三〇年代半ばには、激励者や同志あるいは連絡係として活発に動いていたのは確実」だった。会話の途中でフィルビーは、かなり声を落として、「（僕は）今、平和実現のため、とても危険な仕事をしていて、助けが必要なんだ。僕の仕事を手助けしてもらえないだろうか？　あなたが運動に参加してくれたら、とても嬉しいんだけれど」と言った。この「平和のための重要な仕事」が具体的に何なのかは説明しなかったが、「あなたもぜひやるべきだよ、フローラ」と強く迫った。ソロモンは、これは共産主義のため危険な秘密活動を引き受けてほしいという誘いに違いないと思って驚き、頼みを断ったが、「どうしようもなくなったら、いつでも来てくれていい」とフィルビーに告げた。この奇妙なやり取りを、彼女は後々まで決して忘れなかった。

　モスクワでは、工作員「坊や」のため、さらに過激な計画が練られていた。すでにフィルビーには、フランコ将軍の警護態勢について報告するよう求めていた。それに加えてモスクワ本部は、フィルビーがフランコに近づいて彼を暗殺し、ナチの支援を受けた国民戦線に壊滅的な打撃を与えることができないかと考えたのである。このアイディアを伝えるという、誰にとっても気乗りのしない仕事を任されたのは、テオドール・マリだった。しかし彼は、このアイディアはほとんど実現不可能で、仮にできたとしても、自殺行為に等しいと思っていた。マリは、計画案についてフィルビーと話し合った末に、モスクワからこの上ない不興を買うことになるのは重々承知の上で、この案は却下すべきとの通信文を本部へ送った。「仮に彼がフランコに接近することができたとしても、（中略）どれほどの決意があっても、この任務を実行することはできないだろう。確かに彼は忠誠心が強く、いつでも自分を犠牲にする用意はあるが、死をも恐れぬ勇気などの必要な資質は持ち合わせていない」。計画は特に反論もなく撤回されたが、この一件はソヴィエト側から見たフィルビーの地位が高まっていることを新たに示すものだった。わずか四年弱で、彼は新人スパイから暗殺者候補に出世したのだ。タイムズ紙もフィルビーの仕事ぶりに感心していて、「キムにたいへん満足しており、彼を誰よりも高く評価している」と、作家ハロルド・ニコルソンはガイ・バージェスに語り、「あっという間に名を成した」と言っている。その評判は、二六歳の誕生日を翌日に控えた一九三七年の大晦日、テルエルの戦いを取材中にフィルビーが共和国軍の砲弾（ソ連製）で危うく死にかけると、一気に広まった。フランコ将軍から直々に勲章を授与されたことで、フィルビーは国民戦線の人々から、あるスペイン軍将校いわく「大した奴」だと思われるようになった。

担当官の相次ぐ死

一九三九年夏、スペインでフランコが勝利を収めると、フィルビーはロンドンへ戻り、タイムズ紙の同僚たちから温かい出迎えを受けた。ソヴィエト側スパイの友人たちからは同様の出迎えはなかったが、それは彼らが全員、スターリンの恐怖政治によって死ぬか行方不明になって一掃されていたからだった。粛清《しゅくせい》を引き起こした強烈で残忍な猜疑《さいぎ》心により、外国と関係のある者は全員が裏切り者と疑われ、特にソ連情報機関の国外支部は強い疑いをかけられた。まずはテオドール・マリが、元聖職者という経歴のせいで当然のように疑われ、モスクワへ呼び戻された。彼は、「元聖職者である以上、戻ってこられる見込みのないことは分かっている。しかし私は、誰にも『あの神父はやっぱり本物のスパイだったのかもしれない』などと言わせないために、行く決心をした」。マリは、秘密警察本部、通称ルビャンカの監獄で拷問を受け、ついにはドイツ側のスパイだと自白し、頭を撃たれて殺された。

アルノルト・ドイッチュの最後は、今もよく分からない。後にフィルビーは、ドイッチュは乗っていたアメリカ行きの船ドンバス号がＵボートの魚雷で沈められて死んだのであり、だからスターリンではなくヒトラーによる暴力の犠牲者であると主張した。ＫＧＢの記録では、彼は南アメリカへ向かう途中で死んだと報告されているが、別のＫＧＢの報告書には、ニューヨークへ向かう途中だったと記されている。輝く目が印象的で、スパイをスカウトしてケンブリッジ・スパイ網を作り上げた功労者「オットー」は、ほぼ間違いなく、マリと同じ運命をたどったのだろう。外国生まれで、外国滞在経験も長いユダヤ系知識人だった彼は、粛清の対象になりやすい人物だった。

ケンブリッジ・スパイを動かす任務は、グリゴーリ・グラフペンという人物に引き継がれたが、この男も逮捕されて強制収容所に送られた。パリでフィルビーの監督官だったオゾリン＝ハスキンズは、一九三七年にモスクワで射殺された。後任のボリス・シャパクは、二年間務めたものの、彼も帰国を命じられて処刑された。中には捕まる前に亡命して、スターリンの猜疑心をさらに募らせた者も若干いたが、大半は粛清されるのを承知で命令に従った。マリが言うように、「向こうで殺されなくても、ここで殺されるだけだ。それなら向こうで死んだほうがいい」ということなのだろう。フィルビーの担当官たちは、一人また一人と「人民の敵」だと宣告されていった。彼らがそんなものではないことを、フィルビーはよく知っていた。その「無限の忍耐力」と「知的理解力」、それに「労を惜しまぬ忠告や叱咤激励」ゆえに、フィルビーは彼らを敬愛していた。ところが後年になると、この「素晴らしい人々」が殺されたことに悲しみをほとんど示さなくなり、彼らを殺した専制政治をまったく批判しなくなった。重要なのは政治だけだった。

しかし一九三九年になると、その政治がきわめて複雑な様相を呈してきた。八月にソヴィエト連邦とドイツ両国の外相が不可侵条約に調印したのである。フィルビーは、ファシズムと戦うためにソ連の工作員になったのに、独ソ不可侵条約によって今や共産主義とファシズムは事実上の同盟関係になった。フィルビーは、人生において最初で最後となる、イデオロギーの動揺を体験したようだ。「ファシズムに対する一正面作戦は、これからどうなるんです？」と新たなソ連側監督官に尋ねている。関係は大きく冷え込んだ。フィルビーは、十分な政治指導を受けていないと不満を述べた。交代した担当将校は、フィルビーについてよく知らず、信頼もしていなかったのかもしれない。しばらくの間、なぜかは今もよく分からないが、連絡が途絶えた。

同年、ＭＩ５の長官は、ソ連による「イギリスでの活動は、情報収集であれ政府転覆であれ、どちらも存在していない」と、穏やかに宣言した。もちろん、これはとんでもない大間違いだった。イギリスにおけるソ連側のネットワークは、ドイツ側がかき集めても及ばないほどはるかに大規模だったし、それにこのころには新たな戦術を展開し、配下のスパイたちにイギリスの情報機関そのものに入り込み、最重要機密にアクセスできる地位を確保するよう働きかけていた。すぐにアントニー・ブラントがＭＩ５に加わった。バージェスは、ソ連側スパイの暗号で「ザ・ホテル」と呼ばれていたＭＩ６と談判してすでにその一員になっており、彼に続いてフィルビーを引っ張り込む準備を進めていた。「私は、ソヴィエト側の友人たちから、君の最優先事項はイギリスの秘密情報部員になることだと、強い調子で言われていた」と、フィルビーは書いている。その言葉に従って、彼は探りを入れ始めた。

フィルビーとソ連側担当官の間に流れていた冷たい空気は、やがて消え去った。一九四〇年春、タイムズ紙は同紙の花形特派員を、正規の戦時特派員としてイギリス海外派遣軍に同行させるため、フランスへ送った。すでにフィルビーは、パリでソ連情報機関と接触するための詳しい指示を暗記していた。まず、マドレーヌ広場にあるトマス・クック旅行社の近くで新聞デイリー・メールを一部持って立つ。ソヴィエト側の連絡係は、同じ新聞を一部持ってくることになっている。フィルビーは彼に、「この辺にあるカフェ・アンリはどこですか？」と尋ねる。男は「共和国広場の近くですよ」と答える。このミニドラマを演じ終えたら、フィルビーは取材活動中に集めた情報を渡す。情報は、イギリス軍の兵力と武器、およびマジノ線で待機するフランス軍に関するもので、これにはソ連政府が強い関心を示しているのはもちろん、ドイツ政府もそれ以上に強い関心を抱いている。しかし、以前の彼は独ソ不可侵条約をめぐり良心の呵責《かしゃく》を感じていたかもしれないが、今ではそれも消え失せたようだ。イギリス軍撤退後にロンドンへ戻ると、大急ぎでマクレインと連絡を取り、「非常に価値ある資料」を持ち帰ったので「適切な人物の手」に渡したいと伝えた。フィルビーの忠誠心に変わりはなく、決意も揺らいでおらず、秘密情報部に入りたいとほのめかした努力も、ヘスター・マーズデン＝スメドリーとの出会いという形で実を結んでいた。

つまり、これが一九四〇年にエリオットと会って親しくなった男であった。それは、一つの顔を使って別の顔を隠す、二つの顔を持つ男だった。ニコラス・エリオットは、フィルビーを愛し、尊敬していた。上流階級出身で、ケンブリッジ大学で学んだ愉快な男。魅力があって、幸せな結婚生活を送り、保守的で、一流クラブの会員でもある男。戦闘で傷を負った戦時特派員で、今は諜報活動というスリルあふれる世界で重要な役割を担っている男。それがエリオットの敬愛するフィルビーだった。それとは別の、共産主義のために働くベテラン・スパイという顔に、エリオットはまったく気づいていなかった。彼がこのもう一人のフィルビーとついに対面するのは、さらに何年も後のことである。

4　ブー、ブー、ベイビー、俺はスパイだ

長官の秘蔵っ子たち

ＭＩ６の長官サー・スチュアート・ミンギスは、諜報機関のトップのあるべき姿のカリカチュアと言っていいような、貴族出身の狡猾《こうかつ》で謎の多い人物だった。エドワード七世の庶子だという噂もあり、それはまず間違いなく事実無根だったが、彼はあえて否定したりはしなかった。歴代のＭＩ６長官と同じく彼も「Ｃ」と呼ばれていたが、この伝統は初代長官（マンスフィールド・）カミング（Cumming）の頭文字に由来する。ミンギスはホワイツ・クラブの会員で、狐狩りを行ない、王室と交際し、アスコット競馬には一日も欠かさず出かけ、大量のアルコールを飲み、様々な秘密を、その偉そうな薄い口ひげの裏にしっかりとしまい込んでいた。男性よりも女性が好きだが、そのどちらよりも馬のほうが好きだった。何があっても礼儀正しさを崩さず、憐《あわれ》みのかけらも持ち合わせず、敵スパイであ

れ狐であれ、あるいは仕事上のライヴァルであれ、情けをかけてもらえる見込みはなかった。ニコラス・エリオットは、彼の言う「真の価値観」を持っているがゆえに長官を尊敬していた。この言い方は、イートン校の先輩で父の友人でもあるミンギスが自分と同じ世界観を持っていることをエリオットなりに表現したものだった。キム・フィルビーは、表向きは同じようにミンギスを尊敬していたが、内心では、滅びゆく支配階級エリートの典型的な見本だと思っていた。「彼の知的素養は大したものではなかった」と後にフィルビーは書き、「世界についての知識や見方は、イギリス支配階級の上層部出身でかなりの世間知らずであれば当然そう思うだろうという程度に過ぎなかった」と述べている。Ｃは、こちらが操るのにうってつけの人物だった。

閉鎖的で自己増殖する小集団の例に漏れず、ＭＩ６も内部対立で分裂していた。上級将校たちは互いを忌み嫌っており、盛んに陰謀を企んでいた。副長官のクロード・ダンジーは、ヒュー・トレヴァー＝ローパーから「まったくのクソ野郎で、腐敗していて無能だが、いくらか小汚い手を使う」と評されていた。フィルビーが秘密活動の世界に入るのを手助けした「ヴィー＝ヴィー」ことヴァレンタイン・ヴィヴィアンは、長年植民地警察に勤めていた時代遅れの人物で、形式や手続きにうるさく、単なる肖像画家の息子だったため対人関係で常に不安を抱えていた。どんな些細な屈辱にも、それが本当であれ思い込みであれ、激怒して反応した。「ヴィヴィアンの最良の日々は、とうの昔に過ぎ去っていた。もっとも、そんなものがあったとしての話だが」とフィルビーは述べ、「ひょろりとした体格で、髪の毛には念入りにウェーヴを施し、潤んだ目をしていた」と記している。ダンジーはヴィヴィアンを嫌い、ヴィヴィアンもダンジーを嫌っていた。フィルビーの上司であるフィーリックス・カウギルは、二人と反目しており、そのため二人から嫌われていた。フィルビーは、この三人と親しくなってお世辞を言っていたが、内心では三人全員を軽蔑していた。その一方で、情報機関の他の組織、とりわけＭＩ５との関係を深めていた。ＭＩ５は、彼が進める対情報収集活動の主な連携先だったが、それだけでなく、この組織はイギリス国内での防諜活動を担当している。もしフィルビーに嫌疑がかけられたら、ＭＩ５が捜査に乗り出してくるはずだ。よって、ここは味方を作っておくべき重要な場所であった。ＭＩ５でフィルビーが最も親しいのは、上品でチェロがうまく、ハリス邸でのスパイ・サロンの常連でもある対情報活動の責任者ガイ・リデルだった。顔にしわの目立つ陽気な男で、スパイ監督官というより田舎の銀行家のように見えた。「まるで事件の事実関係を探り当てようとでもするかのように自分の考えをブツブツとつぶやき、顔をしわくちゃにして安心感を与える無邪気な微笑みを浮かべる」とフィルビーは書いている。「しかし、その愚鈍そうな外見の裏では、鋭くて思慮深い頭脳が、写真のように正確な記憶を貯蔵した倉庫を飛び回っている」。フィルビーは、リデルのプロ意識に舌を巻くと同時に、それを恐れていた。

秘密は、情報活動の世界にとっての通貨であり、プロフェッショナルなスパイの間では、計算ずくで秘密をちょっと漏らせば、その交換レートは跳ね上がる。フィルビーは、ちょっとした情報をごく一部の同僚にオフレコで漏らすようになり、相手もお返しに秘密を教えてくれるようになった。フィルビーによると、「こうした規則を外れた行為に対する返礼は、気前のよいものになることが多かった」。秘密を分かち合うことで友情が生まれ、その友情、いや、見せかけだけの友情が、さらなる秘密を引き出す最善の方法となった。フィルビーは、ＭＩ５とＭＩ６両方の上層部で知らない者のいない人気者となり、いつでも喜んで冗談や噂話や秘密をやり取りし、仕事が終わればいつでも喜んで飲みに出かけ、二次会にも喜んで行った。フィルビーのソヴィエト側担当官は、工作員「坊や」はおそらく「ザ・ホテルで敵のいない唯一の人物」だろうと、満足げに報告している。

ミンギスは、フィルビーとエリオットに目をかけており、この「秘蔵っ子たち」こそ、頬ひげを生やした元政治家や使えない老兵など、戦前のＭＩ６を牛耳っていた連中とはまったく異なる、新世代の情報将校の代表だと考えていた。二人は熱心で、やる気にあふれ、よい教育も受けていた（が、知識人ではなかった。Ｃは、知識人とは縁がほとんどなかった）。好ましいクラブの会員で、好ましいアクセントで話す。やがて明らかになるのだが、ミンギスはこの二人の青年を昇進させる準備を着々と進め、二人の引き抜きをことごとく退けていた。たとえば外務省から、フィルビーを外交官に転属できないかとの照会があったとき、Cはその要請を、次のような強い調子で拒絶した。「フィルビーが私のためにしている貴重な仕事のことは、私同様、貴殿もご存じのはずであり、（中略）戦争遂行に対するフィルビーの貢献の根本的な性質からして、残念ながら彼の現在の雇用主は彼を手放すのを拒絶せざるを得ません」。同じことは、国王の個人秘書トミー・ラセルズがガイ・リデルにメモを送り、エリオットを国王の秘書として雇うことを検討中だと知らせ、意見を求めたときにも起きた。リデルは、エリオットのことは「有象無象の大騒ぎの中で」知るようになったが、「ネヴィル・ブランド［元ハーグ駐在公使］が強く推薦する好ましい人物」だと分かったと返事した。もし実現していたら、優れた廷臣になれたかもしれない。しかし、母がメアリー王妃の女官だったミンギスは、この提案も却下した。彼は、秘蔵っ子たちを中枢部に置いておきたがったし、フィルビーとエリオットも、理由こそ違え、ここに残れてただただ嬉しかった。

気の抜けないゲーム

セクションVの仕事は、世界各地でドイツの諜報活動と戦うことであり、それは複雑で魅力的だったが、うまく行かないことも多かった。「成果の上がった糸口一つに対し、迷った末に行き詰まったものが一〇以上あった」と、フィルビーは書いている。エリオットは、「べらぼうな」量の書類作成を、情報活動に欠かせない業務とはいえ、とりわけ退屈に感じており、フィルビーのすっきりしたメモ書きの文体を「効率と明快さの手本」として真似ようと努力した。セクションＶの将校たちは、勤務時間には不満だったかもしれないが、親密なグループを作り、その絆を固める独自の儀式や日課として、日曜日にフィルビー宅で昼食を取り、週末はクリケットに興じ、パブ「キング・ハリー」で飲み、ときにはロンドンでクラブに行ってディナーを楽しみ、たまには週末をイートンで過ごした。エリオットも、「私は好都合にも、ときどき友人たちを招待して両親の家で一晩過ごすことができた。両親も、幸いなことに、非常に広い家の切り盛りを手伝ってもらうため古くからの使用人を何人か抱えておくことができた」と記している。

　フィルビーは、ほかの誰よりも二倍熱心に働いているように見えたが、それは意外なことではなかった。実際彼は、二人の主人に仕えて働いていたのであり、より正確に言えば、一方の主人のために、もう一方の主人に仕えるふりをしていた。イギリスの情報機関に及ぶフィルビーの影響力が強まるにつれ、ソヴィエト側にとっての重要度も増していった。モスクワ本部はロンドンのレジジェントに通信文を送り、その中で「坊や」を「興味深い前途有望な工作員」と評し、もっと活用するようにと命令している。これにフィルビーは身を粉にして熱心に応えた。ＭＩ６本部での夜勤の際は、やってくる電報の中にＮＫＶＤが興味を抱きそうなものがないか調べた。中でも、イギリス政府とモスクワ駐在の軍事使節団との間でやり取りされる通信文は、「とりわけ貴重」だった。また、セクションＶのメンバー全員を、正確で意地の悪い描写で説明した。フィルビーの本音を知ったらショックを受ける同僚はエリオットだけではなかったわけだ。上司のフィーリックス・カウギルは、「社交上のたしなみをほとんど身につけていない」と書かれ、学校時代の友人ティム・ミルンは「怠け癖あり」とされ、かつてスカンクの糞を集めていたトレヴァー・ウィルソンは、「女性に弱い」と記され、若いデズモンド・ブリストーは「未熟さと劣った知能のため（中略）組織の弱点である」と指摘されていた。

毎晩フィルビーは「膨らんだブリーフケース」を自宅に持って帰り、アイリーンが夕食を作ったり子供の面倒を見たりしている間、書斎にこもって書類のコピーを熱心に作っていた。彼はアイリーンについても報告しており、それはまるでソ連の人民委員が自分の近親のイデオロギー的弱点を評価しているかのようである。「彼女の政治的見解は社会主義的だが、裕福な中産階級の大多数と同様、俗物根性（プチ・ブルジョワジー）の具体的形態を好むという、ほとんど抜きがたい傾向を持っている。すなわち彼女は、生まれ育ち、イギリス海軍、個人の自由、民主主義、立憲制度、名誉等々の価値を信じている。（中略）私なら彼女からこうした混乱を取り除くことができると確信しているが、当然ながら、まだ試みてはいない。革命的状況が彼女に必要な意識改革をもたらし、正しい革命的対応ができるようになることを私は望んでいる」。結婚も家族も友情も、すべては正統な革命思想の要求に従うべきものであった。

フィルビーは、ソヴィエト側監督官から求められることは何でもやったが、それは「困難で苦労が多く、たいていは非常に地味で、退屈でさえあるため、膨大な忍耐力と意志の力と自制心が必要だ」と思っていた。神経の磨《す》り減《へ》ることでもあった。フィルビーは「パニックの発作」を起こしていると監督官は報告しているが、それも当然だろう。彼は、少しも気の抜けないゲームを進めていた。ソ連側の情報将校が一人でも寝返ってこちらの正体をイギリスの情報機関に暴露したら、一巻の終わりなのだ。そして、それが危うく現実になりそうになった。

一九三七年、ソ連の情報将校ヴァルター・クリヴィツキーが西側に亡命したが、彼が手土産として持ってきた最高レベルの情報の中に、海外で活動するソヴィエトの情報部員の正体が七〇名分も含まれていた。クリヴィツキーの亡命をきっかけに、かつてエリオットに暗号を指導したジョン・キングは逮捕されて裁かれた。しかし、彼が持ってきた情報の大半は、矛盾していたり断片的だったりした。一九四〇年、彼はＭＩ５の将校ジェーン・アーチャーの事情聴取を受けた。場所は、かつてフィルビーがＭＩ６にスカウトされたのと同じセント・アーミンズ・ホテルだ。この聴取は、冒頭で紅茶用にとクリヴィツキー（別名「トマス氏」）にサッカリン錠（砂糖は配給制だった）が渡されたことで、出だしからつまずいた。彼は即座に、これは毒薬で、自分はイギリスの秘密情報部に、白昼堂々と非常に上品なやり方で殺されるのだと考えた。そうした気まずい雰囲気が払拭《ふっしょく》されると、クリヴィツキーは口を開き、新たな重要情報を暴露した。スペイン内戦中、ソ連の情報機関はフランコ将軍を暗殺するため工作員を派遣したというのだ。クリヴィツキーは、名前などの具体的な情報を与えることはできなかったが、その暗殺者候補は「若いイギリス人で、良家出身のジャーナリストであり、理想主義者で熱烈な反ナチ派」だと説明した。MI5は調査を開始したが、一九三〇年代のスペインには良家出身のジャーナリストが複数おり、調査は沙汰やみになった。誰もこの情報をフィルビーと結びつけようとは思わなかった。この手がかりは、何年も後に大きな意味を帯びるようになるまで、長期にわたってイギリス情報機関で放置されることになる。

フィルビーは、ソヴィエトのために何でもやっており、命の危険さえ冒していたし、モスクワが興味を持ったことであれば、父親だろうが妻だろうが親友だろうが、何についてでも報告するつもりだった。しかし、モスクワは喜んでいなかった。ケンブリッジ・スパイ、すなわちMI6のガイ・バージェス、外務省のドナルド・マクレイン、MI5のアントニー・ブラント、ブレッチリー・パークのジョン・ケアンクロス、そしてセクションVのキム・フィルビーの五人は、最高レベルの情報を提供していた。しかし、その有能ぶりが逆に悩みの種を生み出していた。ソ連の諜報組織は異常なほどの不信感に満ちており、五人の情報が大量で、質もよく、矛盾した点もないことを、かえって疑わしく思った。モスクワでは、イギリスの情報機関はフィルビーとその仲間たちを通して巧妙で手の込んだ欺瞞作戦を仕掛けてきているに違いないという疑惑が根を張り始めた。つまり、五人全員がイギリス側の二重スパイに違いないと考えたのだ。しかも、フィルビーの報告はソ連側が固く信じている先入観と合わなかった。ＭＩ６は難攻不落と思われていたが、それなのにフィルビーはいとも簡単に組織の一員になった。大学時代は左派だったのに、厳しいはずの素姓調査ではその点が見落とされた。自分の父親がスパイである証拠を見つけるよう言ったのに、見つけることができなかった。

フィルビーはおとりなのか？　父親をかばっているのか？　彼も、同志のふりをした人民の敵なのか？　それを確かめるため、テストが実施された。フィルビーのもたらす情報はいずれも非常に優れたものだが、モスクワが最も強く関心を寄せているのは、ソヴィエト連邦内にいるイギリス側スパイの正体だった。誰がソ連国内でＭＩ６にスカウトされ、その人物は何という名前で、ソ連側のどのような秘密を暴いたのか？　もしフィルビーがこうしたスパイの正体を暴露すれば、忠実で信頼できるということになるが、もし暴露しなければ、モスクワはそれなりの結論を導き出すことになる。フィルビーは、ＭＩ６での自分の役割は敵スパイを捕まえることであって工作員を運用することではなく、それはまったく異なる場所の異なるセクションの担当だと丁重に指摘した。しかし、モスクワは譲らなかった。「我々は彼に、とにかくもっともらしい筋の通った口実を使って、こうした文書を入手せよと命じた」。かつての監督官テオドール・マリが身をもって示したように、スターリン主義の捻《ね》じ曲《ま》がった論理では、実行不可能という理由だけで実行を拒むのは裏切りの証拠とされる。フィルビーは、言われるまま仕事に取りかかった。

ファイルを不正閲覧

中央記録保管所は、ＭＩ６の記録や参考資料を集めた保管施設で、セント・オールバンズのセクションＶ本部の隣にあるプリー・ウッドに置かれていた。ここの記録原簿には、現在活動中であるイギリスの秘密工作員全員と、一九〇九年のＭＩ６創設以来イギリスのためスパイ活動を行なってきた全工作員の個人ファイルが綴じられており、そこには本名と暗号名、偽名、性格、実績、報酬などが記されていて、いわば世界中に散らばるＭＩ６のスパイの現状を示す出納簿であった。この途方もなく重要で危険な秘密のコレクションを管理しているのが、保管所長ウィリアム（ビル）・ウッドフィールド陸軍大尉という赤黒い顔をした元警官で、その酒量は、ＭＩ６の同僚たちと比べても極端に多かった。ソヴィエト側監督官への報告書で、フィルビーはウッドフィールドについて彼らしく簡潔にこう説明している。「五八歳前後、五フィート六インチ〔約一六八センチ〕、やせ型、髪は黒で頭頂部にハゲ、眼鏡着用、長細い顔、かつて数年間、警視庁公安課に勤務」。ウッドフィールドは、下品なジョークとピンク・ジンが大好きで、フィルビーはパブ「キング・ハリー」で彼を探し出しては、この二つの好物をたっぷりと与えるのを日課にした。やがて二人は最高の飲み仲間になり、フィルビーがスペインとポルトガルの原簿を見せてほしいと頼むと、ウッドフィールドは疑いもせず貸し出してくれた。イベリア半島はフィルビーの担当地域であり、その地域にいるＭＩ６の工作員に興味を持つのは当然のことだった。次にフィルビーは、ソ連の原簿を依頼した。このときもウッドフィールドは、この新しい愉快な飲み友達がなぜ自分の担当する場所から遠く離れた地域について調べようとしているのか、特に不思議とも思わず、彼の願いを聞き入れた。

　しばらくしてフィルビーはモスクワに報告書を送った。そこには、ソヴィエト連邦内のイギリス側スパイについて、いつもの素っ気ない調子で「一人もいない」と記されていた。フィルビーの報告によると、ＭＩ６のモスクワ支局長は、ソヴィエト連邦では大物スパイを一人もスカウトしておらず、いるのは小物の情報提供者が数名だけで、その大半はポーランド人であった。しかもソ連は「工作員を送るべき国のリストでは一〇番目」に位置していた。ファイルによれば、ソ連にイギリスのスパイ・ネットワークは存在せず、ＭＩ６の諜報作戦も行なわれておらず、「ソ連領内にはモスクワであれどこであれ、秘密工作員として活動しているソヴィエト国民は一人もいない」ことは明白だった。以上の報告は、疑念をもって受け取られた。モスクワでは猜疑心と大国意識が合わさって、怒りに満ちた不信感が持ち上がったのである。ソヴィエト連邦は世界の大国であり、ＭＩ６は世界で最も恐れられている情報機関だ。そうなのだから、当然ながらイギリスはソ連をスパイしているに違いない。そうではないとフィルビーが言っているとしたら、それは彼が嘘をついているに違いない。イギリスが大国ソ連を諜報対象リストの一〇番目に置くなどというのは「明らかにバカげている」（し、率直に言って、自尊心を大いに傷つけられる）。あるソ連側情報将校は、激怒して赤ペンを取り、怒りにまかせて報告書に大きなクエスチョン・マークを二つも殴り書きしている。フィルビーの主張は「非常に疑わしい」とされ、期待に沿えなかったことは「怪しい」と見なされ、よって今後は「テストと再テストを繰り返し」受けさせなくてはならないとされた。だが現実には、イギリスの情報機関はもっぱらナチの脅威に集中しており、しかもソ連が［一九四一年に］同盟国になったことで、外務省からソヴィエト連邦領内での隠密活動には厳しい制限が課されていた。それでも、アントニー・ブラントがソ連にMI6の秘密工作員はいないと断言すると、今度はブラントが疑惑の対象となり、フィルビーとブラントは示し合わせているに違いないと見なされた。かくして、フィルビーがモスクワに真実を告げても、その真実がモスクワの期待に反しているためにフィルビーの報告は信用されないという、とんでもない状況が生まれた。

フィルビーが権限などないにもかかわらずソ連に関するファイルを閲覧することに成功したのは、諜報活動としては見事な成果だったが、まったくの無駄でもあった。モスクワの疑念を深めただけでなく、フィルビーのキャリアを危うく終わらせることになりかねなかったからだ。ある朝、赤ら顔のビル・ウッドフィールドは、ソ連の原簿を返してほしいという内容の丁寧なメモを送った。フィルビーは、もう返したと答えた。ウッドフィールドは、確かに酔っ払いではあったが文書管理には几帳面で、書棚にはソヴィエトの原簿が一冊しかなく、第二巻が返却された記録は保管所にないと告げた。フィルビーは、確かに二冊とも保管所に返したはずだと思ったものの、それでも行方不明の第二巻がないかオフィスを「上から下まで」探したが、見つからなかった。仕方がないので、「ピンク・ジンを数杯飲みながら、この不思議な出来事について話し合おうと」キング・ハリーへウッドフィールドに会いに行くと、そこで恐ろしいことを聞かされた。保管所の規則に従い、記録が行方不明になった件をCに報告しなくてはならないというのだ。この日は金曜日だった。ウッドフィールドは、メモを月曜日に送るつもりだという。心配するな、ただの書類上の問題なんだからと、ウッドフィールドは言う。だが、今やフィルビーは抜き差しならぬ危険な状況に陥っていた。スペインとポルトガルにいるMI6の工作員に興味を持ったことは、ミンギスなら理解してくれるだろうし、褒めてさえくれるかもしれないが、その秘蔵っ子が「通常の職務範囲とまったく無関係の」地域であるソヴィエト連邦の資料にいったい何の用があったのだろうかと疑問を抱くのは間違いない。最低でもフィルビーはうまい言い訳をしなくてはならないだろうし、最悪の場合は身の破滅もありうる。

週末はパニック寸前の状態で過ごしたが、月曜日になると、最後の最後で助かったことを知った。ウッドフィールドの秘書が、数日前からインフルエンザで休んでいたが、この日仕事に復帰して、実は棚のスペースを節約するため二冊の原簿を合本にして一冊にしておいたと説明したのである。フィルビーはファイルを返却していたのだ。ウッドフィールドは、こちらの誤解で迷惑をかけたと言って、「また大量のピンク・ジン」を飲みながらくどくどと謝罪した。もし、ウッドフィールドの秘書の病状がもう少し悪くて病欠が長引いていたり、ウッドフィールドの酔っ払いぶりがこれほどひどくなかったりしたら、フィルビーは一巻の終わりとなっていただろう。しかし、彼の幸運は続いた。これまでも、スペインでは共和国軍の砲弾を逃れ、亡命者クリヴィツキーが提供した手がかりをかわし、そして今度は、ソ連に関するファイル探索が発覚するのを際どいところで避けることができた。後にフィルビーはこう書いている。「幸運は、私の人生で大きな役割を果たした。しかし、幸運の活かし方は知っておかなくてはならない」。

陰謀渦巻くイスタンブール

ニコラス・エリオットは、次第にイライラし始めていた。セント・オールバンズでの生活は、確かに楽しいが「隠遁《いんとん》的」だ。占領下のオランダで対情報作戦を実施するには、たいした成果はなくとも大量の文書を書かなくてはならず、実際の行動とは無縁だった。情報活動の世界の人間は二種類に分けられるとエリオットは考えた。「本国で机に座り、やってくる情報を分析・評価する者と、その情報を入手するため世界各地の表街道や裏街道へ出かけていく者」だ。フィルビーは前者のタイプで、事実を収集・分析する能力に長けていたが、エリオットは後者のタイプに属しており、「もう一つの交戦圏へ出ていきたくてたまらなかった」。旅をしたくて仕方がなかったが、これには「外国」に強い不信を抱いていた父親への反発もあった（「外国人は、山に登る者以外は全員忌々しい連中で、ドイツ人は山登りする奴でさえ忌々しい」というのが父クロードの言い分だった）。エリオットは冒険に飢えていた。彼はフィルビーの助けを借りて、できればどこか危険な現場でもっと活動的な任務に就けてもらえるよう、ロビー活動を開始した。一九四二年の春、エリオットはカウギルのオフィスに呼ばれ、君には近いうちにカイロへ向かってもらい、そこからイスタンブールに行って、トルコにおけるセクションVの代表を務めてもらうことになったと告げられた。二五歳にしてニコラス・エリオットは、諜報活動の中心地の一つで防諜作戦を実施することになったのである。実はトルコは、中立国ではあったが、スペインやポルトガルと同様、激しい秘密戦の戦場であった。「大喜びした」とエリオットは書いている。フィルビーが送別会を開いてくれた。その翌日の一九四二年五月一一日、エリオット代理中尉は、ややふらついた足取りでタラップを進みながら、リヴァプール港に停泊中の五〇〇〇トンの貨客船に乗り込み、四〇隻の船団とともにアフリカへ向かった。

　エリオットは、ナイジェリアのラゴスに着くまでの三週間の船旅を、「爆破任務のためアンゴラに派遣される途中の」SOE将校とブリッジをやったり、船尾に据えられた古い日本の大砲を交代で担当したり、「品揃えが豊富なバー」で盛んに飲んだりして過ごした。エリオットは、フィルビーの仲間内では決して飲むほうではなかったが、飲むのは大好きで、糖尿病を患っていたものの、そちらのほうは砂糖を避けるだけで対処していた。同僚の大半は彼が糖尿病だとはまったく気づいておらず、エリオットも、持ち前の向こう見ずから、自分の健康問題でこの好機を逃すつもりはさらさらなかった。船がシエラレオネのフリータウンに寄港すると、波止場でグレアム・グリーンの出迎えを受けた。当時グリーンはMI6のシエラレオネ駐在員で、ここは小説のネタを集めるには都合がよいが、情報活動はたいして盛んでなく、そのため少々無聊《ぶりょう》をかこっていた。彼はエリオットを一目見て、「今まで見た中で最もみすぼらしい陸軍将校」だと言った。一杯やりながらグリーンは、僕の主たる関心事は「シエラレオネにおける避妊具の不足」だと説明し、その問題をエリオットは「一部の乗船客の厚意によって軽減することができた」。エリオットは、避妊具はグリーン自身が使うのだろうと思ったが、実際は違った。この未来の小説家は、「イギリスの船舶をスパイしている疑いのある二人の孤独なドイツ人」から秘密を聞き出すため「移動売春宿」を営んでおり、売春宿の労働者たちから性病予防策を講じるよう迫られていたのだった。

　ラゴスに着くと、エリオットはダコタ輸送機に乗り換え、途中でカノ［ナイジェリア北部の都市］、フォール・ラミー［現チャドの首都ンジャメナ］、ファーシル［スーダン西部の都市」、ハルツームの各地に立ち寄りながらアフリカを横断して、五日後にカイロに到着した。情報部本部に赴くと、エリオットは最初の仕事としてトラック一台分の秘密文書を保管のためエルサレムへ運び、それからベイルートへ向かえと言われた。そこから、かの有名なタウルス急行に乗ってトルコへ向かうことになった。

旧式の列車は、蒸気を吐きながらタウルス山脈をゆっくりと登り、それからアナトリア高原をのんびりと進みながらアンカラに向かい、さらにイスタンブールを目指したが、その速度は時速五〇キロを超えることはなく、しかも、よく分からない理由で何度も停車した。食堂車の食事は最高で、エリオットはこの旅に「満足」したが、それに加えて、新たな秘書が同道していたので、さらに楽しい旅となった。その秘書とは、エリザベス・ホルバートンという名の若いイギリス人女性だった。

エリオットは、ホルバートン嬢に強く魅了された。彼女は、開戦当初は自動車化輸送部隊に所属して砂漠でジープを運転し、その後カイロの総司令部で秘書になった。頭の回転が速く、機転が利き、派手な感じのしない美人で、熱心なカトリック信者であり、かなりのおしゃれでもあった。父親はボンベイ・ビルマ貿易会社の元常務取締役で、母親は代々アイルランドの判事を輩出した家系の出身だ。エリオットとホルバートン嬢は、非常に親しくなった。列車に乗客用の水がなくなったとき、車掌がエリザベスに、歯磨き用にとトルコ産のコアントローのボトルを一本持ってきた。彼女はこれを、面白い体験をしたと言った。そうした態度をエリオットは好ましく思った。

トルコの正式な首都はアンカラだったが、列強諸国は大使館を、ヨーロッパとアジアが接する都市イスタンブールに依然として置いており、ここを舞台に激しいスパイ活動が行なわれていた。イギリスの駐トルコ大使は、サー・ヒュー・モントゴメリー・ナッチブル＝ヒューギセンという昔ながらの外交官で、一日の大半を大使専用のヨットで過ごし、当然と言うべきか、エリオットの父とはイートン校時代の友人だった。トルコ国内でのイギリス情報機関の活動に対して、ヒューギセンは「不愉快ながらも容認」という態度を取っていた。表向き下級外交官だったエリオットは、ここで急速に拡大を続ける重層的なイギリス情報部隊に加わった。この部隊の全般的な指揮を執っていたのが、「豊かな能力と活力」を持った古参のＭＩ６職員ハロルド・ギブソン陸軍中佐だった。「ギビー」ことギブソンは、情報を収集して工作員を運用する広大なシステムを監督しており、その活動範囲はトルコからルーマニア、ブルガリア、ギリシア、ユーゴスラヴィア、ハンガリーの各国にまで広がっていた。セクションＶの代表であるエリオットの任務は、主としてアプヴェーアによる敵の情報作戦を妨害することだった。ギブソンからは、トルコ国内で諜報活動のターゲットをかなり自由に調べて攻撃することを許されたが、実際ターゲットは選ぶのに困るほど多かった。

イスタンブールは、ＭＩ６の公式史家の言葉を借りれば「戦時中の諜報活動の一大拠点の一つ」だった。枢軸国であるブルガリアからはわずか二〇〇キロしか離れておらず、ドイツにとっては中東への入り口であり、連合国にとっては占領下のヨーロッパに入る際の進入地点だった。トルコ人は、ドイツ人を恐れ、ソ連人を信用せず、イギリス人とアメリカ人にはどちらにもほとんど好意を抱いていなかった。しかし政府当局は、諸外国による諜報活動を、トルコの主権を侵害しない限り容認する考えで、スパイが逮捕されることはなかった。一九四二年の時点で、イスタンブールには一七もの異なる情報機関が集まり、互いに入り混じって買収と誘惑と裏切りを繰り広げており、それにつられてスパイや二重スパイ、密貿易商、恐喝屋、武器商人、麻薬の運び屋、避難民、脱走兵、闇商人、ポン引き、偽造屋、売春婦、小悪党など、種々雑多な連中も大勢やってきていた。噂や秘密が、事実であれ作り話であれ、バーや裏道で盛んに飛び交う。誰もが誰かをスパイし、誰もが誰かにスパイされ、その全員をトルコの秘密警察である「保安局」がスパイしていた。トルコ政府の役人の中には、報酬さえ十分なら情報共有に協力する用意のある者もいたが、ときに、スパイ活動が度を越えていたり報酬が不十分だったりした場合は、保安局が逮捕に乗り出すこともあった。スパイ戦は激烈であると同時に、妙に親密な雰囲気もあった。アプヴェーアのトップは、ＭＩ６のトップやソヴィエト情報機関のトップとは会えば会釈する間柄だった。「誰もが相手全員の正体を詳しく知っていた」と、エリオットは書いている。パーク・ホテルのダンスホールでは、情報機関のボスが誰かしら入ってくると、楽団が「ブー、ブー、ベイビー、俺はスパイだ」という曲の演奏を始めた。その歌詞は、こうだ。

俺の仕事は危険なゲーム。
一日おきに名前を変えて、
顔は違えど体は同じ。
ブー、ブー、ベイビー、俺はスパイだ！
知っているだろう、マタ・ハリを。
俺たち二人は現金払いで仕事をやって、
それを親父に見つかって、ついに結婚する羽目に。
ブー、ブー、ベイビー、俺はスパイだ！
そんな俺だが、恋の相手にゃ悪くない。
愛するのだって結構うまい。
でも、いいかい、目立っちゃだめだ。
こっそり隠れて一緒にやろう。
凄腕の俺だ、肩で風切って歩いてやるぜ。
俺の知ってることを教えてやれば、お前なんざ尻込みするぜ。

闇に隠れてナイフでグサリ。
ブー、ブー、ベイビー、俺はスパイだ！

しかし、闇に隠れたナイフの切れ味は鋭かった。エリオットが着任する数か月前、マケドニア人学生がドイツ大使フランツ・フォン・パペンの暗殺を試みたものの、爆弾が事前に爆発して学生は爆死し、大使は負傷しただけで済んだ。ソ連政府はゲシュタポを非難し、ドイツ側は連合国を非難し、フォン・パペンはイギリス側を疑っていた。この一件は、ほぼ間違いなくソ連のＮＫＶＤの仕業であろう。一年前には、ドイツ側がスーツケース爆弾をペラ・パレス・ホテルのロビーに仕込み、イギリスの領事館員一名が死亡、副領事のチャントリー・ページが重傷を負っている。イスタンブールでの諜報活動は、ＭＩ６のハロルド・ギブソン支局長が言うように、「お上品な仕事などではなかった」。

充実を味わう

エリオットは、イスタンブールの安っぽい魅力にすぐさま引き込まれた。大使館のオフィスに移ると、そこは「上から下まで、様々な陰謀に携わる情報部員でぎゅうぎゅう詰め」で、しかも庭はどういうわけか交尾中の亀だらけだったが、彼はここで諜報戦に飛び込んだ。最初の晩、エリオットはバーナード・オリアリー陸軍少佐に誘われて夜の街へ出かけた。少佐は数か国語を話す巨漢の元騎兵将校で、「きわめて博識だが救いがたいほど怠惰」であり、トルコの情報機関との連絡役を務めていた。オリアリーは、これから行くのはタクシムズという、レストランとナイトクラブとキャバレーとカジノを一緒くたにしたような店で、イスタンブールでのスパイ活動の中心地だと教えてくれた。「そこの常連客には、すべての枢軸国とすべての連合国の、主として諜報活動に従事する代表者たちがいた」と、エリオットは書いている。タクシムズの経営者はチャーミングな白系ロシア人で、賄賂《わいろ》はえこひいきすることなく誰からも受け取り、敵対するスパイどうしを隣のテーブルに座らせて盗み聞きしやすいようにしていた。ウェイトレスたちは、帝政ロシア時代の元公爵夫人という噂だ。タクシムズでは、見た目どおりのものは一つとしてなかった。

ある晩エリオットは、店専属のベリーダンサーのダンスに見入っていた。「白い肌と漆黒の髪」をした、ハッとするような美女だったが、ステージから落ちて足首をひねると、彼女は大声で強いヨークシャーなまりの悪態をついた。ブラッドフォードの生まれだったのだ。タクシムズに行かないときは、エリオットはイギリス軍関係者がよく出入りしていて「刺激の強い強烈なドライ・マティーニ」を出す酒場エリーズ・バーに顔を出した。ママのエリーは、胸が大きなブロンド女性で、ルーマニア人だと思われていた。「見事な英語を話し、ドイツ人を恐れ憎んでいるふりをしていた」。しかしエリオットによると、実は彼女はドイツ側から金をもらっており、イギリス軍将校をできるだけ酔わせればついには貴重な情報を漏らすのではないかと考えたアプヴェーアに雇われていたのだった。

エリオットは、父親が知ったら身震いしそうな類の人々と進んで親しくなっていった。後年、彼は情報将校にとって「友人を作る能力はとりわけ重要な資質である」と記している。「現場での膨大な量の情報活動は、とにかく個人的な関係を築くことに尽きる。他人の信頼を得、場合によっては相手が不本意ながらも何かをしてくれるよう説得することがすべてなのだ」。彼はタクシムズのロシア人給仕長やエリーズ・バーのウェイターたちと親しくなった。帝政ロシアの元近衛将校でソ連の情報機関とつながりのあるロマン・スダコフと飲みに出かけ、ＭＩ６のために働くことを承諾させた。ほかにも、各国大使館のポーターや領事館の職員、電報局の職員とも知り合いになった。記者団の間に人脈を作り、漁師のラルスという、ボスポラス海峡を行き来しては、本業の足しにちょいちょい密貿易や情報収集をやっていた男ともコネを作った。とりわけ重視したのは、タウルス急行の寝台車の車掌と仲よくすることで、それは、列車だけがトルコから中東へ行ける唯一確実な方法だったため、車掌は情報機関の運び屋として引っ張りだこだったからである。車掌たちは、誰がどこへ旅行したかという情報をもたらし、噂話を知らせ、文書をひそかに運び、追加報酬を払えば旅行書類を盗むことさえやってくれた。最も高い報酬を提示してくれた人のために働いたが、どこかの専属ではなかった。「ある男はとりわけ優秀で、同じときにアプヴェーアとＳＤ〔ナチ親衛隊保安部〕両方のために（どちらにもそのことは知らせずに）働き、イタリアのためにも、日本のためにも、もちろんイギリスのためにも働いていた」。

　こうした市井の人々と付き合う一方、エリオットは上流社会に属する政府高官、軍の将校、外交官、宗教指導者とも交際した。教皇特使で後に教皇ヨハネ二三世となるアンジェロ・ジュゼッペ・ロンカッリ司教は、有益な情報をたくさん持っている上に、猛烈な反ファシスト派であることが判明した。戦時中をイスタンブールで過ごした者はたいていそうだが、ロンカッリも裏表ある対応を取っており、フォン・パペン大使と食事をしたり大使夫人の告解を聞いたりするかたわら、自分の執務室を利用して、ユダヤ人避難民を占領下のヨーロッパからひそかに脱出させていた。親しくなって数か月後にエリオットは、ロンカッリの助手で「最も魅力に欠ける小男」であるリチという名の聖職者が、実はスパイで、「イタリア軍情報部のため秘密の無線装置を操作している」ことを突き止めた。エリオットは、この情報をトルコ秘密警察に伝え、リチを逮捕させた。あなたの助手はかなりの年月をアナトリアの流刑地で岩を砕きながら過ごすことになりそうですと、多少きまり悪そうにロンカッリに伝えると、未来の教皇は肩をすくめただけで、エリオットは、猊下《げいか》は「ことさら気を悪くしたわけではない」ようだとの強い印象を受けた。

　わずか数か月をイスタンブールで過ごしただけで、エリオットは「住民一人当たりで見ると、世界中のどの都市よりも、多種多様な陰謀に携わっている人の数が多い」との結論に達した。しかも、そのかなりの部分については正体を特定しており、ドイツの情報将校、イタリアの工作員、ポーランド人やチェコ人やユーゴスラヴィア人の情報提供者、自由フランスやユダヤ機関のスパイ、NKVDとGRU（ソヴィエト軍情報部）の将校などは、みな調べがついていた。「全員が、独自の情報提供者を動かすトルコ側によって厳重な監視下に置かれていた」。

エリオットの精力的な対情報活動は、ロンドンで称賛された。サー・スチュアート・ミンギスは常々防諜活動に対して、フィルビーいわく「子供っぽい」態度つまり「バー、ひげ男《ビアド》、ブロンド女性」というイメージを抱いていた。エリオットは、この三つをすべて存分に経験していたが、ある事件をきっかけに彼の株はさらに上昇した。タウルス急行に乗っていた情報提供者の一人が、爆弾を持ってきたのである。話を聞くと、その爆弾は日本の駐在武官である立石方亮《たていしほうりょう》中佐から受け取ったもので、アレッポとトリポリ間の線路で爆発させるよう指示されたという。エリオットは、慎重な上にも慎重に爆弾の包みをイスタンブールの破壊活動取締班へ渡し、情報提供者には多額のボーナスを払った。情報提供者は立石中佐に、爆弾は爆発しなかったと伝え、さらなるボーナスを要求した。万事めでたしめでたしであった。

エリオットは、新たな任務を楽しんでいた。旅行中にかかった手足口病のひどい症状に悩まされても、それで充実感が損なわれることはなかった。それに、彼は恋をしていた。

エリザベス・ホルバートンは、単に優秀な秘書というだけにとどまらなくなってきていた。彼女がカトリック信徒であるのに対し、彼はあらゆる宗教を心底嫌悪していたが、それが二人の間に芽生え始めた関係の障害になることはなかった。どこへでも一緒に出かけ、エジプト産の赤ワインを、エリオットは「今まで飲んだ中で最低のクラレット」だと言いながら、二人でたくさん飲んだ。気さくだが実は内気だったエリオットは、自分の思いを口にする勇気を振り絞るのに、何か月もかかった。結局、スパイ向きのカクテルが最後にものを言い、「エリーズの強烈なマティーニを三杯飲んだ後、私たちは結婚することに決めた」。将校とその秘書が結婚するのはＭＩ６の伝統のようなもので、秘密主義のため特別に親密な関係が生まれやすかった。Ｃですら、長年にわたり秘書と関係を持ち続けていた。

　エリオットは大急ぎでサー・エドガー・ホルバートンに手紙を送り、自分はご息女と結婚するつもりであり、「反対なさらないことを願います」と告げた。しかし、たとえサー・エドガーが反対したところで、どうにもならなかっただろう。エリオットに返事を待つ気などさらさらなかった。新郎付添人を務めるロマン・スダコフが、結婚前夜のパーティーをパーク・ホテルで開いてくれた。このパーティーは、隣のテーブルにドイツ大使フォン・パペンと大使館付き武官がいたことで、いっそうめでたいものになった。一九四三年四月一〇日、結婚式がロンカッリ司教により教皇特使の個人礼拝堂で執り行なわれ、新婚の二人は金角湾を一望できるアパートへ移った。二人と一緒に、小柄なロシア人コックのヤロスラフもやってきて、浴室でウォッカを密造し、エリオットにロシア語会話を教え始めた。

フィルビーは、エリオットが活躍して評価を高めたことを喜び、結婚の知らせを聞いて嬉しく思った。ニコラス・エリオットは部内の期待の星であり、価値ある友人でもあった。そして、友情の価値をキム・フィルビー以上に理解している者はいなかった。

5　三人の青年スパイ

死体のような詩人

イギリスにいるフィルビーの郊外での暮らしは、諜報戦の最前線で戦うエリオットの華やかな日々に比べれば、味気ないものに思えた。セント・オールバンズは、イスタンブールからは遠い。フィルビーに言わせれば、イスタンブールどころか、どこからでも非常に遠く、とりわけ、情報活動の重要な決定が日々下され、最も貴重な秘密が見つかるかもしれないロンドンからは、あまりにも遠すぎた。ところが一九四三年初め、フィーリックス・カウギルが、セクションⅤはセント・ジェームジズ地区の中心にあるライダー・ストリートの新たな建物に移ることになったと発表した。フィルビーは大喜びした。新たなオフィスは「ＭＩ５からは二分」、ＭＩ６の本部がある「ブロードウェーからは一五分」の距離にあったからだ。これからはクラブにも通いやすくなるし、トマス・ハリスが開くゴシップ・パーティーへも行きやすくなるし、ソヴィエト側担当官とも会いやすくなる。さらにライダー・ストリートは、戦時中に情報戦へ新たに加わることになった重要な部隊の実力を見極め、彼らと親しくなって操作するのに格好な場所でもあった。

　真珠湾攻撃をきっかけにアメリカが参戦し、資金が豊富な新たな情報機関として、戦略事務局（ＯＳＳ）が設置され、その長官に、外向的で人使いの荒い弁護士ウィリアム・「ワイルド・ビル」・ドノヴァンが就任した。ＯＳＳは、後に世界で最も強力な情報機関となるＣＩＡの前身だが、一九四二年当時、アメリカは戦時情報活動の世界に入ったばかりで、物資とやる気はたっぷりあったが、経験が不足していた。ＯＳＳ将校の第一陣が学習意欲満々でロンドンに到着し始めたのは一九四二年末で、一行はライダー・ストリートの執務室を間借りした。ジャーナリストのマルコム・マガリッジは、彼らを、汚《けが》れを知らない乙女にたとえ、これからＭＩ６という「古くてかび臭い情報世界の売春宿」で処女を奪われるのだと言った。フィルビーは、アメリカ人の第一陣が来ても、「見るからに右も左も分からない連中」だとして、特に何とも思わなかった。一行のリーダーでイェール大学教師のノーマン・ホームズ・ピアソンでさえ、自分のチームを「ど素人の無能者集団」と酷評していた。確かに彼らは未熟者だったかもしれないが、恐ろしく熱心で、経験を積んだＭＩ６のベテランたちも非常に面白がるほどだった。フィルビーは、「彼らは機会あるごとに、自分たちは学校に来たのだと言っていた」と書いているが、その彼が、三年の実務経験を積んだ評価の高いベテランとして教官に抜擢《ばってき》され、アメリカ人たちに、ＭＩ６の防諜班の仕事や、イギリス秘密情報部の組織構造、およびブレッチリー・パークでの暗号解読作業について概要を説明して、やがて彼らに非常に大きな影響を与えることになる。フィルビーは、熱心なアメリカ人たちを「厄介者」の一言で片づけていたが、一人だけ、その他大勢から抜きん出た者がいた。背が高く、真面目で死体のようにやせこけた青年で、詩を書き、熱帯植物を育て、諜報活動を何から何まで、本当に強迫観念にとりつかれているかのように一心不乱に学ぶ男。名前はジェームズ・ジーザス・アングルトン、後年に史上最も強力で最も物議を醸したスパイの一人になる人物だ。アングルトンは、普通だったら起こりえないロマンティックな結婚で生まれた子供だった。父のヒュー・アングルトンは、軍人からキャッシュ・レジスターの販売員に転身した人物であり、母のカルメン・メルセデス・モレーノは、教養はないが情熱的な、驚くほど美しい女性で、アリゾナ州ノガレス出身、メキシコ人とアパッチ族の血が流れていた。二人が出会ったのは、一九一六年、ヒュー・アングルトンが騎兵将校としてパーシング将軍の指揮下、メキシコ人革命家パンチョ・ビリャの追討遠征に参加していたときだった。ジェームズ・アングルトンは、一九一七年にアイダホ州ボイシに生まれ、カトリック信者だった母親から英語で「イエス・キリスト」を意味する「ジーザス」というミドルネームを付けられた。このミドルネームを彼は嫌っていたが、修道士のような外見と、どことなくスピリチュアルな雰囲気からして、彼にはぴったりの名前だった。一四歳のとき、父親がナショナル・キャッシュ・レジスター・カンパニーのミラノ支店を任されることになり、イタリアへ移り住んだ（その後、父は同支店のオーナーになった）。息子のほうのアングルトンは、教育のためイギリスへ送られ、まずバッキンガムシャーのプレップ・スクールで学び、次いでヴィクトリア時代の伝統を固く守るイギリスのパブリック・スクール、モールヴァーン・カレッジへ進んだ。ボーイスカウトに入り、学校の風紀委員を務め、将校訓練隊に入った。以上が、アングルトンの言葉を借りれば、彼の「人格形成期」だった。モールヴァーンを卒業したときには、礼儀正しい振る舞いと、フェアプレイの精神と、洗練された変わり者の雰囲気と、かすかなイギリス式アクセントを身につけており、それらは生涯消え去ることはなかった。アイダホ州出身の少年は、今や「イギリス人よりもイギリス人」らしくなり、そうした雰囲気を、サヴィル・ローのスーツと共に、その後死ぬまで身にまとい続けた。一九三七年、英文学を専攻するためイェール大学に入学したが、時間の大半を、ジャズを聴いたり女の子を追いかけまわしたり、文芸雑誌「フリオーソ」を出版したりして過ごした。この「フリオーソ」には著名な詩人の作品が掲載され、中でもエズラ・パウンドとE・E・カミングズの二人は、やがてアングルトンの友人になった。徹夜も平気な夜型人間だったアングルトンは、猛烈な反共産主義者で耽美《たんび》主義者だという評判を得た。自らも、ほとんどは駄作だったが、ロマンティックな詩を書き、そのため「ザ・ポエト（詩人）」とあだ名された。

クラスメートは彼のことを、謎めいていて、「陰鬱でミステリアスな外見をしたミステリアスな人物」と思っていた。真珠湾攻撃の直後にアメリカ陸軍に志願し、かつて師事した英語教授ノーマン・ピアソンを通じて、設立まもないOSSのロンドンでの仕事を紹介された。イギリスへ向かう前に、ミネソタ州にある製材会社の跡取り娘である二一歳の女性と結婚した。この結婚はいささか意外な感じがするが、ジェームズ・アングルトンのやることには予想のつかないことが多かった。「驚嘆すべき容易ならざる複雑さこそ、ザ・ポエト」と、E・E・カミングズは共通の友人に宛てた手紙で書いている。

アングルトンは、OSSの対情報部門で、MI6のセクションVに相当するセクションX-2に配属された。X-2は次第に拡大し、やがてライダー・ストリートのビルでは、セクションVが占めていた四階の一つ下の三階全体を占めるまでになった。フィルビーは、この新入りたちに防諜活動の「技法と技術」や、敵の情報機関への潜入方法、二重スパイの運用法について講義する教官に抜擢された。あるアメリカ人将校はフィルビーについて、「とても感銘を受けたのを覚えています。彼は自分のやっていることを本当によく分かっていました」と述べている。

フィルビーは、二四歳のアメリカ人アングルトンが好きになり、後に彼について、新たにやってきた多くのアメリカ人がかかっていた「英国熱を公然と拒否したことで、私の尊敬を勝ち取った」と書いている。アングルトンは、イギリスびいきになる必要はなかった。

多くの点で、すでに非常にイギリス人的だったからである。この時点でのフィルビーとアングルトンの友情の度合については、正確に測るのが難しい。アングルトンの味方は二人の友情を後に過小評価しようとし、その一方で彼の敵たちは過大評価する傾向にあるからだ。アングルトンの伝記作家によると、「フィルビーは、アングルトンとは師弟関係にあると思っていたのかもしれない。おそらくアングルトンも、同じように感じていたことだろう」。二人は保護者と被保護者になり、熟達した師匠と優秀な弟子という関係になった。「フィルビーは、アングルトンの教官の一人であり、対情報に関する最も重要な指導者だった。アングルトンは、彼を兄のように尊敬するようになった」。フィルビーは、心酔者ができたことを喜んだ。ニコラス・エリオットがいなくなってできた心の隙間を、おそらくアングルトンが埋めてくれたのだろう。新入りたちと古株たちは、酒を、それも大量に飲みながら互いをよく知るようになった。「我々のヨーロッパの友人たちは、アルコール飲料を恐ろしく大量に消費し、しかもその影響はほとんど顔に出なかった」と、あるＯＳＳ将校は回想している。アングルトンは、フィルビーと同じく延々と酒を飲むことができたが、その一方で、周りからすごいがちょっと変だと思われることを何でも真剣にやった。たとえば、ライダー・ストリートのオフィスに簡易ベッドを持ち込み、夜の大半を、防諜活動の奥義を「まるで三位一体の奥義であるかのように」熱心に研究して過ごしているらしかった。ウィリアム・エンプソンやＴ・Ｓ・エリオットら作家や詩人と付き合い、ときには報告書に詩を挿入することもあった。エンプソンは、彼には「物事を整理しようとする絶え間ない欲求」があったと記している。OSSの同僚たちは、彼について「ものすごく聡明だが、ちょっと変で、（中略）実現不可能な途方もないアイディアでいっぱいだった」と言っている。アングルトンは、後に彼が熱心に育てるようになる珍しい蘭の一つに少々似ていた。その蘭がエキゾティックな交配種であるように、彼もメキシコ人とアパッチ族の血が入った中西部出身者で、イギリス人のような英語を話し、詩人にしてスパイであり、稀有《けう》にして非凡、その魅力にひかれる者もいるが、素朴な草花を好む者は、わずかに邪悪な気配を感じ取る。上司たちからは、風変わりな点はあるけれども彼は天職を見つけたのだと認められ、六か月後にアングルトンは少尉に昇進してX-2のイタリア班班長になり、若いころに長く過ごしたイタリアでの対情報作戦を担当した。これほど早く昇進したのは、一つにはフィルビーの指導と引き立てがあったからで、後にアングルトンはフィルビーが刺激になったと述べている。「フィルビーに会った途端、それまで興味を持つだけだった情報活動の世界に、私は夢中になった」と言い、さらに「彼はナチとファシストに対して真っ向から立ち向かい、スペインとドイツにおける彼らの作戦を見抜いた。彼の優れた知識と経験に、私たちは魅了された。（中略）キムから教わったことは、とても多い」と語っている。

あまりにイギリス的

魅力と能力が相まって、連合軍の情報機関内部でのフィルビーの名声は高まり続け、それと共に職責も広がった。まず一九四二年後半にカウギルから、北アフリカでの対情報活動を担当してほしいと依頼された。北アフリカは、連合軍によるフランス領モロッコおよびアルジェリアへの上陸が迫っており、そのためきわめて重要な地域だった。前任の担当者は、フィーリックス・ラッシ陸軍大尉というジブラルタル出身の元軍人で、フィルビーは彼についてソ連側担当官に「ほぼ完全にバカ」と説明した。フィルビーは、喜んでこの地域を担当した。「スペインとポルトガルではアプヴェーアをかなりの程度抑え込むことに成功していた」ので、「さらなる責任を負ってはならない理由はなかった」と書いている。数か月後、彼の権限はさらに広がり、イタリア（やがてジェームズ・アングルトンが同時期にＯＳＳで担当することになる地域）での防諜作戦も含まれた。また、ロンドンに移ってすぐ、カウギルはフィルビーに、自分はＭＩ６の仕事で三週間アメリカを訪問するので、その間「情報活動に関するすべての件で」代理を務めてほしいと頼んだ。フィルビーは、皮肉をこめて謙虚なふりをし、「秘密情報部で出世し始めたようだ」と考えた。しかし、昇進は手段であって目的ではない。「私は、ＳＩＳでの仕事を純粋に隠れ蓑と見なしており、ソヴィエト連邦への奉仕を最も効果的に行なえる地位を確実に手にできる程度に遂行すればよいと思っていた」。

イデオロギーを絶対的な行動原理としている人であっても、普通は自分の信念を確かめる必要がある。信念を他人に理解してもらったり、支持してもらったり、反論してもらったりする必要があるのだ。フィルビーは、自分の信念を打ち明けたことがなかった。政治を論じたこともなく、仲間であるソヴィエト側スパイとも政治を語り合ったことはなかった。初めのころにアルノルト・ドイッチュとイデオロギーを論じたことはあったが、それ以降、共産主義という話題がソ連側担当官との間で持ち上がることはほとんどなかった。一九三四年の時点で自分の進む道は正しいと納得し、それでこの問題は終わりになった。彼は自分の確信を、完全に隔絶された状態で守り通していた。

フィルビーの地位について実に皮肉だったのは、彼がイギリス側の目には申し分ないと映っていたのに対し、モスクワでは依然として不信の目で見られ続けていたことだ。ソヴィエト側が抱いた疑念の源には、一人のＮＫＶＤ分析官がいた。ふくよかなブロンド女性で、たいへん知的な反面、政治については教条的で、極度の猜疑心を抱きながらモスクワ本部でイギリス局のトップを務めていた、イリェーナ・モドルジンスカヤである。スターリンの粛清を生き延びた人の多くに当てはまることだが、恐怖とプロパガンダと服従が、ソヴィエト情報機関内部で高い地位に就いていた数少ない女性の一人であるモドルジンスカヤの心に、不信という深い傷跡を残していた。彼女は途方もない陰謀があるのではないかと疑っており、ソヴィエト側のために「無限大の」リスクを冒しているというケンブリッジ・スパイの主張を額面どおりに受け取ることができなかった。そもそも共産主義者としての過去を持つ人物が、イギリスの情報機関にこれほどやすやすと入り込み、これほど早く出世することなど、あり得るはずがない。それに、イギリス側がナチに対して手の込んだ欺瞞を仕掛けていることも分かっていたから、当然ながらモスクワに対しても同じことをやろうとしているに違いないと考えた。要するに彼女は、フィルビーが自分で言っているような「ソヴィエトの利益のために働く正真正銘の潜入工作員」だとはまったく信じられなかったし、信じようともしなかったのだ。フィルビーはおとりであり、ペテン師であり、裏切り者であって、「実に傲慢な態度で我々に嘘をついている」に違いない。ロンドンの新たなレジジェントであるアナトリー・ゴルスキーに、フィルビーらイギリス人二重スパイたちがどのような偽情報を広めようとしているのかを正確に突き止めよとの指示が出された。さらにモスクワ本部は、彼らを追跡して有罪の決め手となる証拠を集めるため、秘密工作員をただちに派遣した。この捜査チームは、英語を一言も話せなかった上に、何度も道に迷い、しかもそれを自分たちが地図を読めないせいではなく、フィルビーらによる優れたスパイ術のせいだと主張した。ソヴィエト側は、ありもしない証拠を探し始め、見つけることができないと、これこそ証拠が巧みに隠されている証しだと決めつけた。つまるところ、フィルビーはあまりにイギリス人的だったがゆえに疑われたのである。後にケンブリッジ・スパイ網を引き継ぐことになるソ連側将校ユーリ・モジンは、こう言っている。「彼は、精神的にも肉体的にも完璧にイギリス軍の情報将校であり、そのため私は、彼が我々の仲間であるとも、ソヴィエト連邦のため秘密任務に就いているマルクス主義者だとも、どうしても思えなかった」。

モドルジンスカヤは裏切りを疑っていたが、それでソ連側監督官によるフィルビーへの対応が変わることは、表面上はなかった。ゴルスキーは、イギリス人スパイとの接触を、「我々から完全に信頼されているとの確信を強化するような形で」継続するようにと命じられた。これは、実に奇妙な状況だった。フィルビーは、モスクワに真実を告げているが、信用されてはおらず、信用されていると考え続けるよう仕向けられている。ソヴィエト側を助けるためイギリス側を騙しているが、そのソ連側からは欺瞞ではないかと疑われ、逆に騙されていた。フィルビーに対するモスクワの信頼度は変動を繰り返していたようで、怪しいと疑われることもあれば本物と思われることもあり、さらには、その両方の意見が同時に唱えられることもあった。

イギリスとソ連は、ヒトラーが一九四一年の夏にソヴィエト連邦を攻撃して以来、同盟関係にあった。だからフィルビーは、自分は情報をモスクワに流すことで同盟国を助け、「ファシズムに対する一正面作戦」を支援しているのだと主張することができた。しかし、MI6とOSSの同僚たちは、そのような見方はしなかっただろう。確かにハイレベルな情報がロンドンとモスクワ間をすでに行き来していたが、両国とも相手を深い疑念の目で見続けていたため、内容には制限が課せられていた。フィルビーが渡していた秘密は、欺瞞作戦や、工作員と将校の身元、秘密情報部そのものの詳細（で致命的）な組織構成図など、ＭＩ６の上司たちがスターリンに知らせようとは夢にも思っていなかったものばかりだ。しかも、いまだに事実か否か決着はついていないが、ドイツ側のスパイがソ連の情報機関に潜入していて、ケンブリッジ・スパイの渡した情報がベルリンへ送られている危険もあった。そうした可能性がフィルビーの脳裏をよぎっていたかもしれないが、彼は気にしていなかったようだ。彼が忠誠を誓ったのはモスクワに対してであって、そのモスクワが自分の渡した情報をどうするかは知ったことではなかった。彼は、自分が外国勢力のためにスパイ活動をすることで反逆行為を行なっているのだと自覚しており、その意味するところも承知していた。もし捕まれば、ほぼ確実に一九四〇年の反逆法で起訴され、死刑になるに違いなかった。

死は、この商売にはつき物だ。フィルビーは、敬愛していたソヴィエト側担当官たちが、真の信奉者らしく黙々と粛清されたことを受け入れていた。また、一〇人以上のスパイがブレッチリー・パークの解読情報により逮捕され、絞首台の上や銃殺隊の前で生涯を終えていた。イギリスの情報機関は、ＭＩ６の好んだ陽気な婉曲《えんきょく》表現で言えば、敵スパイを「片づける」のをためらうことはなかった。フィルビーも後に、「戦争に勝つのを助けるため及ばずながら貢献」し、何人ものドイツ人の命を奪ったと言っている。彼は自分を、机に座ったままではあるが、戦争に関わるリスクをすべて背負った戦闘員だと見なしていた。しかし、戦争がクライマックスへと向かうにつれ、スパイとしてのフィルビーのキャリアは、さらに多くの死を招く新たな段階へと入ろうとしていた。以後彼は、ナチのスパイではなく普通の男女を、彼が支持する政治信条に反対したという、ただそれだけの罪で抹殺するのに力を貸していくことになる。フィルビーは、すぐに共産主義の大義のために人を殺すようになり、ニコラス・エリオットは、そうとは知らずに彼を助けることになる。

エリオットの活躍

イスタンブールでのスパイ戦でエリオットの主要な敵となったのは、背が高く、頭ははげており、眼鏡をかけていて、あか抜けしていて、どうやら同性愛者らしい弁護士パウル・レーヴァーキューンだった。もともとリューベックでのんびり弁護士業を営んでいたところを引きずり出されてアプヴェーアのトルコ支部長になったレーヴァーキューンは、スパイ監督官らしからぬ男だった。エジンバラ大学で法律を学び、ニューヨークとワシントンで働いた経歴を持つ。「気分屋で神経質」で、トルコが嫌いで、アプヴェーアの多くの将校と同じく、ナチズムの残忍さや粗野とは無縁だった。外見はスパイというより学者のようだ。しかし、実は第一級の諜報員で、次第にエリオットも気づいていくが、恐るべきスパイ網を擁する好敵手であり、その配下には国外在住ドイツ人やトルコ人情報提供者のほか、ロシア人の暴漢、ペルシア人の殺し屋、アラブ人の情報屋、さらにはエジプトの王子までいた。「この都市は彼らの工作員で満ち満ちている」と、ＯＳＳの報告書は警告している。ドイツは、トルコの外交用暗号を大戦初期に破っていた。秘密を集められそうな場所には、レーヴァーキューンのスパイか内報者か、さもなければお色気勝負の女スパイが必ずいた。夫のアメリカ人将校を亡くした魅力的なドイツ人未亡人ヒルデガルト・ライリーは、タクシムズに入りびたり、「イギリス人とアメリカ人をもっとよくしゃべらせることを専門にしていた」。ブロンドで青い目をしたハンガリー女性ヴィルヘルミーナ・ヴァルガシーは、エリーズ・バーに出没し、噂によると、連合軍兵士を六人も誘惑したという。レーヴァーキューンは、工作員を中東へも派遣して、パレスチナ、ヨルダン、エジプト、およびイラクに駐留する連合軍について情報を集めさせる一方、ソヴィエト連邦にもスパイを潜入させ、現政権打倒を目指す革命を扇動《せんどう》した。ちなみに、これと同じことを戦後ＣＩＡとＭＩ６が実践しようとすることになる。

　エリオットは、職務上しばしば首都アンカラへ出張し、大使公邸にナッチブル＝ヒューギセン大使の客として滞在した。滞在の際、親切なイギリス大使はエリオットに、自分の個人的な従者であるアルバニア人エリエサ・バズナを貸して、ディナーのために着替えるのを手伝わせた。「彼のことは鮮明に覚えている」とエリオットは書いている。「小柄な丸っこい男で、額は広く、黒い髪の毛は濃く、両端の垂れ下がった大きな口ひげを生やしていた」。イギリス大使館の使用人になる以前、バズナはケチな犯罪者で、その後ユーゴスラヴィア大使館の召使いとなり、次いでドイツ人外交官の従者になったが、主人の手紙を読んでいたところを見つかり、解雇された。バズナもドイツ側のスパイだった。

サー・ヒュー・ナッチブル＝ヒューギセンには、一つ危険な習慣があった。公文書を書類カバンに入れて大使公邸に持ち帰り、夜寝る前にベッドで読むのを日課としていたのである。エリオットは大使に好感を持っていたが、後に、この明々白々な秘密保持違反を理由に「即刻免職」すべきだったと認めている。バズナは、主人が寝る前に書類を読む習慣のあることを突き止め、一儲けできるチャンスだと感づいた。一九四三年一〇月（エリオットが、ディナージャケットを用意しているバズナに初めて会った時期だ）、このアルバニア人従者は、ドイツの情報機関と接触し、多額の現金と引き換えに書類の写真を渡したいと申し出た。続く二か月間、バズナは一〇回ほど文書を渡し、かなりの額の現金を受け取ると、それを慎重に隠した。もっとも、よもやドイツ側が用心して支払いを偽札で行なっていようとは知る由もなかった。彼は英語をほとんど話せなかったので、自分がどんな秘密を漏らしているのかは正確には分からなかったが、「Secret」という語が「秘密」を意味することぐらいは知っていた。文書は、トルコを対ドイツ戦争に引き込むためイギリスが進めている外交的努力や、連合軍兵士のトルコへの潜入状況、ソ連に対するアメリカの軍事支援などに関する報告書だった。ドイツ側から「キケロ」という暗号名を与えられたバズナは、これ以外にも、テヘラン会談でチャーチル、ローズヴェルト、スターリンの三人が下した決定の内容や、間近に迫ったノルマンディー上陸作戦の暗号名が「オーヴァーロード」であることさえも伝えていた。ただし、こうした情報漏洩《ろうえい》の影響は、ドイツ側の懐疑的な態度により最小限に抑えられた。シチリア島上陸作戦を隠蔽《いんぺい》する欺瞞計画（その中でも有名なのが「ミンスミート作戦」で、この作戦では死体に偽文書を持たせ、スペインの海岸に漂着させた）で手ひどく騙されていたため、ドイツ国防軍最高司令部の中に、キケロも戦争の重要局面で我々を欺こうとするイギリス側の巧妙な策略かもしれないと疑う者がいたのである。ブレッチリー・パークの解読情報と、ドイツ外務省にいるスパイからの報告で、イギリス側はアンカラのイギリス大使館から情報が漏れていることにようやく気づいた。すぐさまバズナに嫌疑がかけられ、危険を察したバズナは、諜報活動を停止した。彼は戦後も生き残り、後に、何の価値もない偽札を渡されていたことに気づくと西ドイツ政府を裁判に訴えようとした。歌のレッスンや中古車販売で生計を立て、最後はイスタンブールに数あるややいかがわしいホテルの一つでドアマンとして生涯を閉じた。キケロ事件は、イギリス側の面目《めんぼく》丸つぶれの大失敗であり、ドイツの優秀なスパイ網がトルコに存在することを示す、さらなる証拠となった。後にイギリスのプロパガンダが、バズナは二重スパイだったと主張しようとしたが、エリオットは騙されなかった。「キケロが入手した情報は完全に本物だった」と認め、「有《あ》り体《てい》に言えば、キケロの一件はイギリス史上おそらく最も深刻な外交上の情報漏洩であった」と記している。

イギリスの情報部は反撃を開始し、一九四三年にはＯＳＳの到着で戦力が増強された。アメリカの情報部でトルコの作戦を担当する責任者は、ラニング・「パッキー」・マクファーランドというシカゴ出身の外向的な銀行家で、トラブルとスパイ衣装が好きで、とりわけトレンチ・コートとスローチ・ハットがお気に入りの男だった。「たとえスパイでなかったとしても、あんな格好をしていたんでは、スパイにならなくてはならなかっただろう」と、同僚の将校は語っている。イギリス情報部の支援を受けて、マクファーランドは独自の工作員ネットワークを構築し始め、手始めにチェコ人の実業家アルフレート・シュヴァルツを採用した。この人物は、ドイツとオーストリアおよびハンガリー国内の反ナチ抵抗グループと連絡が取れると主張し、暗号名「ドッグウッド」を与えられた。エリオットは、マクファーランドには「不適切な脱線行為に関わりたがる傾向」があるが、それでも彼には好感を抱き、アメリカ側との間に好ましい関係を築いた。両者は協力して、レーヴァーキューンの破壊活動チームの一つにトルコ人情報提供者を潜入させることに成功した。「ドイツ情報部のために働いているアゼルバイジャン人とペルシア人とカフカス人の名前が、これで明らかになった」と、ＯＳＳ将校セドリック・シーガーは報告し、さらに「彼らが夜どこに集まり、どこで活動し、どのような外見をしているか」が判明したと記している。

イラクは、アプヴェーアの関心がとりわけ集中している国だった。一九四一年にイギリスは、バグダードの親枢軸政権が原油の供給を停止するのではないかと恐れ、この国に軍事侵攻していた。エリオットは、レーヴァーキューンがイラクのクルド人の間で反英暴動を扇動しようと画策する一方、地下革命運動を支援して資金援助していることを突き止めた。ドイツ人工作員が三名、パラシュートでイラクに潜入したが、着陸直後に拘束された。次にエリオットは、革命運動の内部に暗号名「ズールー」という二重スパイを潜入させた。一九四三年九月三日、レーヴァーキューンは、あらかじめ決めておいたイスタンブールの待ち合わせ場所へメルセデスに乗って現れると、待っていたズールーを車に乗せた。市中を回りながらレーヴァーキューンは、まずプロパガンダ的な講義を行なって「アラブの大義が実現するか否かはドイツの勝利にかかっている」と訴え、それからズールーにイギリス軍部隊の特定方法を教え、無線暗号表と現金二〇〇〇ドルを渡した。これにより、バグダードのイギリス当局は革命グループを全員逮捕した。

ニコラス・エリオットとパウル・レーヴァーキューンの戦いは、容赦ない激しいものだったが、意外にも礼儀をわきまえた戦いでもあった。エリオットは、この大敵がタクシムズで食事をしているのを見かけると、挨拶状を添えて酒のボトルを一本必ず贈るようにしていた。両陣営とも、どちらが優位に立っているのかを知りたがり、ときにはそれを、実にバカげたやり方で示すこともあった。あるときレーヴァーキューンは、イギリス側で「ドイツ」を表す秘密の無線暗号が「一二〇〇」だと知ると、そのことをさっそく同僚たちに教えた。これ以降、エリオットらイギリスの情報将校は、ドイツ軍将校たちが飲んでいるイスタンブールのバーに入っていくたび、ドイツ国歌の歌詞を変えた「一二の国、一二の国、世界に冠たる一二の国」の大合唱を聞かされて、ばつが悪い思いをした。やられたときは倍返しにしたが、はっきりとした勝負はつかなかった。それでも一九四三年も年末に近づくと、エリオットは諜報戦で実に見事な功績を上げ、それによって第三帝国を揺るがせ、ヒトラーを激怒させ、ＭＩ６でのエリオットの株を急上昇させることになる。そして、これほどの大手柄を立てる最初のきっかけを与えたのは、やはりキム・フィルビーであった。

6　ドイツからの亡命者

反ナチ一族

一九四三年春にキム・フィルビーは、エーリヒ・フェアメーレンという名の若いドイツ人男性が、母がジャーナリストとして働いているリスボンに現れ、イギリスの情報部に恐る恐る近づいたことを知った。フェアメーレン家は、リューベックの有名な弁護士一家で、反ナチ的な傾向のあることでも知られており、エーリヒ・フェアメーレンは、イギリス側への亡命を考えていることをそれとなく伝えた。この一回目の接触に、それ以上の進展はなかった。フェアメーレンには、提供できる有用な情報がほとんどなかったし、妻もまだベルリンにいたので、彼はすぐベルリンへ戻った。しかし、接触そのものは興味深いものであり、フィルビーはいつか利用しようと思って頭の中に入れておいた。

エーリヒ・フェアメーレンは、ストレスを受けると良心が大きく強くなるという珍しいタイプの人間だった。肉体的には、以前に受けた銃撃による傷のせいで壮健ではなかったが、その魂は、強靭《きょうじん》で考えられないほどの回復力を持っており、確信を抱いているときは打ち砕くことはおろか屈服させることさえできなかった。そして、愛国心にあふれ、敬《けい》虔《けん》だったフェアメーレンは、自分は道徳的に正しいのだと確信していた。一九三八年、一九歳のときローズ奨学金を獲得してオックスフォード大学へ行けることになったが、ヒトラー・ユーゲントに入るのを繰り返し拒否したため、ナチから「ドイツの若者を代表するにふさわしくない」と見なされ、留学を断念させられた。噂によると、ヒトラー直々に、彼の名前を奨学生のリストから外すよう命令したのだという。傷のため軍務に就くことができなかったので、捕虜収容所で働いた。一九三九年、彼はカトリックに改宗し、伯爵令嬢エリーザベト・フォン・プレッテンブルクと結婚した。彼女は夫より八歳年上の熱心なカトリック信者で、ナチズムに対する憎悪は夫に劣らず堅固だった。戦前エリーザベトは、反教会的なナチを批判する宗教パンフレットを配布したため、ゲシュタポに目をつけられていた。プレッテンブルク家は反ナチの抵抗活動に深く関与していたわけだが、それはフェアメーレン家も同様だった。ドイツ外務省の職員で、後にヒトラー暗殺計画の中心人物となるアダム・フォン・トロット・ツー・ゾルツは、フェアメーレンのいとこだった。エーリヒとエリーザベトが結婚したことで、秘密の反ナチ抵抗運動を一種の家業として続けていた二グループが一つになった。この小さなドイツ人抵抗集団の中で、宗教的・道徳的怒りが政治と結びついた。彼らはリベラル派ではなかった。かなりの保守派で、裕福な者が多く、共産主義に激しく反対する古風なドイツ人一族であり、ヒトラーがドイツを破滅に導き、その結果、無神論者であるボルシェヴィキの支配が始まるのではないかと恐れていた。陰謀に参加している者たちは、ヒトラーを暗殺してイギリスとアメリカと講和を結び、次いで東からの赤の脅威を撃退し、それによってキリスト教に基づく民主的で反共産主義的な新生ドイツ国家を建設しようと夢見ていた。エーリヒとエリーザベトのフェアメーレン夫妻は、志を同じくする一握りの陰謀者たちと共に、ヒトラーがドイツを滅ぼす前に彼を滅ぼさなくてはならないと固く心に決めていた。

一九四三年末、エーリヒ・フェアメーレンは、フォン・トロットの助けを得てアプヴェーアの一員となり、無線暗号と隠顕インク［いわゆる「見えないインク」］の使い方について二週間の訓練を受けると、リューベック時代に父の友人で仕事仲間だったパウル・レーヴァーキューンの個人的助手としてイスタンブールに派遣された。外交官職に就いている者は、万が一にも亡命することのないよう、妻を同道して赴任するのは公式には禁じられていた。エリーザベトは、すでに要注意人物となっていたため、事実上の人質としてベルリンに残った。フェアメーレンは、一二月上旬にイスタンブールに到着し、レーヴァーキューンの指導の下、アプヴェーアのオフィスで働き始めた。二週間後、彼は再びイギリスの情報部と連絡を取った。ＭＩ６のハロルド・ギブソンが彼の名前をセクションＶへ送ると、キム・フィルビーのイベリア班が、すでにリスボンで彼からの接触があったことを明らかにし、フェアメーレンのファイルがイスタンブールにいるエリオットへ転送された。

こうして歯車は動き始めた。

一九四三年一二月二七日の午後七時、エーリヒ・フェアメーレンは、ペラ地区の目抜き通りであるイスティクラル通りの指定された住所へ向かった。強いロシア語なまりのある召使いがアパートのドアを開け、リビングに案内すると、頼んでもいないのに、スコッチを注いだ大きなグラスを渡してくれた。しばらくすると、引き戸の向こうから背がひょろりと高くて眼鏡をかけた男が現れ、愛想よく笑いながら手を差し出した。「エーリヒ・フェアメーレンさんですね？」。男は言った。「そうそう、確かオックスフォードに来ることになっていましたよね」。ニコラス・エリオットは宿題を済ませてあった。

フェアメーレンは、このときのことを後々まで鮮明に覚えていたし、エリオットの間違えようのない、こちらを安心させるようなイギリス人らしさも忘れなかった。「私は、どっと安堵感を覚えた。まるで私の両足が、もうイギリスの大地についているかのような気がした」。

二人は、エリザベス・エリオットが夕食を出す間も話し続け、夜通し語り合った。フェアメーレンは気持ちを打ち明け、ヒトラーに一撃を与えたいのはやまやまだが、祖国を裏切ることになるかもしれないと思うとつらくて仕方がないと語った。妻を置いてはどこへも行けないと言い張り、もし自分が亡命したら妻は間違いなく逮捕され、おそらく殺されるだろうと言った。エリオットは、この若者に「優柔不断の徴候」を見て取り、手を替え品を替えて説得したり、妻のエリザベスを呼んで、カトリック信仰を通してフェアメーレンに課された道義的責任を説いてもらったりした。そして、偽造書類を用意するのに少々時間はかかるが、時機が来ればフェアメーレン夫妻をひそかにトルコから連れ出し、無事にイギリスへ送り届けるつもりだと説明した。フェアメーレンが亡命すれば、ナチズムに壊滅的な打撃を与えることになるだろうと、エリオットは請け合った。それでもフェアメーレンがためらっていると、エリオットの口調は厳しくなった。フェアメーレンはすでに深入りしすぎていて、もう後戻りすることはできなかった。イスタンブールの夜が明けるころ、フェアメーレンは立ち上がり、エリオットと握手した。彼は、エリオットだけでなく神からも求められたことを、実行する気になっていた。

ＭＩ６への報告書で、エリオットはフェアメーレンを「ひどく神経質だが、教養があり、自信に満ち、きわめて利発な、論理的思考の持ち主であり、少々扱いが難しい、良家出身のドイツ人青年」で、「宗教的理由から極度に反ナチ的」だと説明した。エリオットは、フェアメーレンは嘘をついてはいないと「完全に確信」していた。

フェアメーレンは、飛行機でベルリンに戻ると、妻に向かって、以前から話し合ってきた瞬間のため準備を進めるようにと告げた。すでにフォン・トロットがエリーザベトのために、彼女のいとこフランツ・フォン・パペンがドイツ大使を務めるイスタンブールのドイツ大使館に仕事を手配してくれていた。これで万一ゲシュタポから、どういう経緯で規則を破り夫婦そろって国外へ移動したのか説明しろと求められても、言い逃れできるだろう。エリーザベトが銀行預金を兄弟姉妹に分け与えると、フェアメーレン夫妻は列車でイスタンブールに出発した。ところが、列車がブルガリアを通過中に、寝台車の隣のコンパートメントにいるのがゲシュタポの将校だと知って、二人は恐怖した。夫妻はすでに監視下にあったのだ。案の定、ブルガリア国境でエリーザベトは身柄を拘束され、ソフィアのドイツ大使館へ連行された。エーリヒは、イスタンブールへの旅を独りで続けるよりほかなかった。二週間待った後、再びフォン・トロットの助けを借りて、エリーザベトはイスタンブール行きの貨物輸送機に何とか乗ることができ、ようやく夫と再会した。レーヴァーキューンは、フェアメーレン夫人がゲシュタポのブラックリストに載っていることを知っており、彼女が何の前触れもなくこの街に現れたのを知って、たいへん驚いた。そしてフェアメーレンに、ベルリンにメモを書き送って、どのような経緯で、なぜ妻がイスタンブールに来なくてはならなかったのかを説明するようにと命じた。

フェアメーレン夫妻は大急ぎで行動しなくてはならなかったし、それはエリオットも同じだった。職務上の文書作成に慣れるという名目で、フェアメーレンはアプヴェーアのファイルの中から、「イスタンブールにおけるアプヴェーアの全組織」の組織図や、中近東でアプヴェーアが進める作戦に関する「大量の詳細な情報」など、最も重要と思われるものを持ち出し始めた。これをエリオットが写真に撮影し、それからフェアメーレンがアプヴェーアの事務室に戻した。レーヴァーキューンは、この新たな助手にファイルを自由に閲覧できる権限を与えており、すぐにフェアメーレンは、毎晩大量の情報を渡すようになった。しかし、時は刻一刻と迫ってきていた。一九四四年一月二五日、トルコ警察にいるエリオットの情報提供者の一人が、警察はフェアメーレンがイギリス側と接触していることを知っていると伝えてきた。レーヴァーキューンにも警察にスパイがおり、「したがって、間もなく〔何が進行中なのかを〕ドイツ側がかぎつけるものと思われた」。

二日後、エーリヒとエリーザベトのフェアメーレン夫妻は、スペイン大使館のカクテル・パーティーに出席した。二人は、大使館を出たところを二人の男に捕らえられ、待機していた車に押し込まれた。この出来事は、夫妻が誘拐されたように見せかけるためエリオットが仕組んだもので、そうすることで時間を稼ぐとともに、あわよくば二人の家族に対する報復を抑えようとしたのである。フェアメーレン夫妻は、車に乗ったまま南東へ向かい、イズミル近郊の海岸で高速機動艇に乗り換えた。乗船が済むと、高速艇はスピードを上げて闇の地中海に消えていった。二四時間後、夫妻はパーティーで着ていた服装のままカイロに到着していた。

パウル・レーヴァーキューンは、フェアメーレン夫妻が行方不明になったと聞くと、まず困惑し、次いで激怒し、最後には完全にパニックに陥って思考停止状態になった。このアプヴェーア支部長は「ひどい慌てよう」だと、ＭＩ６は嬉しそうに報告している。フォン・パペンは、ブルサ山地でのスキー休暇を切り上げると、自ら先頭に立って危機に対処することにし、トルコ警察に逃亡者を追跡するよう要請した。トルコ側は、礼を失しないよう協力することに同意したが、実際にはまったく何もしなかった。レーヴァーキューンはベルリンへ呼び戻された。ドイツ側がイスタンブール中を探し回るなか、ヒトラーの冷酷な治安責任者エルンスト・カルテンブルンナーは、敵スパイがほかにも多数潜んでいるに違いないから、イスタンブールのアプヴェーアを徹底的に調査して裏切り者を一掃せよとの命令を下した。その考えは正しかった。レーヴァーキューンの同僚の中には、こうなったら自分も逐電しようと決心した者が数名いた。四三歳のジャーナリストで、アプヴェーアのためプロパガンダと噂の収集を行なっていたドイツ人カール・アロイス・クレチコフスキは、郊外の隠れ家に身を隠した。オーストリアにある製紙会社の跡取り息子ヴィルヘルム・ハンブルガーは、レーヴァーキューンが最も信頼を寄せた部下の一人だった。戦争の大半を、亜麻の買い付け商人のふりをしながら、中東に関する情報を集めて過ごし、パーク・ホテルのテーブルから離れることはめったになかった。その彼も、連合軍の情報機関と接触していた。二月七日の朝、彼は寝ていたところをドイツ軍将校二名に叩き起こされ、逮捕すると告げられた。ハンブルガーは将校らに、「自分がいなくなったせいで騒動が起こることのないよう」、最も重要なトルコ人工作員に電話したいが、かまわないかと尋ねた。

信じられないことに、彼の望みは聞き入れられた。ハンブルガーは、事前に決めてあった番号に電話をかけ、ＯＳＳの連絡係とつながると、次のように言った。「私はこれから一週間ベルリンへ行ってくるが、すぐに戻ってくる。そう海兵隊に言ってくれ」（最後の一文は「そんなのはデタラメだ」という意味の俗語）。三〇分後、まだハンブルガーが荷造りしながら時間稼ぎをしていたとき、車が家の前に止まった。ハンブルガーは、将校たちが止める間もなく正面玄関から外へ飛び出し、後部座席に飛び込むと、そのまま猛スピードでイギリス領事館まで連れて行ってもらい、そこで「朝食と新たな身元を与えられた」。この二人の亡命者も、フェアメーレン夫妻が使った秘密の脱出ルートでエジプトへ向かった。ＯＳＳのパッキー・マクファーランドは、喜びを隠しきれない通信文をワシントンへ送り、カイロは「脱出者と裏切り者の襲来で身動きが取れなくなる」恐れがあると報告した。カルテンブルンナーは、悪い知らせをヒトラーに伝えた。いわく、フェアメーレンの亡命は「アプヴェーア・イスタンブール支部のみならずトルコにおける我が国の他の軍事情報部の活動に、深刻な損害を与えた。アプヴェーア支部の全活動が暴露され、活動継続は不可能と思われる」。

一方、四人もの亡命者をイスタンブールからひそかに出国させたエリオットは、彼らを追ってイギリスへ向かった。まずレバノンまで列車で行き、次いで空路、カイロとアルジェリアとカサブランカを経由しながら、一週間以上も「きわめて退屈で不快な」旅を続けた末に、ようやくコーンウォールのニューキーに到着した。

キム・フィルビーは、以前と変わらず協力的で、母親が住むケンジントンのアパートを、フェアメーレン夫妻がロンドンに着いたときの宿泊場所として使っていいと申し出てくれていた。亡命は極秘裏に進められたため、ＭＩ５でさえ二人が国内にいることに気づかなかった。エリオットは、サウス・ケンジントンのドレイトン・ガーデンズ通りにあるドーラ・フィルビーのアパートに直行すると、満面の笑みを浮かべたフィルビーの出迎えを受け、フェアメーレン夫妻と再会した。続く二週間、フィルビーとエリオットは夫妻に対し、友好的だが詳細で徹底した事情聴取を行なった。フェアメーレンがアプヴェーアで働いたのは数か月にすぎなかったが、彼が教えることのできた情報は、ドイツ情報機関の組織構造、中東での活動、将校や工作員の身元など、非常に貴重なものばかりだった。エリーザベト・フェアメーレンは、ドイツ国内のカトリック系地下抵抗運動についての詳細を提供してくれた。だが、フェアメーレン夫妻の信心深さに二人は相当イライラさせられた。スパイというものは、冒険心や理想主義あるいは金銭欲など、多種多様な動機に突き動かされており、よってほとんどのスパイはこちらから操ることができる。しかし、フェアメーレン夫妻は神にのみ仕えており、そのため行動が予測できず、ときに非協力的になることさえあった。エリオットは、フェアメーレンがまたぞろ宗教的な説教をするのを座ったまじっと聞かされた後で、「あの二人は、クソが付くほどの真面目人間で、次に何をしようというのかまったく見当がつかないぜ」と、癇癪《かんしゃく》を起こしながらフィルビーに不満をぶちまけた。フェアメーレンには暗号名として「プレシャス（貴重品）」が与えられたが、価値の点でも扱いにくさの点でも、彼はまさに貴重品であった。

　事情聴取の合間に、エリオットは妻の両親に会う機会をようやく得たが、これは、イギリス上流階級の奇人変人ぶりに慣れている者でなければ、ずいぶん戸惑う経験だったかもしれない。サー・エドガー・ホルバートンは、社交的で尊大で、紛れもなく変人だった。かつて熱帯地方で数年を過ごしたせいで、話し方にちょっと変わった癖があった。ときおり何の前触れもなく、まったく脈絡のないことを言うのだ。エリオットはクラブでサー・エドガーに会い、ランチを共にした。すると義父は、チリ経済に関する退屈きわまりない講義を始め、しばらくすると、それまでと変わらぬ調子で、いきなりこう言ったのである。「言わせてもらうがね、君、私も以前、ラングーン［現ヤンゴン］にビルマ娘を囲っていたことがある。金は月二〇ポンドしか、かからなかったよ」。後にエリオットは、サー・エドガーとの会話を振り返り、「何度もジャンプしなくてはならない障害物競走」のようだったと語っている。

フェアメーレン夫妻から聞き出した情報の一部は、イギリスの同盟国に伝えるだけの価値があるように思われた。たとえばモスクワには、トルコ政府の役人数名が情報をアプヴェーアに渡していることをフェアメーレンが明らかにしたと知らせた。ソヴィエト側は、このトルコ側の中立違反を声高に抗議し、トルコはただちに「ドイツ・トルコ間でのソ連に関する情報交換」をすべて停止した。しかし、夫妻が明らかにした情報の多く、とりわけドイツにおける反共産主義抵抗組織に関する情報は、ソヴィエト連邦に知らせるには問題が多すぎると考えられた。一年以上後になっても、モスクワは、フェアメーレンの事情聴取の詳細をまだ見ていないと不平を言い続けていた。

フェアメーレン亡命のニュースは、慎重にリークされた。AP通信は、次のように報道している。「二四歳の大使館員とその妻が、ナチの残虐さに嫌悪感を覚えたためドイツから亡命したと発表した。彼は、非常に価値のある詳細な情報を持っているとのことである」。MI5は、この亡命がもっぱらMI6によって処理されていることを知って憤慨した。「敵である外国人を、彼から情報を聞き出すという目的のためだけに、この国に連れてくるのであれば、私が考えるに、その人物は我々の管理下にあるべきだと思う」と、ガイ・リデルは日記に書いている。これは、同業者による純粋な嫉妬であった。フェアメーレンの亡命を成功させたことで、ＭＩ６はエリオットが敵に「目覚ましい一撃」を与えたと触れて回った。フェアメーレンがもたらした情報は、諜報活動にとって十分に有益だったが、それ以上に、彼の亡命がドイツに与えた象徴的な影響は、かなり衝撃的だった。

ヒトラーは、フェアメーレンの亡命を知らされると「激高」したという。彼はしばらく前から、ヴィルヘルム・カナリス提督を始めアプヴェーアの将校の多くが、ナチの進める計画にそれほど忠実ではなく、敵と裏で共謀しているのではないかと疑っていた（事実、そのとおりだった）。それがこの亡命で証明された。またヒトラーは、フェアメーレンがアプヴェーアの秘密暗号帳を持っていったと思い込んでいた（これは、間違い）。フェアメーレン夫妻に協力した者はもちろん、単に知り合いだっただけの者も、今や全員が疑惑の対象になった。フェアメーレンの父と母ときょうだいたちは、全員が逮捕されて強制収容所に送られた。ヒトラーは、カナリスを呼び出すと猛烈に叱りつけ、アプヴェーアはガタガタになっていると告げた。カナリスは、機転を利かせてではなく覚悟を決めて、「ドイツの敗色が濃いことを考えれば、さして意外なことではありません」と返答した。二週間後、ヒトラーはアプヴェーアを廃止し、ヒムラー率いる親衛隊の下に包括的な新しい情報機関を設置した。カナリスは閑職に左遷されると、事実上の自宅軟禁に置かれ、その後、一九四四年七月のヒトラー暗殺計画失敗の余波を受けて処刑された。アプヴェーアは、確かに腐敗していて効率が悪く、裏切り者もいたかもしれないが、少なくとも、世界各地で機能している情報機関だったことは間違いない。数々の亡命事件が連鎖反応を引き起こし、アプヴェーアはノルマンディー上陸作戦のわずか三か月前に跡形もなく消滅した。歴史家マイケル・ハワードの言葉を借りれば、ドイツの情報機関は「効率よく機能できるかどうかに第三帝国の存亡がかかっていた、まさにその瞬間に、混乱状態に陥った」のであった。

反共主義者のリスト

ニコラス・エリオットは、今やＭＩ６の人気者だった。内部評価では、彼がこの件を「申し分ない手腕と亡命者への共感だけでなく、必要とあらば断固たる態度も」示して処理したと判定された。称賛の一部はフィルビーにも及んだ。彼も、亡命をお膳立てするのを遠くから助け、その後は母のアパートでフェアメーレン夫妻の事情聴取を行なったからだ。作戦は、完全勝利に終わったと思われた。後々までエリオットは、この成功の話をしてほしいと言われて何度も「ディナーに招かれ」ることになるが、エリオットの「目もくらむほどの大手柄」を祝う宴会は、直後から始まっていた。

　フィルビーを通してエリオットは、背がひょろりと高い宴会好きの若いアメリカ人、ジェームズ・ジーザス・アングルトンと知り合った。この三人の情報将校は固い友情で結ばれた友となり、かなりの時間を共に過ごすうち、エリオットは「ジム［ジェームズ］」が食事と酒を楽しむ態度や、その飲み食いする量だけでなく、彼の知性と人間的魅力の両方にも、ひどく感心」するようになった（エリオットとアングルトンが初めて会った場所をめぐっては、若干の混乱がある。エリオットは、アングルトンは一九四六年に自分と一緒に過ごすためスイスにやってきたと回想しているが、彼の家族やその他の資料によると、二人が最初に会ったのはそれより前のロンドンで、フェアメーレンに事情聴取していた最中だった可能性のほうが高いと思われる）。アングルトンは、フィルビーのようにホンブルグ帽をかぶるようになっており、その帽子の下から半開きの目で周りをじっと見ていた。「かなり邪悪そうな神秘的雰囲気を漂わせているが、実はとても好感の持てる男で、素晴らしい魅力と広い視野を持っていた」とエリオットは記している。アングルトンとエリオットには、共通点が多かった。強烈な功名心があり、威圧的な父親を持ち、そして言うまでもなく、二人ともキム・フィルビーを敬愛していた。

イスタンブールに戻る前、エリオットはＭＩ６本部に呼び出された。呼び出したのは、元軍人の保全担当責任者で、大使館職員とＭＩ６内部での身元調査および情報保全手続きを監督するため新たに任命された人物だった。エリオットは病的と言っていいほど慎重で、これまでに情報漏洩問題が持ち上がったことは一度もなかった。「当時、秘密は本当に秘密だった」とエリオットは書いている。しかし彼は今、自分が何らかの形でうっかり警戒を緩《ゆる》めたり、何らかの情報を知らせるべきでない人物に漏らしたりしたのだろうかと考えた。だが、心配する必要はなかった。その後のやり取りは、彼が後に書き残しているが、エリオットが今や最重要人物の一人となった組織について、多くのことを教えてくれる。

保全担当将校／「座りたまえ。君と腹を割って話をしたいのだが」

ニコラス・エリオット／「分かりました、大佐」

将校／「君の奥さんは、君の仕事を知っているのかね？」

エリオット／「はい」

将校／「どういう経緯で知られたのかね？」

エリオット／「妻は二年間、私の秘書を務めていました。それでご理解いただけるのではないでしょうか」

将校／「そうだね。母君はどうだね？」

エリオット／「母は、私がＳＩＳとかいう所にいると思っていて、ＳＩＳは秘密情報部のことだと考えています」

将校／「何だって！　どうしてそれを知るようになったんだ？」

エリオット／「戦時内閣の一員が、カクテル・パーティーで母にそう言ったのです」

将校／「では、父君はどうなんだね？」

エリオット／「私をスパイだと思っています」

将校／「どうしてまた、君がスパイだと思っているんだね？」

エリオット／「長官がホワイツのバーで父にそう言ったからです」

今度も、これでおしまいになった。

エリオットとフィルビーは、イギリス支配階級の中枢部に身を置いており、そこでは互いへの信頼は疑問の余地などない絶対的なもので、複雑な情報保全対策などまったく必要なかった。全員が同じ家族の一員なのだ。「何世紀にもわたり、外務省は信頼の上に機能してきた」と、外務省の保全担当将校ジョージ・ケアリー・フォスターは語り、「その家族的雰囲気の中では、この中に悪い奴がいるなどという考えは浮かびようがなかった」と述べている。エリオットは妻を信頼し、秘密を守ると思っていた。エリオットの雇用主は彼の父を信頼し、秘密を守ると思っていた。エリオットは友人フィルビーを信頼し、秘密を守ると思っており、その秘密がこれから人を殺すのに利用されることになろうとは、ゆめゆめ疑っていなかった。

フェアメーレン夫妻が伝えた情報には、「ドイツにおけるカトリック系の地下運動に参加している知人全員と、彼らが戦後の民主的・キリスト教的ドイツで果たすべき役割の」詳細な説明が含まれていた。これこそ、最大の価値を持つ情報だった。なぜなら、そこに名前と住所と職業が挙げられていたのは、フェアメーレン夫妻と同じく、ヒトラーには反対しているが、共産主義者に国を乗っ取られるのは防ぎたいと願っている人々、すなわち

「戦後に連合国の道具となって、ドイツに反共政府を樹立するのを助けてくれそうな、主要なカトリック系活動家たち」だったからだ。こうした明白な理由に加え、ソ連軍が東からドイツへ進撃する構えを見せていたため、ＭＩ６はこのリストをモスクワには渡さなかった。

しかし、フィルビーは渡した。

戦後、連合軍の将校たちは、フェアメーレン夫妻が教えた反共産主義活動家、つまり「戦後ドイツでキリスト教系保守勢力の政治指導者層の中核をなしたかもしれない」人々を探し回った。しかし、一人も見つけ出すことはできなかった。「全員が追放されるか、抹殺されていた」のだ。終戦間際の数か月は、混乱の中で多くの人命が失われた。ナチに忠誠を誓う人々は、七月のヒトラー暗殺未遂事件の後で約五〇〇〇人を殺害し、それにはカトリック系抵抗運動に参加していた人も多く含まれていた。何年も後になって、ようやくＭＩ５は実際に何が起きたのかを解明した。フィルビーが例のリストをソ連側監督官に渡し、監督官はモスクワ本部に渡し、受け取った本部は、スターリンの軍隊が進撃するのに合わせ、殺人者集団を、抹殺すべき有力なイデオロギー上の敵対者たちが列挙されている出来合いの暗殺リストを持たせて送り込んだのである。「モスクワは、ドイツにおける非共産主義的な反対勢力をすべて排除するとの決定を下していたため、これらカトリック系活動家たちは銃殺されたのである」と、フィリップ・ナイトリーは記している。

フィルビーのしたことのせいで、どれだけの人が死んだのかは誰にも分からない。MI5とMI6がフェアメーレンのリストを今なお公開していないからだ。MI5のリデルは日記に、ドイツ東部で「共産主義に反対する最も強力な国際組織とロシア人から見なされているカトリック教会に対する軍事行動」をソヴィエト軍が実施して、反対派を抹殺しているとの報告を書き記している。何年も後にフィルビーは、「私は、かなりの数のドイツ人の死に対して責任を負っている」と語った。ナチ党員のことを言っているようだが、彼の犠牲になった者の中には、ナチに反対しながらも、フィルビーと同じ政治思想を持っていなかったせいで死んだ、数知れぬドイツ人もいる。モスクワがフィルビーに対して長年抱いてきた疑念も、この時点で完全に消えてなくなったようだ。

フェアメーレン夫妻は、自分たちはドイツを共産主義から救うことになるかもしれない男女を連合国に知らせていると思っていた。しかし現実には、知らぬこととは言え、彼らをモスクワに引き渡していたのである。フィルビーの裏切りにより、エリオットの大勝利は、誰も知る者のいない惨めな悲劇に堕したのだった。

7　ソヴィエトからの亡命者

「次の敵」に備える

ノルマンディー上陸作戦が近づき、連合軍が進撃を続ける一方、キム・フィルビーとニコラス・エリオットと、ＯＳＳの仕事仲間ジェームズ・アングルトンは、戦争中に成人した多くの若者たちと同じく、戦争終結後の進路をどうしようかと考え始めていた。三人とも、情報戦の世界に残ってキャリアを積むことに決めていたし、三人とも、すでに諜報という専門の道で成功を収めており、全員がすぐに昇進することになっていた。ただし、そのうち二人は功績を上げての昇進であり、残る一人は上司を失脚させての昇進だった。

ナチの脅威が薄れるにつれ、ソ連の諜報活動に対する恐怖が復活してきた。戦前、ＭＩ５とＭＩ６は、かなりの量のエネルギーと予算と神経を、国の内外で共産主義の脅威と戦うことに費やしていた。しかし、ドイツとの戦争という難題に追われたことと、スターリンと同盟を結んだことにより、モスクワの隠密活動は注視されなくなった。だが一九四四年になると、ソ連の諜報活動による脅威に再び目が注がれ始めた。Ｃことサー・スチュアート・ミンギスはアングルトンに、「我々の中に共産主義者が潜入している。彼らは内部に入り込んでいるのだが、どうやって入り込まれたのか、我々にはよく分からない」と語っている。内部からの共産主義の脅威に気づいたイギリス情報部のトップたちは、ソヴィエト連邦という「次の敵」と戦うためには新たな武器と、組織再編が必要だとの認識を次第に強めていった。冷戦の戦線が引かれようとしていた。

一九四四年三月、フィルビーはＣに、共産主義スパイとの戦いを始める時期が来たので、「共産主義者やソ連の諜報活動に関与する人々について我々の知るところとなったあらゆる事例を専門的に処理する」組織として、新たな部署セクションⅨを設置するべきだと提案した。Ｃはたいへん乗り気で、外務省も、「（ソ連がこの国で諜報活動をしているにもかかわらず）ソ連国内では何もしないのであれば」という条件で賛同した。当初はＭＩ５の将校ジャック・カリーが責任者になったが、どう考えても今後この新たな部署を長く担当するのは、経験豊富なセクションⅤのトップ、フィーリックス・カウギルだろうと思われた。後にフィルビーは振り返り、モスクワからカウギルを押しのけよとの命令を受けたが、自分としては乗り気でなかったと述べている。そして「私は、確実にセクションⅨの担当者となれるよう、あらゆることを、文字どおり何から何までやらなくてはならない。カウギルには、「出て行ってもらわなくてはならない」と書いている。どうやら、フィルビーは何が何でも自分が責任者になるつもりでセクションⅨの設置を提案したというのが真相のようで、カウギルは邪魔な存在だった。

カウギル排除は、きわめて冷徹に、良心の呵責など一切なく進められた。まずフィルビーは、カウギルと、その先輩格である神経質なヴァレンタイン・ヴィヴィアンおよび憎悪の塊クロード・ダンジーとの間にあった反感を、それとなく煽《あお》った。さらに、カウギルとＭＩ５の関係が険悪であることを上層部の耳にひそかに入れ、カウギルに代わってセクションⅨを担当すべき第一候補の地位に収まった。そして一九四四年九月、フィルビーはＣの執務室に呼ばれると、「非常に熱烈」に迎えられ、君に新たなソヴィエト・セクションを担当してもらうことになったと告げられた。フィルビーは喜んで承諾したが、その前に、当然ながらの配慮を示す、ちょっとした提案をＣの頭に植えつけるのを忘れなかった。カウギルとＭＩ５の関係がここまで悪くなったのですから、この姉妹組織が私の就任に反対しないよう確認したほうがよいのではないでしょうか？　そう申し出たのである。もちろんフィルビーは、ＭＩ５には友人がたくさんいる以上、自分の昇進が本当に反対されるとは少しも思っていない。単に、この決定にＭＩ５が関与したという証拠を残しておきたかっただけだ。そうしておけば、将来ＭＩ５が、どういう経緯で彼がこれほど強力な地位に就くことになったのかを調査しようとしても、あなた方が私の就任を後押ししたのではないですかと主張できるからである。ミンギスは、即座に「この根回しは私が考えたものだ」と思い込んだ。カウギルは、自分の就任が見送られたと知ると、フィルビーの予想どおり、激怒して辞職した。

セクションⅨは、当初は対情報部隊と考えられ、ソ連政府が国外で行なう諜報活動を攻撃する組織と見なされていたが、すぐに任務を拡大し、ソ連圏諸国に対する情報活動を実施したり、ヨーロッパにおける共産主義運動を監視してひそかに攻撃したりするようになった。経験豊富なソ連側スパイであるフィルビーは、今やイギリスの対ソヴィエト情報作戦の責任者として、イギリスがソヴィエトの諜報活動に対抗するため何をしているかのみならず、イギリスのほうからソ連に仕掛けている諜報活動についても、モスクワに知らせることのできる立場にあった。狐はもはや鶏小屋を見張っているだけでなく、鶏小屋を建て、管理し、頑丈な箇所と壊れやすい箇所を調べ、新たな鶏小屋を建てる計画さえ作るようになったのである。当時を知る人は、後に語っている。「彼はただの一撃で、根っからの反共主義者を排除し、共産主義側の諜報活動に対抗しようとする戦後の全活動をクレムリンに筒抜けにした。諜報活動の歴史の中で、これに匹敵するほど見事な一撃は、たとえあったとしても、きわめて少ない」。

モスクワの反応は、当然ながら大喜びだった。「新たな地位への就任はいくら評価してもし足りない」とＮＫＶＤのイギリス担当部は報告し、フィルビーについて「組織で昇進を続け、尊敬され高く評価されている」と記している。フィルビーに対するソヴィエト側の疑念は、すでに薄くなっていたが、それまで陰謀説を唱えていたイリェーナ・モドルジンスカヤがソ連哲学研究所でコスモポリタニズムの害悪を講義するため大佐の階級で退職したこともあり、これですっかり消え去った。彼女は疑っていたが、フィルビーらケンブリッジ・スパイの面々は戦争中一貫して忠誠を守り、驚くほど熱心に活動していた。フィルビーは、原爆開発計画である「マンハッタン計画」のほか、ノルマンディー上陸作戦の計画、イギリスの対ポーランド政策、イタリアにおけるＯＳＳの作戦（情報源はアングルトン）、イスタンブールにおけるＭＩ６の活動（情報源はエリオット）など多数の報告を送り、そのすべてがまったくの真実ばかりだった。戦争中、政治・経済・軍事に関する文書が推計で一万件、ＮＫＶＤのロンドン支部からモスクワへ送られた。モドルジンスカヤは、スターリン主義を最も奇妙な形で象徴するシンボルと言える。彼女はイデオロギー的には常に正しかったが、それでいて完全に、滑稽なほど間違っていた。

フィルビーの最も新しいソヴィエト側担当将校は、ボリス・クレーテンシールトという仕事中毒の青年で、暗号名を「マックス」といい、「陽気で親切な男」で、古めかしい上品な英語を話すので、それだけを聞いていると、まるでツイードを着た田舎の名士のようだった。クレーテンシールトは、精神的にも性格的にも、一九三四年にフィルビーをスカウトした者たちとよく似ており、「際立ったプロ意識を持つ、素晴らしい人物」で、フィルビーは自分の考えや気持ちを「打ち明ける」ことができた。かつての英雄崇拝癖が少し戻ってきつつあった。モスクワ本部は、彼に賞賛の言葉とプレゼントを次々と贈った。一九四四年の一二月にフィルビーはこう書いている。「あなたには、改めて素晴らしい贈り物のお礼を言わなくてはなりません。最近私の職務が変わったのに伴って見通しが開けたことで、私は楽観的な考えを持つようになっています」。フィルビーがＭＩ６で新たな仕事に就いたのと時を同じくして、暗号名が変更された。工作員「坊や」は、工作員「スタンリー」になった。

スイス支局長の誓い

イスタンブールのエリオットは、フィルビーが元上司を追い出したことに、まったく気づいていなかった。彼が知っていたのは、友人がＭＩ６の対ソヴィエト防諜セクションのトップという新しい重要な職務に就いたということだけで、エリオットも彼と相前後して出世の階段を上っていった。トルコに戻って数か月後、エリオットはロンドンに呼ばれ、Ｃから、君は中立国スイスのＭＩ６支局長に任命されたと告げられた。スイスは、大戦中は情報戦の激戦地であり、戦後は冷戦が激しくなるにつれて重要度をさらに増していくことになる国だった。

エリオットは、解放されたばかりで戦争の傷跡が生々しいフランスを苦労しながら進み、一九四五年四月上旬にスイス国境を越えて、日も暮れようというときにジュネーヴのホテル・ボー゠リヴァージュにチェックインした。「ロンドンとフランスの陰鬱な雰囲気の後で、湖を見晴らすことのできる清潔な寝室に通され、熱い風呂とウィスキー・ソーダでリラックスできるというのは、それこそ天と地ほどの違いだった」。トルコと比べると、スイスはこちらがどぎまぎするほど洗練されていて、何もかもがきちんとしていて行き届いており、まるで人工的に作った世界のように思われた。ここには、スパイがベリーダンサーと秘密を交換する怪しげなナイトクラブも、爆弾を投げ込む暗殺者も、嘘も真実もべらぼうな値段で売りつけようとする腐敗した役人も、いない。エリオットは、スイス人が戦争中の物資不足に不平を言うのを聞いて、そのころはスイスの周辺と上空で戦争の猛威が吹き荒れていただろうにと考え、不愉快に思った。

しかし、穏やかな中立国というのは外見ばかりで、一皮むけば、そこにはスパイが満ち満ちていた。戦争中、スイスは諜報活動を禁止しようとしたが、その努力は完全な失敗に終わった。連合国側であれ枢軸国側であれ、あるいはフリーランスであれ、多くの工作員がこの国に集まり、ここを拠点として敵の勢力範囲に対する情報作戦を実施した。ソヴィエト側は、相互に関連するスパイ・ネットワークを少なくとも二つ、スイスを拠点に動かしていた。それがローテ・カペッレ（赤いオーケストラ）とルーシー・リングで、この二つのスパイ網は、ナチ・ドイツから極秘情報を抜き取ってモスクワへ送っていた。一九四三年、反ナチ派のドイツ人外交官フリッツ・コルベがベルンに現れ、連合軍のために働きたいと申し出た。最初はイギリス大使館へ行ったが、追い払われたため、ＯＳＳの支局長アレン・ダレス（後にＣＩＡ長官となる人物）を訪ねた。コルベは、ダレスいわく「ドイツについて我々の最高の情報源となったのみならず、あらゆる情報機関がこれまでに抱えた中で間違いなく最高の秘密工作員の一人」になった。彼は二六〇〇件以上のナチの秘密文書をスイスへ持ち込み、それにはノルマンディー上陸作戦に備えたドイツ軍の計画や、ヒトラーの秘密兵器であるＶ１ロケットとＶ２ロケットの設計図も含まれていた。ヒトラー政権が崩壊を始めると、スイスには亡命者や抵抗者や、ナチという沈没船から逃げ出そうとするネズミたちが、まるで磁石《じしゃく》に吸いつけられるかのように集まり、しかもその全員がそれぞれ秘密をがっちりと握ってやってきていた。戦争中、ソ連は独自のスパイ網を動かし、イギリスとアメリカも独自のスパイ網を動かしていたが、互いに相手を警戒しながらも協力はしていた。しかし平和が訪れると、ソ連の情報部と西側の情報部は、互いに相手を攻撃するようになった。

　エリオットは、ベルンに来ると、イギリス大使館からそう遠くないデュフール通りにアパートを借り、妻と生まれたばかりの娘クローディアを呼び寄せた（エリオットは、子供はイギリスで生まれなくてはダメだと言い張っていた。出産予定日はヨーロッパ戦勝記念日となった一九四五年五月八日で、もしこの日に生まれていたら、イギリスの将軍に愛国的な敬意を表して「ヴィクトリア・モントゴメリアーナ」と名づけられていただろう。赤ん坊は、幸いにも予定日を過ぎてから生まれた）。赤ん坊の面倒を見るのは、特務曹長の未亡人「乳母のサイザー」で、彼女は足が非常に大きく、ジンのボトルに「聖水」と書いたラベルを貼ってラッパ飲みする女性だったが、エリオットの私設ボディーガードも兼ねていた。エリオットは、表向きはイギリス大使館の二等書記官で、パスポート審査官を務めていたが、その実体は、三〇歳になるかならずで諜報活動のもう一つの温床を担当範囲とするイギリスの主任スパイであった。着任してわずか数か月後の一九四五年夏、彼は招かれて新任の外務大臣アーネスト・ベヴィンと会った。イギリスで最初期に活躍した冷戦の闘士だったベヴィンは、ランチの席でこう言った。「共産主義者と共産主義は邪悪である。ありとあらゆる機会をとらえてこれを撲滅《ぼくめつ》するのは、公職に就く者全員の義務である」。エリオットは、この言葉を決して忘れなかった。まさにその言葉に表された哲学を、彼は自分の新たな任務に適用しようと考えていたからであった。

詩人は眠らない

エリオットがスイスに着任したころ、ジェームズ・アングルトンは隣国イタリアに居を移していた。一九四四年一一月、この若きＯＳＳ将校は、ロンドンにいるキム・フィルビー直属の在ローマ英米統合対情報部隊「Ｚ部隊」のリーダーに任命された。その数か月後、二七歳でイタリア全土を担当するX－2（諜報担当）のトップとなり、まだ残っているファシスト組織を一掃すると同時に、高まりを見せるソ連の諜報活動の脅威と戦う職務を担うことになった。アングルトンは、熱狂的と言っていいほどの精力を注いで、途方もなく広範囲にわたる徹底した防諜作戦の策定に取りかかった。一説によると、終戦間際の数か月でアングルトンはイタリアで「一〇〇〇人以上の敵情報員」を捕らえたという。フィルビーは、非常に重要なブレッチリー・パークの解読情報をアングルトンに与え続けた。このアメリカ人が「職務での成功を継続できたのは、何よりもフィルビーのおかげだった」。アングルトンは、聖職者や売春婦と気楽なおしゃべりをし、スパイと二重スパイを動かし、ナチが略奪した財宝を追った。この、イギリス仕立てのしゃれた洋服を着た「謎めいた生霊」は、「ローマの街角に出没しては、政党に潜入したり、工作員を雇い入れたり、イタリア秘密情報部の将校と一杯やったりしていた」。夜になると、ファイルの山に埋まってタバコの煙で輪を作りながら、メモを取ったり記録を作ったり、調べ物をしたり計画を練ったりしていた。「こちらが机の向かいにあるソファーに座ると、彼は書類の山と山の間から、こちらをじっと見つめるのです」と、ある同僚は語っている。彼の仕事に対する熱狂的なアプローチは、自分は詩人キーツのようにローマで結核のため死ぬ定めなのだという、詩人らしいが根拠のない思い込みを反映したものだったのかもしれない。彼はよく笑ったが、目は笑っていないことが多かった。眠りもしないと思われていた。

その後の数年、ソ連の情報機関が西ヨーロッパに深く潜入してくるにつれ、ジェームズ・アングルトンとニコラス・エリオットは、イギリスの対ソ作戦の調整役であるフィルビーと、いっそう密接に協力するようになった。しかし、フィルビーの頭の中は、両陣営に分かれていたことで、ちょっと奇妙なパラドックスが生じていた。もし自分の対ソ作戦がすべて失敗すれば、すぐに失職するだろう。しかし、成功しすぎると、今度は自分の選んだ大義に本当のダメージを与えてしまうかもしれない。また、セクションⅨには優秀な人材をスカウトする必要があるが、優秀すぎては困る。本当にソ連の情報機関に潜入して、イギリスで最も有能なソヴィエト側スパイが自分の上司であることを発見してしまうかもしれないからだ。一九四〇年にクリヴィツキーを尋問した将校ジェーン・アーチャーは、フィルビーのすぐ後にセクションⅨに加わっていた。彼は彼女を「ＭＩ５が今までに雇った中で最も有能な本格的情報将校かもしれない」と考え、深刻な脅威だと思っていた。「ジェーンは、非常に手強い敵になっていただろう」と、回想している。

戦争が終わりに近づくと、秘密情報にアクセスできるソ連の役人の中に、一握りながら、西側での魅力あふれる生活にひかれ、亡命を考える者が出始めた。フィルビーは、こうした亡命者たちを軽蔑し、「彼らが求めていたのは自由なのか、それともぜいたく三昧《ざんまい》なのか？」と述べている。ある意味、彼も亡命者だったが、彼はその場に留まっていた（ただし、当の本人はぜいたく三昧を楽しんでいた）。「彼らの中に、自ら進んでその場に留まり、

『自由』のために命を捧げようとした者は、ただの一人もいなかった」と後に記し、「一人残らず命惜しさにさっさと逃げた」と書いている。しかしフィルビーは、ソヴィエトからの裏切り者が、いつか自分の正体を暴露する情報を持って現れるのではないかとの不安に取りつかれていた。ここに、もう一つの難問があった。スパイをうまくやればやるほど、ソ連情報部内での評価は高まるが、その分、亡命者によっていつか正体を暴露される可能性も高まるのだった。

一九四五年九月、オタワのソ連大使館で暗号係を務めていた二六歳のイーゴリ・グーゼンコが、一〇〇件以上の秘密文書をシャツの下に詰め込んでカナダの新聞社に現れた。グーゼンコの亡命は、今になって考えると、冷戦の開始を告げる出来事だったと言えるだろう。この一件こそ、フィルビーが以前から恐れていた知らせだった。グーゼンコが彼の正体を知っている可能性が非常に高いと思われたからだ。彼はただちにボリス・クレーテンシールトに連絡を取った。「スタンリーは、少々動揺していた」と、クレーテンシールトはモスクワに淡々と控えめに伝えている。「私は彼を落ち着かせようとした。スタンリーは、この件に関連して、我々に伝えるべき、きわめて緊急の情報が手に入るかもしれないと言った」。フィルビーは、グーゼンコの事情聴取の結果を今か今かと待ちながら、このとき初めてソヴィエト連邦への亡命を真剣に考えていたかもしれない。グーゼンコは、カナダの主要なスパイ網を暴露し、ソヴィエト側が原子爆弾の計画に関する情報を、モントリオールにあるイギリス・カナダ合同の核研究所で働くスパイからすでに入手済みであることを明らかにした。しかし、グーゼンコはソ連軍情報部GRUに属しており、NKVDの配下ではなかった。イギリスにおけるソ連の諜報活動についてはほとんど知らず、ケンブリッジ・スパイについては無知に等しかった。フィルビーはホッとし始めた。この亡命者は、彼の名前を知らなかったようだ。しかし、次の亡命者は知っていた。

驚くべき申し出

一九四五年八月下旬、イスタンブールのイギリス副領事チャントリー・ハミルトン・ページは、コンスタンチン・ドミートリエヴィッチ・ヴォルコフの名刺を受け取った。ヴォルコフはソヴィエト領事館の職員で、名刺には、至急お会いしたいという旨を非常に下手な英語で書いた、無署名の手紙が添えられていた。ページは、この奇妙な手紙について領事と話し合い、これは「悪ふざけ」で、誰かがヴォルコフの名前をかたっているに違いないと判断した。ページは、ペラ・パレス・ホテルでの爆弾攻撃で受けた傷がまだ癒えておらず、物忘れすることが多かった。彼は返信を書かず、手紙そのものも失くし、ついには手紙をもらったことさえ忘れてしまった。それからしばらく経った九月四日、ヴォルコフ本人が妻のゾーヤを連れて領事館に姿を現し、ページに面会したいと要求した。ロシア人夫妻は、副領事の執務室へ通された。ヴォルコフ夫人は「ひどく怯《おび》えた様子」で、ヴォルコフのほうも「どっしり構えたとは言いがたい」状態だった。遅ればせながら、二人の来訪が何か重要なことの前触れなのかもしれないと気づいたページは、大使館の一等書記官でロシア語が流暢なジョン・リー・リードを通訳に呼んだ。続く一時間、ヴォルコフは、国際諜報活動の戦力バランスを一撃で確実に変えることのできる提案をした。

ヴォルコフは、領事館での公職は本当の仕事を知られないための隠れ蓑で、実は自分はトルコにおけるソヴィエト情報部の副責任者だと説明した。イスタンブールへ来る前は、モスクワ本部のイギリス担当部で数年間働いていたという。彼とゾーヤは、今では西側へ亡命したいと望んでいた。動機は少々個人的なもので、ソ連大使と激しい口論をしたので、その仕返しをしたいというのが理由だった。彼が提供した情報は、きわめて貴重なもので、その内容は、イギリスとトルコにあるソヴィエト側工作員ネットワークの完全なリストのほか、モスクワにあるＮＫＶＤ本部の位置と、その盗難警報システムおよび警備の計画と訓練ならびに予算の詳細、ファイルのカギを蠟《ろう》に押して取った型、および、ソ連によるイギリスの通信傍受に関する情報であった。前月末に手紙を渡したヴォルコフは、今回は取引を詳しく説明する書面を持参していた。

ヴォルコフは「明らかにかなり前から亡命の準備を進めていた」。取引の内容が詳細だからだ。彼は、トルコにいるソヴィエト側工作員三一四名の名前と、それ以外にイギリスにいる工作員二五〇名の名前を教えようと申し出た。また、イギリスにいるソ連側スパイから渡された何通かの書類のコピーを、スーツケースに入れて、モスクワの空きアパートに置いてある。もし取引がまとまり、ヴォルコフと妻が無事西側に逃れたら、彼がアパートの住所を明かし、ＭＩ６が文書を回収する。この捕獲品との引き換えに、ヴォルコフは五万ポンド（二〇一四年時点の価値で約一六〇万ポンドに相当）と、イギリスで新たな身元を得ての政治亡命を求めた。「私は、あなた方に渡す資料の重要度を踏まえ、この額を最低条件と考えています。渡した結果、ソ連の領土に住む私の親類縁者全員が破滅するのですから」。ヴォルコフは、彼の情報が本物であることを証明するに足るだけの詳しい内容を教えた。イギリスの重職にあるソ連側スパイのうち、七人はイギリスの情報機関か外務省にいることを明かしたのである。「たとえば私は、こうした工作員の一人が、ロンドンでイギリス防諜組織の一セクションでリーダーの役割を担っていることも知っています」。

ヴォルコフは、ほかにもいくつか条件を出した。いわく、ソヴィエト側はすでにイギリスの暗号を破っていて、正規のルートで送られるものはすべて読んでいるので、イギリス側は自分のことを無線通信文で絶対に触れないでほしい。いわく、ソ連側はイギリス大使館の内部にもスパイを忍ばせているので、自分の申し出に関する書類はすべて厳重に管理し、全部手書きにしてほしい。今後の連絡はすべてチャントリー・ページを通じて行なうことにし、ソヴィエト側の同僚に疑惑を持たれないよう、領事の通常業務を装って連絡することにしてほしい。もし二一日以内にページから連絡がなければ、取引は中止と見なし、情報は別の所へ持っていく。ヴォルコフが神経質になるのは、まったく無理もなかった。ＮＫＶＤのベテラン将校である彼は、もしモスクワ本部が裏切りの件を耳にしたら、何をどれほど迅速に行なうか、嫌と言うほど知っていた。

新たに着任したイギリスの駐トルコ大使サー・モーリス・ピーターソンは、スパイが大嫌いだった。前任のナッチブル＝ヒューギセンは、スパイ「キケロ」の件で大失態を犯していた。ピーターソンは、そんな連中とは一切かかわりを持ちたがらず、ヴォルコフの申し出に対しても、できるだけ早くＭＩ６に丸投げしてしまおうとして、「誰にも私の大使館をスパイの巣にはさせない。（中略）ロンドン経由でやれ」と言った。イスタンブールのＭＩ６支局長シリル・マクレイにさえ知らせなかった。ジョン・リードが報告書を手書きで作成し、外交用郵袋《ゆうたい》に入れた。報告書がサー・スチュアート・ミンギスのデスクに到着したのは、一〇日後のことだった。Ｃはただちに対ソ防諜の責任者キム・フィルビーを呼び出し、報告書を渡した。そこには、新たに情報戦で手柄を立てるチャンスがあり、二年前のフェアメーレンの亡命と同じように、戦局を完全に変える可能性のある情報の山があった。

フィルビーは、顔にこそ出さなかったが、恐怖を募らせながらメモを読んだ。ヴォルコフの言う、ロンドンで対情報セクションを担当しているソヴィエト側スパイと言えば、自分しかいない。仮にヴォルコフが自分の正体を知らないとしても、ソ連側に「提供された資料のコピー」を渡すと言っているので、そこからたどればすぐに自分だと知れる。ヴォルコフが明かすと言っている外務省のスパイは、現在は外務省情報部で働いているガイ・バージェスと、ワシントンのイギリス大使館で一等書記官をしているドナルド・マクレインのことだろう。この亡命者一人だけで、ケンブリッジ・スパイ網を全滅させ、ソヴィエト情報部の内幕を暴露し、フィルビー本人を破滅させるのに十分な情報を持っている。表情が変わらぬよう必死になりながらも、フィルビーは時間稼ぎをしようと考え、ヴォルコフの提案は「きわめて重要なもの」なので、このメモについて一晩じっくり考えて、明朝改めて報告したいと言った。

「その晩、私は遅くまで働いた」と、フィルビーは何年も後に書いている。「状況は、通常の活動とは異なる緊急対策を必要としているように思われた」。この平然とした口振りに誤魔化されてはいけない。フィルビーはパニック寸前だった。大急ぎでクレーテンシールトとの会合を手配し、何が起きたのかを説明した。クレーテンシールトは彼を落ち着かせようとしたが、その話し方は、まるでイギリス人どうしがクリケットの試合について論じているかのようだった。「心配しないでください。もっと悪い事態も見てきたではないですか。いずれ我々が逆転勝利を収めるはずです」。うまく言葉を濁して状況をコントロールするよう努力してくださいと、クレーテンシールトは言った。その晩、イギリスの無線傍受係は、ロンドンからモスクワへ送られる暗号無線通信の数が急上昇し、その後、モスクワとイスタンブール間の交信量も増加したことに気づいた（が、それに意味づけすることはできなかった）。

翌朝、フィルビーはＣのオフィスに、やる気満々で戻ってきた。ピンチのときに気が進まない素振りを少しでも見せたら、かなり疑わしいと思われるからだ。彼は、「事情をよく知る者を現地に派遣して、この件を担当させるのがよいでしょう」と言い、その人物に「ヴォルコフと会い、イスタンブールの隠れ家の一つに彼を妻と一緒にかくまい、トルコ側の黙認のあるなしにかかわらず、二人をイギリスが占領するエジプトへひそかに連れ出す」任務を遂行させましょうと言った。Ｃは同意した。実はフィルビーは、すでに前の晩にホワイツ・クラブで、この仕事にうってつけの人物と会っていた。それはカイロに拠点を置く中東保安情報部（Security Intelligence〈Middle East〉ＳＩＭＥ）の部長サー・ダグラス・ロバーツ陸軍准将で、たまたま休暇でロンドンに来ているところだった。ロバーツは経験豊富な情報将校で、昔から反ボルシェヴィキを唱えていた人物だ。オデッサでイギリス人の父とロシア人の母の間に生まれ、ヴォルコフの母語を流暢に話す。実を言うと、ロシア語を話せる情報将校は、中東にもロンドンにも彼一人しかおらず、そのことからも、冷戦に向けたＭＩ６の準備状況が分かるというものだ。ロバーツなら、ヴォルコフをイスタンブールからやすやすと出国させることができるだろうし、そのことはフィルビーも分かっていた。彼にできるのは、「ロバーツがこの件に取り組む前に、前夜の仕事が実を結ぶ」よう祈ることだけだった。

ここでまたフィルビーは、信じられないような幸運に恵まれる。ロバーツ准将は、第一次世界大戦でも活躍した勇敢な男だが、怖いことが一つだけあった。飛行機に乗ることである。実際、その飛行機嫌いは度を越していて、そのため彼の職務説明書には、どこへ行くにも飛行機への搭乗は免ずると、わざわざ明記してあったほどだ。ただちにイスタンブールへ行ってヴォルコフの一件を担当してくれと頼まれると、彼はこう怒鳴りつけた。

「私の契約書を読んでいないのか？ 私は飛行機には乗らない」。

ロバーツの代役となれるのは、ニコラス・エリオットしかいない。彼なら、ベルンからかつての縄張りであるイスタンブールへ、ものの数時間で行ける。二年前にはフェアメーレンを見事に国外へ脱出させているし、トルコには今も素晴らしいコネがある。もしかすると、イスタンブール赴任中にどこかでヴォルコフと会っていたかもしれない。しかし、エリオットはまさに適任だからこそ、フィルビーは彼にこの件を担当させたくはなかった。そこで今回だけは、上司にアイディアを巧みに植えつけた上で自分の発案だと思い込むようになるのを待つのではなく、正攻法で行くことにし、自分をトルコに派遣して直接ヴォルコフの国外脱出に当たらせてほしいとCに訴えた。ミンギスは、この事務的な問題が解決したことに「明らかにホッとして」、フィルビーに同意した。さっそくフィルビーは忙しそうに準備を始めたが、それは忙しいふりをしているだけであって、実際にはできるだけのろのろと行動した。まずは、スパイが潜入している大使館の通信経路を迂回できるよう、無線暗号の集中特訓を受け、それが終わると、さらに三日間ぶらぶらと過ごした。ようやくカイロ行きの飛行機に乗ったが、飛行機は途中で進路を変えてチュニスへ向かい、これでさらに遅れが生じた。モスクワのトルコ領事館が、イスタンブールへ向かうソヴィエトの「外交特使」二名にヴィザを発給したとき、彼はまだ移動中であった。

ようやくフィルビーがトルコに着いたのは、一九四五年九月二六日で、ヴォルコフが最初に接触してきたときから二二日が経過していた。晩夏の太陽を受けたイスタンブールは、ことのほか美しかったが、フィルビーの胸の内には、ヴォルコフの亡命阻止に失敗したら「これが私の楽しめる、記念すべき最後の夏になるかもしれない」という苦々しい思いしかなかった。リードから、なぜＭＩ６はもっと早く人を派遣してくれなかったのですかと尋ねられると、フィルビーは平気な顔で、「いやあ、すみません、休暇とぶつかったものですから」と嘘をついた。リードは後で、この「フィルビー来訪の不可解な遅れと言い訳」についてあれこれ考えたが、このときは言葉を控えた。「この人は無責任で無能なんだろうと思いました」と後に語っている。

　翌週の月曜日、フィルビーが立って見つめる中、チャントリー・ページは電話の受話器を取ると、ソ連領事館の番号を回し、交換手にコンスタンチン・ヴォルコフと話がしたいと伝えた。ところが、電話は総領事につながれた。ページは再び電話した。今度は、長々と待たされたあと、電話にヴォルコフを名乗る人物が出たが、その話す英語は流暢で、ヴォルコフの拙《つたな》い英語ではなかった。「あれはヴォルコフではありません」とページは言った。「ヴォルコフの声なら、ちゃんと分かります。何十回も話したんですから」。もう一度電話したが、今度は電話交換手より先へは進めなかった。

「外出中だと言うんです」と、ページは訴えた。「ついさっきはつないでくれたのに」。ページの表情は「困惑そのもの」だった。内心フィルビーは喜んだ。翌日、ページは再びソ連領事館に電話をかけた。「ヴォルコフへつないでくれと頼むと、交換嬢は『ヴォルコフはモスクワにいます』と言うんです。それから、バタバタという音とドアをバタンと閉めるような音がして、電話は切れてしまいました」。ついにページは、自らソヴィエト領事館に足を運んだが、激怒して戻ってきた。「とんでもない無駄足でした。あのバカどもは、まったく理解できません。ヴォルコフなんて名前は誰も聞いたことがないって言うんです」。フィルビーはひそかに成功を喜んだ。「この件はこれで終わりだ」。この時点でヴォルコフの命も終わっていた。

二人の「外交特使」は、モスクワ本部が派遣した殺し屋で、仕事をテキパキと処理した。数時間前、頭のてっぺんから足の先まで包帯でぐるぐる巻きにされた二人の人物が、「ストレッチャーに乗せられ、大量の鎮静剤を投与された」状態で、ソ連の輸送機に運び込まれるのを目撃されていた。モスクワに着くと、ヴォルコフはルビャンカの拷問室へ連れていかれ、「残酷な尋問」を受けた末に、ソヴィエト側工作員数百名の正体を暴露するつもりだったと自白した。その後、ヴォルコフと、恐怖に震える妻ゾーヤは、処刑された。

情報部のスターとして

後にフィルビーはこの一件を振り返り、「間一髪」で助かったとか、危うく身の破滅を迎えるところだったと書いている。ヴォルコフについては、「卑劣な奴」で、「当然の報いだ」の一言で片づけている。

コンスタンチン・ヴォルコフは、生きていた痕跡を何一つ残していない。写真はなく、ロシアの公文書に記録はなく、彼の動機が金か、個人的恨みか、それともイデオロギーによるものなのかを明らかにする証拠もない。彼の家族も、妻の家族も、スターリンの国家が生んだ闇からまったく浮かび上がってこない。親類縁者が破滅すると彼が考えたのは正しかった。ヴォルコフは抹殺されただけでなく、歴史の記録からも抹消された。

フィルビーは、ミンギスに暗号通信文を送ってヴォルコフが消えたことを説明し、この件を終わりにする許可を求めた。その後の報告書で、彼はヴォルコフが消えた理由として考えられる説明をいくつか列挙している。亡命について気が変わったのかもしれないし、飲み過ぎてしゃべり過ぎたのかもしれない。もしソヴィエト側が領事館の電話を盗聴していたとすると、そうやって事実に気づいたのかもしれない。だが報告書のどこを見ても、イギリス側から秘密が漏れた可能性には一言も触れていない。ミンギスはフィルビーの説明に満足し、「イスタンブールのイギリス大使館での機密漏洩が原因である」という「可能性はきわめて低い」と結論づけ、「より説得力があるのは、ヴォルコフ自身が秘密を漏らしたという説明である。（中略）おそらく彼は、〔ソ連大使と〕口論したため監視下に置かれ、彼または彼の妻が何らかの失策を犯したのであろう」と記している。

帰国する途中、フィルビーはローマに立ち寄ってジェームズ・アングルトンを訪ねた。ヴォルコフ事件の不安から来る緊張で精神的に参っており、ぐでんぐでんに酔っ払うようになっていた。アメリカの情報部は亡命失敗を知っており、フィルビーがアングルトンに会いたいと思ったのは、もしかすると一つには「探りを入れ」て、この話がワシントンでどのように受け止められているのかを知るためだったのかもしれない。アングルトンは、フィルビーの説明に熱心に耳を傾け、「あれほど見込みのあった仕事が失敗に終わったことに、同情の意を示した」。しかしアングルトンは、むしろ自分の問題で頭がいっぱいだったようだ。「仕事が結婚生活に与えている影響」を心配していたのである。妻のシスリーとはもう一年以上も会っておらず、「そのことに後ろめたさを感じていた」。フィルビーは親身になってくれた。「彼は、私がじっくりと考えられるようにしてくれた」と、アングルトンは語っている。こうして酒を飲みながら秘密を語り合い、励まし合った三日間が過ぎると、アングルトンは「かなりの量のアルコールを摂取して酔っ払った」フィルビーを飛行機に押し込んだ。

新しい仕事になじむにつれ、フィルビーの生活は一種の二重性を帯びるようになった。絶えず自分の仕事を失敗させるが、それでいて疑惑を招くことは決してない。ソヴィエト情報部と戦うため手の込んだ計画を立てるが、その計画を立てるそばからソヴィエト情報部に漏らす。共産主義の脅威と戦うため、さらなる努力を求めるが、その脅威を体現するのは、ほかならぬ彼自身だ。担当するセクションは順調に活動しているが、これといった成果はまだ何一つ上げてはいない。MI5は、亡命者イーゴリ・グーゼンコからの情報で、アラン・ナン・メイという、ケンブリッジでスカウトされたもう一人の隠れ共産主義者が、ソ連側のモグラ［潜入スパイ］としてカナダの核研究所で働いていることを突き止めた。メイがソ連側監督官と接触する際に用いていた方法は、タイムズ紙を一部持って大英博物館の前に立つというものだった。罠が仕掛けられたが、メイも担当官も現れなかった。フィルビーが情報をモスクワに漏らしたためで、さらにこのときほぼ間違いなく「グーゼンコにより特定され、イギリスとアメリカの監視下にある他の工作員について本部に警告した」ものと思われる。

フィルビーは、強い権限を持った統合情報委員会に属する他の秘密エリート組織のお偉方とも密接に連携して活動し、公式の会合や内輪のパーティーでは、そうした秘密情報機関の上層部と交際したが、彼らは特権グループの外部では徹底した秘密主義を採る一方、グループ内ではたいへん不用心だった。フィルビーのセクションⅨは、ソ連高官の信用を傷つけるような情報を収集したり、亡命を勧めて元ソ連軍捕虜から秘密を聞き出そうとしたり、外交官やスパイの話を盗み聞きしたりしていた。こうした一手一手をフィルビーは承認すると、すべてクレーテンシールトに伝え、それらは彼から本部へ報告された。MI5とMI6にいる友人や、エリオットとアングルトン、ミンギスとリデルなど、情報機関のありとあらゆる所から、フィルビーは革命を強化して西側の意図を妨害するための秘密を引き出し、そのすべてを「制限なく」モスクワへ渡していた。

戦争中、ブレッチリー・パークの暗号解読員たちのおかげで、イギリスはドイツの情報機関が何をしているのかを知ることができた。フィルビーの諜報活動は、その一枚上を行っていた。彼はソ連側担当官に、イギリス情報機関のトップたちが何をするつもりでいるのかを、彼らが実際に行動を起こす前に教えることができた。モスクワに、イギリス政府が何を考えているのかを伝えることができたのである。「スタンリーは私に、イギリスにあるソヴィエトの施設〔大使館のこと〕にいる全職員の電話での会話をすべて同時に盗聴する計画について教えてくれた」と、クレーテンシールトは報告している。フィルビーのおかげで、ソ連側は一歩どころか二歩も先を行くことができた。それに、感謝も忘れなかった。「スタンリーはきわめて価値のある情報源である。（中略）一一年にわたり何の失敗もなく我々と活動してきたことは、彼が誠実であることを示す絶対確実な証拠だ。（中略）我々の目標は、彼が発見されないようにすることである」。

スパイは、人前では決して着用することのできない勲章をもらうのが大好きだ。いわば、秘密の活動に対する秘密のご褒美というわけだ。一九四五年、エリオットはアメリカの勲功章を贈られ、いかにも彼らしい謙虚さで、この勲章をもらえたのは、トルコでＯＳＳの責任者だったパッキー・マクファーランドが酔いつぶれたときにイスタンブールのバーから救出したからだろうねと冗談を言った。一方キム・フィルビーは、翌年の初め、イギリスから戦時中の活動に対する感謝の印として、大英帝国四等勲士（ＯＢＥ）に任じられて勲章をもらった。その数か月前にモスクワでは、「一〇年以上に及ぶ誠実な活動」を認められ、ひそかにソ連の赤旗勲章に推薦されていた。つまり一九四六年末までにフィルビーは、国民戦線派のスペインと、共産主義国家ソヴィエト連邦と、イギリスのそれぞれから三つの異なる勲章を受けるという、ほかのスパイには真似のできないことをやってのけたのである。

キム・フィルビーＯＢＥは、次第にイギリス情報機関の同僚たちから、偉業を成し遂げる男と見られるようになっていった。彼こそ完全無欠な情報作戦のプロであり、かつては情報戦でドイツ軍を破り、今ではソヴィエトの諜報活動との戦いを指揮する情報部のスターとして誰もが憧れる存在だった。スチュアート・ミンギスは、大戦を通じてイギリスのスパイ長官を務めてきたが、そのCもいずれは誰かにバトンタッチしなくてはならない。意地の悪いヒュー・トレヴァー＝ローパーは、こんなふうに書いている。「私は候補を探してみた。非常勤の株式仲買人に始まり、退職した元インド警察官、ホワイツやブードルズ・クラブのバーにいる快楽主義者、陽気だが頭の固い元海軍将校、さらにはインチキ証券会社の胆が据わった山師まで見て、最後にフィルビーに目を向けた。（中略）彼だけが本物だった。私は、彼こそ秘密情報部を率いるべき人物だと確信した」。

8 期待の星

ジョークとスキーの合間に

平和が訪れると、秘密世界の住人たちは、不確実さに満ちているがチャンスも多い、新たな政治状況へと乗り出していった。根っからの反共主義者であるジェームズ・アングルトンは、ソ連のスパイ機関との戦いを進められるかもしれないと思い、大喜びした。「我々は新時代の幕開けにいると思っていた」と、彼は後に回想している。ニコラス・エリオットは、ナチズムを忌み嫌う立場から共産主義を嫌悪する立場へと苦もなく移った。どちらも彼が愛するイギリス的生活様式を脅かすものであり、ゆえにどちらも悪だったからである。エリオットの頭の中では、ソ連からの脅威は「生きていくのにおおむね適した文明の継続か、それとも世の破滅か」のはっきりとした二者択一を意味していた。キム・フィルビーにとっても政治の領域に変化はあったが、信念は何一つ変わらなかった。戦争の大半を通じて彼はイギリスの同盟国のためにスパイ活動をしていた。それが今後は、イギリスの不倶戴天《ふぐたいてん》の敵のため、イギリス情報機関のまさに心臓部でスパイ活動を行なうことになったのである。

エリオットは、スパイがあふれるスイスでイギリスのスパイ指揮官という役目に熱心に取り組んでいたが、その熱意はまるで中学生のようだった。と言うより、いろいろな意味で彼は中学生のままであった。今では夫であり、父親であり（息子のマークが一九四七年に生まれる）、生《は》え抜《ぬ》きの情報将校であり、重責を担うＭＩ６の専門職員だったが、いまだにどこか少年ぽいところがあり、世慣れたところと世間知らずなところが組み合わさった愛嬌のある人物として、諜報活動という道徳的・倫理的に足をすくわれやすい危険な世界を元気に進んでいた。情報収集という難題について、単に楽しめるだけでなく、バカバカしいことも多いと考えており、「僕は、大爆笑するためにこれをやっているんだ」と言ったこともある。最悪の状況でも笑えるところを探そうとする自分の癖を、「防衛機制の一形態」、つまりジョークで現実を遠ざけようとしているのだと自覚しており、だからジョークは下品であればあるほどよかった。エリオットの性格は、いかにもイギリス人らしく、真面目さと型破りとが、あるいは穏健さと変人ぶりとが、組み合わさったものだった。同僚から好かれていたが、それはいつどんなときでも礼儀正しく、声を荒らげることなど決してないからだ。「暴言は行動として正しくない。ただし、ドイツ人を扱うときは別だろう」と、かつて言ったこともある。エリオットは、官僚主義や管理や規則に我慢がならなかった。彼の情報収集のコツは、人と人とのつながりと、リスクと、直感と、彼の言う「形勢不利でも何とか進んでいこうとするイギリスの伝統」とにあった。ひょうきんで、昔気質でエキセントリックなエリオットは、一部の人に、上流ぶった間抜けという印象を与えていた。それはそれで有効な仮面になった。

イスタンブールでもそうだったが、エリオットは自分の周りに、いくらか種々雑多な変わり者や工作員、情報提供者、内通者などを集めていた。新たな友人を作っただけでなく、昔からの友人も呼び寄せた。「終戦直後の時期にスイスで暮らした喜びの一つは、物不足のイギリスから友人を呼び出して滞在させ、腹いっぱい食べさせることができたことだった」。デュフール通りの来客用の寝室は、ヨーロッパを東奔西走する英米のスパイたちが続々とやってくる仮の宿になった。エリオットの親友で、フィルビーがセクションVに入るのを助けたリチャード・ブルマン＝ホワイトは、一九四六年に泊まりに来て、危うく焼死しそうになった。一緒にエリオットの行きつけのレストランへ行ったとき、ウェイトレスがテーブルでオムレツをフランベしようとして熱せられたフライパンにブランデーを注いだところ炎上してしまい、客のスウェーデン人女性の髪の毛に火がついたのである。エリオットは、髪の毛の火をグラス三杯分の白ワインで消し止めた。フィルビーは、通常のヨーロッパ出張では必ずスイスに立ち寄り、エリオットととことん酒を飲んだりスイス料理を堪能したりスパイの噂話に花を咲かせたりしてワーキング・ホリデーを楽しむことにしていた。もう一人、頻繁に訪れていたのが、ピーター・ランという名の、エリオットとはイートン校時代からの「最も古く最も親しい友人」の一人だった。青い目をしていて華《きゃ》奢《しゃ》で、ひどく舌足らずな話し方をするランは、エリオットと同時期の一九三九年にMI6に入ったが、総じてスパイよりもスキーのほうが好きだった。そもそもラン家は、「イギリスで代々のスキーヤー一家」だった。ピーターの祖父は、その生涯をスキーの楽しみを伝えるのに費やした元宣教師で、スキー旅行会社を創設し、今もその会社に彼の名前が残っている。父親は、スキーの滑降をオリンピックの正式種目にしようと運動して成功させた人物であり、ピーター自身、一九三六年の冬季オリンピックでイギリス・スキー・チームのキャプテンを務めた。そのランに教えてもらいながら、エリオットは彼らしい熱心さと無鉄砲さでスキーに取り組んだ。エリオットの父は山をゆっくりと登ったが、息子のほうは、山を可能な限りの猛スピードで滑り降りるスリルを発見した。ほぼ毎週末、彼の姿をヴェンゲンかサン・モリッツのゲレンデで見かけることができた。こうしたベルンでのエリオットの生活は、ハーグ時代の旧友で指南役のクロップ・ユスティノフがやってくると、さらに愉快なものになった。ユダヤ人とエチオピア人とロシア人の血を引き、上流階級の英語を話すクロップは、スパイのヴォルフガング・ツー・プートリッツをゲシュタポの魔の手から無事救出した後、戦争中はイギリス情報部のために働いて快適に過ごし、最近まではドイツでイギリス陸軍大佐の制服を着て、「ナチ容疑者の尋問を任せられる理想的な人物」であることを証明していた。一九四六年、ユスティノフは、エリオットが「戦後ソ連のヨーロッパにおける情報活動ネットワークの全体像をまとめ上げようとしている」のに協力するため、ベルンへ派遣された。エリオットは、この陽気で丸々と太っていて、いつも片眼鏡の奥で目を愉快そうに輝かせている男に再会できて喜んだ。クロップは、人生は「仮の世」だと考えていて、そうした態度はエリオットの軽薄さや危険好みと完璧に融合した。エリオットとユスティノフのコンビは、見事な成果を収めることになるが、見事な太鼓腹も作ることになる。料理の腕前も一流だったクロップは、いきなりやってきては、革製のシルクハット・ケースの中から子牛の腎臓のソテー・リエージュ風を取り出したものだった。

　エリオットとユスティノフは、手始めに、スイスに残る戦時中のソ連スパイ網の残存勢力に焦点を当てた。特に注目したのは暗号名「赤いオーケストラ」のネットワークで、これは最盛期には、ドイツ国内にいる四八名を含め一一七名もの工作員を動かし、ハイレベルな情報活動を実施していた。このネットワークで最も重要なメンバーの一人に、イギリス人で、アレグザンダー・フットという名の若い共産主義者がいた。ダービーシャーに生まれたフットは、イギリス空軍で軍務に就いていたが、スペイン内戦が始まると脱走して国際旅団のイギリス人大隊に参加。第二次世界大戦の直前に、ソ連の軍事情報部にスカウトされ、成立まもない赤いオーケストラの無線通信員としてスイスに派遣される。一九四五年一月、フットはモスクワに移り、自分の忠誠心は今後も変わらないと尋問官たちを納得させると、改めて戦後ベルリンのソヴィエト管理区へ「グラントフ少佐」という偽名で派遣された。そのベルリンで、一九四七年七月、彼はイギリス側に寝返った。フットは、ソ連情報部の手法について詳細な全体像を示して「ソ連側ネットワークの方法論を研究できる、またとない機会」を提供し、ここからエリオットとユスティノフは、「冷戦中の共産主義活動についての青写真」を描くことができた。フットの事情聴取結果には、いくつか非常に気がかりな内容が含まれており、中でも特に憂慮すべきは、モスクワはイギリスに何人もの潜伏スパイを長期にわたって深く入り込ませており、中には戦争が始まるはるか以前にスカウトされた者もいるという驚くべき証言だった。エリオットとユスティノフは、こうしたスパイの大半は「長年の共産主義活動家」だが、必ずしも共産党との明白な関係があるわけではないと判断した。

精力的な「死骸」

ジェームズ・アングルトンは、ソ連の諜報活動と戦う任務を「イデオロギーというより生活の一部」と見るようになっていた。戦争末期から戦後数年にかけて、アングルトンの工作員はイタリアのありとあらゆる所にいた。官公庁や軍隊はもちろん情報機関や政党にも入り込んでおり、ソ連の支援を受けたイタリア共産党にさえ潜入していた。エリオットと同じくアングルトンも、一種独特の変人ぶりを発揮していた。工作員には「イチジク」「バラ」「トマト」といった植物の名を暗号名に付け、襟の高い毛皮のケープをこれ見よがしに着るので「三〇年代のスパイの真似をするイギリス人俳優のよう」に見えた。同僚たちは、陰で彼を「死骸」と呼び、その奇行にあきれていた。「あいつは別世界の人間だった」と言う者もいる。しかし、彼は有能だった。一九四六年までに、少なくとも七つの外国の情報機関に工作員を潜入させることに成功し、活動中の情報提供者を五〇人以上抱えていた。ただし、その大半はあまり信用できず、一部はまったく信用ならなかった。中でも特に魅惑的で特に信頼できなかったのが、マリア・ピニャテッリ侯爵夫人だ。イタリア人侯爵の未亡人で、ムッソリーニとつながりがある彼女は、わずかに残るイタリア・ファシズムの残存勢力についての情報提供者としてOSSのために働きたいと申し出た。しかしアングルトンは、彼女が以前ドイツの情報機関と接触していたことを突き止めた。わずかばかりの好意をこめて「ピッグ夫人」〔ピニャテッリの綴りはPignatelli〕と呼んでいたスパイをどこまで信用できるのか、彼にはまったく確信が持てなかった。さらに怪しかったのが、ヴィルジリオ・スカットリーニだ。太ったイタリア人ジャーナリストで、ポルノまがいのベストセラー小説も書いており、その一冊は、どうにも色気に欠ける『ビデの中のアマゾンたち』というタイトルだった。この副業は問題にならなかったらしく、彼はヴァチカンの新聞社で職を得た。一九四四年、彼はローマのOSSにヴァチカンの外交文書と電報を渡したいと言ってきた。これには、日本政府の高官と直接連絡を取っている東京の教皇大使からの報告書の写しも含まれていた。アングルトンはスカットリーニに月五〇〇ドルという多額の報酬を払った。報告書は、まっすぐローズヴェルトの元へ送られ、機密度が非常に高いので閲覧許可は大統領か国務長官にしか出せないとされた。しかし、スカットリーニが同じ資料をMI6など他の情報機関にも売り込んでいることが発覚すると、アングルトンは疑念を抱き始めた。化けの皮がはがれたのは、スカットリーニがヴァチカン駐在の日本人外交使節とアメリカ人外交使節の間で交わされた会話を報告したのに、そんな会話は実際にはなかったことを国務省が発見したときだった。スカットリーニはすべてをでっち上げていたのであり、この捏造を、アングルトンから解雇された後もやり続けた。一九四八年、彼は「ヴァチカン外交の秘密文書」と称する二巻本をまるまる偽造した罪で刑務所行きとなった。

スカットリーニの一件は大失態であり、アングルトンのキャリアで初めての汚点だった。またこれで、極度の疑念を抱くという生まれながらの性向が、さらにしっかり根付くことにもなった。アングルトンはロンドン滞在時、ドイツ側に対する二重スパイ作戦が成功を収めたのを見て、「最高に安全と思われていた対情報機関であっても、隠密潜入にはどれほど脆弱《ぜいじゃく》か」を学んでいた。彼は改めて振り返り、もしかするとスカットリーニは、有害な偽情報を仕掛けるために派遣されたソ連の二重スパイではなかったのかと考えた。ピッグ夫人やヴィルジリオ・スカットリーニなどのスパイに裏表があったことで、アングルトンは、ごく少数の親しい者は別として、あらゆる人間に抱いていた不信感をさらに強くしたらしく、二重スパイや「対情報活動を実施する専門家に向けられる権謀術策《けんぼうじゅっさく》」のことで、ますます頭がいっぱいになっていった。エリオットは、アングルトンがベルンを訪れたとき、このアメリカの友人が不信感を募らせ、秘密ファイルを作らなくてはという強迫観念に悩まされ、まるで宗教か何かのように秘密保持にこだわっていたと記している。毎日アングルトンは、自分のローマの執務室に盗聴器が仕掛けられていないか、「四つんばいになって」探し回った。自分も相手を盗聴している以上、ソヴィエト側も自分の会話を盗み聞きしようとしているはずだと思い込んでいたのだ。「彼が本当に愛していたのは、ＫＧＢが欺瞞と潜入と包括的策略とで織り上げた網を解きほどくことであった」とエリオットは書き、さらに「とりわけ秘密保持を愛し、おそらくは秘密を保持することそれ自体が好きだったのであろう」と記している。

　アングルトンが唯一親しく付き合ったのは、ほかのスパイたちだけで、後に、友情と秘密保持と職業上の仲間意識とがローマ駐在時に一つになったようだと述べている。いわく、「我々は（中略）すごく仲の良い友人だった。業務を続けていくには、ああするしかないと思う」。アメリカとイギリスの情報機関は、世界の多くの地域で競争関係にあったが、アングルトンとエリオットは、互いに隠している秘密は少なかったし、キム・フィルビーに隠している秘密は、さらに少なかった。

あるとき、フィルビーがローマに来るとアングルトンは最も誇るべき成果の一つとして、イタリア共産党で長年党首を務めているパルミーロ・トリアッティのオフィスに盗聴器を仕掛けたと打ち明けた。トリアッティは、大戦中はソヴィエト連邦にいて、ラジオ放送を通じてイタリアの共産主義者にナチへの抵抗を呼びかけていたが、ムッソリーニ失脚後、民主的な挙国一致政府で活動するためイタリアへ戻っていた。トリアッティは、モスクワと関係が深かったためアメリカ側から強く疑われており、アングルトンは、共産党党首のオフィスで交わされた一言一句を記録していることを大いに自慢したのである。数週間後、ボリス・クレーテンシールトはモスクワ本部に次のような通信文を送った。「スタンリーから、イタリアにおけるＯＳＳの対情報セクションがトリアッティの働いているビルにマイクロフォンを仕掛け、それによって同ビルでの会話をすべて傍受しているとの報告を受けた」。

結婚と赴任と

一九四六年秋、フィルビーはアイリーン・ファーズと結婚すると発表した。この知らせを聞いて、エリオットとアングルトンは驚いた。二人とも、フィルビーの子供たちの母親はとっくの昔に彼の妻になっているものと、ずっと思い込んでいたのである。それまでフィルビーは、アイリーンに懇願されても結婚するのは拒んでいた。理由は単純で、すでに外国人の共産主義者と結婚していたからだ。しかし、ＭＩ６で出世するにつれ、フィルビーは、知られてはまずい過去のうち、このことだけは明かさなくてはならないだろうと考えるようになった。彼は、当初ＭＩ６へ実に気軽に招き入れてくれたヴァレンタイン・ヴィヴィアンを訪ね、かつて若気の至りで左翼のオーストリア人女性と結婚したが、その女性とこれから離婚してアイリーンと正式に結婚しようと考えていると説明した。この打ち明け話を聞いても、ヴィー＝ヴィーはほとんど気にしなかったようである。

　フィルビーは、当時パリに住んでいたリッツィと連絡を取って穏やかに協議離婚を成立させると、一週間後の九月二五日、チェルシーの戸籍登記所で民事婚を挙げてアイリーンと結婚した。エリオットは、スイスでの職務が忙しくて出席できなかったが、大きな花束とシャンパン一ケースを贈った。結婚の立会人は、ＭＩ５で二重スパイを動かしているトマス・ハリスと、フィルビーの友人でアイリーンの元雇用主であり、一九三九年に二人を引き合わせたフローラ・ソロモンが務めた。その後、一行はカーライル・スクエアにあるフィルビー家の自宅へ移ってパーティーを始め、祝宴は酒を飲みながら夜遅くまで続いた。友人やＭＩ６の同僚が何人もやってきては、遅ればせながらの結婚を、少々ボヘミアン的なイメージのあるフィルビーにピッタリだと言って祝杯を挙げた。ＭＩ６の先輩で後に副長官になるジャック・イーストンは、キムが妻と幼い子供たちを明らかに誇らしく思っているのに気づき、「キムは何ていい奴なんだろう!」と思った。フローラ・ソロモンは、若い二人が「ハッピーエンド」を迎えたことを、まるで自分のことであるかのように喜び、「キムは、幸せで献身的な父親で、外務省で順調にキャリアを積んでいるし、アイリーンも精神的に落ち着いていて満足そう」だと考えた。かつてフィルビーが共産主義にのめり込んでいたのは、「まだ青二才だった大昔の話のようだ」と、ソロモンは思った。

フィルビーはアイリーンに、ソ連の情報機関のために活動していることはもちろん、MI6の仕事についても一切話していなかった。彼女は、夫が外務省に勤めているとばかり思っていた。しかし彼女にも隠し事はあった。フィルビーは知らなかったが、何年も前から精神疾患を患っていたのである。後にミュンヒハウゼン症候群として知られるようになる病気で、同情や関心を引こうとして自傷行為や放火を繰り返すのが特徴だ。一〇代のころには、盲腸炎の手術跡を自ら開き、自分の尿で汚して、回復を相当長引かせたことがある。「動作がぎこちなく、人前で自信が持てない」アイリーンは、心の健康が悪化の一途をたどっており、「事故」と体調不良が増えていた。ひょっとするとアイリーンの苦しみは、夫への疑念を示す最初の徴候だったのではないだろうか。もしかするともうすでに、はたして夫は外見どおりの、魅力的で妻思いで、誰からも好かれる立派な官僚なのかと疑い始めていたのかもしれない。何せ、予告も説明もなしにいきなりいなくなり、ときには二四時間も行方不明になるのに、帰ってくれば二日酔いで、しかも、どこで何をしてきたのか絶対に教えてくれない。アイリーンは、伝統的な環境で育ち、ガールガイド［日本でいうガールスカウト］出身で、植民地出身の使用人に囲まれ、結婚の誓いを大切にし、素朴な愛国心を抱く女性だった。フローラ・ソロモンは、彼女を「個人的なことであれ政治的なことであれ、背信を受け入れることのできない」人だと思っていたが、もしこの時点でアイリーンが、夫が誰か別の人と会っているのではないかと疑い始めていなかったとしたら、それこそ彼女は人間とは言えなかっただろう。しかし、たとえ疑念を抱いていたとしても、そのことを彼女は誰にも話さなかった。マークス・アンド・スペンサーの元売り場監視員であるフィルビー夫人は、秘密を守るのもうまかった。

　妻や子供との法的関係をきちんとしようというフィルビーの決断は、MI6の長官を目指すのであれば、キャリアの点では賢明な処置だった。エリオットも同じ抱負を抱いていた。しかし、エリオットがすでにイスタンブールとベルンで現場を経験していたのに対し、フィルビーの場合、情報活動のキャリアはこれまでのところデスクワークが大半だった。一九四六年末、フィルビーはミンギスから、「全般的な経験」を積むため、エリオットの例にならってMI6の支局長としてトルコへ行ってもらうことになったと告げられた。セクションⅨは、ダグラス・ロバーツが引き継いだ。飛行機に乗るのが怖くて、そのためフィルビーがヴォルコフ事件を自分の手で処理できることになった、あのベテラン将校だ。

ＭＩ５のガイ・リデルはフィルビーがロンドンを離れると知って「心から残念」に思い、後任は彼ほど有能なのだろうかと心配した。しかし、フィルビーは異動できてうれしかった。イスタンブールは「ソヴィエト連邦と、バルカン半島および中央ヨーロッパの社会主義国に対する情報活動を実施する際の南側の主な拠点」であり、新たな任務は、自分がトップへ着々と進んでいることを示すさらなる徴候だったからだ。ＭＩ５のリデルは、日記にこう記している。「キムは盛大なお別れパーティーを開き、参加者の大半は、我々の部署とＳＩＳ、それにアメリカ人の代表だった。彼はトルコに出発した」。

　途中、フィルビーはスイスに寄ってエリオットと会い、イスタンブールでは何が待ち受けているか詳しい説明を受け、連絡帳の中身を譲ってもらった。スパイの拠点としてのイスタンブールの重要度は、一九四七年には戦時中に比べていっそう大きくなっていた。東西の間で全面対決が起こるのではないかという不安の中、トルコとソ連の緊張は高まっていたし、西側の情報機関は、トルコからスパイや反乱分子をソ連へ潜入させようとし、ソ連の情報機関もここから西側へ潜入させようとしていた。ロンドンを出発する前にフィルビーは、チャンスがあれば自ら「コート・トレイラー」になってもよいと言われていた。「コート・トレイラー」とは、もともとはコートの裾をわざと「引きずり《トレイル》」、踏んだ相手にけんかを売る人のことを指すが、スパイ用語では、わざと敵にスカウトされて、その後に二重スパイになろうとする工作員を意味する。つまりフィルビーは、「ソ連側を相手に本格的な二重スパイ作戦を実施する許可を与えられた」のである。これで、身を守るための防護壁がもう一枚できた。ソヴィエト側と接触していることが発覚しても、これが弁明に使える鉄壁の理由になった。

国境の罠

フィルビーは、不運なコンスタンチン・ヴォルコフが二年前に意識を失ったまま死への旅路に飛び立った、まさにその空港に降り立った。ボスポラス海峡に面したベイレルベイ地区に一戸建てを借り、妻と子供たちを呼び寄せると、事前にエリオットから教えられた情報を武器に、イスタンブールのスパイ世界へやすやすと入っていった。さらに、エリオットの結婚式で付添人を務めたロマン・スダコフにも引き続き働いてもらうことができ、フィルビーは彼を「限りない魅力と驚くほどのエネルギーを持った白系ロシア人」と評価した。今なおトルコ当局は、十分に賄賂を渡せば、外国の情報機関に「トルコをスパイするのでない限り何をスパイしてもよいという、かなりの自由行動」を認めていた。続く二年間、フィルビーとその五人の副官は、トルコの保安機関と連絡を取り、亡命者に近づき、変節者を尾行し、イギリス側工作員の調整を行ない、戦争の際に進攻地点となりそうなトルコとソヴィエト連邦との国境の地勢調査を実施した。しかし最優先事項は、長い国境の向こうにあるソ連へ工作員を潜入させることで、具体的にはカフカス地方、ウクライナ、クリミア半島、グルジア［現ジョージア］、アルメニア、アゼルバイジャンが潜入先の候補となった。ＭＩ６は、特にソヴィエト領アルメニアとソヴィエト領グルジアでは政権転覆の機が熟していると考えていた。グルジア人やアルメニア人が何百人も共産主義を逃れて亡命し、ベイルートやパリなど西側の諸都市に住み着いていた。もし適切な候補者が見つかり、訓練を施して国境の向こうへ潜入させることができれば、こうした反体制派が反革命組織の中核となって「スパイ網を作り始め」、共産主義政権に対する反乱を扇動し、現地で味方を集め、ついには共産主義の赤い波を押し戻せるかもしれない。少なくとも理論上は、そう考えられていた。その後こうした潜入作戦は、「押し戻し」という方針が情報活動の常道となるにつれ、ＭＩ６とＣＩＡの思考の中で存在感をさらに増していくことになる。フィルビーは、ソヴィエト連邦内部で代理戦争を行なうというこの方針の「熱烈な支持者」だった。彼は、自分の新たな任務をたいへん面白いと思っていた。モスクワも、そう思っていた。

　フィルビーは、イスタンブールのソヴィエト情報部とは直接接触しなかった。その代わり、集めた情報は当時外務省に勤めていたガイ・バージェスにすべて送り、バージェスがソヴィエト側に転送した。フィルビーは、一方で潜入作戦を計画しながら、もう一方でその作戦を台なしにしていたわけだ。モスクワは、フィルビーの情報にどう対処すべきか、よく分かっていた。「我々は、実行される作戦を、実施経路が陸・海・空のいずれであっても、場所が接近困難な山岳地帯であっても、すべて事前に知ることができた」。

アングルトンも異動し、出世した。中央情報局（ＣＩＡ）が一九四七年九月に正式に設置された。三か月後、三年間をローマで過ごしたアングルトンは、ワシントンに戻り、諜報および防諜活動を担当する特殊作戦局（Office of Special Operations　ＯＳＯ）で新たな任務に就いた。長く苦労をかけた妻と、幼い息子に再会すると、アングルトンはヴァージニア州の郊外に家を建て、大晦日にはＣＩＡに入りたいと正式に申し込んだ。彼はこの情報機関にその後約三〇年にわたって勤務し、その方針を定め、権勢を振るうことになる。

ＯＳＯは、誕生まもないＣＩＡの内部で情報収集を担当する部署で、ここを拠点にアングルトンは、昼も夜も働き、自分と同僚と秘書を異常なまでの決意で酷使しながら、自らの帝国を築いていった。最初は小さな執務室に秘書が一人だけだったが、一年後には昇進し、「優秀」と評価され、給料が上がり、もっと広い執務室を与えられた。二年後には秘書と助手を計六名使い、イギリスにならって膨大な量の記録ファイルを収集し、これがやがて「ＣＩＡがソヴィエト連邦に対する秘密戦争を組織するメカニズムそのもの」になった。秘密戦争が拡大するにつれ、アングルトンの権力も大きくなった。「彼は自分の仕事に完全に夢中になっていました。ほかのものが入る余地はなかったのです」と彼の秘書は語っている。週末は、たいてい独りで釣りをするか、蘭の世話をして過ごした。意外にも、シスリーは夫の奇行に耐えたばかりか、その奇行ゆえに彼を愛した。「私たちは、互いを再発見したのです」と、彼女は当時を振り返って語っている。数々の奇行はあるが、メキシコ人の血を受け継ぎ、顔はやせこけ、大酒飲みで、隠れたところでは秘密を珍種の花のように扱っている詩人肌のスパイには、非常にロマンティックな一面もあった。

アングルトン夫妻の結婚生活が以前に増して盤石《ばんじゃく》になったのに対し、フィルビー夫妻の場合は、表向きかなりしっくりしているように見えたが、その実、夫婦関係は破綻に向かって徐々に動き始めていた。アイリーン・フィルビーは、夫が秘書のイーディス・ホイットフィールドと不倫関係にあると思い込むようになった。イーディスは、若くて美人な上、アイリーンが毛嫌いしていたガイ・バージェスの友人でもあった。フィルビーは、ロンドンにいたころと同じく、ときどき予告も説明もなく一晩行方をくらました。トルコ各地へ出張するときは、必ずイーディスが同行した。アイリーンの疑念は、ほぼ間違いなく事実だったと思われるが、そのせいで彼女はさらにふさぎ込んだ。アイリーンは重病になった。ひそかに尿を自分の体に注射し、そのため体中に吹き出物ができた。健康状態が非常に不安定となり、イスタンブールに来て一〇か月後には入院させざるを得なくなった。入院中には病室で不審火が起こり、重度のやけどを負った。

アイリーンが退院してベイレルベイに戻り、順調に回復しているように見えたある晩、フィルビーは家に着くと、ニッと笑ってこう告げた。「外のジープに、イギリス外務省で誰よりも評判の悪いメンバーの一人が座っているんだ」。ガイ・バージェスが、予告もなしに休暇で訪ねてきたのである。その後、彼は約一か月滞在した。旧友で同じスパイ仲間である二人は、イーディス・ホイットフィールドを従えて街に繰り出し、豪勢に飲み歩いた。モダ・ヨットクラブで一晩にブランデーを五二杯も飲んだこともある。その晩の最後にバージェスは、ヴェルディの歌劇「リゴレット」で歌われる曲「女は気まぐれ」のメロディーで、こんな替え歌を歌った。

チビッ子は今日安いよ〜
昨日より安いよ〜
チビッ子は半クラウン
立っても寝ても半クラウン

アイリーンは、飲めや歌えの大騒ぎから除《の》け者《もの》にされ、深い疑念を抱き、夫が非常に親密にしているらしい、あの酔っ払いのろくでなしが自分の家にいることに我慢がならず、とうとう完全な精神崩壊へと向かっていった。

こうした危機が迫っていることを、フィルビーは気にも留めなかったようだし、そもそも気づいてさえいなかったようだ。彼は以前と変わらず魅力的で陽気な人物で、もっとまじめで堅苦しい外交官仲間たちから眉をひそめられるほどの遊び人だったが、秘密情報部での出世の見込みに傷をつけるほど羽目を外すことはなかった。ＭＩ６の目には、「彼は有能で確実」だと映っていた。それに、共産主義者に戦いを仕掛けるという重要な仕事を、確かに現時点ではソヴィエト連邦に工作員を潜入させる努力は実を結んでいないものの、彼が進めているのは間違いなかった。

スイスでグルジアとアルメニアからの複数の亡命者グループの代理人を務めるトルコ人との会合が（おそらくエリオットによる手配で）開かれ、亡命者側がふさわしい反革命活動家を提供できるのであれば、ＭＩ６は「訓練面と資金面で喜んで支援する」ことが口頭で合意された。しかし、鉄のカーテンの向こう側で反乱を扇動できる適切な人材を見つけるのは、一筋縄では行かなかった。多くは外国生まれか、亡命したのがはるか昔で、母国の事情にほとんど通じておらず、それ以外の者は、戦時中にソ連を弱体化させようとしたナチの活動に関係したことが問題視された。当初フィルビーは、五、六名の「反乱分子」から成るグループを一度に六つほど、数週間にわたってソ連領グルジアとソ連領アルメニアに送り込もうと考えていた。しかし、候補者として最終的に選ばれたのは、パリの亡命グルジア人コミュニティーにいた二人の若者だけだった。二〇歳の「エネルギッシュな青年たち」で、一度も見たことのない故国でこの任務を遂行する意欲に満ちていた。名前は、一人はルハーゼといったが、もう一人の名前は今も判明していない。

二人の若者は、ロンドンで六週間の訓練を受けた後、フィルビーと会うためイスタンブールへ派遣された。作戦は、暗号名を「クライマー」と付けられた「一撃離脱」行動で、グルジアで反乱を開始できる可能性を評価するための予備潜入であった。二人の工作員は、共産主義に対して反乱を起こす候補者との連絡路を確立したら、国境を越えてトルコに戻ってくるという計画である。二人を見たフィルビーは、「用心深くて知的」という印象を受け、この二人ならグルジアをソ連の圧政から解放するための一撃を加えられるだろうと確信した。しかし、二人のうちの一人は、捕まったら確実に殺されると分かっていたからであろうか、「見るからに意気消沈」していた。一同はトルコ東部のエルズルムへ移動し、そこでフィルビーは、二人の工作員にブリーフィングを行ない、武器と無線装置と金貨の入った袋を支給するなど、忙しく働いた。「作戦を成功させるためにできることはすべてやっているところを目撃されておくことが絶対に必要だった」と、後に書いている。もちろん、彼は作戦が成功しないように手を打っていた。潜入のために選んだ場所は、グルジアと国境を接するトルコ北東部の僻地《へきち》ポソフだ。真夜中に二人は遠く離れた国境地帯へ連れていかれ、ソ連領内へと入っていった。

　数分後、グルジア側から激しい銃声が聞こえた。一人が最初の銃撃で倒れた。残ったルハーゼは、薄明るい中、「木のまばらな林の中を大股で歩いてトルコ国境から去っていく」のが確認された。しかし、それほど進まないうちに、たちまちソヴィエト情報部の手に落ちた。彼が死ぬ前に拷問官が情報を引き出せたかどうかは疑わしい。暴露できる情報をほとんど持っていなかったからだ。数年後、フィルビーは二人のグルジア人の死についてグルジアＫＧＢのトップと話し合い、その中で次のように語っている。「あの青年たちは悪くなかった。少しも悪くない。彼らはおそらく捕まるだろうし、そうなれば悲劇的な運命が待っていることを、私は重々承知していた。しかし、その一方で、今後の作戦計画にとどめを刺すには、あれしか方法がなかった」。この作戦は、アイディア倒れで計画も不十分であり、どのみち失敗していただろう。しかし、これによって二人はフィルビー自身が処刑するよりも確実に殺された。フィルビーは、当時もその後も、二人の死で悩むことはなかった。洋々たる前途に汚点があるとすれば、それはますます常軌を逸するようになった妻の行動であった。

アイリーン倒れる

一九四九年三月のある晩、アイリーン・フィルビーは頭部に傷を負って田舎の道路脇に倒れているところを発見された。意識を回復すると、散歩中にトルコ人男性に襲われ、石で殴られたのだと説明した。数名の容疑者が捕らえられ、病院のベッド脇へ「鎖でつながれて」連れてこられたが、アイリーンは襲撃犯をはっきりと特定することができなかった。トルコ警察は困惑した。医師たちも、彼女が敗血症になったと知って当惑した。とうとうアイリーンの体調は非常に悪化した。困り果てたフィルビーは、旧友に救いの手を求めた。

フィルビーは、ベルンにいるニコラス・エリオットと連絡を取り、アイリーンが「正体不明の病気で今にも死にそう」だと告げた。妻のどこが悪いのか見つけられるスイス人医師を探してもらえないだろうか？　そう頼まれたエリオットは、すぐさま行動を起こした。しらみつぶしに当たった末に、ピッタリの人物が見つかった。スイスの著名な医学部教授で、アイリーンの症状を話すと、治療できると思うと言ってくれたと、彼はフィルビーに告げた。フィルビー夫妻はただちに飛行機でジュネーヴへ向かい、そこから救急車でベルンに着くと、アイリーンは快適な診療所に入院し、フィルビーはエリオット家に宿泊することになった。入院してわずか数日後、アイリーンは病室に火をつけようとし、次いで自分の腕を安全カミソリで切りつけた。すぐにスイス人医師は、アイリーンの最初の怪我は自傷行為によるもので、敗血症も自分で血中に細菌を入れたせいだと断定した。道端で襲われたというのは作り話だったのだ。ロンドンにいるアイリーンの主治医ホーダー卿も、一〇代のころから自傷行為があったと知らせてきたので、アイリーンは精神科病院に入院して厳重な監視下に置かれることになった。エリオットは、この「魅力的な女性であり、愛情あふれる妻であり母親である人が、深刻な精神的問題に人知れず苦しんでいた」と知って、大きなショックを受けた。エリオット夫妻は、心優しい気遣いを示しながら彼女を看病し、ニコラス・エリオットは枕元に座ってブドウを食べさせたりジョークを聞かせたりした。ゆっくりとアイリーンは体力を回復し、心の平穏もいくらか取り戻していった。

フィルビーは激怒しており、この反応をエリオットは、どう考えても妙だと思った。妻の診断がようやくついてホッとすると思っていたからだ。しかし実際には、彼の友はアイリーンが自分を騙していたと言って激しく非難し、断じて許さないと言い切った。これを見たエリオットは、欺瞞の訓練を受けた情報活動の専門家であるフィルビーが、自分の妻に「これほど長年にわたって騙されてきた」というのは、「フィルビーのプライドを深く傷つけるもの」だったのだと推論した。「彼は、アイリーンと暮らしてきた長い年月の間、よりによってこの自分が騙されていたのだと思い知ってイスタンブールへ戻らなくてはならなかった」。エリオットはフィルビーを非難しようと思わなかったし、特に女性問題で非難する気はなかった。フィルビーの不倫については知っており、それについて一切批判はしなかった。実を言うと、エリオットもスウェーデン人女性を愛人としており、エリザベスには知られないよう慎重に隠していた。友人の結婚生活に口をはさむつもりはなく、ニコラス・エリオットの目には、キム・フィルビーは最善を尽くしているように見えた。それでも、要は倫理上のことではなく医学上のことで騙されていたことに友があれほど激怒したのは、やはり妙に思われた。エリオットが悲しげに振り返っているように、このとき以降、「二人の夫婦関係は着実に悪くなっていった」。

アイリーンがイスタンブールに戻って一月も経たないうちに、フィルビーは家族がまた引っ越すことになったと告げた。イギリスの情報機関で最も重要な職務に就かないかと打診され、受けたのである。その職務とは、ＭＩ６のワシントン支局長であった。

冷戦の戦場

冷戦の緊張が高まっていることがベルリン封鎖で鮮明になったころ、情報活動におけるイギリスとアメリカの力関係に変化が生じていた。諜報活動という勝負の世界を知らない素人同然のアメリカ人をＭＩ６が保護者気取りで面倒見ていた時代は、すでに遠い過去となり、ロンドンではイギリス諜報機関のトップたちが、今やアメリカ側が活動を仕切り、ソヴィエト側に対する新たな戦争を進め、その費用を支払っていることに、それまでなかった不愉快な思いを抱いていた。第二次世界大戦の大半は、情報活動についてはアメリカが弟分で、イギリスの指導に喜んで従っていた。その関係が今では逆転しようとしていたが、ＭＩ６のベテランたちは、帝国が急速に衰退している証拠が次々と現れているにもかかわらず、情報活動の世界ではまだイギリスのほうが達人であることを証明しようと躍起になっていた。この連敗を食い止める方法の一つが、若いスター選手をワシントンへ派遣することだった。大戦中に目もくらむばかりの功績を上げて勲章ももらった情報活動の英雄を、イギリスの情報機関が昔と変わらず強力で有能だということを示す生きた証拠として送り込もうというのである。

アメリカでのフィルビーの任務は、情報活動での英米の協力関係を維持し、ＣＩＡおよびＦＢＩ［連邦捜査局］と連絡を取り、さらにはイギリス首相とアメリカ大統領との間の秘密通信を処理するというものだった。これ以上の信頼の証しをＭＩ６は与えることなどできなかっただろう。フィルビーは、この誰もがうらやむポストの候補として名前が挙がっていた三人のうちの一人で、最終的にどの候補者を選ぶかはアメリカ側に一任された。ＣＩＡの歴史家レイ・クラインによると、「フィルビーの名前を選んだのはジェームズ・ジーザス・アングルトンであった」。

この新たな仕事について、事前にフィルビーはアイリーンに一切相談しなかった。ソヴィエト側担当官の承認を待つことすらしなかった。この抗しがたい新たな地位を、彼は申し出を受けてきっかり三〇分後に承諾した。「この地位に就けば、私はたちまち情報活動の方針を決定する中核部に戻れるし、アメリカの情報機関をつぶさに見ることもできると思った」と書いている。それに、ソヴィエト側監督官のために新たな諜報活動を行なえる「無限の可能性」もあった。

フィルビー栄転のニュースは、彼が併せ持つ陽気さと有能さに慣れきったイスタンブールの同僚からは悲しみをもって受け止められた。「これからは誰と一緒に働けばいいんだ？」と大使のサー・デイヴィッド・ケリーは嘆いた。ロンドンでは、栄転は未来の長官と目されている人物にとっては当然の成り行きだと見なされた。エリオットは喜んだ。もしかすると、友が自分よりも早く出世の階段を上っていくらしいことに嫉妬の痛みを感じていたかもしれないが、たとえそうだとしても、それを表に出すには、彼はあまりにもイギリス人的すぎた。

フィルビーは九月上旬に飛行機でロンドンに戻り、新たな任務についてのブリーフィングを受けた。さらに、ＭＩ５とＭＩ６にいるかつての知り合いをわざわざ訪ね、ワシントンへ一緒に来ないかと一人一人誘って回った。「あちこちのクラブでランチをごちそうになった」とフィルビーは書いている。「コーヒーやポートワインを飲みながらの話し合いは、様々なテーマに及んだ」。それとまさに同じテーマを、フィルビーはロンドン各所の公園で、楽しさでは劣らないが人目をはるかに忍んでの一連の会合で話し合った。ボリス・クレーテンシールトは、担当する工作員の栄転を喜び、この二つの顔を持つ男の献身ぶりに、いたく感銘を受けた。「一つの顔は、家族と友人およびその周囲全員に向けられている」と、クレーテンシールトはモスクワ本部に報告している。「もう一つの顔は、彼本人とその秘密の仕事にのみ属している」。

フィルビーがロンドンで過ごした時間の多くは、アルバニア問題を議論するのに費やされた。イギリスやアメリカ、それにソ連に住む国民が仮にアルバニアについて考えてみた場合、大半の人は、ヨーロッパの端にある未開の国、あるいは、あまりよく分からないが、世界の他の地域とは何の関係もない国を想像した。しかし、当時ユーゴスラヴィアとギリシアとアドリア海に囲まれていたアルバニアは、冷戦の主たる戦場となる運命にあった。

戦前は国王ゾグ一世が治めていたアルバニアは、第二次世界大戦後、共産主義パルチザンの指導者で冷酷な策略家だったエンヴェル・ホッジャの厳しい支配下に置かれ、そのホッジャによりスターリン主義国家へと変えられていった。一九四九年の時点でアルバニアは、イギリスとアメリカの情報機関で反共主義を掲げるタカ派にとって魅力的なターゲットになっていた。ソ連圏からはユーゴスラヴィアによって切り離されていたため（ユーゴスラヴィアはソ連との関係を断っていた）、アルバニアは貧しく、封建的で、人口も少なく、政治的に不安定だった。亡命した王党派や民族派のアルバニア人には、何としてでも母国に戻って共産主義者と戦いたいと願っている者が大勢いた。ロンドンとワシントンから、希望的観測というヴェールを通して見てみると、アルバニアは共産主義を振り払う準備ができているように見えた。訓練を受けたゲリラ戦士がアルバニアに潜入して現地の反政府グループと手を組めば、やがて内戦を引き起こしてホッジャを倒すことができるだろう。アルバニアの共産政権を打倒するのに成功すれば、それをきっかけに「ソ連帝国主義の波を押し戻す連鎖反応」が始まるだろうと思われた。戦時中は、ＳＯＥ〔特殊作戦執行部〕がアルバニアで重要な役割を担っていたので、アルバニア反政府グループの訓練はイギリスが主導で行ない、アメリカは熱心なパートナーとして協力することに決まった。この計画について、フィルビーは詳しい説明を受けた。反政府グループの第一陣は、一九四九年一〇月にイタリアから船で派遣されることになり、作戦には暗号名「ヴァリュアブル（価値のある)」が付けられた。

アルバニアでの作戦は、戦時中の熱血精神を、冷戦という微妙な対応が必要な状況に間違って持ち込んだ好例だった。しかしMI6内部では、新たな秘密戦争の開戦を告げる一斉射撃と見なされていた。すでにスターリンは、ギリシアで共産主義者の反乱を支援し、共産党によるチェコスロヴァキア乗っ取りを画策し、ベルリン封鎖を実行していた。そうした中、明らかな国際法違反ではあるが、新たな攻勢ムードを維持し続けるために、アルバニアを反撃のターゲットにしようというのである。多くの人が、この計画を大喜びで歓迎した。エリオットの友人でMI6のリチャード・ブルマン＝ホワイトに至っては、アルバニア作戦が「イギリスとアメリカによる正式な軍事介入」を引き起こす状況を想像してさえいる。フィルビーは、アルバニア作戦でアメリカ側との調整を担当することになっていた。

アメリカへ出発する前にフィルビーは、当然の敬意をもって、冷戦でおそらく最も厳重に守られていた秘密を教えられた。一九四〇年から一九四八年の間に、アメリカの暗号解読者たちはソヴィエト情報部の電報約三〇〇〇件を傍受していたが、それはいずれも、理論上は解読不可能な暗号で書かれていた。ところが一九四六年、ソ連側のたった一度の失策をきっかけに、アメリカの優秀な暗号解読員メレディス・ガードナーの率いる暗号解読班が、アメリカとモスクワの間でやり取りされた通信文を解読し始めた。それによって明らかになった事実は、実に衝撃的だった。戦争中に二〇〇人以上のアメリカ人がソヴィエト側の工作員となり、財務省、国務省、原爆開発のマンハッタン計画、それにＯＳＳもスパイしていたのである。暗号解読作戦は、暗号名を「ヴェノナ」と付けられて（当然と言うべきか、ヴェノナという語に意味はない）、極秘とされ、トルーマン大統領さえ、その存在を三年以上も知らされなかった。ＣＩＡも、ヴェノナについては一九五二年まで知らなかった。しかし、イギリスとアメリカの情報機関の間にあった信頼関係により、解読の事実と、その恐るべき内容は、ただちにＭＩ６へ伝えられた。解読結果により、ソヴィエトのスパイがイギリス政府に潜入していることが明らかになったからである。中でも注目すべきは、「ホメロス」という暗号名のソ連側工作員がいて、一九四五年にワシントンのイギリス大使館内部から秘密を漏らしていたという証拠をヴェノナ・チームが発見したことだ。このモグラの正体は、その時点ではまだ分からず、おそらくは戦時中にトルコで活動していた「キケロ」と同じく、「ホメロス」も大使館の職員で、清掃員か事務員だろうと思われていた。フィルビーは、もっと確かなことを知っていた。ケンブリッジ時代の友人でスパイ仲間のドナルド・マクレインが、一九四四年から一九四八年の間、ワシントンの大使館で一等書記官を務めていた。このマクレインが、ホメロスだったのである。

　このとき初めて、まだ遠くに小さく見える程度にすぎなかったが、長い間一点の曇りもなかった幸運続きのフィルビーの行く手に、黒い影が差したのだった。

9　荒れる海《ストーミー・シーズ》

妖精、作戦へ

ビド・クカは、ストーミー・シーズ号の船倉でしゃがみこみ、ドイツ製のシュマイザー・サブマシンガンを握る他の戦士たちと身を寄せ合いながら、荒れる夜のアドリア海を船が激しく上下するのに耐えていた。クカは愛国心に燃え、気持ちが高揚すると同時に恐怖も感じていたが、それより何より、船酔いでとにかく気分が悪かった。ソヴリン金貨を入れた袋は、ベルトの内側に紐で結わえてある。腕時計の裏には、青酸カリが一錠テープで貼りつけてあり、万が一アルバニアの秘密警察シグリミの手に落ちた場合は使うことになっている。背嚢《はいのう》に入っているのは、地図、医薬品、手榴弾、山岳地帯で一週間生き延びるのに足る量の糧食、アルバニアの通貨、プロパガンダ用のビラ、それと亡命反共組織のリーダーたちの写真で、この写真を住民に見せ、憎き独裁者エンヴェル・ホッジャに対して立ち上がれと呼びかけるのである。船の丸窓からは、稜線がギザギザとしたカラブルン半島の岸壁が闇夜の空に黒くそびえ立っているのが見える。クカが三年ぶりに見る祖国の海岸だ。船が海岸に近づき、イギリス人たちが小声で何やら命令しているのがデッキから聞こえてくる。あのイギリス人たちは、実に妙な連中だ。大柄で、肌は日に赤く焼け、ほとんど理解不能な言葉を話し、面白いことなど何一つないのに笑う。リーン＝トゥという名の犬を一匹連れてきているし、妻を同伴している者も一人いる。休暇で船遊びに来ているふりをしているのだ。「のっぽ」と呼ばれている男は、双眼鏡で常に岸壁を見ている。「ジェフリー」と呼ばれている男は、無線機の操作手順をもう一度復習している。無線機はやたらと大きく、タイヤのない自転車のような機械を電源にして動かす。クカと八人の仲間たちは、イライラしながら黙々とタバコを吸っている。ストーミー・シーズ号は、アルバニアの海岸へ向かっていた。

　六か月前、ビド・クカはローマ郊外の難民キャンプにいたところを、ヴァリュアブル作戦にスカウトされた。クカは、バリ・コンベタル（国民戦線）のメンバーつまり「バリスト」だった。バリ・コンベタルとは、アルバニアの民族主義組織で、大戦中はナチと戦い、その後は共産主義者と戦ったグループだ。共産党がアルバニアで政権を奪取すると、何人ものバリストが逮捕・拷問されて殺され、クカは、他の民族主義者とともにイタリアへ逃れた。以来、彼はフラスケッティ難民キャンプで惨めな三年間を過ごしながら、共産主義への憎しみを募らせ、バリ・コンベタルのモットー「アルバニアはアルバニア人のために。裏切り者には死を」を繰り返し暗誦《あんしょう》しつつ、帰国の策を練っていた。あるとき亡命者仲間がやってきて、アルバニア国内で秘密の反共作戦を行なう新たなゲリラ部隊に加わらないかと誘われると、彼は迷うことなく承諾した。スカウトされた別の人物が言っているように、「断るなど問題外だった。命を祖国に捧げたからには、祖国を助けるためにどんなことでもする覚悟」だった。一九四九年七月一四日、クカと、同じくバリストのサミ・レペニツァは、ローマで軍用機に乗り込み、地中海にあるイギリス領マルタへ向かった。二人は旅行文書を何一つ持っていなかった。イギリス陸軍将校が、識別信号の代わりに赤いハンカチを振ると、二人を連れて税関を素通りし、車に乗せた。一時間後、二人のアルバニア人は当惑したまま、堀に囲まれた大きな城の入り口に到着した。ここはビンジェンマ砦《とりで》という、ヴィクトリア時代に島の西部に建てられた要塞で、イギリスの情報部が反共・反革命作戦を開始するのに理想的として選んだ場所だった。

　続く三か月間、クカと約三〇人のアルバニア人新兵たちは、デイヴィッド・デ・クレスピーニ・スマイリー陸軍中佐の厳しい（というより、少々狂気を宿した）目で監視されながら、集中訓練を受けた。スマイリーは貴族出身のイギリス陸軍将校で、勇敢な行為が好きなことで知られていた。大戦中は、エチオピアではソマリランド・ラクダ部隊の一員としてイタリア軍と戦い、イラクではドイツの支援を受けて国王を退位させようとしたクーデターを阻止し、タイでは地元のゲリラ部隊と共に戦って同国ウボンにあった日本軍の捕虜収容所から連合軍捕虜四〇〇〇名（「全員、パンツ以外は完全に真っ裸」）を解放した。だが、彼が豪胆だとの評判を得たのは、何と言ってもアルバニアだった。一九四三年、パラシュートでギリシア北部に潜入すると、橋を爆破し、ドイツ軍部隊を待ち伏せ攻撃し、ゲリラ部隊を訓練した。戦争が終わったときには、アルバニアへの深い愛と、ホッジャと共産主義者への激しい憎悪を胸に抱き、戦功十字章と、ブリーフケースが時間より早く爆発したせいでできた顔の傷を勲章とする男になっていた。ＭＩ６が、反共戦士に装備を与えて訓練し、アルバニアに潜入させる人物を必要としたとき、それにうってつけなのがスマイリーだった。彼は帝国主義者であり、恐れを知らず、ロマンティックで軽率であり、こうした点のすべてにおいて、ヴァリュアブル作戦を完璧に体現する人物だった。

　訓練プログラムは、短期間ながら密度の濃いもので、極秘の中で進められた。イギリス人教官として、オックスフォード大学の風変わりな教授などが次々と訪れ、地図の読み方、徒手格闘、マシンガン射撃術、ペダル式発電機を使った無線機の操作法などを指導した。教官たちはアルバニア語を話すことができず、アルバニア人たちも英語は一言もできなかったため、訓練は身振り手振りで実施された。そのため、クカは自分の任務について、かなり曖昧にしか分かっておらず、ただアルバニアに入り、ギリシア国境に近い故郷へ向かい、武装蜂起を起こせるか可能性を探ったら、出国して報告するということしか理解していなかった。スカウトされた中に将校は一人もおらず、何らかの軍事訓練を受けたことのある者もほとんどいなかった。難民キャンプで過ごしたせいで一部は栄養失調を起こしており、全員がかなり小柄だった。イギリス人たちは、少なからず見下した態度で、彼らを「妖精たち」と呼んだ。

九月下旬、ビド・クカから九人の新兵は、アルバニアからアドリア海を隔てて九〇キロほど離れたイタリア沿岸の都市オトラントへ連れてこられた。一同は地元の漁師に扮して漁船に乗り込むと、アルバニアの海岸から三二キロ沖にある集合地点へ向かい、そこでストーミー・シーズ号に乗り換えた。四三トンのスクーナーで、プレジャーボートに見せかける塗装が施されていたが、九〇馬力の強力なエンジンを搭載し、燃料タンクと、ちょっとした戦争を始めるのに十分な弾薬を隠し持っていた。ストーミー・シーズ号の指揮官は、サム・バークリーとジョン・リーサムという勇猛果敢な二名の元イギリス海軍将校で、前年にはギリシアの共産ゲリラと戦う部隊のためアテネからテッサロニキへ物資を運んでいた。ＭＩ６は、反政府ゲリラをアルバニアの海岸まで移送するのに合計五〇ポンドを支払おうと言い、これをリーサムはずいぶん豪勢だと思った。「俺たちは、ただで楽しめる冒険と生活費だけを求めていたからね」。

一〇月三日の午後九時を回ったころ、カラブルン半島の約二〇〇メートル沖で、重武装した「妖精たち」は、二艘のゴムボートに乗り込み、屈強な元海兵隊員「ロフティー」・

クーリングとダービー・アレンにオールを漕《こ》いでもらって入り江に向かった。カラブルン半島はほとんど人が住んでおらず、山羊の通った獣道と、とげの多い低木しかない荒れ地だった。二人の元イギリス海兵隊員は、新兵たちと装備を降ろすと、ストーミー・シーズ号へ戻っていった。離れていく海岸に目を向けると、岸壁の頂上で光が突然パッと光るのが見えたが、それはすぐに消えた。九人の妖精は、すでに岸壁を登り始めていた。深い暗闇の中、九人はゆっくりと登った。夜が明けると、一行は二手に分かれた。ビド・クカと、友人のラミス・マトゥカおよびいとこのアフメトを含む五人は、生まれ故郷のある南へ向かい、残る四人は、サミ・レペニツァがリーダーとなって北へ向かった。別れるとき、クカは突然胸騒ぎを覚えた。ひしひしと、しかし何となく、「共産主義者は準備を整えて待っている」のではないかという気がした。

　その日は一日洞窟に隠れ、夜になるとクカたちは再び動き出した。翌朝、ジョルム村が見えてきた。戦時中はレジスタンスの拠点となり、バリ・コンベタルの支持者が多く住んでいた村だ。彼らが近づいていくと、少女が一人、駆け寄りながらこう叫んだ。「みなさん、このまま行くと皆殺しです！」。その少女が息を切らせて説明するには、北へ向かったグループはすでに政府軍の待ち伏せに遭い、四人のうちレペニツァを含む三人が殺され、残る一人も行方不明だという。二日前、アルバニア軍参謀総長ベチル・バルクが数百人の兵士を引き連れて直々に到着し、今ではカラブルン半島の至る所で政府軍兵士が村や道路、洞窟や谷を一つ残らず調べて「ファシストのテロリスト」を探し回っていた。地元の羊飼いたちは、不審なものを見かけたら必ず報告するようにと命じられ、さもないと死刑にするぞと脅されていた。アルバニア人ゲリラの一行は、少女に礼を言い、彼女が差し出すパンとミルクをありがたくいただくと、急いでその場を離れた。

太陽は昇った

ビド・クカが命がけでアルバニアの山中を逃げ回っていたころ、キム・フィルビーは、当時運行中の最も豪華な外洋定期客船カロニア号に乗ってニューヨークへ向かっていた。ＭＩ５とＭＩ６の友人たちが大勢で「記憶に残る送別会」を開いてくれた。カロニア号は就航からまだ一年もたっておらず、実に豪勢な浮かぶホテルであり、塗装が淡いグリーンだったことから「緑の女神」と呼ばれていた。船にはアール・デコ調の壮麗なインテリアのほか、屋外プールやテラス・デッキなど、現代風の豪華な設備が備え付けられていた。船室の等級は一等しかない。「海に浮かぶ会員制クラブ」とも評され、乗客七〇〇名に対して配膳係が四〇〇人いた。フィルビーは、専用の浴室が付いたパネル張りの船室に入ると、シャンパンが一ケース置いてあるのに気がついた。「むかつくほど金持ちの友人」ヴィクター・ロスチャイルドからの贈り物だ。フィルビーは、ロスチャイルドの財産は気に入らなかったかもしれないが、彼のシャンパンは大いに気に入った。七日間の船旅は、漫画家のオズバート・ランカスターが一緒だったことで、さらにいっそう楽しくなった。ランカスターは気さくな人物で、フィルビーとはクラブでの顔見知りであり、セイウチのような口ひげを生やし、いつでもとにかく酒を飲みたがっていた。フィルビーとランカスターは、カクテル・バーに腰を据えると、アメリカに着くまで飲み続けた。「初めての大西洋横断旅行は楽しめそうだと思うようになった」と、フィルビーは書いている。

カロニア号は、一〇月七日にニューヨークに着いた。FBIは、フィルビーを出迎えるために発動機艇を派遣した。ビド・クカと同じように、彼も通常の手続きは一切取らずに税関を素通りした。その晩はセントラル・パークを見下ろす高層ホテルに宿泊し、それから首都ワシントン行きの列車に乗った。線路脇ではハゼノキがまだ花を咲かせていたが、すでに秋の気配は感じられ、葉が色づき始めていた。フィルビーは、初めて見るアメリカの風景に息をのんだ。秋は「アメリカ人が誇張したことのない、数少ないアメリカの美観の一つである。なぜなら、誇張しようがないからである」と、彼は後に記している。

ユニオン駅に到着すると、離任する予定のMI6支局長ピーター・ドワイヤーの出迎えを受け、それからすぐに慌ただしく挨拶回りと顔合わせに連れていかれ、CIAとFBI、アメリカ国務省、それにカナダ秘密情報部の職員と面会した。その全員が、前評判の素晴らしい洗練されたイギリス人と喜んで握手したが、誰よりも喜んだのは、かつての彼の教え子で、今ではCIAの重要人物となったジェームズ・ジーザス・アングルトンだった。

アングルトンは、すでに地ならしとして、アメリカ人の同僚たちに大戦時のフィルビーの働きと、自分がどれほど「彼を『プロ』として尊敬しているか」を説明していた。英米両国の情報部の関係は、一九四九年にはまだ密接で、その親密さを誰よりもよく象徴していたのが、キム・フィルビーとジェームズ・アングルトンという二人のスパイであった。

アングルトンは、多くの点でイギリス人のままだった。「私は、人格形成期をイギリスで過ごし、そのため、正直に申し上げるが、そこで人生のありようと、私が義務と見なすものを、身につけたというか、少なくとも身につけるようにしつけられた」と、自ら何年も後に語っている。名誉、誠実さ、オーダーメードのスーツ、強い酒、紫煙ただようクラブで腰かける深い革製のアームチェア。これが、アングルトンがフィルビーとエリオットを通じて知り、賛美するようになったイギリスだった。アメリカの情報機関内部には、イギリスが今も自画自賛を続けていることに厳しい目を向ける者もいたし、若い世代は戦争中の絆などというノスタルジアに心を動かされたりしなかったが、アングルトンはそうしたタイプではなかった。ライダー・ストリートで過ごした日々は、彼の性格にも仕事への取り組み方にも、決して消えることのない影響を残していた。フィルビーからは、一部の人にしか知られていないダブル・クロス・システムの秘密と、際限なく繰り返される対情報活動という奇妙な難問と、ごく少数の選ばれた者しか本当に信用できないとする、いかにもイギリスらしい考えを学んだ。アングルトンにとってフィルビーは、戦争という、義務と揺るぎない同盟関係と信頼感に満ちた時代を象徴する存在だった。このイギリス人の友を、アングルトンはまるでトロフィーか何かのように、ワシントン中に見せて回った。

フィルビーがワシントンでグラスを手に乾杯していたころ、地球の反対側では、デイヴィッド・スマイリーが、不安を募らせながら、アルバニア人ゲリラから連絡が来るのを待っていた。日に二度、朝と夕に、コルフ島の沿岸にある大きな邸宅に駐在するＭＩ６の無線通信員が、決められた時間に波長を合わせるが、一週間たっても妖精たちからは一言も言ってこない。ようやく、慌てた様子の通信文がキャッチされた。ジョルム村の山奥にある、クカのチームが隠れている洞窟から送信されたものだ。「失敗した……三人が殺された……警察は我々についてすべて知っている」。彼らアルバニア人たちは、恐怖におびえていた。大きくてかさばる発電機は、ペダルをフルスピードでこぐとウィーンという甲高い音を出し、その騒音が山中に鳴り響いて居場所が露見する恐れがあった。食料も底を突きそうだったが、あえて山を下りて村へ行って食べ物を恵んでもらったり盗んだりする勇気はなかった。ビド・クカは仲間を説得し、ここを脱出して、南へわずか四〇キロの所にある自分の生まれ故郷ニヴィツァ村へ向かうことにした。村へたどり着くには荒野を通らなくてはならず、今も政府軍が数多く活動しているのは間違いないが、ニヴィツァ村からギリシア国境までは五五キロほどしかない。

四日間、巡回する兵士を避けながら夜に歩き、日中は隠れて過ごしながら移動を続け、ついに一同はクカが三年ぶりに目にする故郷へやってきた。村人は、警戒しつつもクカを出迎えた。クカは、自分たちはイギリスの支援を受けてホッジャを打倒する勢力の尖兵なのだと説明したが、村人たちは信用しなかった。どうしてそんなに人数が少ないんだ？　イギリス人はどこにいる？　クカは、ここでも死の危険からは免れないと察知した。一同は、一晩村に泊まってはという申し出を断った。その代わり山へ戻ると、二手に分かれて大急ぎで国境に向かって進んでいくことにした。ビド・クカとラミス・マトゥカに別の一人を加えた三人は、南へ向かい、いとこのアフメトと残る一人は、もっと直線的なルートを取った。巡回兵が至る所におり、クカのグループは三度も捕まりそうになったところを危うく逃れた。国境までまだ二〇キロほどの場所で狭い峡谷を歩いていたとき、闇の中から「名を名乗れ、さもなくば撃つぞ」と命じる大きな声がした。「誰だ？」とクカは叫び、マシンガンを構えた。「警察だ」という答え。三人は銃撃を開始した。警察は、陣取っていた彼らの頭上から応戦した。ラミス・マトゥカが倒れて死んだ。クカと残る一人は、乱射しながら森の中へと逃げた。

三日後、クカと仲間は、疲れと飢えでフラフラになりながら、ようやくギリシア国境にたどり着いた。二人はただちに逮捕され、ギリシア警察に勾留されて尋問を受けた。クカは、偽造したアルバニア人身分証明書に書かれたとおり、自分は「エンヴェル・ゼネリ」だという作り話を繰り返した。「私たちは、国を逃げてきた普通のアルバニア人だと言いました」。ギリシアの国境警備隊員は信用せず、このままでは「きっと二人を射殺していただろう」。数週間後、イギリス軍の将校が現れた。クカは、出発前にマルタで決めてあった合言葉「太陽は昇った」を口にした。これでようやく自由の身になった。生き延びた二人は、空路アテネへ移動し、隠れ家に落ち着くと、イギリスの情報将校二名から事情聴取を受けた。

どう客観的に評価しても、ヴァリュアブル作戦の第一段階は大失敗であった。一〇月に上陸したゲリラ九名のうち、四名が死亡し、一名はほぼ間違いなく逮捕され、一名は行方不明となり、残りは命からがら逃げかえり、さらに、ゲリラを援助したとして「アルバニア国民数名も逮捕されて殺された」。上陸の第二陣は、第一陣の直後にやってきたが、結果はほとんど変わらなかった。アルバニア軍は準備万端で待っていた。正確な場所と時間は不明でも、ゲリラが侵入してくること自体を知っていたのは明らかだった。

ＭＩ６は作戦の第一段階を、現実離れと言っていいほどの控えめな表現で、単に「失望」と評価した。先発隊の半分を失ったことは、つまずきではあっても完敗ではなく、死亡者数は「戦時中の基準で考えれば許容範囲と判断」された。スマイリー中佐は作戦続行を宣言し、そのためには新たな部隊を送り込み、ゲリラへの訓練を改善し、アメリカの関与を増やすべきだと訴えた。アルバニアを一晩で勝ち取ることはできないし、「これほど重要な作戦を放棄するのは間違いである」。とりわけ、ＭＩ６が切り札の一人をすでにワシントンへ送り込み、ヴァリュアブル作戦の次の段階についてアメリカ側といつでも連携できる準備が整っている以上、中止など考えられなかった。

フィルビーは、ワシントンに到着してわずか数日後に、英米特別政策委員会の共同委員長に任命され、アメリカ側の共同委員長であるジェームズ・マッカーガーと共に、アルバニア作戦を統制することになった。アメリカ側は、特に資金面でヴァリュアブル作戦（アメリカ側は暗号名として、もっと現実的な「フィーンド（鬼）」を使っていた）での役割を拡大させることになるが、「作戦に関するすべての決定を下す」のはフィルビーであった。

ワシントン中を虜に

ジェームズ・マッカーガーは、カリフォルニアの裕福な家庭に生まれた元ジャーナリストで、戦後、共産主義から逃れようとする科学者や知識人をハンガリーから脱出させるルートを作ったことで名を上げた人物である。あるルーマニア人女性を車のトランクに乗せて脱出させたこともあり、後にその女性と結婚した。当時のアメリカの情報将校の例に漏れず、マッカーガーもイギリスの情報将校を大げさなほど尊敬しており、そこへ新たな同僚が輝かしい業績と共にやってきた。「フィルビーは、とても魅力のある人だった。その彼が、とてつもない評判を引《ひ》っ提《さ》げて我々のところにやってきたのだ」とマッカーガーは回想し、「誰もが、彼は信頼できるという感触を持った」と述べている。フィルビーは、アメリカ人が同盟相手としてのイギリス人にかくあってほしいと望む資質を体現しているようだった。陽気で、毅然《きぜん》としていて、ウィットがあり、酒についてはとにかく気前がよい。「彼には魅力と、温かみと、自分で自分を笑い者にする楽しいユーモアがあった」と、マッカーガーは語っている。「酒をたくさん飲んだが、あのころは我々みんながそうだった。戦争を忘れてアルコールの海を漂い、それでいてあまり酔わなかった。私は彼を友人と思っていた」。

フィルビーはワシントンを愛し、ワシントンもフィルビーを愛した。どこへ行っても歓迎され、ひっきりなしに招待され、ほとんど誰もが一度会っただけで彼を友人だと思った。アイリーンも、ワシントンの歓迎ムードに力を得たようだ。一家はネブラスカ通り四一〇〇番地の大きな二階建ての家に移ったが、そこはたちまち子供のおもちゃと、吸い殻がいっぱいの灰皿と、空のボトルであふれかえった。ニコラス・エリオットによると、フィルビーは「自分の子供たちを明らかに溺愛《できあい》して」おり、そのためアメリカの新たな友人や同僚たちから、なおのこと愛された。目の前にいるのは、家庭的な男で、典型的なイギリス紳士で、誰もが信頼できる人物だと思った。数週間で、フィルビーはアメリカの情報機関の主要な人物のほぼ全員と会ったらしい。ただ、彼らに対して表向きは礼儀正しさの塊のように振る舞っていたが、その裏では毒舌の限りを尽くしていた。彼が会ったのは、ＦＢ

Ｉ副長官ジョニー・ボイド（「いかなる客観的基準から見ても、ひどい男」）、政策調整局のフランク・ウィズナー局長（「頭はハゲ始めていて、偉そうに太っている」）、ＣＩＡで対情報を担当するビル・ハーヴィー（「元ＦＢＩの人間、（中略）飲み過ぎでクビになった」）、ＣＩＡのウォルター・ベデル・スミス長官（「冷たく、胡散《うさん》臭い目」）、ＣＩＡ副長官で後の長官アレン・ダレス（「どじ」）、ＦＢＩのロバート・ランフィア（「のろま」）などだ。ネブラスカ通りの自宅は、たちまちワシントンの情報機関エリートのたまり場になった。「彼は多くのアメリカ人をもてなした」と、別のＣＩＡ局員は語っている。「ワインがふんだんに出され、ウィスキーも出た」。アイリーンはサロンの女主人の役を務め、ドリンクを載せたトレイを持って歩き回り、自分でもかなり飲んだ。ある客は、フィルビーのパーティーについては次のことしか覚えていないという。「とにかく長く、飲んで飲んで、飲んでばかりいた」。

フィルビーは、親しみを感じさせていたようだ。何でも分かっているかのような彼の笑顔は、「内輪のいたずらの共犯だとでも言いたげで、我々の仕事の根底にある皮肉さを、言葉に表さずとも分かっていると伝えていた」。彼は、夕方にアメリカ人の同僚や仕事仲間のオフィスに立ち寄ることにしていた。相手が遅かれ早かれ（たいていは「早かれ」だったが）「馴染みのバーに行って、またちょっと仕事の話をしないかと誘う」と分かっていたからだ。内部情報をやり取りするのは、情報活動の世界に独特の弱点だった。スパイは、自分の仕事を部外者に説明することができず、そのため仲間と仕事の話をできるチャンスは絶対に逃さない。「情報局員は、しょっちゅう仲間うちで仕事の話をするものだ」と、あるＣＩＡ局員は語っている。「フィルビーは、知るべきでないことも含めて、恐ろしく多くのことに通じていた」。ＣＩＡとＦＢＩはライヴァル関係にあって、ときには鋭く対立することもあり、アメリカの情報活動を担う両者の間には、ＭＩ５とＭＩ６の競争関係に対応するような、特徴的な社会的溝があった。フィルビーは、ＣＩＡの局員はワインをたしなむ上流階級だと考え、一方のＦＢＩを、ビールを飲む、あか抜けないタイプととらえていた。フィルビーは、ワインもビールも、ＣＩＡとＦＢＩのどちらとも一緒に喜んで大量に飲んだが、「一方の機嫌を損ねることなくもう一方を喜ばせる」よう努めるのを忘れなかった。フィルビーのオフィスはイギリス大使館内にあったが、本人はたいていＣＩＡかＦＢＩの本部にいるか、さもなければ、アルバニア作戦の会議用に部屋が確保されていた国防総省にいた。話してはいけないテーマはほとんどなかった。「制限はなく、（中略）彼は知りたいことを知りたいだけ知ることができただろう」。

完璧なコンビ

ジェームズ・アングルトンは、今ではスタッフＡの責任者として外国での情報作戦の指揮を執っており、フィルビーの評価によれば、ＣＩＡの情報収集担当部署における「原動力」となっていた。そのアングルトンには、神秘的な雰囲気がまとわりついていた。彼は「ロタール・メッツル」と名乗り、戦争前はウィーンのカフェのピアニストだったという作り話を用意した。ノース・アーリントンの郊外にある自宅の裏には、蘭を育てるだけでなく、これ見よがしの変人ぶりというオーラを大きくするのに都合がよいようにと、暖房装置付きの温室を建てた。地下室では半貴石を磨いた。金の懐中時計を持ち歩き、着るスーツは以前と変わらずイギリス製で、話す英語のアクセントも明らかにイギリス式のままだった。アングルトンは、自分の仕事を釣りにたとえて話す癖があり、たとえば前日の夜にファイルを調べると、翌日ボソッと「昨夜は少々当たりがあった」と言うことがあった。情報機関の人々の間では、彼は賞賛とゴシップと、少々の恐怖の的になった。「ＣＩＡの内部では、アングルトンはほかの誰よりも多くの秘密を所持しており、その意味をほかの誰よりもよくつかんでいると信じられていた」。

コネティカット・アヴェニューにあるレストラン「ハーヴィーズ」は、ワシントンで最も人気があり、おそらくは最も高価で、間違いなく最も高級なレストランだった。この店は、もともとハーヴィーズ・レディーズ・アンド・ジェントルメンズ・オイスター・サルーンの名で、蒸し牡蠣《がき》のほか、ロブスターの丸茹でとクラブ・インペリアル「蟹の肉をマヨネーズ・ベースのソースで和えてオーヴンで焼いたグラタンのような料理」を出す店として一八二〇年に開業し、以来、このメニューを大量に出し続けていた。一八六三年には、南北戦争中にもかかわらず、毎週荷馬車五〇〇台分の牡蠣が客に供されていた。ユリシーズ・S・グラント以降の歴代アメリカ大統領が食事をし、ハーヴィーズは有力者や大物が訪れる店として他の追随を許さない評判を享受していた。アイロンのかかった白い制服を着た黒人ウェイターは礼儀正しく、マティーニは強めで、ナプキンは厚紙のように硬く、テーブルの間隔は、どれほど内密な話をしてもプライヴァシーを保てるほど広く取られていた。ご婦人方は入り口が別で、メイン・ダイニング・ルームに入るのは許されていなかった。FBI長官J・エドガー・フーヴァーは、ほぼ毎晩、定位置である隅のテーブルに座り、副長官で恋人だったとの噂もあるクライド・トルソンと食事をしていた。フーヴァーはハーヴィーズの牡蠣の虜になったと言われていたが、食事代を払ったことは一度もなかった。

アングルトンとフィルビーは、ハーヴィーズ・レストランで定期的にランチを共にするようになり、当初は週に一度だったが、その後、二週間に三度に増えた。また、最低でも一日おきに電話で話していた。二人のランチは、フィルビーの言う「習慣」つまり一定のパターンを取るようになった。まずバーボンをロックで飲み、次にロブスターとワインへ進み、最後はブランデーと葉巻で締める。フィルビーは、アングルトンの情報把握力だけでなく、その食べっぷりと飲みっぷりにも舌を巻いた。「働き過ぎだけが彼の悪癖ではないことを、彼は何度となく示した」とフィルビーは記し、「彼は、私が今まで会った中で最もやせた一人であり、かつ最も大食いの一人であった。すごいぞ、ジム！」と書いている。二人は、身を乗り出して楽しい会話を交わし、おしゃべりしては酒を飲み、笑い、二人に共通する秘密保持への愛を確かめ合っていた。アングルトンには親友が少なく、腹を割って話せる相手は、それに輪をかけて少なかった。フィルビーは友人が多く、信頼したりされたりするテクニックを芸術の域にまで高めていた。二人は完璧なコンビだった。

「私たちの親密な関係は、純粋な友情から生まれたものだと確信している」とフィルビーは書きながらも、次のようにも記している。「しかし、私たちはどちらにも隠れた思惑があった。（中略）彼は、私との関係を最大限に深めることで、私の手足を縛ってしまおうと考えていた。一方の私はと言えば、彼を騙せればそれで十分満足だった。私たちの間の信頼が表向き大きくなればなるほど、彼は私の隠密行動に疑いを持たなくなるからだ。この込み入った駆け引きでどちらが得をしたのか、私には分からない。しかし、私には一つ大きな利点があった。私は彼がＣＩＡで何をしているのか知っており、彼も私がＳＩＳで何をしているのかを知っていた。しかし、私が本当に興味を持っていたものが何なのか、彼はまったく気づいていなかった」。麗《うるわ》しい友情の背後では、どちらが相手の裏をかき、相手を飲みつぶせるかをめぐる静かな競争が繰り広げられていた。ある同僚によると、アングルトンは「キムを酔いつぶして自分は役立つ情報を手に立ち去ることができると言って、よく自慢していた。だが、この酒盛りで彼がどれだけの情報を引き渡さなくてはならなかったか、とうてい想像はつかないだろう」。

「私たちの議論は世界全体に及んだ」と、フィルビーは回想している。二人は、ソヴィエト連邦に対する各種の隠密作戦や、アルバニアなど鉄のカーテンの向こう側の国々に潜入させた反共ゲリラについて話し合った。フランス、イタリアおよびドイツで進行中の情報作戦についても論じたし、鉄のカーテンの向こうで政府を転覆させるため亡命者をスカウトする作戦など、世界各地の反共計画に注ぎ込まれている資金や人材についても語り合った。「ＣＩＡもＳＩＳも、亡命者対策で手いっぱいだった」とフィルビーは書いている。

あるときアングルトンは、ラインハルト・ゲーレンが作り上げた対ソ連スパイ・ネットワークをＣＩＡがどうやって引き継いだのかを説明した。ゲーレンは、かつて東部戦線でドイツ情報部の責任者を務めていた人物で、一九四五年に投降すると、アメリカのために働きたいと申し出た。ゲーレンのスパイと情報提供者には、元ナチ党員が多く含まれていたが、ＣＩＡは、共産主義に対する新たな戦いで味方になってくれる者を選《え》り好《ごの》みしなかった。一九四八年までに、ＣＩＡはゲーレンのスパイ網に約一五〇〇万ドル（二〇一四年時点の価値で約一四五〇〇万ドル）を注ぎ込んでいた。フィルビーは全神経を耳に集中させた。

「ハーヴィーズのロブスターをたっぷり食べさせて、アングルトンにゲーレン機関の過去の記録と現在の活動について、正確かつ詳細に語らせた」。これ以外にも、ＣＩＡが共産主義を抑え込むため実施したギリシアとトルコへの介入や、イランとバルト三国およびグアテマラでの隠密作戦、チリ、キューバ、アンゴラ、インドネシアの各国におけるアメリカの秘密計画、ソ連との戦争が勃発した際の連合国の協力体制に関する青写真など、様々な情報が、ハーヴィーズの糊の利いたテーブルクロスの上で、なみなみと注いだグラスを口にしながらアングルトンが食事と噂を楽しんでいる間、フィルビーの前で、友人どうしの会話として、すべて明らかにされたのである。「アルコールを飲みながらの長いランチやディナーの間に、フィルビーは彼から情報をすべて引き出したに違いない」と、アングルトンの同僚は後に書いている。

　しかし、フィルビーとアングルトンは、やはりプロフェッショナルであった。ランチが終わるたび、アングルトンはオフィスに戻ると、秘書のグロリア・ルーミスに口述筆記で、ＭＩ６の協力的な連絡責任者と交わした会話を詳細に記した長文の記録を作らせた。「すべてを記録しました」と、後にルーミスは述べている。フィルビーも同じで、ＭＩ６向けの報告書を、イスタンブールからワシントンへ一緒に赴任した（ためアイリーンが非常に嫌がっていた）秘書イーディス・ホイットフィールドに口述筆記させた。その後、ネブラスカ通りの自宅に戻ると、フィルビーは報告書をもう一通、別の人々に見せるために作成した。

ことごとく見破られる潜入

フィルビーは、ソ連の情報機関を、他の追随を許さぬ有能な組織だと表現するのを好んでいた。しかし現実には、モスクワ本部は官僚組織にありがちな失敗と惰性《だせい》と無能ぶりに加え、定期的な人員削減に悩まされていた。フィルビーが来る以前、ソヴィエト情報機関のワシントン支部は、レジジェントが二人続けて召還されるなど、「無秩序な」混乱状態を経験していた。当初フィルビーは、アメリカのソヴィエト情報部と直接連絡を取ることはせず、情報はすべて、イスタンブール時代と同じように、ロンドンにいるガイ・バージェス経由で送るようにしていた。フィルビーが来て四か月後、モスクワはこのベテラン・スパイへの対応を改善すべきだとようやく気づいた。

三月五日、ポーランドのグディニアからニューヨーク港に到着したばかりの客船バートリ号から、一人の青年が降り立った。パスポートには、ポーランド出身のアメリカ国民イヴァン・コヴァリックだと記されていたが、その正体は本名ヴァレリー・ミハイロヴィッチ・マカイェフという三二歳のロシア人情報将校で、素姓を隠してニューヨークに拠点を構え、フィルビーがモスクワ本部と連絡できる方法を整えよとの命令を受けてやってきたのである。さっそくマカイェフは、ニューヨーク大学で作曲術を教える仕事に就き、マンハッタンでバレエ学校を開いているポーランド人女性ダンサーと関係を持ち始めた。マカイェフは音楽の才能に恵まれ、生まれながらのロマンティストだったが、担当将校としては処置なしだった。上司たちから任務の費用として二万五〇〇〇ドルを支給されていたが、その大半を自分と恋人のバレリーナのために使い続けた。それからようやくマカイェフは、到着したことをフィルビーに伝えた。二人がニューヨークで会うと、新任の担当将校はフィルビーに文書撮影用のカメラを渡した。以後、二人はニューヨークとワシントンの間にあるボルティモアかフィラデルフィアの様々な場所で会合した。九か月後、マカイェフはモスクワへの連絡経路として、フィンランド人の船員を運び屋として使うルートと、郵便を使ってロンドンの工作員を経由するルートの二つを何とか作り上げた。しかし、この経路は時間がかかる上に使い勝手が悪かった。フィルビーは、直接会うのは危険だと思っていたし、新たな担当将校にも好印象を持たなかった。マカイェフは、諜報活動よりもバレエのほうにずっと興味があった。当時のフィルビーは、生涯のどの時期よりも価値の高い情報をモスクワへ送っていたが、受ける対応がこれほどいい加減だったことは、今までなかった。

鉄のカーテンの向こう側での反乱作戦を担当していたCIAのフランク・ウィズナーは、困惑していた。ソ連とその衛星国内部でひそかに抵抗運動を扇動して共産主義を弱体化させるべく、ありとあらゆる手を尽くしているが、そのすべてが見事な失敗に終わりそうなのだ。しかし、ウィズナー（本人は「達人」を意味する「ザ・ウィズ」と呼ばれたがっていた）は、方針変更はおろか、意気消沈することさえ拒んだ。アルバニア作戦は、出だしでつまずいたものの、その後も継続されていた。「次はうまく行くさ」と、ウィズナーはフィルビーに請け合った。

しかし、うまく行きはしなかった。それどころか失敗続きで、しかもそれはアルバニアだけではなかった。資金と装備と武器がポーランドの反共抵抗運動に注ぎ込まれたが、その運動は見せかけにすぎず、背後でソ連の情報機関が操っていたことが後に判明した。共産主義に反対するリトアニア人やエストニア人、アルメニア人がスカウトされ、イギリスとアメリカの軍用機を使ってそれぞれの祖国へパラシュートで潜入したし、民族主義派の白系ロシア人も、ボルシェヴィキとの戦いを継続するため送り込まれた。しかし、彼らのほぼすべてが、謎の失踪を遂げていた。ある元ＣＩＡ局員の言うように、「我々は工作員を、パラシュートやゴムボート、徒歩、艦船などの手段で送り込んだ。しかし、こうした作戦は事実上すべて完全な失敗に終わり（中略）すべて中止された」。ＣＩＡとＭＩ６は、作戦の重複や混乱を避けるため、各自のチームがいつどこへ潜入するか、正確な情報を常に交換していた。フィルビーは、ワシントン駐在の連絡将校として、「タイミングと地理的座標」を情報機関の一方から他方へ伝える役割を担っていたが、それ以外にももう一つ、別の情報機関へも同じ情報を伝えていた。反乱にとりわけ適した国と見なされていたのが、すでにカルパチア山脈で抵抗グループが活動していたウクライナだった。一九四九年、イギリス軍の訓練を受けたウクライナ人ゲリラの第一陣が、無線装置と共に送り込まれた。しかし、その後に連絡が途絶えた。翌年さらに二チームが派遣され、加えて六人編成の部隊が三つ、パラシュートでウクライナやポーランド国境内の降着地点に降下した。彼らもみな消息を絶った。「当事者たちに何が起きたのか、私は知らない。しかし、様々な情報を基に推測することはできる」と、後にフィルビーは何食わぬ顔で書いている。

こうした潜入作戦のうち、どれよりも壊滅的で、見事なまでに無価値に終わったのが、「価値ある」という暗号名を付けられたヴァリュアブル作戦だった。イギリス側が、臆することなくマルタ島で「妖精たち」の訓練を続ける一方、CIAも、アルバニア人ゲリラを養成するため、ハイデルベルク郊外の壁に囲われた邸宅に独自の訓練キャンプを設け、パラシュート部隊の演習も行なっていた。スカウトされた一人は「私たちの家族が報復を受けることは分かっていた」が、「私たちは大いに期待していた」と語っている。同時にMI6は、無人の熱気球を使ってアルバニア上空からプロパガンダ用のリーフレット数千部をまく準備を進めた。「ロンドンの連中は、アルバニアの町や村にパンフレットの雨が降ると、地面に着く前に何人ものアルバニア人が手に取って読み、解放のため準備を始める姿を想像した」。パラシュート部隊の第一陣は、一九五〇年末、ポーランド人の元イギリス空軍パイロットが操縦する飛行機に乗り、レーダーを避けるため、わずか二〇〇フィート［約六〇メートル］の高度で国境を越えてアルバニア領空に侵入した。

共産軍は、準備を整えて待っていた。二日前、治安警察数百名が降着地域のある一帯に押し寄せていた。村ごとに警察官が一名ずつ配置された。彼らは、やってくるゲリラの名前さえ知っていた。パラシュート降下したゲリラたちは、一部は着陸と同時に殺され、残りは逮捕された。脱出できたのは一握りしかいなかった。次の降下は翌年七月に実施されたが、結果はさらに惨憺《さんたん》たるものだった。四人編成のパラシュート部隊のうち、一つはたちまち掃討され、一つは包囲されて二人が殺され二人が捕まった。残るもう一つの部隊は、一軒の家に逃げ込み、バリケードを築いて立てこもった。警察は建物に火をつけ、全員を焼き殺した。その後もイギリス軍の訓練を受けたゲリラが、ボートを使ったり、徒歩でギリシア国境を越えたりしてアルバニアに潜入し続けたが、いずれもそれまでと同じく待ち伏せされて失敗した。一方、アルバニア国内では、秘密警察シグリミがゲリラの親類や友人の一斉逮捕に乗り出していた。姓が同じというだけで疑惑の対象になった。ゲリラ一人につき四〇人もが射殺されたり投獄されたりした。捕まった二人のゲリラは、「ジープの後ろにロープで縛られ、血だらけの肉片になるまで街を引きずり回された」。一握りのゲリラ兵士が何とか脱出したらしく、無線通信でイギリス側とアメリカ側にもっと兵力を送ってくれと訴えた。しかし、ずいぶん後になって、これがシグリミによる古典的な二重スパイ作戦だったことが判明した。通信文は捕虜が送ったもので、暗号を白状するよう強要され、頭に銃を突きつけられながら送信したのである。「無線を使った我々の素晴らしい計略により、外国にいる敵の計画は屈辱的な失敗に終わった」と、エンヴェル・ホッジャは自慢した。「我々におびき出されて、パラシュートで降下したり国境を越えて侵入したりしてきた犯罪者の集団は、飛んで火に入る夏の虫だった」。

その後、捕らえた生存者を使って見せしめ裁判が実施された。このプロパガンダ・ショーでは、拷問を受けて筋の通った話があまりできなくなった被告が、自分の罪を認め、自分たちの後《うし》ろ盾《だて》となった資本主義者を罵倒した後、長期の服役刑を言い渡されたが、生きて刑期を終えた者はほとんどいなかった。

悲劇を呼んだランチ

ロンドンとワシントンでは、作戦が失敗から大惨事へと転げ落ちるにつれ、士気はガタ落ちとなり、疑念が生じた。「どこかで情報が漏洩しているのは明らかだった」と、あるＣＩＡ局員は語っている。「我々は何度か会合を持ち、どこが間違っているのかを明らかにしようとした。どのくらい前から我々はこの若者たちを敵の手に委ね続ける準備をしてきたのかを、自問しなくてはならなかった」。イギリス側はひそかにアメリカ側を非難し、アメリカ側はイギリス側を非難した。「我々の秘密保持は、とてもとても固い」と、スマイリー中佐は言い張った。

しかし現実には、この作戦をめぐる秘密保持は、万全からは程遠かった。ソ連の情報機関は、ヨーロッパにいるアルバニア人亡命者グループだけでなく、不満を抱いて国外に逃れた様々な国の亡命者コミュニティーに、工作員を潜入させていた。ジェームズ・アングルトンは、イタリア人連絡員から、ヴァリュアブル作戦は始まりから「完全な失敗」だったことを知らされた。ストーミー・シーズ号は、アルバニアへ向けて出港した瞬間から、イタリアの情報機関に監視されていたのである。ジャーナリストたちも噂を耳にしていた。ゲリラの第一陣が待ち伏せされた後、アルバニア当局は、当然ながら次々と押し寄せてくるものと予想して準備を整えていた。そもそもの発端からして、この作戦には欠陥があった。英米の情報機関が想像していた以上にホッジャの地位は安泰であり、反対運動ははるかに弱かった。計画立案者は、「アルバニアは、ソ連帝国主義という木から、熟れたプラムのようにポトリと落ち、ほかの実もすぐに続いて落ちてくる」と、完全に思い込んでいた。そして、それは完全に間違いであった。

ヴァリュアブル作戦は、フィルビーがいなくとも失敗していただろうが、これほどの大失敗にはならなかっただろうし、これほどの犠牲者も出なかっただろう。計画立案者たちは、後に振り返って、この不名誉な純然たる失敗が誰のせいなのかを知った。ＣＩＡ史の研究家ハリー・ロジッケは、「フィルビーが、イギリスとアメリカの計画全般をモスクワに知らせていたばかりか、個々の工作員チーム派遣についての詳細を、彼らがアルバニアに到着する以前に伝えていたことに、疑問の余地はほとんどない」と書いている。ロンドンにいたＮＫＶＤの監督官で、フィルビーの通信文をモスクワに転送していたユーリ・モジンも、はっきりこう言っている。「彼は我々に、関係者の人数、上陸の日時、携行する武器、および正確な行動計画について、重要な情報を与え、（中略）ソヴィエト側は当然ながら、フィルビーの情報をアルバニア側に渡し、それを踏まえてアルバニア側は待ち伏せをした」。

　フィルビーは、自分のしたことを後になって次のように自画自賛している。「我々がアルバニアに送り込んだ工作員は、殺人と破壊工作と暗殺を目的とした武装集団だった。彼らは、私に劣らず、政治的理想のためには殺戮《さつりく》も辞さない覚悟を決めていた。彼らも危険のあることは承知していた。私はソヴィエト連邦の利益のために働いており、そのためにはこの者たちが敗北する必要があった。彼らを敗北させるのに私が手を貸したことについては、その結果彼らが死んだのだとしても、何一つ後悔していない」。

　正確な死者数は、今後も絶対に分からないだろう。死亡したアルバニア人ゲリラの数は、一〇〇人から二〇〇人の間であり、これに彼らの家族など報復の犠牲者を加えれば、死者数は数千人に跳ね上がる。生きて帰れる見込みのなかったアルバニア人ゲリラを派遣した者たちは、何年もたってから、ジェームズ・アングルトンが、ランチを共にした二年間の間に「酒を飲みながらフィルビーに、アルバニアにおけるＣＩＡの降着地域の正確な位置をすべて教えた」との結論に達した。

この悲劇の核心には、深い友情と、大いなる裏切りとがあった。ランでのランチは、ずいぶんと高くついたのだった。

ハーヴィーズ・レスト

10 ホメロスの冒険物語《オデュッセイア》

不安の芽が育ち始める

一九五〇年の毎年恒例アングルトン家の感謝祭パーティーは、神への感謝を捧げる厳粛なものにはならなかった。ジェームズとシスリーのアングルトン夫妻が、フィルビー一家をアーリントンの自宅に招き、豪華な付け合わせを添えた七面鳥のディナーを振る舞ったからだ。ほかに招待客として、イギリス大使館で科学関連部門を担当する物理学者ウィルフレッド・マンがいた。一説によると、後にＣＩＡ長官になるウィリアム・Ｅ・コルビーもいたという。この四人の男性は、過熱する核兵器開発競争と、それに伴う諜報活動に全員が深く関与していた。ソヴィエト連邦は、スパイを西側の原子爆弾開発計画に潜入させていたこともあり、前年に最初の核実験を成功させていた。ヴェノナ解読情報により、ロスアラモス研究所にいたソ連側スパイの一人が、ドイツ生まれの核物理学者クラウス・フックスであることが判明した。フィルビーはモスクワ本部に、フックスに罠が迫っていると警告したが、時すでに遅く、フックスは尋問中に自白し、今では一四年の拘禁刑に服している。大勢いた他のソ連側工作員には、彼らにも危険が迫っていると警告が発せられた。数名は逃げた。逃げなかったのが、ニューヨークでソ連側スパイ網を組織するオーガナイザーだったジュリアスとエセルのローゼンバーグ夫妻だ。ちなみに二人は一九五三年に処刑される。

スパイが次々と死んでいた。トルーマン大統領は、この地球上でソ連の影響力拡大を阻止する武器を増強させる必要があると声高に訴えていた。核戦争の噂が流れ、西側の情報機関は激しさを増すソ連側との戦いにかかりきりになっていた。アングルトン家の食卓では、この秘密戦争で敵対する両陣営が席に着いていたわけだが、対立の影が楽しい機会をぶち壊しにすることはなく、フィルビーも友人たちに交じって酒を飲みながらアメリカの恵みに感謝した。「ジムとキムは、どちらも相手をとても気に入っていました」と、シスリー・アングルトンは回想している。「私たちはみんな、彼が好きだったのです」。フィルビーはまだ三八歳だったが、もっと年上に見えた。整った顔立ちには、すでに老いの影が現れていた。瞳には輝きと魅力が残っているが、目の下はたるみ始め、ハーヴィーズでのランチのせいで胴回りが太くなってきていた。「一年間アングルトンに付き合った後で、私はある年配の婦人のアドバイスに従ってダイエットを始め、三か月で体重を一三ストーン〔約八三キロ〕から一一ストーン〔約七〇キロ〕に落とした」と書いている。

当時のワシントンは、富と自信に満ちあふれる若い超大国の首都として、我が世の春を謳歌していた。フィルビーは、この世界新秩序の指導者たちの間を、冷戦の闘士たちの中でも安心感を与えてくれる温かな存在として、やすやすと動き回っていた。フィルビーは強欲な人間ではなかったが、生活に不自由はなかった。この隠れ共産主義者は、資本主義大国の心臓部で、「金がたくさんあれば、人生をかなり楽しく過ごせるものだ」と考えていた。フィルビーの暮らしぶりは、これ以上ないと言っていいほど楽しいものだった。彼はニコラス・エリオットに、ぜひとも遊びに来いと誘った。「ワシントンに来る客が多ければ多いほど、接触できるスパイも増える」と書いている。そしてフィルビーは、どのスパイとも接触していたいと思っていた。

フィルビーは、表面上は以前と変わらず穏やかで愛想がよく見えたかもしれないが、心の内では小さな不安の虫が絶えず動き回っていた。すでに、戦時中の大使館にソヴィエト側スパイがいたことが発見されたと知って不安を感じていたが、その心痛は、一九五〇年六月には無視できないほど大きくなっていた。ヴェノナ解読情報により、一九四五年にイギリスで「有能な工作員ネットワーク」が活動しており、その一人が暗号名を「スタンリー」という「特に重要な」スパイであることが明らかになったからである。暗号解読員たちは、日々成果を積み重ねていた。フィルビーは、ヴァージニア州アーリントン・ホールにあるアメリカ政府の暗号解読センターを訪問することにした。ヴェノナ計画の責任者メレディス・ガードナーは、秘密の言語研究所に来たフィルビーを歓迎したが、後に振り返って、このイギリス人が、作業中の解読チームがスパイをめぐる膨大な謎を一つまた一つと解明していく様子を異常なほどの熱心さで観察していたと語っている。「フィルビーは間違いなく食い入るようにして見ていたが、その間はまったく一言もしゃべらなかった」。フィルビーは、自分が「スタンリー」だと正確に特定する言葉が一つでもあれば、それだけで身の破滅になることを、重々承知していた。

暗号名「ホメロス」のスパイについては、ＦＢＩとＭＩ５の合同捜査が進められていたが、まだ正体を突き止めるまでに至っていなかった。捜査員は、「ホメロス」が渡した情報の質がハイレベルだったにもかかわらず、イギリス大使館にいたモグラは現地で雇われた清掃員か事務員に違いないと決めつけていた。ドナルド・マクレインは、一九四八年にワシントンを去った後、参事官兼政治部長としてカイロのイギリス大使館へ異動になっていた。その振る舞いは二重生活による緊張でますます突飛になっていたが、この洗練されて教養もあるイギリス人外交官がソ連のために働いているスパイだとは、誰もが想像だにしていなかった。マクレインは、元閣僚の息子で、パブリック・スクールとケンブリッジ大学出身であり、有名な会員制クラブであるリフォーム・クラブの会員でもあった。そのため、フィルビーの言葉を借りれば「支配階層の立派な一員であってもそうしたことを行ないうる、という考えを頑《かたく》なに拒む純然たる思考停止」によって、疑惑の目から守られていた。しかし、そうした思い込みがいつまでも盾になるわけではなかった。捜査が進むたび、フィルビーは進行状況をモスクワに報告し続けた。モスクワ本部は、「マクレインは今の地位に可能な限りとどまること」と告げたが、「網が閉じてしまう前に」彼を脱出させる必要があるかもしれないと付け加えていた。

　フィルビーは、もしヴェノナ解読情報によりマクレインの正体が暴露されたら、彼の関係者全員が疑いをかけられ、証拠をたどっていけば、いずれは自分にたどり着くだろうと考え、自分用の安全策を用意した。彼はＭＩ５に、ワシントンでの役割を拡張したいと慎重にほのめかした。表向きの理由は能率改善だったが、実際は「ホメロス」の捜査状況を今以上に綿密に監視するためだった。「どうやら彼は、自分が本当の意味で十分な権限を与えられてはいないと感じているようだ」と、ＭＩ５のガイ・リデルは書いている。「疑《ぎ》似《じ》餌《え》が一つ、ワシントンに我々の代表を置く必要はまったくなく、彼にすべての業務を任せればよいという提案の形をとって、私のほうへ投げ込まれたのだと思った」。対情報活動の責任者リデルは、ＭＩ６だけでなくＭＩ５の代表も務めたいというフィルビーの遠回しな提案を拒否したが、それは提案の裏にある真意を疑ったためではなかった。フィルビーはロンドンのＣにも、暗号解読に大きな進展があったら「検討する時間をさらに確保する」ため事前に知らせてほしいと働きかけた。もちろんこれは、いざとなったら逃げる時間を稼ぐためでもあった。

バージェスというトラブルメーカー

フィルビーの夫婦関係は、またもや厳しい緊張を強いられていた。フィルビー一家は子供が増え、フィルビーはニコラス・エリオットに「五人の子供の父親であることが親として嬉しい」と語っていたが、新たに赤ん坊が生まれたことでアイリーンの負担は増え、再び情緒不安定の徴候を示し始めていた。今では酒量が夫と同じほどに増えていた。二人の関係にさらなる打撃を与えたのが、ガイ・バージェスから来た手紙だった。手紙の中でバージェスは、元気よく「君をビックリさせる知らせがある。ワシントンへ転勤になった」と知らせてきた。そして、どこか住む場所が見つかるまで「数日間」フィルビー家に泊まらせてほしいと頼んだ。アイリーンはゾッとした。友人への手紙に、こう書いている。「あの人のことは嫌と言うほど知っています。家から絶対に出ていかないつもりよ」。

バージェスはまだ外務省にいたが、そもそも彼が、この謹厳実直で名声も高い組織にどうやって採用されたのかは、今も謎のままである。波瀾万丈というより汚点だらけの外務省勤務では、情報部、外務省閣外大臣補佐、および極東課で働いた。この時期を通じて、彼は秘密文書を手当たり次第にソ連側に渡していた。文書を夜に持ち出し、ソ連側にコピーさせると、翌朝に戻しておくのだ。バージェスは、以前と変わらぬ愉快な男だったが、誰の手にも余るまったくの厄介者で、諜報活動の人脈を自慢し、誰とでも寝る同性愛者であることを隠そうとせず、彼が去った後には混乱の跡が残った。普段から酔っ払っており、特に重要人物をたびたび侮辱した。請求書の支払いはせず、けんかを吹っかけ、公衆の面前でＭＩ６将校の正体をバラし、ジブラルタルでは大々的に飲んで騒いだ。そのあまりの騒ぎぶりに、現地のＭＩ５将校は「このジブラルタルにおいてでさえ、あれほど大量の強い酒をあれほど短時間で飲み干す者を私は見たことがないと思う」と感服せざるを得なかった。かつて外務省の同僚とけんかになり、英国自動車クラブの大理石の階段から転げ落ちて頭蓋骨を骨折したことがあるが、それ以来、彼の行動はさらに極端になった。バージェスは、いつ解雇されてもおかしくなかった。それなのに、繊細さと臨機応変の才が必要で、彼にはまったく不向きな仕事であるワシントンのイギリス大使館の情報将校に任命されたのだ。バカバカしい話だが、ガイ・リデルは、バージェスは「秘密情報を、認可を受けていない人間に意図的に渡すような類の人間ではない」と言い張った。バージェスの「奇行」（彼の同性愛を示す暗号）もアメリカなら目立たないかもしれないと思われた。しかし、外務省の情報保全責任者は、在ワシントン大使館の保全担当将校サー・ロバート・マッケンジーに、バージェスが着いたら、もっとひどい逸脱行動に備えるようにと警告した。それを聞いたマッケンジーは、「『もっとひどい』って、何だ？　山羊を相手にするのか？」とつぶやいたという。

バージェスがワシントンへ来ることになって当局者の一部が懸念を抱く一方で、アイリーンは心の底からゾッとした。それでもフィルビーは、私の旧友なのだから歓迎しなくてはダメだと言い張り、家の半地下室に住まわせればいいと言った。アイリーンは嫌だと言って激しい口論となり、後に二人ともこの件をスイスにいるエリオットに伝えた。エリオットによると、「トラブルが必ず起こることは分かっていたし、イスタンブールで二人の家に滞在したときバージェスが酒と同性愛の乱交パーティーを何度も開いていたことを覚えていたため、アイリーンは反対したが、結局は（いつものとおり）フィルビーの望みに従った」。破壊力がとりわけ強い気まぐれな流星のようなバージェスが、アメリカの首都と、フィルビー家に襲来した。エリオットは、こう記している。「予想されたとおり酒盛りと混乱が起こり、結婚生活はその極限まで試された」。

　後にフィルビーは、誠実さの証しとしてバージェスを自宅に泊めることに決めたのだと述べている。二人は二〇年来の友人で、一緒に共産主義を知り、以来モスクワのため共に働き続けていた。バージェスは、フィルビーが腹を割って話せる数少ない人間の一人だった。フィルビーは大使館に、このならず者に「目を光らせておく」と約束した。そんなことは土台無理な話だったが、同じ屋根の下で暮らすのなら、見張っているのも多少は楽であっただろう。フィルビーには、バージェスをワシントンに迎え入れたい彼なりの動機があった。バージェスは情報将校なので、自由に移動しても周りからとやかく言われることはない。だから、彼に伝書使になってもらい、ニューヨークにいるフィルビーのソ連側監督官ヴァレリー・マカイェフに情報を届けてもらうことができる。バージェスが到着するとすぐ、フィルビーは彼に「ホメロス」の捜査について話し、マクレインが正体を暴露されてすべてを自白し破滅的な結果をもたらす危険が高まっていることを伝えた。

　フィルビーは戦争が終わって以来マクレインと会っていなかったが、かつて二人が親密だったことを証明するのは、そう難しいことではない。バージェスは、マクレインをもっとよく知っていたし、それにアントニー・ブラントの親友でもあった。バージェスとフィルビーの関係は明らかであり、ブラントもマクレインとやり取りがあった。もしマクレインが口を割れば、ＭＩ５はスパイどうしのつながりをたちまち証明し、いずれ嫌疑は芋づる式にフィルビーにもかけられるはずだ。

　マクレインは、途方もないスピードで常軌を逸し始めていた。退会できる類のクラブではないと知らなかったらしく、ソヴィエト側担当官に、もうソ連のスパイはやりたくないと言って説き伏せようとした。モスクワは、この頼みをあっさり無視した。一九五〇年五月には、緊張が耐えられないほど高まった。酔っ払って、アメリカ大使館の秘書二名が住むカイロのアパートへ行って家具を叩き壊し、二人の下着をはぎ取り、大きな鏡を壁に叩きつけ、大きな浴槽を真っ二つにした。彼は本国に送還され、医師の集まるハーリー街の精神科医にかかったが、治療が短期間で終わると、驚いたことに、外務省のアメリカ局局長に昇進した。酔っ払っていようが、精神的に不安定で女性のパンティーを引《ひ》っ剝《ぺ》がそうが、イギリス外務省では「適任」でさえあれば昇進の障害にはならなかったようだ。しかし、容疑者は次第に絞り込まれ、そのリストにマクレインの名前も残っていた。このままでは彼が完全に精神崩壊するのは明らかだった。もしMI5から呼び出されて尋問を受けていたら、ほぼ間違いなく口を割っていただろう。フィルビーはバージェスを仲介者とすることで、万が一危機的状況が発生しても、「モスクワとの確実な連絡経路」を確保できるようにした。

フィルビーの家に落ち着くと、さっそくバージェスは本性をいかんなく発揮し始めた。ワシントンのあちこちに出かけては騒ぎ、他人の名前を出して自慢し、けんかを売り、何杯も酒を飲むが支払いは他人任せにする。古くて小汚いダッフルコートを着て、石けんは使わず、アメリカ人に知的思考は無理だと大声で言い放つ。フィルビーはアングルトンに、バージェスを「今の時代のケンブリッジで最も傑出した歴史研究者」だと紹介した（ケンブリッジの歴史研究者を知っている人なら、この紹介文句がバージェスの個人的性癖で完全に否定されることはないと証言してくれるだろう）。確かに彼は、傑出した厄介者だった。数日後、バージェスはオクシデンタル・レストランに現れ、覚束《おぼつか》ない足取りでアングルトンのテーブルに近づくと、勧められてもいないのに同席し、「一番安いバーボン」を一杯注文した。「風変わりな服装、つまり汚れて染みの付いた白いイギリス海軍のジャケット」を着ていた彼は、「酩酊《めいてい》しており、ひげは剃っておらず、また、目元を見て分かったが、起きてから顔を洗っていなかった」。いきなりバージェスは、自分が今着ているようなジャケットを輸入してニューヨークで売り、「莫大な利益」を上げるというバカげた計画を説明し始めた。それから、アングルトンの自家用車であるオールズモビルのセダンに乗せてくれとせがみ、しまいにはこのＣＩＡ局員に、金を貸してくれと頼んだ。そして、またふらふらと歩きながら去っていった。この振る舞いをアングルトンが不愉快に思った証拠はない。彼はイギリス人の奇行が好きだったし、それにキム・フィルビーの友人なら誰でも自分の友人だった。

ホメロスへの警告

一九五一年一月一九日、フィルビーはその後を左右することになる重大な決断をした。妻は鬱状態で、危なっかしい友人はワシントンをふらつき回り、自分の将来もはっきりしない中で、ディナー・パーティーを開くことにしたのである。それは、ほぼ全員が認めているように、最低最悪のディナー・パーティーとなった。

フィルビーは、アメリカの情報機関で古株の知り合いを全員招待した。アングルトン夫妻はもちろん、ＦＢＩでスパイ狩りを担当しているロバート・ランフィアや、マン夫妻なども招いた。そうした招待客の中に、元ＦＢＩ捜査官で今はＣＩＡで対情報活動を担当しているビル・ハーヴィーと、非常に神経質な妻リビーがいた。オハイオ州出身で人使いの荒いビル・ハーヴィーは、頭はよかったが、「でっぷり太ったアルコール依存症者で、レイモンド・チャンドラーの推理小説に出てくる戯画化された悪徳警官のように振る舞っていた」。ハーヴィー夫妻は以前にもフィルビー家のディナー・パーティーに来たことがあり、そのときはビル・ハーヴィーがテーブルで酔いつぶれて終わった。

その晩も、いつもどおりマティーニがピッチャーで供されて始まった。だが、どことなくピリピリとした雰囲気が感じられた。シスリー・アングルトンは、招待客のうちタバコを吸っていないのはロバート・ランフィアだけであることに気づいた。「どんなフロイト的衝動で、あなたはタバコをお吸いになりませんの?」と彼女は茶目っ気たっぷりに尋ねた。酒は誰もがゆっくりと飲んだが、リビー・ハーヴィーだけは慌ただしく飲んだ。食事が終わり(食卓での会話の内容も、食べた料理も、誰も後で思い出すことができなかった)、客たちはウィスキーへ移った。そこへ、いきなりバージェスが乱入した。髪はぼさぼさで、明らかに酔っ払っており、議論を吹っかけたくてうずうずしていた。この突然の来訪者に、リビーが千鳥足で近づくと、部屋の隅へ連れていき、私の漫画を描いてと頼んだ。バージェスにはスケッチの才能があり、彼の描くカリカチュアはワシントンの社交界で賞賛の的になっていた。バージェスは断った。リビーが、酔った勢いに任せてせがむ。あまりのしつこさにうんざりしたバージェスは、ようやくメモ帳と鉛筆を手に取り、スケッチを開始した。数分後、彼は目を輝かせながらニッと笑うと、カリカチュアを手渡した。

　出来上がった作品は、残念ながら現存していないが、見た者の証言から、大体どんな感じの絵だったかは分かっている。描かれた女性は、間違いなくリビー・ハーヴィーだが、その顔は「獣のように歪められて」いた。しかし、この漫画で最も目を引いたのは彼女の顔ではなかった。ドレスがウェストのあたりまで引き上げられ、両脚が大開きになり、露出した外陰部が丸見えになっていたのである。リビーは、この絵をじっと見た後、金切り声を上げてワッと泣き出した。ビル・ハーヴィーがバージェスを殴りつけた。それからは大騒動になった。ハーヴィー夫妻は怒って出ていった。

　バージェスは、この一件を愉快だと思ったが、フィルビーはそう思わなかった。「いったい何だって、何だってあんなことを？」と言うと、ソファーにどさりと座り込んだ。アイリーンは泣きじゃくりながらキッチンへ引っ込んだ。アングルトンとマンは、辞去したものの、まるでけんかした後の一〇代の若者のように、ネブラスカ通り四一〇〇番地の前で、アングルトンが「社交上の大惨事」と呼んだ今回の件について立ち話した後、それぞれとぼとぼと帰っていった。

　後にフィルビーはハーヴィー夫妻に、バージェスの屈辱的行為について「丁重な」わび状を送った。

「気にしないでくれ」、ビル・ハーヴィーは無愛想に言った。しかしハーヴィーは、その後もこの件を気にし続けた。

数週間後、アーリントン・ホールに、暗号解読者たちが待ち望み、フィルビーが恐れていた瞬間が訪れた。ついにメレディス・ガードナーが、一九四四年六月の通信文を解読し、スパイ「ホメロス」には妊娠中の妻がおり、当時はニューヨークにいる自身の母親の元に滞在していたことが判明したのである。マクレインの妻メリンダはアメリカ生まれで、一九四四年には妊娠しており、その裕福な母親は離婚してマンハッタンに住んでいた。したがって、ホメロスはドナルド・マクレインに違いない。

正体判明のニュースはすぐにロンドンへ知らされ、そこから折り返しワシントンにいるフィルビーに伝えられた。今や、一九四五年にヴォルコフに正体を明かされそうになって以来、正体暴露の危機が最も近くまでフィルビーに迫ってきた。しかし、時間が彼に味方した。この時点では、彼とマクレインを直接結びつける証拠はなく、二人はもう何年も顔を合わせていなかった。さらに、ＭＩ５はすぐにマクレインを逮捕するのではなく、もっと証拠を集めようと思い、しばらく様子を見ることにした。ヴェノナ情報は、機密度が高すぎて法廷では証拠として使うことができず、そのためＭＩ５は、電話を盗聴したり、オフィスに盗聴器を仕掛けたり、郵便物を途中で開封したり、行動を監視したりして、マクレインがソヴィエト側監督官と直接接触しているところを捕らえようとした。だが、もしかするとＭＩ５も、組織が存亡にかかわる非常に厄介で前例のない事態に直面したとき陥りがちな思考停止に見舞われていたのかもしれない。マクレインは、イギリス政府内部で見つかった最も上位のスパイであるにもかかわらず、さらに五週間も逮捕されずに過ごすことになる。

フィルビーは、この悪い知らせをただちにマカイェフに伝え、マクレインが尋問されてイギリスのスパイ・ネットワーク全体、とりわけ当のフィルビー自身を危険にさらすような事態になる前に、彼をイギリスから脱出させてほしいと求めた。しかし、マクレインが厳重な監視下にある今となっては、脱出を手配するには慎重を要した。ソヴィエト側と大っぴらに接触すれば、それをきっかけにたちまち逮捕されてしまう。マクレインに警告して逃げるよう伝えるには、疑惑を生む心配のない第三者を使うほかない。フィルビーは、この仕事にうってつけの使者が自分の身近にいると考えた。だらしがなくて評判も悪いガイ・バージェスである。バージェスの外交官としてのキャリアは、自動車事故で危うく命もろとも終わりかねないところだった。故意か偶然か分からないが、彼はグレーのリンカーン・コンヴァーティブルに乗ってヴァージニア州を猛スピードで飛ばし、一日にスピード違反の切符を三枚も切られたが、そのすべてを外交特権を盾に拒否し、車を止めさせた警官を侮辱し、国務省とヴァージニア州知事の双方から怒りのこもった正式な猛抗議を受けていた。山羊ではなかったが、大使にとってはこれが限界だった。バージェスは、不評を買ったが反省する様子をまったく見せず、即刻ロンドンへ戻れと命じられた。後にフィルビーは、バージェスの帰国は入念に仕組んだ策略だったと主張するが、おそらくは思いがけない偶然だったのだろう。いずれにせよ、これでマクレインにモスクワへ逃げろと警告する絶好の機会が到来した。

バージェスが出発する前夜、二人のスパイはワシントンの中心部にある中華料理店で夕食を共にした。この店を選んだのは、BGMの流れる個室があり、立ち聞きができないからだった。二人は計画を確認した。バージェスは、ロンドンでソヴィエト側の人物と接触し、それからマクレインをオフィスに訪ね、何気ない会話を交わしている隙に、会合の場所と時間を記した紙を渡す。バージェスは、まだ正式に解雇されたわけではなかったから、ワシントンから帰任したばかりの情報将校がアメリカ局局長へ報告に行っても、怪しまれることはないだろう。その後、ソヴィエト側がマクレインの脱出を手配する。「君は行くんじゃないぞ」。フィルビーは、ユニオン駅でバージェスを車から降ろすとき、ほんの冗談のつもりでそう言った。しかしバージェスは、言われたとおりのことがどうやってもできない男だった。

ときには愚かなことを

バージェスは、一九五一年五月七日にイギリスに帰国すると、すぐにアントニー・ブラントと接触し、ケンブリッジ・スパイを担当するソヴィエト側監督官ユーリ・モジンに宛てた通信文を渡した。「深刻な問題が発生した」と、ブラントは報告した。「ガイ・バージェスがたった今ロンドンに戻ってきた。ホメロスが間もなく逮捕されるとのこと。（中略）数日後か、あるいは数時間後かもしれない。（中略）ドナルドは今の状態だと、逮捕された瞬間に自白するだろうと私は確信している」。モジンがモスクワに報告すると、すぐに返信が来た。「我々は、貴官がマクレインの亡命を準備することを承認する。我々は彼をこちらに迎え、必要なものをすべて与えるつもりである」。

レニングラード海軍兵学校の卒業生であるユーリ・モジンは、自己評価として、自分には「スパイになる素質がない」と思っていた。しかし、実際には非常に優秀だった。ケンブリッジ・スパイ網を、崩壊しかけていたときに引き継ぎ、バージェスの飲酒癖とマクレインの気まぐれには、そつなく巧みに対処していた。しかし、マクレインをひそかにモスクワへ連れていくのは、それまで取り組んだのとは比較にならないほど困難な任務だった。

ＭＩ５の監視班Ａ４は、「ザ・ウォッチャーズ」の通称で知られていた。一九五一年当時、その人員数は男性約二〇名と女性三名だった。大半はロンドン警視庁公安部の元警官で、鋭い視力と優れた聴力と、平均的な身長を基準に選ばれた者たちである（「身長が低すぎる男性は、背の高い男性に劣らず人目に付きやすい」と、ザ・ウォッチャーズの班長は考えていた）。フェルトの中折れ帽をかぶってレインコートを着用することとされ、互いの会話は手信号で行なう。通りの角に立ち、監視をしながら、目立たないよう努力する。

つまり、彼らはまさしく監視員のように見えたのである。戦争が終わってからは、Ａ４はケンジントン・パレス・ガーデンズにあるソ連情報機関を監視し、一方のソ連側も、Ａ４を厳重に監視した。モジンは、ザ・ウォッチャーズが夜と週末には働かないことを知っていた。また、マクレインの監視がロンドン市外には及んでいないことも突き止めていた。田舎で中折れ帽をかぶった男がぶらつくと正体がばれるのではないかとＭＩ５が恐れたためだ。マクレインは、サリー州の外れにある農村タッツフィールドに住んでおり、ロンドンへは列車で通勤していた。ザ・ウォッチャーズは、日中は彼を尾行していたが、モジンによると、「ヴィクトリア駅で、ＭＩ５の職員は列車が駅を出るのを見届けると、善良な小役人のように家路についた。タッツフィールドで尾行を引き継ぐ者は一人もいなかった」。モジンは、マクレインの逮捕は五月二八日月曜日だろうと思っていた。五月二五日金曜日、外務大臣がマクレインの尋問を正式に許可したのと同じ日に、脱出計画は実行に移された。

その日は、偶然にもマクレインの三八歳の誕生日だったが、晩になるとタッツフィールドにあるマクレインの家に、レンタカーに乗ったバージェスが、荷造りしたカバンと、その晩にフランスのサン・マロに向けて出港する遊覧船ファレーズ号に偽名で予約した往復乗船券二枚を持ってやってきた。バージェスは前の日を自分のクラブで過ごし、新しい男の恋人とスコットランドへドライブに行くつもりだと吹聴していた。彼がドナルドとメリンダ・マクレイン（彼女も計画に加わっていた）と一緒に夕食を食べ終わると、男性二人は、いつになく素面《しらふ》のまま、意気揚々とサウサンプトンへ向けて出発した。二人は深夜零時の出航直前に到着し、車を波止場に斜めに止めると、急いでタラップを駆け上がった。港湾労働者の一人が、車のドアが開いたままだぞと叫ぶと、「月曜に戻る！」とバージェスが大声で返事した。このときは、本当にそのつもりだったのかもしれない。

　バージェスがワシントンを去る前、フィルビーは彼に、マクレインと一緒にモスクワへ亡命はしないと約束させていた。「彼が行くときに一緒に行かないでくれ。君が行けば、私は一巻の終わりだ。行かないと誓ってくれ」。しかしモジンは、バージェスはマクレインに同行すべきだと主張していた。バージェスも、初めは異議を唱えていた。亡命する気はないし、モスクワでの生活は考えただけでも心底ゾッとするとはっきり伝えた。しかし最後には同意した。どうやら、マクレインをモスクワへ連れていっても、また戻ってきて以前と同じ生活を続けられると思ったようだ。しかし、ソヴィエト側の思惑は違っていた。バージェスとマクレインには片道旅行をさせるつもりだった。モジンは、次のように書いている。「本部は、我々は消耗した工作員を一人ではなく二人抱えているのだと判断していた。バージェスは、かつては我々にとって貴重な存在だったが、今やその価値の大半を失っていた。（中略）たとえ職を保持したとしても、以前のようにＫＧＢに情報を提供することはもはやできないだろう。彼は終わったのだ」。このときソヴィエト側は、二人同時の亡命が連鎖反応となってキム・フィルビーに与える影響を、十分に考慮してはいなかった。後にモジンは、バージェスをマクレインと一緒に亡命させたのは間違いだったと認めている。スパイの世界では偶然の出来事などないものとされているが、この場合はおそらくモジンの説明するとおり、「たまたまそうなってしまったのだ。（中略）情報機関も、ときには愚かなことをする」というのが真相なのだろう。

ファレーズ号は、愛人をイギリス海峡の向こうへ週末旅行に連れていきたいと思う裕福な浮気男に人気の船だった。入国審査はなく、質問もほとんどされない。表向き、この船はフランスの海岸沖をクルーズすることになっているが、実際にはいつも許可なくサン・マロ港に数時間停泊し、乗客はフランス料理とフランス観光を楽しむことができた。船は翌日の午前一一時四五分に到着した。バージェスとマクレインは荷物を船内に残したまま、他の乗客とともにタラップを降りると、人混みからそっと抜け出た。タクシーを捕まえてレンヌ駅へ行き、列車に乗ってパリへ行くと、そこで別の列車に乗り換えてスイスのベルンに到着した。ベルンではニコラス・エリオットが、二人の逃亡者が自分の担当区域にいるとは露知らず、シュヴァイツァーホーフ・ホテルでディナーを楽しんでいた。

エリオットは、このホテルのレストランはヨーロッパで最高級の一つだと考えており、特にフォアグラは絶品だと思っていた。「これほど美味しいのは、ストラスブールでも味わったことがない」とエリオットは言っていた「ストラスブールはフォアグラの名産地の一つ」。給仕長のテオは、エリオットが報酬を払っている情報提供者の一人で、いつ行っても席を確保してくれた。土曜の夜にシュヴァイツァーホーフでディナーを取るのは、エリオットの習慣のようになっていた。

五月二六日の夜、エリオットがフォアグラに舌鼓を打っていたころ、そこから二キロも離れていないソ連大使館の前にタクシーが止まった。降りた二人の乗客は、エリオットが見たらすぐに誰だか分かっただろう。バージェスは、ハリス家のパーティーにたびたび客として来ていたし、彼とフィルビーとエリオットは、ピカデリーにあるレストラン「プルニエ」で一緒に何度も食事をしている。かつてバージェスは、イートン校での教職に応募したが、彼がいかに不適任であるかをクロード・エリオットが知り、採用されなかったことがある。「外務省が労を惜しんで同様の調査をしなかったことが悔やまれる」と、後にエリオットは残念そうに書いている。彼はマクレインとも何度か会ったことがあった。

数時間後、バージェスとマクレインは、偽名が記された偽のパスポートを持ってソ連大使館から再び出てきた。それからまた列車に乗ってチューリッヒへ行き、そこでプラハ経由ストックホルム行きの飛行機に乗った。プラハ空港で飛行機を降り、無事に鉄のカーテンの向こう側へ着いた二人は、歩いて到着ロビーから出て、待っていた車に乗り込んだ。

月曜日の朝、ザ・ウォッチャーズが空しく監視を続ける中、タッツフィールドからの列車がヴィクトリア駅に入ってきたが、もちろんマクレインは乗っていない。しばらくしてメリンダ・マクレインが外務省に電話をかけ、夫が金曜日の夜に「ロジャー・スタイルズ」という名の男と家を出たまま帰ってこないと連絡した。外務省はＭＩ５に電話をつないだ。警視庁公安部からは、ガイ・バージェスのレンタルした車がサウサンプトン港で放置されているとの報告が入った。突然の恐怖が、徐々に高まりながらイギリス政府全体に広がっていった。

外務省は、ヨーロッパ各地の大使館およびＭＩ６支局に緊急電報を送り、バージェスとマクレインを「いかなる代償を払ってでも、何としてでも」逮捕せよとの指示を出した。行方不明者の人相書きには、二人の逃亡者が次のように説明されていた。「マクレイン：六フィート三インチ〔約一九〇センチ〕。標準的な体格。短髪を後ろになでつけ、左側で分けている。姿勢はやや前かがみ。薄く締まった唇。すらりとした長い脚。だらしない服装。チェーン・スモーカー。大酒飲み。バージェス：五フィート九インチ〔約一七五センチ〕。やせ型。黒い肌。黒い巻き毛に白髪が交じる。ふくよかな顔。ひげはなし。やや内股」。

ベルンでは、エリオットが配下の監視部隊に命じてソ連大使館を厳重に監視させた。同僚の一人は、酒好きで有名な逃亡者たちがやってきたとき、動けなくする必要が出た場合に備えて、「一服盛ったスコッチのデカンター」を用意した。そのころには、バージェスとマクレインはすでにモスクワで祝杯を挙げていた。

　バージェスとマクレインの失踪が判明した日の午前、ワシントンのイギリス大使館に「極秘」と記された長文の暗号電報が届いた。ワシントンのＭＩ５支局長ジェフリー・パターソンは、キム・フィルビーの自宅に電話し、解読を手伝ってもらいたいので秘書のイーディス・ホイットフィールドを借りてもよいかと尋ねた。フィルビーは喜んで応諾した。数時間後、大使館へ行くと、パターソンが執務室で顔をひきつらせていた。

「キム」、パターソンはつぶやくように言った。「鳥は飛んでいった」。

「鳥って誰だ？」。フィルビーは、顔に当然の驚愕が浮かぶよう表情を作って言った。「マクレインじゃないだろ？」。

「いや、マクレインだ。しかし、もっとまずいことがある。ガイ・バージェスも一緒に行ったんだ」

　今度こそ、フィルビーは本当に驚いた。バージェスは、数週間前まで彼の家に客として泊まっていた。フィルビーは、ホメロスの捜査を知っていた数少ない人物の一人であり、マクレインに警告できる立場にあった。三人全員が、同じ時期にケンブリッジ大学にいた。ＭＩ５が彼とバージェスの関係に興味を持ち、過去を探り始めるのも、もはや時間の問題であり、その時間も、おそらくほとんど残されていないだろう。ソヴィエト側担当官たちはどうやら気づかなかったらしいが、フィルビーは、バージェスの逃亡で自分の立場がどれほど危うくなるか、よく分かっていた。今にも監視下に置かれ、解雇されて、もしかすると逮捕されるかもしれない。すぐに行動を起こさねばならなかった。

　緊急対策は、すでに立ててある。ＭＩ５が捜査の輪を狭めてきたと思われたら、ソ連側は現金と偽造書類を渡し、フィルビーはカリブ諸国かメキシコ経由でモスクワへ脱出することになっていた。ニューヨークのマカイェフには、まさにこの目的のため二〇〇〇ドルと通信文を連絡用の隠し場所に置いておくようにとの指示が出されていた。しかし、彼はそうしなかった。フィルビーに現金は渡らなかったのである。後にマカイェフは、この職務怠慢によりモスクワの上司から「規律の欠如」と「粗野な態度」を指摘されて罰せられた。おそらく金は、恋人であるバレエダンサーのために使ってしまったのだろう。

　イギリス大使館では、ワシントンにいた外務省の高官が一名どころか二名も消息を絶ち、しかもどうやら二人ともソ連のスパイだったらしいとの情報が広がり、ひそかに大騒ぎになった。フィルビーとパターソンは、この不名誉な知らせを一緒にＦＢＩへ伝えに行った。

　フィルビーは、あのときのディナー・パーティーの客だったロバート・ランフィアはじめＦＢＩの友人たちの反応を注意深く観察したが、イギリスの苦境を意地悪そうに楽しんでいる様子がうかがえるほかは、誰もがただただ驚いていた。今のところフィルビー自身に疑いはかけられていないようだ。昼食時、フィルビーはパターソンに、これから家に帰って「強い酒」をひっかけるつもりだと言った。フィルビーをよく知る人なら、誰もがいかにも彼らしいと思う行動だ。だが、ネブラスカ通りの自宅に戻ったフィルビーは、酒の入った戸棚ではなく園芸小屋へ向かい、移植ごてを取り出すと、つい先日までガイ・バージェスが泊まっていた半地下室へ下りていった。そこにあった隠し場所から、マカイェフから渡されたソ連製のカメラと三脚とフィルムを取り出すと、すべて防水容器に入れて封をし、車のトランクに入れた。そして、車に乗り込むとエンジンをかけ、北に向かって走り出した。アイリーンは、子供と一緒に家にいた。夫がこんなに早く仕事から戻り、半地下室にこもるや、何も言わずに車で出かけたのを見て、おかしいと思ったかもしれないが、それを口には出さなかった。

フィルビーは、ポトマック川にある滝グレート・フォールズへ通じる道を、それまで何度も通っていた。アングルトンに連れられてポトマック川へ釣りに行ったこともあったし、オールド・アングラーズ・インという名のイギリス風パブで、二人で何度か楽しい夜を過ごしたこともあった。道路は交通量が少なく、木々が生い茂っていた。フィルビーは、片側に林があり、反対側に川が流れる人気《ひとけ》のない道路脇に車を止めると、容器と移植ごてを取り出し、林の中へ入っていった。数分後、彼は林の中から、誰かが通りがかった場合に備えてズボンの前ボタンをさりげなく留めながら出てくると、自動車に乗って家に帰った。

今もポトマック河畔の林のどこかに、穴を浅く掘っただけの隠し場所があり、そこにはソ連製の写真機が、フィルビーのスパイ活動を示す秘密の記念品として、六〇年以上も埋められたままになっている。

もしフィルビーが脱出してバージェスとマクレインを追って亡命するのであれば、今がチャンスだった。しかし、彼は逃げなかった。ここにとどまり、はったりを利かせて切り抜けようと決心した。後にフィルビーは、この選択を（自分の行動を説明するときはたいていそうだったように）原理原則の観点から、「私の明白な義務は、最後まで戦い抜くことだった」と書き記している。しかし、この決心は計算された結果でもあった。ＦＢＩがまだ疑っていない以上、おそらくＭＩ５も同じはずだ。まだ誰も「スタンリー」の正体を突き止めてはいない。自分の過去を調べられても、出てくるのは大半が状況証拠だろう。若いころ左翼政治に首を突っ込んだことは秘密ではなかったし、リッツィと結婚していたことは、ヴァレンタイン・ヴィヴィアンに打ち明けてある。バージェスとの関係が問題になりそうだ（一九四〇年、バージェスの尽力で彼はＭＩ６に採用されていた）が、その場合は、もし二人が本当にソ連側のスパイなら、フィルビーがわざわざバージェスを自分の家に住まわせて二人の関係を宣伝したりするはずがないと言えばいい。リデルは、フィルビーから友人の亡命を聞いてゾッとしていると伝えられた後、日記に「キム・フィルビーがバージェスの行為に心の底からあきれているのは間違いない」と記している。

それに、ここにとどまるという行為そのものが、心にやましいところなど何一つないという意思表示になるだろう。確かに以前は、彼の忠誠心が本当はどこに向いているのかを示す不都合な手がかりがいくつかあった。亡命したクリヴィツキーは、イギリス人スパイはスペインでジャーナリストとして働いていた人物だと説明した。対情報将校らしいとほのめかしていたヴォルコフは、フィルビーが担当を引き継いだとたんに姿を消した。さらにさかのぼれば、セント・オールバンズの記録保管所からソ連関係のファイルを持ち出したことをMI6が思い出すかもしれない。しかし、MI5が起訴するためにはもっと確実な証拠が必要だろう。MI5は、彼を疑い、尋問し、自白しろと迫り、罠にはめようとするかもしれない。しかし、有罪にするのは非常に難しいと知るだろう。何より、フィルビーがそう思っていた。冷静な頭脳と、まだ残っているらしい幸運を使えば、迫り来る嵐をまだ乗り越えられるかもしれない。「状況は不利だが、勝ち目はあると思った」。

フィルビーには、使える武器がほかにもう一つあった。その、おそらく手持ちの中で最も強力と言っていい武器とは、友人作りの才能だった。フィルビーは、イギリスにもアメリカにも有力な地位にある友人が数多くいた。いずれも長年一緒に働き、彼を信頼してきた人々である。こうした人々は、彼の情報将校としての能力に直接触れ、秘密を分かち合い、彼のおごりでマティーニを飲んできた。フィルビーの有罪を認めたら、それはある意味、自分にも責任があったと認めることになる。「私の無実がぜひとも証明されてほしいと願う高位の人物は大勢いるに違いない」とフィルビーは考えた。「彼らは、私に対して疑わしきは罰せずという態度を取りたがるだろう」。

フィルビーは、きっと友人たちが自分を守ってくれると考えていた。中でも頼りにできると思っていたのが、ジェームズ・アングルトンと、ニコラス・エリオットの二人だった。

11　桃《ピーチ》

二通の報告書

フィルビーのロンドン召喚状は、直属の上司ジャック・イーストンからの丁重な直筆の手紙としてやってきた。そこには、もうすぐ君の元に、帰国してバージェスとマクレインの失踪について話し合うよう求める公式の電報が届くと記されていた。イーストンは、フィルビーが尊敬していた数少ない上級将校の一人で、「細身の剣《レイピア》のような鋭い頭脳」を持ち、「非常に微妙な変化」にも対応できる人物だった。後にフィルビーは、この手紙はスキャンダルを避けるため私を逃がそうとした警告だったのではないかと考えた。おそらく実際は、単に好意によるもので、心配することはないと元気づけようとしただけだったのだろう。出発する前に、フィルビーはもう一度ＣＩＡとＦＢＩの知人たちに会いに行き、表立っては疑われていないことを確認した。アングルトンも、いつもどおり親しげに見えた。一九五一年六月一一日の夜、フィルビーが飛行機で出発する前に二人はバーで会った。

「向こうへは、どのくらい行っているんだい？」。アングルトンは尋ねた。

「一週間くらいかな」。フィルビーは素っ気なく答えた。

「ロンドンに行くなら、一つ頼まれてくれないか？」とアングルトンは言い、実はＭＩ６に至急の手紙を送らなくてはならないのだが、今週の外交用郵袋を逃してしまったんだと説明した。これを直接届けてくれないか？　そう言ってフィルビーに封筒を差し出した。宛名は、ロンドンの対情報責任者になっている。後にフィルビーは、これも自分を試すためか罠にかけるためか、とにかく何らかの策略だったのだろうと想像した。猜疑心が、彼を蝕《むしば》み始めていた。アングルトンは、まったく疑っておらず、この信頼できる友は間違いなく手紙を届け、それから一週間後に戻ってきて今までどおりハーヴィーズで一緒にランチを楽しむものと思っていた。バーで、フィルビーの言う「楽しいひと時」を、「互いに関心のある事柄」を話し合いながら過ごした後、フィルビーは夜行便の飛行機に乗ってロンドンへ向かった。以後、フィルビーがアメリカを見ることも、ジェームズ・アングルトンに会うことも、二度となかった。

疑惑の黒い雲が、フィルビーの予想したとおり、英米両国で急速に集まってきていた。この雲は、たちまち大きくなって嵐となり、イギリスの秘密情報機関どうしの「特別な関係」を吹き飛ばして両者を激しく対立させることになる。アメリカ側は表向き冷静だったが、外交官の失踪事件はワシントンに「一大センセーション」を巻き起こしていた。捜査はガイ・バージェスに焦点を当てて進められていたが、それとの関連で、彼の友人にして保護者であり大家でもあったキム・フィルビーも捜査対象になっていた。ＣＩＡのウォルター・ベデル・スミス長官は、このイギリス人二人組と面識のある全局員に対し、フィルビーとバージェスについて知っていることを至急報告せよと命じた。最初にＣＩＡ長官のデスクに提出された報告書は、対情報活動を担当するビル・ハーヴィーのもので、二番目は、数日後に提出された、ジェームズ・アングルトンの書いた報告書だった。この二通は、文書として明らかに異なっていた。

ハーヴィーの報告書は、「きわめて本格的で、洞察が鋭く、追及的」であり、フィルビーに対する事実上の告発状であった。後にこの元ＦＢＩ捜査官は、自分はバージェスとマクレインが亡命するはるか以前からフィルビーを疑っていたと話しており、もしかするとＦＢＩ時代にヴェノナ情報の閲覧権を有していたのかもしれない。ハーヴィーは、このイギリス人の経歴を事細かに調べ、証拠の糸を恐ろしいほど正確により合わせて、タイプライターの文字でびっしり埋まった五ページの報告書にまとめ上げた。その中で彼は、フィルビーとバージェスの関係、ヴォルコフ事件での役割、失敗に終わったアルバニア作戦への関与のほか、彼がスパイ「ホメロス」の捜査を詳細に知っており、マクレインに逮捕が迫っていることを告げるのに最適な立場にあったことを指摘した。こうした点は、一つだけでは有罪を証明するには足りないが、すべてを合わせれば、導き出されるのはただ一つ、「フィルビーはソ連側のスパイである」という結論しかないと、ハーヴィーは主張した。後にフィルビーは、このハーヴィーの糾弾を「悪意による遡及《そきゅう》行為」であり、わずか六か月前にフィルビー家でのディナー・パーティーで妻が受けた屈辱を晴らすための個人的な復讐だと述べた。

第二の報告書は、まったく対照的だった。アングルトンは、酔っ払ったガイ・バージェスと何度か会ったときの様子を説明したが、それと合わせてフィルビーについて、彼は友人の愚行を恥ずかしく思っていたらしく、バージェスは「事故で重い脳震盪《のうしんとう》を起こし、今も時々その影響が現れる」のだと言い訳めいた説明をしたと指摘した。アングルトンは、フィルビーが亡命者と結託していたかもしれないという意見をはっきりと否定し、バージェスがどんな犯罪に手を染めたにせよ、「フィルビーとは無関係に」行なったものと「確信」していると主張した。あるＣＩＡ局員が述べているように、「要するに、（中略）あのバカなバージェスがやったことでフィルビーを責めることはできない」というのだ。アングルトンの見るところ、フィルビーは裏切り者ではなく、頭をひどくぶつけて精神的に不安定になった友人にこっぴどく騙された、誠実で優秀な男だった。アングルトンの伝記作家によると、「彼は、このイギリスの友人の疑惑は晴れるだろうと信じ続け」、ベデル・スミスに、ＣＩＡが根拠の曖昧なままＭＩ６の上級将校に裏切りの嫌疑を向け始めたら、フィルビーはロンドンで「尊敬されている」のだから、英米関係に深刻なダメージを与えることになると警告した。

いくつかの点で、この二つの報告書は、大西洋をはさんだ二つの国で進行していた情報活動に対する異なるアプローチを映し出していた。ビル・ハーヴィーの報告書は、新しいアメリカ的な捜査スタイルを反映して、疑い深く、素早く判断を下し、他人を怒らせるのも辞さなかった。アングルトンの報告書は、イギリスのＭＩ６の伝統にのっとり、友情と、紳士の発言に対する信頼とを基礎に書かれていた。

ハーヴィーは、語調も趣旨も自分のものとはまったく異なるアングルトンの報告書を読むと、下の余白に「この話の続きはどうなる？」と書き殴り、同僚のＣＩＡ局員は真実に目をつぶっていると言外に非難した。フィルビーをめぐるハーヴィーとアングルトンの意見の違いは、確執となってその後も生涯続くことになる。同じく激しい意見の相違は、イギリスの情報機関内部でも生まれようとしていた。

ＭＩ５とＭＩ６の攻防

六月一二日の午後、キム・フィルビーはカーゾン・ストリートのレコンフィールド・ハウスにあるＭＩ５本部に到着した。疲労と「不安」を感じていたが、来たるべき対決に緊張しつつも心の準備はできていた。危険を察知してアドレナリンがほとばしり、すでに興奮状態にあった。ジャック・イーストンが、サポート役として会見に同席すると主張した。ＭＩ６の二人を迎えたのは、ＭＩ５の対情報活動責任者ディック・ホワイトで、彼がこれから数時間にわたって、友好的な雰囲気を一応は装いながらも容赦ない会話にフィルビーを拘束することになる。紅茶が出された。タバコの煙でよどんだ空気が部屋を満たす。型通りの挨拶が交わされた。ディック・ホワイト（念のため書いておくが、エリオットの旧友リチャード・ブルマン＝ホワイトとは別人である）は、元は学校の教師で、ケント州で金物店を営む父を持ち、率直で冷静かつ正直であり、後にはＭＩ５長官を務め、さらにＭＩ６でも長官を務めることになる人物だ。フィルビーは、ホワイトとは戦時中からの知り合いで、いつも仲は良かったが、内心では、貧弱な知性と優柔不断な性格の持ち主だと思って軽蔑していた。「彼は、私たちの会話が友情関係を基盤に進むよう最善を尽くした」と、フィルビーは書いている。室内の雰囲気は、ピリピリしているというよりも、気まずい感じだった。Ｃは、配下の将校がＭＩ５から事情を聞かれるのを、フィルビーが調査を手伝っていて「この件について考えを持っているかもしれない」からということで、渋々ながら承認していた。ホワイトは、フィルビーに来てもらったのは「バージェスとマクレインによるこの恐ろしい出来事」を解明する手助けをしてもらうためだと、苦心しながら説明した。しかし、上品な見かけの裏では、すでに亀裂が生じ始めており、これがやがて、イギリスの二つの情報機関の関係を引き裂くことになる。

ＭＩ６はフィルビーの味方だった。ファイルには、フィルビーを有罪とする証拠は何一つなく、あるのは、ワシントン赴任へとつながった、高まる一方の賞賛の言葉だけだ。「この時点で彼に不利な事例はまったくなかった」とイーストンは回想している。あえて言えば、ガイ・バージェスのような性的倒錯者と友人になるという軽率な行為を責めることができるくらいだ［当時のイギリスでは男性同性愛が刑事罰の対象だった］。だが、もしそれを犯罪だというのなら、外務省や秘密情報機関にも同じく有罪となる者は大勢いる。フィルビーは逃走しなかったし、喜んで手伝うと言っているし、それに何より、彼は紳士であり、クラブの会員であり、出世頭であり、それはすなわち、彼が無実に違いないことを意味している。ＭＩ６にいるフィルビーの同僚の多くは、この無罪の推定に、それが信仰箇条でもあるかのように、いつまでもしがみつこうとした。もし有罪を受け入れれば、それは自分たち全員が騙されていた事実を認めることになってしまう。そうなったら、情報機関と外務省はまったくの間抜け面をさらすことになるだろう。それに対してＭＩ５は、長らく調査を進めており、その結果、陽気で人付き合いもいいキム・フィルビーは、すでにもっと邪悪な姿を表し始めていた。ワシントンでビル・ハーヴィーが特定した疑惑の糸口は、ロンドンではさらに強い決意をもって追及された。亡命から数週間で分厚いファイルが集められ、それが今、ホワイトのデスクに置かれている。そこから数メートル離れた場所にフィルビーは座り、お茶を飲みながらパイプを吹かし、リラックスしているように見せようと努力していた。

イギリスの情報活動を担当する両機関で衝突したフィルビーに対する態度の違いは、この危機の前から存在し、その後も長く続き、今日も残っている両者間の文化的断層を如実に示すものと言える。ＭＩ５とＭＩ６、正式名で言えば、保安局と秘密情報部は、大雑把に言えばＦＢＩとＣＩＡに相当し、多くの点で共通しているものの、考え方は根本的に異なっていた。ＭＩ５は、元警官や元兵士を採用する傾向があり、そうした中には地方なまりで話す者もいたし、フォーマルな晩餐会でナイフやフォークを使う正しい順番を知らない者や、そもそも使う順番など気にしない者も多かった。法を執行して国を守り、スパイを捕まえて起訴するのが、彼らの仕事だった。それに対してＭＩ６は、パブリック・スクールからオックスフォードかケンブリッジへ進んだ者が多かった。発音は洗練され、洋服も仕立てのよいものを着ている。工作員と将校は、秘密を入手するため他国の法律を破ることが多く、しかもそれを、いささか自慢げにやっている。ＭＩ６がホワイツ・クラブだとすれば、ＭＩ５はロータリー・クラブだ。ＭＩ６は上位中産階級（ときに貴族階級も加わる）であり、ＭＩ５は中産階級（ときに労働者階級も加わる）だった。社会階層が細かく分かれ、それが大きな意味を持つイギリスでは、ＭＩ５は「末席の者」、つまり取るに足らない平民だが、ＭＩ６は紳士でありエリートであり、高学歴者であった。ＭＩ５は狩猟者《ハンター》であり、ＭＩ６は採集者だった。フィルビーがディック・ホワイトを見下すように

「特徴なし」の一言で片づけたのは、ＭＩ６のＭＩ５に対する態度をそのまま反映したものだった。ホワイトは、伝記作者の言葉を借りれば「純然たる商売人」を親に持つのに対し、フィルビーは「支配階層」の出身だ。ＭＩ５は、腹に敵意を抱きながらＭＩ６を見上げ、ＭＩ６は、悪意のひそんだせせら笑いを小さく浮かべてＭＩ５を見下ろしていた。今にも始まろうとするフィルビーをめぐる戦いは、イギリスの階級闘争という、決して終わることがなく、熾烈《しれつ》であるが、まったくバカげた争いのさらなる小競《こぜ》り合《あ》いの一つであった。

ホワイトは、慎み深い人物で、優れた管理職であり、職場内での駆け引きには精通していたが、尋問官としての素質はなかった。フィルビーに対する証拠は、彼に言わせれば依然として「非常に漠然」としていた。しかも相手にするのは、二重生活を見事に演じ、公然と活動しながら二〇年近くもその正体を隠し続けてきたスパイだ。ホワイトよりも賢い人物でなければ正体を見破ることはできないだろう。フィルビーは、部屋は盗聴されていると思った。彼の吃音のせいで、会話は妙な感じでつっかえつっかえしながら進んだ。吃音が出たのは、緊張していたせいか、あるいは時間を稼ぐか同情を買うかしようとしたためなのだろう。まずホワイトは、マクレインについて尋ねた。フィルビーは、ケンブリッジ大学時代の彼を覚えているし、噂も聞いているが、もう何年も会っておらず、会ってもたぶん彼だとは分からないだろうと答えた。次に話題はバージェスへ移り、部屋の緊張感が一段階上がった。フィルビーは、ソ連は言うに及ばず、どこであろうと情報機関が、諜報活動に完全に不向きな「無分別で、でたらめで、飲んだくれで同性愛にふけるならず者」を採用するとは、まったく信じられないと主張した。フィルビーは自分の演じるべき役を、当惑した様子と、相手に好印象を与えようとする態度と、自己正当化とを巧みに組み合わせて見事に演じた。そこにいるのは、自分が騙され、ひどい友人を持ったせいで失職するかもしれないという暗黙の告発を受けて自己弁護する上級情報将校の姿だった。フィルビー本人の忠誠心という問題は話題に上らず、言外にほのめかされることさえなかったが、会話の間じゅう、まるでパイプの煙のように漂っていた。会合は、仲よく握手して終わった。フィルビーは、さらに協力的な態度を示そうと、今の会話の要約を作りましょうかと申し出、母のアパートにいるのでそちらに連絡してくださいと言った。ホワイトは、たぶんまたすぐ会う必要が出てくるだろうと、それとなく伝えた。

二人とも、この会話についてガイ・リデルと話し合い、リデルは日記に「キムは非常に心配している」と記した。一方でホワイトは、フィルビーの答えに「有無を言わさぬ説得力がある」とは思えなかった。リデルは、フィルビーとは二〇年来の友人である。ガイ・バージェスもよく知っている。アントニー・ブラントは親友の一人だ。リデルの日記からは、自分の親友の一部か、もしかすると全員がスパイであると認められずに苦悩する男の姿がうかがえる。「アントニー・ブラントと夕食を取った」とリデルは書き、「バージェスがコミンテルンのために実行したかもしれない、いかなる活動にも、ブラントは自ら進んで協力したのではないと、私は確信している」と記している。しかし、その語調は確信からは程遠かった。フィルビーはもちろん、バージェスとマクレインがスパイかもしれないというのも「信じがたい」。なぜなら、そうだとは信じたくなかったからである。

二日後、フィルビーは再びホワイトのオフィスにやってきたが、今回は空気が数度冷たくなっていた。この二日の間に、CIA長官ウォルター・ベデル・スミスから、ビル・ハーヴィーが草稿を書いた、彼の告発状付きの手紙が到着していた。Cに直接宛てられた手紙には、厳しい調子で、今後はいかなる状況であれフィルビーがワシントンに戻ることは許可しないと書かれていた。その意味するところは明白で、「フィルビーを解雇しろ。さもなくば、情報活動での協力関係を断つ」ということだ。両者の関係は、かつてない緊張にさらされた。アメリカ側は、情報保全上の明らかなリスクであるバージェスとマクレイン両名が失踪したことでイギリス外務省の信頼が「大きく揺らいだ」と指摘し、イギリス政府に「誰が傷つこうがかまうことなく人事を刷新する」よう迫った。さらに屈辱的なことに、アメリカ側は次の一文で、このような保全違反はアメリカでは絶対に起こらなかっただろうとほのめかした。「国務省では、度重なる酩酊、周期的に起こる神経衰弱、性的倒錯などの人間的弱点は、保全上の障害と見なされ、そうした弱点のいずれかを一つまたは複数示した者は、ただちに解雇される」。

アングルトンが予想したとおり、MI6は、自分たちの将校の一人が確かな証拠もないのに裏切りで告発されたばかりか、言外に、外務省の職員は全員が酔っ払いで精神的に不安定な性的倒錯者だと言われて、不愉快に思った。MI6の上層部は、MI5のディック・ホワイトにただちに文書を送り、「配下の者を守り、組織の名声を維持することに全力で取り組む」旨を伝えた。これでホワイトは、間近に迫ったフィルビーとの対決だけでなく、MI6自体との大決戦にも直面することになった。その一方で、フィルビーに関する調査ファイルは厚みを増していた。調査の結果、ケンブリッジ大学時代に左翼傾向があったこと、共産主義者と結婚したこと、その後は極右に転向したこと、そして、亡命者クリヴィツキーがソ連側スパイはスペイン内戦中にスペインでジャーナリストとして働いていたと述べていたことが判明した。ヴォルコフ事件、ヴァリュアブル作戦の無残な失敗、ホメロスの捜査とバージェスとマクレインが亡命した時期、こうしたすべてが、決定的な証拠ではなく状況証拠として、フィルビーが有罪であることを指し示しているように思われた。「彼にとって不利な事柄は、すべて別な説明が可能ではあるが、その累積効果は確かに大きい」と、リデルは書いている。深まる疑惑の証しとして、フィルビーには専用の暗号名「ピーチ（桃）」が付けられた。暗号名は中立的なものでなくてはならないとされていたが、それが守られることはまずなかった。だから、MI5が新たにフィルビーに付けた暗号名に隠された意味を読み取りたくなる。桃は、戦時の食糧配給で腹を空かせたイギリスでは、何よりもエキゾティックで食欲をそそる果物だったし、このころはちょうど収穫期を迎えていた。

猟犬が迫る

ディック・ホワイトは、前回と同じく礼儀正しかったが、前回よりは鋭かった。彼はフィルビーに、もう一度、今度はもっと詳しく、バージェスと会った正確な時期と、彼の政治信条について知っていることと、どういう経緯で友人になったのかを説明するよう求めた。慌てなくていいとフィルビーは言われた。「特に急いでいるわけではないから」と、ホワイトは少々じれったそうに言った。ちょっとした嘘をつくのは簡単だ。長々と嘘をつくのは、それよりはるかに難しい。前についた嘘が、その後につく嘘と重複したり、無理が生じたり、矛盾したりするからだ。フィルビーは、最初の妻が共産主義者だったことは認めたが、「その後に妻を転向させた」し、「自分自身は共産主義者だったことはない」と主張した。マクレインは自分が逮捕されそうなことにどうやって気づいたと思うかと問われると、フィルビーは「マクレインのことをバージェスと話し合ったことは一度もないと、強い調子で否定した」。

長く、まとまりのない回答が続く間に、ホワイトは、フィルビーは嘘をついているという絶対の確信を抱いた。

そこでホワイトは話題を一九三六年に移し、タイムズ紙の特派員として初めてスペインへ渡ったときのことを尋ねた。フィルビーはすぐさま訂正し、私は当初スペインへはフリーランサーとして行ったのであって、同紙のスタッフとして仕事を始めたのは後になってからだと説明した。ホワイトの顔は赤くなり、首筋の血管が浮かび上がった。それなら、貧乏青年だったフィルビーは、スペインへ行って特派員として身を立てるのに必要なお金をどうやって工面したのか？　後にフィルビーが書いているように、これは「意地の悪い質問」だった。なぜなら、ホワイトがはっきりと疑っていたとおり、スペインへ行けという命令と、そのための資金は、ソ連の情報機関から出ていたからだ。フィルビーは声を荒らげ、旅行の資金を捻出するため蔵書とグラモフォンのレコードを売ったのだと説明した。これは、ホワイトにとっては一気に襲いかかるチャンスだった。ほんの少し問いただすだけで、この説明はぼろが出たからだ。売った本の冊数は？　レコードは何枚？　現金で売ったのか？　銀行の記録はどこにある？　そう畳みかければよかったのだが、ホワイトは、このフィルビーの答えも単なる嘘だとして片づけてしまった。さらに数時間が経過した後、ホワイトは立ち上がった。尋問は終わった。今回は、二人は握手しなかった。フィルビーは、今や自分はホワイトから主要容疑者と見られていると感じながら、二度目の尋問の場を去った。きっとＭＩ５に確実な証拠はほとんどなく、現状ではおそらく起訴するには足りず、有罪にするにはほぼ間違いなく不十分なのだろうという確信は、変わらなかった。

しかし、これだけ証拠があれば、彼をＭＩ５には容認できず、ＭＩ６の任務には不適格な人物だと判断するには十分だった。ホワイトはスチュアート・ミンギスに文書を送って、フィルビーに対する疑惑の根拠を列挙し、ＭＩ６は早急に行動を起こすべきだと勧告した。

フィルビーは重大な危険にさらされていた。中産階級出身のＭＩ５の猟犬たちが、上流階級の血を求めて迫ってきている。彼は追い詰められ、傷つき、弾薬も尽きようとしていた。しかし、彼にはまだ喜んで支えてくれる味方がいた。とりわけ、そのうちの一人の忠誠心は、それまでと変わらず固く、まったく揺るぎのないままだった。

ニコラス・エリオットは、フィルビーへの尋問が最高潮に達しようとしていた、まさにその瞬間にイギリスに戻ってきた。彼は即座に、情け容赦なく、無実を一〇〇パーセント確信して、友人の弁護に取りかかった。

エリオットがこの時期に召還されたのは、おそらく偶然だったのだろう。すでに六年間スイス支局長として実績を積んでいたため、昇進することになり、ロンドンで友好諸国の情報機関との連絡を担当する新たなポストを引き受けていた。この仕事は外国への出張が多く、エリオットの言う「新たな土地と新たな顔を求める飽くなき欲望」を満たすものだった。しかし同時に、これによってエリオットは、もっと身近でもっと切実な任務である、フィルビーを官庁街で渦巻いている告発から守るという仕事に専念する機会にも恵まれることになった。エリオットは心の底から、揺らぐことなく、フィルビーの無実を信じていた。二人は共にＭＩ６に入り、共にクリケットを観戦し、共に食事や酒を楽しんできた仲である。そのフィルビーがソ連側スパイであるなどとは、エリオットにはまったく考えられなかった。彼が知るフィルビーは、政治の話を絶対にしない。親友になって一〇年以上になるが、フィルビーの口から共産主義はおろか左派だと思えそうな発言が聞こえてきたことは一度もない。フィルビーがバージェスのような人間と交際したのは間違いだったのだろうし、大学時代に過激思想に手を出したこともあったのだろう。共産主義者と結婚し、しかもその事実を隠していたのも事実なのだろう。しかし、これは過ちであって犯罪ではない。それ以外のいわゆる証拠は、単なる噂で、悪意に満ち満ちたゴシップにすぎない。当時アメリカではジョセフ・マッカーシー上院議員が主導する反共キャンペーンの真最中であり、エリオットは、フィルビーはＭＩ５にいる下層階級の熱狂的な反共主義者の一団が進めるマッカーシズム的な魔女狩りの犠牲者だと固く信じていた。

　エリオット家は、ロンドンの高級住宅地ベルグレイヴィアのウィルトン・ストリートにある家に引っ越した。そこは、フィルビーが母のアパートに滞在しているドレイトン・ガーデンズからは数分しか離れていない。ＭＩ６内でエリオットは、たちまちフィルビーの最も熱烈な擁護者となり、彼を非難する者を全員向こうに回して弁護し、その無実を声高に訴えた。フィルビーは友人であり、指南役であり、味方であり、それはすなわち、ニコラス・エリオットの住む世界では、彼がソ連のスパイなどでは絶対にありえないことを意味していた。これこそ、エリオットが何よりも大切にしていた友情のあるべき姿だった。彼は、ＭＩ５の告発を、この絆に対する試練ととらえただけでなく、戦争の最中に加入した秘密クラブの価値観そのものへの攻撃だと考えていた。エリオットは、「愚かな友情という罪しかない」無実の男のために立ち上がっていたが、心の中では、自分の仲間と自分の文化と自分の階級をも守っているつもりだった。

　しかし、エリオットの懸命な弁護も、ＭＩ６内部で広く支持されていた、フィルビーは「根拠のない憶測の犠牲者」だとの考えも、彼を職場にとどめることはできなかった。ＭＩ５とアメリカ側の両方から行動を迫られ、ミンギスには選択の余地がほぼなかった。Ｃはかつての秘蔵っ子を呼び出した。次にどういう話になるか、フィルビーには分かっていた。ある説明によると、彼は自分から辞職を切り出し、「私はもうあなたのお役に立てません。（中略）私を去らせたほうがよいかと思います」と話したのだという。フィルビー本人の話によると、Ｃは「明らかに苦悩」しながら、辞表を提出してもらわなくてはならなくなったと告げた。ソ連側スパイだったバージェスと友人だったからには、これ以上ＭＩ６将校として働き続けることはできない。退職金は四〇〇〇ポンドで、これは二〇一四年現在の価値で三万二〇〇〇ポンド以上に相当するが、その額からして、彼が面目を保ったまま、それまでの働きぶりを評価されて職を辞するのは明らかだった。「裏切り者であるはずがない」と、ミンギスはホワイトに語った。フィルビーは快活を装い、スケープゴートの役回りを受け入れた。しかしエリオットは激怒し、「献身的で忠実な将校が、猜疑心に満ちた陰謀説にすぎない証拠を基に言語道断な仕打ちを受けた」という意見を隠そうとしなかった。

ＭＩ６将校としてのフィルビーの輝かしい経歴は、終わった。今や彼は失業者となり、裏切りの嫌疑をかけられ、先行き不透明という「巨大な黒雲」に覆われていた。一家は、ハートフォードシャーの田舎町ヘロンズゲイトに門番小屋を借りて移り住んだ。フィルビーは、一日の大半を村のパブで過ごした。監視されているのは分かっていた。ほとんど毎週、警官が村にやってきては、何をするでもなく突っ立って人目を引いている。電話は盗聴され、手紙は途中で開封されていた。ＭＩ５が証拠を集め、彼が正体を現すのではないかと期待して監視を続けていたのである。しかし盗聴者たちは、彼がソ連側と接触している証拠を見つけることはできず、逆に、ＭＩ６の同僚たちが引き続き応援していることを示す証拠が続々と見つかった。フィルビーは、誰が会話を聞いているのか承知していたので、用心して、大好きだった仕事を追われたが恨みつらみはない男という態度を保ち続けた。「彼は、非常に寛大な処置を受けたので以前の職場に含むところは一切ないと言っていた」。エリオットは、彼を励まそうとして、電話の盗聴を冗談の種にして、「個人的には、ＭＩ５が僕の電話を盗聴してくれたら嬉しいね。電話が故障したら、まあ実際ときどき故障するんだが、いつでもすぐに修理してくれるはずだからね」と言った。たぶんフィルビーは、面白い冗談とは思わなかっただろう。

ニコラス・エリオットはよく電話をかけてきた。彼とフィルビーやアイリーンとの会話は、丹念に記録されて文字に書き起こされた。そのうち、八月に盗聴された一件の会話が、ＭＩ５に緊張を走らせた。盗聴中アイリーンがエリオットに、フィルビーは友人であるシティーの実業家と南海岸の街チチェスターに停泊していたヨットで航海に出かけたと告げたのである。「主人は『失《ディス》』をするつもりじゃないですよね？」。アイリーンはエリオットに尋ねた。その口調からは、夫がボート旅行を口実にバージェスやマクレインのように「失踪《ディサピアリング・アクト》」を仕組んで、ひそかにフランスへ行ってしまうのではないかと恐れているのがはっきりと分かった。エリオットは笑いながら、フィルビーが亡命する心配は何一つないと言って安心させた。

ガイ・リデルは、ヨットの一行を拘束すべきかどうか迷ったが、結局、アイリーンは「ふざけて」しゃべっているだけだと判断した。いずれにしても、「フィルビーがヨットに乗るのを止めるにはもう手遅れだったし、フランス側に警告を出すのは同じく筋が通らないように思えた」。フィルビーはその晩家に戻ったが、自分がそんな騒動を引き起こしていたとは知る由もなかった。しかし、証拠が増えるにつれ、ＭＩ５ではフィルビーが逃亡計画を練っているのではないかという不安が募っていった。一二月、狩猟者たちは再び攻撃を開始した。

バスターとの再会

道路の両側に立つ木々の葉がすっかり落ちたころ、フィルビーはＣからの呼び出しを受けて、車をロンドンへ走らせていた。尋問は新たな段階に入ろうとしていた。「フィルビーの件は、以前より少々黒くなったようだ」とリデルは書いている。フィルビーはＣのオフィスへ向かいながら、ＭＩ５がさらに証拠を見つけたのに違いないと思い、続く数時間は「面倒な」ものになるだろうと予想した。その読みは、どちらも正しかった。ミンギスは、申し訳なさそうに、バージェスとマクレインの失踪に関する「司法調査」が始まったと説明した。恐縮だが、ＭＩ５の本部へ行って、またいくつか質問に答えてもらえないだろうか？　それは、要請を装った命令だった。ウィンストン・チャーチル首相は、フィルビーを再度尋問するため呼び出す決定を、すでに自ら承認していた。フィルビーの予想は完全に当たっていた。レコンフィールド・ハウスの六階にあるオフィスへ通されると、そこには見覚えのある、屈強で明らかに警戒すべき人物が待っていた。

「やあ、バスター」、フィルビーは言った。

ヘレナス・パトリック・ジョーゼフ・ミルモ、通称「バスター」は、昔ながらの法廷弁護士で、精力的で几帳面、尊大で情け容赦ない人物だ。彼が「破壊屋《バスター》」の通称で呼ばれるのには、それなりの理由があった。法律のことなら何から何まで知っているという雰囲気を発しながら、響き渡るバリトンの声で次々と非難の言葉を浴びせて相手をこてんぱんに倒すのが好きだったのだ。フィルビーは戦争中、当時ＭＩ５の法律顧問だったバスター・ミルモと協力して、リッチモンドにある秘密の尋問施設「収容所〇二〇」に拘束されているスパイ容疑者の口を割らせていたとき、ミルモの粉砕戦術を実際に目の当たりにしていた。戦後ミルモは、ナチの戦争犯罪人を裁いたニュルンベルク裁判で検察側の中心人物として活躍し、後に高等法院の裁判官を務めた。そのミルモが、ＭＩ５の捜査資料を武器に、弁論の力だけでフィルビーを落として自白させようと待ち構えていた。

フィルビーは腰を下ろすと、緊張を隠すためもあって、パイプを取り出すと火をつけた。ミルモは即座にパイプの火を消すよう命じ、これは正式な司法調査であり、法廷と同じと考えてもらいたいと厳しい口調で告げた。これは事実ではなく、この尋問に法的根拠はなかったが、このやり取りで、その後の調子が決まった。ミルモは、冒頭から一斉射撃を開始した。フィルビーを、一九三〇年代からソヴィエトのためスパイ活動を行ない、数百人を死に追いやり、ヴォルコフを裏切り、バージェスとマクレインをひそかに出国させたと非難した。この攻撃を、フィルビーはひらりひらりと受け流した。そこでミルモは、とっておきの一発を発射した。ヴォルコフが亡命を申し出た後にロンドンとモスクワ間の無線通信量が劇的に増加していて、これはモスクワ本部に情報が漏れたことを示唆しており、さらにその後はモスクワとイスタンブール間でも同様に通信量が飛躍的に増えていることを明らかにした。これをどう説明するのかねと、ミルモはフィルビーに迫った。

フィルビーは肩をすくめて言った。「私に分かるわけがないでしょう？」。

ミルモは話題を変え、クリヴィツキーが報告した、フランコ暗殺の任務を受けて内戦下のスペインへ表向きジャーナリストとして派遣された、正体不明のソヴィエト側スパイに話を移した。

「その若いジャーナリストとは、誰です？」。ミルモは迫った。「あなただったのではないですか？」。

フィルビーは、もしソ連側が本当にフランコを殺したいと思っていたのなら、プロの殺し屋を使ったはずで、銃を一度も撃ったことのないケンブリッジ大の卒業生を使ったりはしないだろうと答えた。いらだちが募ってきたミルモは、今度は強気の勝負に出て、フィルビーが秘密書類をバージェスに渡したと言って非難したが、この嫌疑をフィルビーは、まったく嘘をつくことなく否定した。

次にミルモは、フィルビーが共産主義者と結婚し、イギリスへ密入国させたと非難した。フィルビーは、もし私がユダヤ人の恋人をウィーンに置いたまま帰国していたら、彼女はナチの強制収容所へ送られていただろうと言って反論した。「助けないわけにはいかないでしょう？」。

ミルモの弾薬は底を突き始めていた。言い逃れされるたびに、ミルモの声は大きくなり、顔は赤くなり、態度はけんか腰になった。テーブルをドンと叩き、信じられないというように鼻を鳴らし、手をひらひらバタバタとせわしなく動かした。

やり取りは速記者が一言一句書き留めていた。隣の部屋では、ディック・ホワイトやガイ・リデル、スチュアート・ミンギスら上級情報将校の一団が憂鬱な顔で聞き耳を立てていたが、ミルモはますます怒り狂い、有効な手を打てなくなっていった。「今のところ、彼は何も認めていない」と、リデルは日記に書いた。「ミルモは彼に、かなり強烈な圧力をかけている」。

「結局、ののしり合いになった」と、ホワイトは語った。

四時間後、ミルモは声がかれ、フィルビーは疲労困憊《こんぱい》し、尋問は手詰まりになって終わった。ミルモは、フィルビーが有罪であると確信していた。フィルビーは、ミルモがそう確信していることを知っていたが、自白しなければ告発には法的な効力がないことも知っていた。「フィルビーに対する尋問は、自白を引き出せずに終了したが、ミルモは、彼が現在または過去においてソ連側の工作員であり、マクレインとバージェスに関する情報漏洩は彼が原因だったとの確固たる意見を持っている」と、その晩リデルは日記に書いた。

ＭＩ５の本部を出る前、フィルビーはパスポートを引き渡すよう求められ、喜んで渡した。逃亡しなければならない場合は、ソ連側の友人たちが用意してくれる偽造文書で移動すればいいだろうと思った。

「私は、フィルビーは現在のみならず何年も前からソ連側の工作員だったとの結論は避けられないと思う」と、ミルモは書いている。さらにホワイトには、もっとあけすけに「自白を引き出せる見込みはないが、絶対に有罪だ」と言った。ガイ・リデルは、ミルモによる尋問の録音テープと書き起こしをチェックした結果、彼の尊敬すべき元同僚にして友人のフィルビーは、不当に告発された人物として振る舞うことに失敗したと判断した。「フィルビーの態度は一貫してきわめて異常だった。無実だと激しく抗議することもなければ、自分が正しいことを証明しようとさえしなかった」。しかし、確かな証拠が新たに出てこなければ、リデルも書いているとおり、フィルビーが「すべてのカードを手にしている」状況は変わらない。それに、もしフィルビーが有罪だとすれば、ほかの共通の友人はどうなのか？　親友アントニー・ブラントは、バージェスとフィルビーの二人とは以前からの知り合いだが、彼もやはりスパイなのか？　元ＭＩ５職員のトマス・ハリスは、自宅を会場に酔っ払いのパーティーを何度も開いていたが、そのハリスはどうなのか？　疑惑の亀裂が情報機関の上層部に入り始め、幹部たちは互いに目を合わせては、頭を悩ませた。

フィルビーはエリオットに、四時間にわたった尋問の様子を話し、法的な罠におびき出されたと怒気を込めて訴えた。友のために激怒したエリオットは、ＭＩ５には数少ないイートン校出身の上級将校マルコム・カミングに不満を訴えた。

ニコラス・エリオットは、ミルモによる尋問の件でピーチがMI5に激しい怒りを抱いていると、再び言ってきた。彼によると、ピーチはこうした独自の尋問が実施されることには何一つ異議を唱えないが、ディック・ホワイトとの友好的な会談の後、詐欺まがいの行為でロンドンへ実質的に誘い出され、後に正式な尋問と判明したものにそのまま投げ込まれ、しかも喫煙の要望さえ認められなかったことに、憤慨しているという。

フィルビーの擁護者として、エリオットは尋問の進め方に対する謝罪の言葉を引き出そうと決心した。MI6が「反撃してきた」とリデルは暗い気分で記しているが、その反撃の先頭に立っていたのがエリオットだった。

静かな尋問者

MI5は、フィルビーから有罪の自白を引き出す決意を崩しておらず、今度はその任務を、考え得るほとんどすべての点においてバスター・ミルモとは対極に位置する男に託した。ウィリアム・「ジム」・スカードンは、元ロンドン警視庁の警部補で、監視班A4の班長「ウォッチャー＝イン＝チーフ」を務めており、尋問術においては「この国を代表する第一人者」だと評されていた。スカードンは、人当たりが柔らかくて控えめで、中折れ帽にレインコートという服装で、いつも申し訳なさそうな態度を取り、くたびれた口ひげを生やしていた。聞こえにくい、かすれた小声で話し、目と目をあまり合わせようとしない。ミルモが脅しと大声に頼っていたのに対し、スカードンは、言葉巧みに好意を得ながら、じわじわと相手の心に入っていくタイプだ。一九五〇年一月には、原爆スパイのクラウス・フックスを担当すると、田園地帯を長時間散策したり田舎のパブで静かに語り合ったりするうちに信頼を勝ち取り、自白を引き出すことに成功していた。スカードンは、尋問では同じようだが微妙に異なる質問を何度も繰り返し尋ね続けて、標的がミスを犯して自分の嘘で身動きが取れなくなるのを待ち、それによって真実を一つまた一つと明らかにしていく。フィルビーはスカードンのことも、その評判のことも、たいへんよく知っていた。だから、この猫背でやたらと愛想がよく、一見柔和そうな男がヘロンズゲイトの自宅に訪ねてきて、おじゃましてお茶を頂いてもよろしいですかと聞かれたとき、フィルビーは自分がまだきわめて深刻な状況にあることを悟った。

二人がパイプを吹かす間、スカードンは「申し分ないと言っていいほどの態度」で話題を次々と、ほとんど無意識に変えていったようだ。後にフィルビーは、「ちょっとした罠二つ」に気づいてうまく避けたと思ったが、ほかに気づかなかった罠があったのではないかと不安に思う、と書いている。「彼が私の考えや行動に関心を示すことで伝わってきた心地よい熱意ほど、心をくすぐられるものはなかっただろう」。スカードンはガイ・リデルの元へ行き、フィルビーが有罪かという問題については考えが「まだ定まっていない」と報告した。これを最初として、その後一か月にわたってスカードンはキム・フィルビーをたびたび訪ね、謙虚で礼儀正しい態度ながら、巧妙かつ容赦なく探りを入れて反応を見た。そして一九五二年一月、スカードンの尋問は始まったときと同じく唐突に終わり、「未処理」のままとなったフィルビーは、あの元警部補は事実をどれほど探り当てたのだろうかと考えた。「彼の報告概要を一目見ることができるなら、どんなものとでも引き換えにしただろう」と、後にフィルビーは書いている。実を言うと、スカードンの最終報告書は、フィルビーの魅力がスカードンの見せかけの気さくさより勝っていたことを示していた。尋問したスカードンは、何時間もフィルビーと過ごした結果、「私が当初思っていた以上の好印象」を受けたと認めている。フィルビーに対する嫌疑は「立証されなかった」と、スカードンは結論づけた。フィルビーはパスポートを返却された。

「調査を続行すれば、いつの日か有罪の決定的な証拠が（中略）得られるかもしれない」とＭＩ５は報告し、「あらゆる点を鑑みれば、フィルビーはＳＩＳに勤務していた期間を通じてソ連側のスパイだったと考えるべきである」と訴えた。ＭＩ６は激しく異を唱え、「我々は、フィルビーに対する主張は立証されておらず、しかも、わずかな証拠によって暗示されているような邪悪な解釈以外の解釈が可能であると考えている」と主張した。かくして、キム・フィルビーをめぐる不可解な事件は、その後何か月いや何年も、国民にはまったく知られぬまま、問題を抱えた未解決の謎として残り、両情報機関どうしの深刻な不和の源であり続けた。フィルビーは、非難する者たちからの疑惑と、友人たちからの変わらぬ支援の間で宙ぶらりんの不安定な状態のままにされた。ＭＩ５の幹部たちは、大半が彼の有罪を確信していたが、それを証明することができずにいた。ＭＩ６の元同僚たちは、大半が彼の無実を信じていたが、こちらも同じく容疑を晴らすための証拠を見つけることができずにいた。ＭＩ５には、たとえばガイ・リデルのように、実はすべてがとんでもない間違いで、いずれフィルビーの容疑は晴れるだろうとの期待にしがみついている者もいた。またＭＩ６にも、元同僚を心の中では疑いながら、組織のためを思って口に出さずにいる者もいた。

しかし、フィルビーが有罪だと確信していた中に一人、ほかの誰よりも彼をよく知り、しかも黙っているのがだんだんと難しくなってきていた者がいた。それは、彼の妻であった。

12 追いはぎ貴族

かつてない孤独

いったい、元売り場監視員のアイリーン・フィルビーは、自分の夫が、外務省の出世頭であり、子煩悩な父親であり、典型的な上流階級でありながら、実はソ連のスパイであったと証明する手がかりを、いつ発見したのだろうか？ 彼が本国に呼び戻され、職を失ったときだろうか？ それとも、もっと前からこの恐ろしい事実に気づいていたのだろうか？ 夫の後を追ってまずイスタンブールへ、次いでワシントンへやってきた、彼女の忌み嫌うガイ・バージェスに、胡散臭いところがあると以前から疑っていたのだろうか？ バージェスの亡命を知ったフィルビーが半地下室に閉じこもり、謎の荷物と移植ごてを持って車で出かけた後に、ピンと来たのだろうか？ それとも疑念はもっと以前の、フィルビーが最初の妻であるオーストリア人の共産主義者と離婚することを拒んだときに生まれたのだろうか？

一九五二年の時点でアイリーンは、夫が最初に会ったときから結婚生活が続く現在まで、常に平然と自分に嘘をつき続けてきたことに気づいていた。夫が嘘をついていると知って、彼女は絶望のどん底に突き落とされ、生涯そこから完全に立ち直ることはなかった。夫に迫っても、すべてを否定される。その後に口論になっても、不安が解消されることはなく、夫は嘘をついているという確信がかえって強まるだけだった。彼女は周囲に、自分の心の悩みを遠回しにほのめかし始めた。「妻が尽くすべき相手は誰なのかしら？ 国？ それとも夫？」と、友人の一人に尋ねている。ディナー・パーティーで、酔ったトマス・ハリスに質問されて、彼女は夫を「疑っている」ことを認めたが、その後すぐに撤回し、夫は「まったくの無実」だと言い張った。

おそらく、友人のフローラ・ソロモンには打ち明けただろう。打ち明けられたソロモンは、それほど驚かなかったに違いない。彼女自身、一九三六年にフィルビーからソ連側工作員にスカウトされそうになったからだ。アイリーンは当然ニコラス・エリオットにも不安を伝えたが、エリオットは彼女の疑念を陽気に笑い飛ばした。ＭＩ５は、アイリーンがエリオットに言った、フィルビーが「『失《ディス》』をする」かもしれないという言葉を、冗談だと思った。しかし、アイリーンは本気だった。彼女は、夫が自分と幼い五人の子供を捨て、裏切り者と結婚したという一生消えない恥辱を置き土産にして亡命し、あのとんでもない友人バージェスとモスクワで落ち合うのではないかという不安に日々さいなまれていた。夫が家を出るたびに帰ってくるだろうかと心配した。子供たちの養育権を確保するため法的手続きを始めようかとも考えた。彼女の現実認識は次第におかしくなっていった。

　ある日エリオットは、泣きじゃくるアイリーンから一本の電話をもらった。

「キムが行ってしまったの」

「どこへ？」。エリオットは尋ねた。

「ソ連だと思う」

「どうしてそう思うんだい？」

「キムから電報が来たの」

　これを聞いて、エリオットの岩のように固い友への忠誠心も一瞬揺らいだ。

「電報には何て書いてあるんだ？」。動揺しながらエリオットは聞いた。

「『永遠にお別れだ。子供たちによろしく』って」

　慌てたエリオットは、ＭＩ５の当直将校に電話を入れた。警報がただちに各地の港と空港に送られ、フィルビーが出国しようとしたら拘束せよとの指示が出された。

　だが奇妙なことに、電報を見せてほしいと頼むと、アイリーンは、文面を電話で読み上げられただけなので無理だと言う。不思議に思ったエリオットは郵便局に問い合わせたが、アイリーン・フィルビーに送られた電報は、その形跡すら見つからない。彼は再びハートフォードシャーのフィルビー家に電話をかけた。すでに夜遅くになっていた。今度はフィルビーが電話に出た。聞きなれた声に、エリオットはどっと安堵した。

「ああ、よかった、君だね」

「誰が出ると思っていたんだい？」。フィルビーは言った。

「君が家にいてくれてうれしいよ」

「こんな夜更けに、ほかのどこにいるっていうのさ？」

「今晩君がほかのどこにいると思っていたかは、今度会ったときに話すよ」。エリオットは乾いた笑い声でそう言うと、電話を切った。

すべてはアイリーンの作り話だった。かつてイスタンブールで襲われたという話をでっち上げたり、何年間も様々な病気や怪我を装ったりしたのと同じだったのだ。エリオットは、アイリーンが好きで、たびたびかばってきたが、その結果は彼女の心の病にますます詳しくなるだけだった。アイリーンは、再び何度も「事故」に遭い、運転する車で商店の玄関に突っ込むこともあった。かかりつけ医は、精神科治療を受けさせた。フィルビーは友人たちに、アイリーンは「頭がおかしい」のだと告げた。エリオットは、アイリーンの行動を見ても真実に気づくことはまったくなく、むしろ不遇な友が、不当に非難されて職を追われたばかりか、今度は明らかに妄想ばかりしている妻の攻撃を受けていることに、同情をさらに深めていた。ＭＩ６内部では、アイリーンの疑念は、頭のおかしな女の妄想によるたわ言だとして片づけられた。

五人の子供と精神的に不安定な妻一人を養い、夫婦二人の過度な飲酒癖を満たすためフィルビーにはお金が必要だったが、四〇代の男が就職先を見つけるのは容易ではなく、しかも、表向きとはいえ外務省に勤めていたが職を辞した理由を説明できないとあっては、なおさらだった。再びジャーナリズムの道を進もうかと考え、原稿を何本も新聞社に送ったが、定職に就くことはできなかった。電話の盗聴内容は「フィルビーが非常に熱心に職探しをしていることを、たいへんはっきりと示していた」が、職は見つからなかった。結局、セクションVの「誠実な元同僚」ジャック・アイヴンズが、自分の輸出入会社での仕事を紹介してくれた。給料は年わずか六〇〇ポンドだ。アイリーンの母親が資金を出して、一家はグレアム・グリーンが「貧乏人のサリー州［サリー州はロンドンの南に位置し、「裕福な中産階級が住む地域」というイメージがある］」と呼んだ町クロウバラにある広くて醜いエドワード七世時代風の家に移り住んだ。フィルビーは、惨めな気持ちでロンドンの職場へ通勤し、スペイン産のオレンジを輸入したり、ひまし油をアメリカに輸出したりする事務手続きを処理した。ソ連側監督官と再び接触しようとはあえて思わなかった。「フィルビーは常時監視下にあった」と、ユーリ・モジンは書いている。「我々の対監視チームは、MI5の工作員が彼の近辺をうろついているのを確認したと何度か報告してきた」。彼は、それまでになく孤独だった。

旧友の助けと家庭の不和

かつてのフィルビーは、どんなときも酒に呑まれることのない、社交好きな酒豪だった。それが今では見る見るうちに、酔いつぶれるまで飲み、しかも酔うと他人に当たり散らすようになっていった。ＭＩ５は、電話を盗聴した結果から、「ピーチは、とかく泥酔して親友に不愉快に振る舞うことが多い」と指摘した。辛抱強くて誠実なエリオットは、フィルビーが突然怒り出しても耐え忍んだ。フィルビーは、この旧友にすっかり頼りきりになった。彼の生きる奇妙な二重の世界では、そのことに何の矛盾もなかった。彼はエリオットの友情を心からありがたく思い、その助けを必要とし、その助言に耳を傾けたが、それでいて彼に嘘をついていた。フィルビーは、夫婦関係が崩壊に向かっていることをエリオットに隠したりはしなかったが、二人はその話題には遠まわしに触れるだけだった。彼らも自分たちと同じ階級のイギリス人と同じく、身内の恥となる愛憎がらみの話題は避ける傾向にあった。

エリオットは、フィルビーの蓄えが少なくなれば金を貸し、クラブからの請求を支払い、ローズへクリケット観戦に連れていった。攻勢に出るよう説得もし、「とことん戦わなくては駄目だよ。スパイ容疑で告発されたのが僕だったら、首相の所へ文句を言いに行くよ」とフィルビーに言った。こう言われても、フィルビーは「力なく微笑む」だけだった。

「フィルビー家全体が苦難の時期にあった」と後に書いているエリオットは、友を元気づけようとして、君がMI6から追い出されたのはあくまで一時的なものだと強く言い、すぐにクラブに戻れるし、中断したところからキャリアを再開できるさと語った。

サー・スチュアート・ミンギスも、断固フィルビーを支持していた。一九五二年四月一日、彼はフィルビーをトラヴェラーズ・クラブへ食事に連れていき、「辞職の際に支給されたボーナスの一部をいくらかでも前払いしようか」と尋ねた［フィルビーの退職金は、一括ではなく分割払いになっていた］。後にCは、MI5のガイ・リデルとこの食事会について話し合い、リデルは日記に次のように書き残している。

> Cは、キムは無実だとの結論に達していたようだった。私は、この種の事例のように、ある個人を非常に親しく知っている場合にとるべき態度は、自分の個人的な見解を忘れ、関係者が純粋に事実確認のみに基づいて仕事を進められるようはからうことだけだとの結論に至った、と告げた。さもなければ、判断を誤りがちになる。（中略）キムは、見たところ、こちらの部署に格別の敵意を抱いてはいないようだ。もし彼が我々の立場にいたら、パスポートを一時預かった件も含め、すべて同じように対応しただろう。

エリオットが、彼の友はすぐＭＩ６の仲間たちの元へ戻ってくると確信していたように、アメリカにいるフィルビーの最大の味方も、そうなるはずだと考えていた。ジェームズ・アングルトンは一九五二年、同僚の一人に「フィルビーは現在の苦境から脱して、いずれイギリス秘密情報部のトップになるだろう」と断言した。だがフィルビー自身は、絶対にそうならないと分かっていた。ソ連側担当官とは連絡を取れず、安月給の仕事を嫌々続け、ＭＩ５はいつ襲ってくるかもしれず、自分の秘密を知っている妻と暮らし続ける、そんなフィルビーの生活は、悪循環にはまり込んでいた。

エリオットは、気力が萎《な》える一方のフィルビーを元気づけようと、励ましたり守《も》り立てたりと、できることは何でもやった。ＭＩ５は、フィルビーの電話の盗聴記録を精査した結果、「ピーチが依然としてＭＩ６と接触して支援を受けている度合」に、驚きといらだちをあらわにした。フィルビーの長男ジョンはもう九歳になっており、フィルビーは、自分はイギリスの支配階層を滅ぼすことに専念していたにもかかわらず、息子たちを何としてでもいいパブリック・スクールに入れたいと願っていた。イートン校とウェストミンスター校へ行かせるのは資金面で無理だったが、エリオットが解決策を思いついた。父親のクロード（当時イートン校の理事長になっていた）の元へ行き、ジョン・フィルビー（と、後には弟のトミーも）をハンプシャーにあるロード・ウォンズワース・カレッジに入れてもらうことにしたのである。「同カレッジは、父が理事をしており、基金も潤沢だったので学費はあまり高くなかった」。同窓生の絆は、まだフィルビーにしっかりとつながっていた。

エリオットは、フィルビー事件の進展度を注意深く観察していたが、正確に言うなら、非進展度を観察していたと言うべきだろう。MI5とMI6の対立が、敵意むき出しの手詰まり状態に陥っていたからだ。MI5の将校で、戦時中からフィルビーを知っていたロニー・リードは、「フィルビーについて我が国の両機関は意見が激しく対立している」と書いている。一九五二年六月、スチュアート・ミンギスが退職し、後任に副長官のサー・ジョン・「シンバッド」・シンクレア陸軍少将が就任した。伝統を重んじる背の高い軍人で、自分のやり方を決して変えない男だ（昼食は毎日決まって、ニシンのグリルとコップ一杯の水だった）。シンクレアも、前任者と同じくフィルビーを支持する覚悟を決めていた。新たなCは「配下の者を一人でも見捨てるのを拒否した」。それでも、現役のMI6将校はフィルビーとの交際を控えるべきだとの考えには賛同していた。ただし、その命令はエリオットたちから完全に無視されていた。一方のMI5は、ほかにもモグラが支配階層に潜んでいるに違いないと確信して証拠を探し続け、MI6が結束を強める様子に激怒していた。ザ・ウォッチャーズは盗聴と監視を続けてフィルビーがミスをするのを待った。

MI5による電話の盗聴記録は、最終的に三三冊にもなった。そこからは、フィルビーによる諜報活動は何一つ明らかにならなかったが、夫婦関係が急速に悪化していく様子が手に取るように分かった。彼は、ロンドンに住む女性公務員と不倫関係になり、何日も家に戻らないことが多くなった。帰ってくれれば、激しい夫婦げんかが始まった。フィルビーは、庭にテントを張って、そこで眠るようになった。友人たちには、アイリーンが自分のことを外務省に告発し、そのせいでまともな職に就けなくなったのだと語った。また、妻に殺されそうになったとさえ言っている。一方のアイリーンも、フィルビーが殺人計画を練っているのではないかと疑っていた。彼女を診察する精神科医は、職業倫理に反してひそかに情報をＭＩ５に流していた。ある報告書には、こう記されている。「〔アイリーンの〕考えと、彼女の精神科医の意見によると、フィルビーは彼女にある種の精神的虐待を加えることで『彼女が自殺するよう全力で仕向けていた』」。同じ精神科医は、反証が数多くあるにもかかわらず、フィルビーは同性愛者かもしれないと示唆した。アイリーンは、不仲になった夫から生活費がほとんど入ってこなくなったため、請求書の支払いのためだけに、イートン・スクエアにある大邸宅の厨房で働く羽目になった。そんな彼女をニコラス・エリオットは、金銭面と精神面から支えようとした。彼によれば、アイリーンの職場は「ウィルトン・ストリートにある私たちの家に近く、休憩時間を私たちと共に過ごすことができた」という。

　フィルビーは、嫌々ひまし油とオレンジを売って過ごしていたが、一八か月後、ジャック・アイヴンズの輸出入会社が破産し、フィルビーは再び失業した。フリーランスのジャーナリストとして生計を立てようと、あちこち当たってみたが、どれもうまく行かない。とうとう彼は、実質的に友人と親戚の扶養家族になった。サウジアラビアに住んでイブン・サウード国王の顧問を務める父親は、送れるだけのお金を送った。エリオットは、フィルビー家の子供たちの学費を支払った。トマス・ハリスは、フィルビーがスペイン内戦についての本を書いてロンドンの出版社から出せるよう手配し、その前払い金として六〇〇ポンドを渡した。この本は結局執筆されることはなく、おそらく出版話そのものが、金持ちのハリスが出所を悟られずにフィルビーに金を渡せるよう仕組んだ策略だったようだ。

フィルビーは、情報機関の友人たちとの交際を続けていたが、その交際は緊張感をはらんだものだった。ある晩、ガイ・リデルはトマス・ハリスの家へディナーに出かけたが、着いて初めてフィルビーも招待されていたことを知った。彼はフィルビーに「普段どおりに」挨拶したが、二人とも、その場がこれ以上ないと言っていいほど奇妙であることは承知していた。MI5は、フィルビーが国を裏切っていると確信しており、今ではハリス本人も疑惑を受け、フィルビーとの会話で何か手がかりが出るのではないかとして電話を盗聴されていた。ディナーの招待客たちは、全員が今回もこれまで何回となく開いてきた食事会と何も変わらないというふりをしようと努力していた。フィルビーは、リデルの日記によると「どことなく不安」そうに見え、早めに帰っていった。

この最低最悪の時期に、フィルビーは今一度脱出計画を始動させてモスクワへ亡命すべきかどうか検討したが、改めて考えるまでもなく、ＭＩ５に気づかれずにソ連側情報機関と接触する方法などなかった。彼は八方ふさがりで孤立無援の状態にあり、しかも依然として、本人も承知しているように、ソ連から誰か一人でも亡命してくれば正体が暴露される危険な状況にあった。

大物亡命者

ウラジーミル・ペトロフは、シベリア出身の農民で、勤勉と従順さのおかげでスターリンの粛清を免れ、ソ連の情報機関で着実に出世を重ねてきた人物だった。共産主義政権に仕えて三〇年、今ではＫＧＢの大佐となり、オーストラリアの首都キャンベラのソ連大使館でレジジェントを務めていた。そのペトロフは、表向きは事なかれ主義者だったが、胸の内では反抗心を募らせていた。彼は、自分の生まれたシベリアの村が、飢饉と強制集団化で破壊されるのを目の当たりにしていた。また暗号係として働いていたため、スターリンの犯罪を何から何まで詳しく知っていた。一九五四年四月、彼はオーストラリアで亡命した。妻のイェフドキアは、亡命を果たす前にＫＧＢの逮捕チームに捕らえられたが、ダーウィンで靴を片方失くしたまま無理やり飛行機に搭乗させられようとしていたところを救出された。

戦後で最も階級の高い亡命者だったペトロフは、大量の情報をもたらし、暗号や工作員ネットワークのほか、世界各地で外交官として活動しているＫＧＢ将校約六〇〇人の名前も暴露した。また、バージェスとマクレインがソヴィエト連邦国内にいて、クイビシェフ［現サマーラ］に住んでいることを示す確かな証拠を初めて提供した（それまでも二人はソ連にいると考えられていたが、立証されてはいなかった）。だが、それ以上に衝撃的だったのは、二人は別のイギリス人公務員、つまり第三の男から亡命するよう警告されていたとペトロフが認めたことだった。イギリスの政界や新聞業界などでは、この謎めいた第三の男の正体をめぐって、噂や当てこすりや、かなり正確な情報を基にした憶測が流れた。

フィルビーは、ペトロフの亡命を耳にすると、自宅の玄関にジム・スカードンが、今度は警官隊とともに逮捕令状を持って再び現れるのではないかと、ビクビクしながら待った。しかし何週間たってもドアを叩く者は現れず、フィルビーは、この亡命者は私の名前を知らなかったのだと考えた。事実そのとおりだったのだが、同時にフィルビーは、「ペトロフが、私の知らない何か重要な資料を持ってきているのではないかとの不安」にとりつかれ、もしまた尋問を受けることになったら、その資料が自分を罠にかけるのに利用されるのではないかと心配した。

フィルビーの宿敵ディック・ホワイトは、当時ＭＩ５の長官に就任しており、まさにそうした罠を仕組もうとしていた。ＭＩ５長官の座は、それまではガイ・リデルが就くものと思われていたが、友人関係のせいで彼の評判は修復不可能なほど傷ついていた。ＭＩ６

も、リデルが「妻と別れ、わずかに同性愛的な雰囲気を漂わせ、戦時中はバージェス、フィルビー、およびブラントの親友だった」と指摘して、リデル自身も同性愛者のソ連側スパイかもしれないとほのめかした。長官になれずひどく失望したリデルは、ホワイトの長官就任を心から祝して、ＭＩ５を辞職した。

ホワイトはペトロフの亡命を、フィルビーの正体を徹底的にあぶり出す好機と見て、外務大臣アントニー・イーデンに、第三の男に関する新事実を公表するよう迫った。「そうすれば、フィルビーの立場は危うくなるでしょう。フィルビーにとっては不安定な状況が生まれます。そうなれば、我々は彼を新たな尋問におびき出し、自白を引き出せるよう今一度取り組むことができるのです」。イーデンは却下したが、その理由の一つは、ＭＩ６のサー・ジョン・シンクレアが、ホワイトは「フィルビーに対する恨みを晴らそうとしているのであり、無視するのが最善である」と主張したためだった。ＭＩ５とＭＩ６の対立は、依然として激しく、様々な悪影響を及ぼしていた。

フィルビーは知る由もなかったが、彼のソヴィエト側監督官たちは監視を続けており、懸念を深めていた。ＫＧＢのイギリス班が作成した評価には、工作員スタンリーが「かなり現金に乏しく」、深酒を続けていると報告されている。ユーリ・モジンはモスクワに、これまでにフィルビーが「我々に大いに尽くしており、将来活動を再開させる必要が生じるかもしれない」と指摘した上で、どうすべきか指示を仰いだ。モスクワ本部は、フィルビーに「多額の金銭」を与え、ソヴィエト連邦は君の味方だと言って安心させよと命じた。ＫＧＢは、気前のよさを示そうとしたのでもなければ、恩義を感じていたからでもなく、冷徹な現実主義から、そう命じたのである。困窮して酒におぼれたスパイは厄介者で、自白したり、亡命させろと要求したりするかもしれない。大金を渡せば、しばらくは安定してまともな生活を送るだろうと思われた。しかし、（モスクワからの命令は大半がそうだったのだが）金銭の授受は、フィルビーが依然として厳しい監視下に置かれている以上、言うは易《やす》く行なうは難《かた》しだった。さらにモジンには、フィルビーに直接会って渡してはいけないとの指示も出ていた。つまり彼の任務は、ＭＩ５の目の前で、フィルビーと実際に会うことなく金を渡すことなのだ。確かにこのＫＧＢ将校は、バージェスとマクレインをイギリスからひそかに出国させることには何とか成功していたが、フィルビーをおとなしくさせておくのは、それよりかなり難しい仕事になりそうだった。

明日、エンジェルで

一九五四年六月一六日の晩、元ＭＩ５将校でソ連側スパイであり、著名な美術史家でもあるアントニー・ブラント教授は、自身が所長を務めるコートールド美術研究所で講義を行なう準備をしていた。講義のテーマは、ローマ市にあるガリエヌスの凱旋門で、この古代ローマの遺跡は、現代的な公営住宅建設のため取り壊しの危機に瀕していた。聴衆には、熱心な古典学者や美大生のほか、この講義があることをタイムズ紙で知り、ローマの古代遺産を保存するという立派な運動を支援したいと望む知的な一般市民も含まれていた。最前列の、演台と向かい合う場所には、来訪者名簿に名前をグリーングラスと記し、ノルウェー人を名乗る、金髪でがっしりした体格の若い男性が座っていた。

ブラントは、その縦長で頬のたるんだ顔に学者らしい懸念の表情を浮かべながら、危機が迫る凱旋門の写真を配ると、これを破壊しようと目論《もくろ》む「極悪非道なイタリア当局」に対する攻撃を開始した。最後に全員が拍手したが、誰よりも熱心に手を叩いていたのはグリーングラスだった。ただし、彼はイタリアへ行ったこともなければ、古典建築についてもまったくの無知で、ローマの凱旋門が一つ残らずブルドーザーで破壊されてコンクリートで覆われようが、そんなことはどうでもよいと思っていた。講義が終わると、毎度のことながらブラント教授の周りには、肉付きのよい熱心なご婦人方の一団が、「互いに張り合うように自分の知識をひけらかし」ながら、美術について先生とおしゃべりしようと集まってきた。グリーングラスは、この輪の外にいたが、しばらくすると、いきなり人混みに分け入り、教授の熱烈なファンの一人の脇腹をひじで押しのけて前へ進むと、ルネサンス絵画の絵葉書を一枚、ブラントの手に押し込んだ。

「すみません」、無礼なノルウェー人は言った。「どこにこの絵があるか、ご存じですか？」。美術好きのご婦人方が冷たい視線を向ける中、ブラントは絵葉書を裏返した。裏には、こう書いてあった。「明日。午後八時。エンジェル」。その独特な筆跡を一目見て、ブラントはそれがガイ・バージェスのものだと分かった。

ブラントは、質問した相手を「まじまじと見つめ」、それがユーリ・モジンであることに気がついた。このソ連側スパイ担当官と最後に会ったのは一九五一年、バージェスとマクレインが亡命する直前のことだ。それから絵葉書と、そこに書かれたメッセージに改めて目をやった。「はい。はい。はい」と彼は言った。

翌日の晩、ブラントとモジンは、カレドニアン・ロードの通るイズリントン区にあるパブ「エンジェル」で会った。ここは、これといった特徴のないパブで、かつて二人が秘密の会合場所として使っていた店だった。二人は、まずブラントの現状について語り合った。ブラントはＭＩ５の尋問を受けていたが、まだ疑われてはいないようだった。次に話題はフィルビーに移った。ブラントは、このスパイ仲間は体調がすぐれず、仕事もなければ金もなく、すでに何度もＭＩ５から厳しい取り調べを受けていると告げた。モジンはブラントに、いくばくかの現金をフィルビーに渡してもらえないかと頼んだ。ブラントは、ローマの凱旋門保存活動に専念するため、かなり以前に諜報活動から手を引いており、だから乗り気ではなかったが、それでも頼みを引き受けた。

数日後、フィルビーはクロウバラから車でトンブリッジ駅へ向かい、ロンドン行きの始発列車の切符を買った。他の乗客が全員乗り込むのを待ち、ホームに人がいなくなってから列車に乗った。ロンドンでは、ヴォクスホール駅で地下鉄に乗ってトテナム・コート・ロード駅に向かい、そこで大きなコートと帽子を購入した。それから一時間、あたりを散策しながら、店のショーウィンドーを見て尾行されていないか確認すると、バーに入って一杯やり、映画のチケットを一枚買った。映画館では後ろの席に座った。映画の途中で、彼は静かに映画館を出た。誰にも尾行されていないようだ。それでも、さらに二時間あてどなく歩き、その後にバスに飛び乗り、すぐに飛び降りた。夕方、フィルビーは北ロンドンにいた。「私は、尾行されていないとほぼ確信した」。

夕闇の中、三人のスパイが、カレドニアン・ロードに近い小さな広場に集まった。どうやらモジンは、命令どおり、その晩はフィルビーと直接接触はせず、ブラントだけに話しかけながら包みを渡したらしく、一方のフィルビーはいつでも逃げられるよう距離を取っていた。モジンのメロドラマ調の回想によると、「黒いシルエットが、並木道を進む私たちの後を同じ速度でついてきた。それはまるで、オーバーコートに身を包んだ直方体であった」。フィルビーは、現金五〇〇〇ポンドを持って「爽快な気分」でクロウバラへ戻り、三年間の中断を経て再びソ連の情報機関との接触が始まったことを知って心も浮き立っていた。さらにモジンは、ブラントを通じて、亡命した「ペトロフは彼のソ連側工作員としての働きについては何も知らない」と改めて保証してくれた。ロンドンの暗い公園で金銭を受け取ったことで、フィルビーの懐具合も精神状態も変わった。「私はもう独りではなかった」。

ソ連側の友人たちがフィルビーのために結集した一方で、イギリス側の友人たちも、同じことを行なおうとしていた。ペトロフが亡命したころ、ＭＩ６内の将校の一団が、ニコラス・エリオットを中心に、フィルビーの汚名をそそぐために組織的な運動を開始した。

当時エリオットは、新たにＭＩ６のロンドン支局長に就任していた。ロンドン支局は、「ＢＩＮ」の暗号名でヴィクトリア地区のロンドンデリー・ハウスに置かれ、イギリス本土にあったためスタッフが将校二〇名だという点を除けば、その任務はＭＩ６の他の海外支局と実質的には同じで、外交官や実業家およびスパイに対する情報作戦を実施し、外国の大使館員から工作員をスカウトし、訪英中の政府高官の行動を監視していた。エリオットは、新たにこの役職に就いたことで、海外にいるスパイのように振る舞いながらも、所属クラブへ気軽に行くことができた。

一九五四年の時点でＭＩ６内部には、長官サー・ジョン・シンクレアに対して多大な影響力を持つ明確な派閥が登場していた。かつて情報機関内部で「青年トルコ党」と呼ばれ、エリオットのように、勇気と想像力さえたっぷりあれば何でもできると思えた戦時下の激動期にスパイ術を学んだ者たちだ。エリオットとその仲間たちは、ＭＩ６内部では「追いはぎ貴族」と呼ばれており、自尊心が非常に高く、文民当局にほとんど敬意を払わない、冒険活劇を地で行く者たちだった。隠密活動の正当性を信じ、危険を冒して、必要とあらば規則も平気で破る。特に情報活動については、これを愛国的な宗教か何かのように考え、野蛮からイギリスを守る砦と思っていた。エリオットとフィルビーの親友で後にＭＩ６副長官になるジョージ・ケネディ・ヤングは、ますます影響力を強め、野心を膨らませていたこの一団の信条を、文書に書き表している。「大臣や外交官、将軍や聖職者の過失によって生み出された状況を修復するよう求められてきたのが、スパイである」とヤングは主張するが、そこからは危うげな傲慢さがうかがえる。

> 人は言うまでもなく環境によって形作られるものであり、我々スパイは、確かに職業柄近寄りがたい雰囲気を持ってはいるが、国際関係の実像や厳しい現実を、政府の他の専門家よりも身近に感じていると言っていいだろう。我々は、社会的地位、先例、縄張り意識、個人的責任の回避など、役人気質を生み出している諸問題から比較的自由である。また我々は、任期が決まっている国会議員とは異なり、当意即妙な言葉や、気の利いた回答、きらめく笑顔などを生み出す能力を伸ばす必要がない。よって近頃では、スパイが知的高潔さの中心的な守護者となっていることに自ら気づいたとしても、それは驚くにはあたらない。

ヤングやエリオットのような者たちは、自分たちはイギリスを守る秘密の守護者であり、通常の規則に縛られない選ばれし集団の一員だと考えていた。こうした追いはぎ貴族たちの多くにとって模範となっていたのがキム・フィルビーで、彼が示した社交の場での世慣れた臨機応変ぶりと、戦時中の活躍とが、彼らの集団的アイデンティティーを強化していた。その彼らが、ついにフィルビーの救出に乗り出した。

一九五五年七月二〇日、「シンバッド」・シンクレアはMI5長官ディック・ホワイトに書簡を送り、バスター・ミルモによるキム・フィルビーへの尋問は「偏向した」ものであり、この元MI6将校は「正義の流産の犠牲者」だったと訴えた。後にサー・アイヴォン・カークパトリック外務事務次官に宛てた覚書で「C」は、フィルビーの弁護理由を次のように要約している。

> ミルモの報告書は、フィルビーがソヴィエトの工作員であるか、または「第三の男」であることを示す直接的な証拠を何一つ提示しておらず、したがって訴追理由としては、法においては容認できず、治安・情報活動においては通用しないものである。推定証拠と状況証拠で組み立てられており、訴追する者が自らの一存で案出できる、容疑者に不利な事柄すべてを循環論法でまとめ上げたものにすぎない。常にフィルビーを名指しで非難しているが、現実にはフィルビーは一九五一年の調査では有罪を証明されておらず、その後の四年にわたる調査でも、有罪は立証されていない模様であ

る。ある人物が、疑惑以外に起訴の根拠がないにもかかわらず、自らの無実を証明しなくてはならないというのは、イギリスの伝統にまったく反することである。

本件を再調査し、フィルビーには弁明の機会を与えるべきだと、Cは言う。「証拠さえ出してもらえれば、それ以上の紛争はなくなるだろう」とシンクレアはホワイトに告げた。ホワイトは、フィルビーの容疑が一九五一年当時と比べてもそれほど固まっていないことを知っていたが、仕方なくフィルビーをもう一度尋問することに同意した。これで最終決戦に向けた舞台は整い、フィルビーの「最大の擁護者」であるエリオットは、このドラマを見事に演出するため舞台袖で待機していることにした。

優しい取り調べ

九月一八日、大衆紙ザ・ピープルが、ウラジーミル・ペトロフ亡命の件を報じ、隠されていた衝撃の事実を次々と明らかにした。いわく、バージェスとマクレインは、二人ともケンブリッジ大の学生だったときにソ連側の工作員としてスカウトされていた。いわく、二人がモスクワへ渡ったのは、マクレインの逮捕が迫っていたためで、すべてはソ連の情報機関が仕組んだことである。いわく、二人は政府が長らく主張してきたような「失踪した外交官」ではなく、逃亡したスパイであり、イギリスの秘密保持に関する法律が、真実を隠して政府が面目を保つのに利用されてきたのである。

新たに外務大臣になったハロルド・マクミランは、深刻な危機に直面し、「我々は、何かを言わなくてはならなくなりそうだ」と憂鬱そうに口にした。五日後、政府はバージェス＝マクレイン事件を説明すると称する八ページの白書を発表した。それは、スキャンダルをもみ消すために都合のいい事実と逃げ口上とを混ぜ合わせた奇妙な文書で、キム・フィルビーについては一言も触れていなかったが、その名はすでにあちこちでささやかれており、中には大声で彼の名を指摘する者もいた。あるディナー・パーティーで、アイリーン・フィルビーは、覚束ない足取りで立ち上がると、夫に向かってこう言った。「私、知ってるわよ、あなたが第三の男でしょ」。フィルビーの妻でさえ、彼を公衆の面前で非難している。マスコミがその後に続かないわけがない。白書は、事実を隠蔽するものだと見なされた。

大西洋を越えたアメリカでは、ジェームズ・アングルトンがフィルビーの無実を信じていたのに対し、FBI長官J・エドガー・フーヴァーは、フィルビーが有罪だと確信しており、イギリスが彼を逮捕できずにいることに怒りを募らせていた。フーヴァーは、いかにも彼らしい策略で事態を引っかき回すことにした。だがその前に、まずフィルビーが最後の尋問に臨むことになった。

白書が公表されて二週間後の一〇月七日、フィルビーはスローン・スクエアにあるMI

６の隠れ家にやってきた。通された部屋には、縞《しま》柄のソファー一つと数脚の椅子が、小さなテーブルを囲むように並べてある。片側の壁には古びたサイドボードがあり、その上に電話が載っている。電話の内部には、高性能マイクが仕込まれていた。拡声器が、フィルビーが座る椅子の置かれた床板の下に設置されており、音声を拾ってマイクに伝え、マイクからＭＩ５本部のレコンフィールド・ハウスへ転送される仕組みだ。ここで会話がアセテートの蓄音機用レコード盤に録音され、その後タイピストに渡されて一言一句文字に起こされることになっている。

フィルビーは緊張していた。正式な尋問は、これで四度目になる。モジンが請け合ってくれたものの、ペトロフが尋問官たちに新たな決定的証拠をすでに与えているのではないかと恐れていた。ＭＩ６には、「汚名を晴らす機会を歓迎する」と伝えていたが、内心ではうんざりし、そして心配していた。また厳しく責め立てられるものと覚悟していた。

しかし、彼を待っていたのは、取り調べというより、くつろいだおしゃべりに近く、それまでのどの面談とも、まったく異なっていた。マクミランが設置した調査委員会は、今回の尋問はＭＩ５ではなくＭＩ６の責任で行なうとの決定を正式に下していた。今回は、バスター・ミルモがやったような取り調べではなく、フィルビーを「よく知る」元同僚二名が内部で行なう再審査だった。同席した二名のうち一人は、ほぼ間違いなくニコラス・エリオットだったと思われる。

会話が始まり、録音機が回り始めると、MI5の将校たちは、フィルビーが友人たちから、考えられる限りで最も優しい尋問を受けている様子に、怒りを募らせながら耳を傾けた。「これを尋問と呼ぶのは茶番というものだろう」と、あるMI5将校は後に書いている。

> それは、MI6の内部面談だった。（中略）彼らは彼を、よく知る土俵へ優しく連れていった。まず、共産主義者としての彼の過去、次いでMI6でのキャリアとガイ・バージェスとの交友関係。フィルビーは、言葉に詰まったり口ごもったりしながら、自分は無実だと主張した。しかし、姿を見ずに声だけを聴いていると、嘘であることは非常に明白だと思われた。フィルビーが言いよどむたびに、尋問官のどちらかが納得のいく回答を出せるよう彼を導いていた。「そうだね、これこれなら説明になると思うけれど」という具合だ。フィルビーは、ありがたそうに、そのとおりだと言い、そして面談は続いていった。

フィルビーは、友情のこもった握手の後、「おめでとう、満場一致で君は無罪だとの裁決に達したことをお知らせする」との無罪評決をもらって自宅まで送ってもらった。フィルビーは大喜びだった。「痕跡は、古びて曖昧になった」とフィルビーは記し、また「私が長期にわたって逃亡しようとしなかった事実が、ようやく有利に働くようになってきた」とも書いている。ディック・ホワイトは、尋問記録を読むと「激怒」した。ＭＩ５で文字起こしを担当した者たちは、「尋問官の一人はフィルビーに有利な立場を採り、際どい質問への答えを彼が見つけられるよう繰り返し助け、質問に答えられなくても問いただすことはなかったという所見」を記録に残している。追いはぎ貴族たちは、きわめて効果的な反撃を実施したわけだ。しかし、フィルビーが安心するのはまだ早かった。

それから二週間以上たった一九五五年一〇月二三日の日曜日、フィルビー家が目覚めると、自宅は大きな叫び声を上げるジャーナリストの一団に取り囲まれていた。その日の朝、ニューヨークで新聞サンデー・ニューズがフィルビーを「第三の男」と名指しする記事を掲載し、彼こそが二人の亡命者の逃亡を助けた「内通者」だと報じたのである。これはフーヴァーの仕業だった。お抱えのジャーナリストにフィルビーの名前を漏らし、それによってイギリス側が徹底的な司法調査を始めざるを得ないように仕向けたのである。フィルビーの件は、イギリスの新聞界では周知の事柄だったが、その名前が新聞紙上に掲載されることは四年以上なかった。それがとうとう、追及が始まった。「クロウバラの家は包囲された」とエリオットは報告し、フィルビーには、できるだけ長時間、報道陣を近寄らせないようにと忠告した。イギリスの新聞は、もしサンデー・ニューズの報じたことをそのまま載せたら、名誉棄損で訴えられる可能性があった。しかし、フィルビーの名前はすでに紙面に載り、誰もが第三の男について話していた。さらに二日たってから、ついにダムは決壊した。

13　第三の男

記者に取り囲まれる

マーカス・リプトン陸軍中佐は、労働党から出馬したブリクストン選出の下院議員で、独善的で時代遅れのトラブルメーカーであり、政府を信用せず、現代音楽は君主制を打倒するものだと思い込んで毛嫌いしていた。「ポップ・ミュージックが我が国の既存の制度を破壊するのに利用されるのであれば、そちらを先に破壊しなくてはならない」と宣言したこともある。そのリプトンが得意としたのが、厄介な質問をすることだった。リプトンを狡猾だと言って非難する者はいなかったが、彼は政治上の手続きをよく理解しており、とりわけ、古くから下院議員に認められてきた、国会ではどんな発言をしても訴追されないという「議員特権」を存分に活用していた。

一〇月二五日の火曜日、彼は首相のクエスチョン・タイム中に立ち上がり、爆弾発言をした。

総理は、しばらく前にワシントンの大使館で一等書記官を務めていたハロルド・フィルビー氏の第三の男としての不審な活動について、いかなる代償を払ってもこれを隠蔽しようと決心されたのでしょうか？　また総理は、白書で回避されていた、この国の情報機関にとっては屈辱である、あの非常に重要な問題について、すべての議論を何としてでも抑え込もうとお考えでしょうか？

これは、マスコミにとっては特ダネだ。報道合戦が始まった。

その日の午後、ロンドンの地下鉄で家に向かっていたキム・フィルビーは、隣に座る乗客が持っていた新聞イヴニング・スタンダードの第一版に、何とはなしに目をやると、その第一面にこんな見出しが載っているのに気がついた。「下院議員、『ハロルド・フィルビー氏の第三の男としての不審な活動』に言及」。新聞は、リプトンの発言を一言一句そのまま報じていた。二〇年以上も隠れ続けてきたフィルビーは、ついに明るみに引きずり出されたのである。

クロウバラに戻ると、すぐにフィルビーはニコラス・エリオットに電話した。

「僕の名前が新聞に出ている。何とかしなくては」

エリオットは冷静だった。「君の言うとおりだ。間違いない。でも、せめて一日、考えさせてくれ。今日のところは何もしないでくれよ、いいね？　明日電話する」。

　この段階で声明を発表しても、すでに燃えさかっている火に油を注ぐだけだし、「この件に対する偏見を植えつけることになるかもしれない」。もしマーカス・リプトンがフィルビーに関する新たな証拠を持っているのなら、それをきっと当局に渡していたはずで、ＭＩ５はその証拠に基づいて行動していただろう。あの下院議員は、アメリカの新聞にすでに出ていたことを、議員特権にかこつけて繰り返しているにすぎない。ハロルド・マクミランは、外務省とＭＩ６を担当する大臣として、フィルビーを支持するにせよ非難するにせよ、何らかの声明を出さなくてはならないだろう。ＭＩ５には起訴するに足る証拠がないのは明らかだから、フィルビーが身の潔白を証明できる可能性は高い。エリオットの忠告は、毅然とした態度を取り、口を閉ざしたまま、この嵐を乗り切り、ＭＩ６の友人たちが彼のために活動を開始するので任せてほしいというものだった。

　翌日エリオットは、「もちろん、君にも対応してもらうつもりだ」とフィルビーに告げた。「でも、それは議会で討論が始まってからだ。二週間、我慢してくれ」。

　クロウバラの家は一風変わった見世物となり、数十人のジャーナリストが芝生にテントを張って野宿した。記者たちは、フィルビーがランチタイムにパブへ行くのに付いていき、家に帰るときも付いてきて、その間中あれこれ質問するが、フィルビーは返事をするのを、非常に丁寧に断った。電話は、ひっきりなしに鳴り続けた。サンデー・エクスプレス紙は、玄関から手紙を入れて、もしフィルビーがマーカス・リプトンとの公開討論に参加するなら一〇〇ポンド払いましょうと申し出た。エリオットは、「さらなるストレスをアイリーンと子供たちが受ける」ことを心配し、母と子らが親戚の所に滞在できるよう家から連れ出すのに手を貸した。当のフィルビーは、サウス・ケンジントンのアパートに住む母の元へ避難すると、玄関の呼び鈴の電線を切り、電話の上にクッションを山ほど載せた。記者たちは、中に入ろうとするあまりドアのノッカーを引きちぎった。ある記者は、非常口をよじ登って侵入しようとして、料理人を驚かせた。

政府は、声明を一一月七日に出して討論を行なうと約束していた。エリオットは、マクミランに適切なことを言わせるべく、さっそく行動を開始した。この複雑な問題について外務大臣に事情を説明するため選ばれたのは、ほかでもない、エリオットとはイートン校とトリニティー・カレッジ以来の友人で、戦時中にフィルビーがＭＩ６へ入る手助けをしたリチャード・ブルマン＝ホワイトだった。ブルマン＝ホワイトは、すでに情報機関を退職して政界に転身し、一九五一年にはラザーグレンから立候補して保守党の下院議員に当選していた。フィルビー、エリオット、ブルマン＝ホワイトの三人は、一九四〇年からずっと友人づきあいをしていた。ブルマン＝ホワイトは、議会の会期中はウィルトン・ストリートにあるエリオット家の最上階で暮らしていた。エリザベス・エリオットは、彼の秘書として働いていた。クローディア・エリオットは、彼が名づけ親だ。エリオットとブルマン＝ホワイトは、競走馬の共同所有者でもあった。ブルマン＝ホワイトは、議会における追いはぎ貴族の代弁者であり、下院で最も精力的にフィルビーを擁護していた。フィルビーいわく、エリオットとブルマン＝ホワイトら彼の味方は「私が不当な告発を受けていると強く確信しており、彼らの友が共産主義者だなどとはまったく想像できなかった。彼らは私を心から信じ、支えてくれた」。

ブルマン＝ホワイトがマクミランのために作成した概要説明書は、表向きは先入観なしに書かれたとされていたが、実際は「フィルビー無罪に大きく傾いていた」。確たる証拠は何一つないとブルマン＝ホワイトは主張し、彼の元同僚は、若いころに共産主義をかじり、軽率にもガイ・バージェスと友情を結んだという、ただそれだけの理由で職を失ったのだと訴えた。こうした見方は、マクミラン自身の気質とぴったり一致していた。貴族でイートン校出身のマクミランは、情報活動をいささか汚い仕事と見なし、フィルビーをめぐる騒動を、ＭＩ５とＭＩ６の無用な諍《いさか》いと考えていた。彼は、裁判はもちろんスキャンダルは何としてでも避けたかった。「醜聞暴露と非難中傷が殺到するよりも悪い事態などないだろう」と、リプトンが攻撃を始めるわずか五日前に閣僚らに言ったばかりだった。外務大臣は、この不名誉で見苦しい混乱が一刻も早く消えてなくなることをひたすら望んでいた。

一一月七日、マクミランは下院本会議場で立ち上がると、声明文を読み上げた。その内容は、いかにもニコラス・エリオットとリチャード・ブルマン＝ホワイトが書きそうなもので、おそらく実際にこの二人が声明文を書いたのだろう。

> フィルビー氏は、確かに大学在学中ならびに卒業後に共産主義者の友人と付き合っておりましたが、彼がバージェスまたはマクレインに警告を発したことを示す証拠は、今のところ何一つ見つかっておりません。政府の業務に携わっていた間、彼は自らの職務を的確かつ誠実に遂行しておりました。よって、フィルビー氏がいかなるときであれ、この国の利益に反することを行なったと判断すべき理由も、また、いわゆる「第三の男」が、そうした人物が実際に存在するとして、それが彼であると断定すべき理由も、まったくないものと私は考えます。

続いてリチャード・ブルマン＝ホワイトが、「名前を汚された男」フィルビーを熱烈に弁護し、マーカス・リプトンを、マッカーシー気取りの魔女狩り屋で、裁判に訴えられるのが怖くて同じ主張を下院の外で繰り返すことのできない卑怯者だと、激しく攻撃した。

> 彼〔リプトン〕は、疑惑によって行動し、疑惑によって他人の名前を汚し、そのた

めなら国民の疑念を、不利なことが何一つ証明されていない個人に向けることも厭《いと》わない人物であります。我々は、それによって関係者の妻と子供と友人たちがどのような個人的苦しみを味わうか、彼自身の良心に訴えて正しく理解してもらわなくてはなりません。フィルビー氏について証明されていることは、バージェスを自宅に滞在させたことと、共産主義者の友人が数名いたことだけであります。確かに友人の選択ではあまり賢明でなかったかもしれませんが、それでは、ここにおいでの下院議員の皆様のうち、自分の友人は疑惑の影が何一つない人間ばかりだと言える方が、果たしてどれほどいらっしゃるでしょうか？

労働党議員の席から、またごまかすのかという不平の声が上がった。「いったい誰が誰をどういう口実で隠しているのか、同じサークルかクラブの会員だからなのか、それとも親しい友人だからなのか、それともほかに理由があるのか、とにかく考えを改めなさい。それもすぐに」と、北部出身の手強い下院議員フランク・トムニーが言った。

リプトンは反撃を試みた。「私は、下院の中であろうと外であろうと、職務の遂行中は誰からも発言を禁じられたりはしない」と怒鳴った。「外で言ってみろ！」。保守党議員らが大合唱を浴びせる。リプトンは弱々しくこう答えた。「フィルビー氏ですら、それを議会の外で繰り返すよう求めたりはしていない」。そう言うと、見るからに力なく腰を下ろした。

いよいよフィルビーがとどめを刺す番だ。事前にエリオットは、マクミランが身の証しを立ててくれるだろうが、単に無実を勝ち取るだけでは不十分だと忠告していた。リプトンに彼の主張を、公の場で、屈辱的な形で、早急に撤回させる必要がある。エリオットと電話で相談した後、フィルビーは母親に、電話がかかってきたら、全員に明日の午前に母の住むドレイトン・ガーデンズのアパートで記者会見を開くと伝えるよう頼んだ。

世紀の名演

一一月八日、午前一一時の少し前、フィルビーが玄関を開けると、そこには彼が新たに有名人になったことを示す嬉しい光景が待っていた。吹き抜けの階段が、世界中の報道機関から集まってきた記者たちでごった返していたのである。「こりゃすごい！」と彼はつぶやいた。「さあ、入って」。フィルビーは、周到に準備していた。きれいにひげを剃り、きちんと散髪し、仕立てのよいピンストライプのスーツを着て、地味で保守的なネクタイを締め、飛び切りの魅力的な笑顔をたたえていた。記者たちは母親の居間にぞろぞろと入り、壁際に並ぶ。カメラのフラッシュがポッポッとたかれる。フィルビーは、昔ながらの騎士道精神を誰の目にも分かるように（しかも計算の上で）発揮し、ひじかけ椅子に座っている記者に対して、中に入れず入り口付近に立っている女性記者に席を譲ってもらえないかと言った。男は飛び上がって席を譲った。テレビ・カメラが回り始めた。

その後に続いたのは、見事な名演技であり、政治家や弁護士でもこれに匹敵する者はほとんどいないと思えるほど、冷静に大衆を騙したショーであった。口ごもる様子もなければ、緊張していたり恥ずかしく思っていたりする気配もない。フィルビーは、全世界の人々の目をしっかりと見つめ、堂々と大嘘をついた。フィルビーの有名な記者会見の映像は、今もＭＩ６では、虚偽の陳述を学ぶ上級クラスで教材として使われている。

フィルビーは、まず準備していた声明を読み上げ、今まで公の場で発言しなかったのは、公職守秘法に署名していたため公務員の地位で得た情報を公開することが法的にできなかったからだと説明した。「我が国の情報機関の有能さは、その組織、人員および手法が公開されてしまうと、それだけで低下しかねないのです」と語り、その口調は、まるでイギリス政府の役人がイギリスの守秘義務に関する古くからの規則を弁護するかのようだった。

ＮＢＣのアメリカ人記者エドウィン・ニューマンが、代表して質問した。

第三の男が実在するとして、その第三の男とは、実はあなたなのではないですか？

いいえ、違います。

実在すると思いますか？

ノー・コメント。

フィルビーさん、あなたご自身は、バージェスとマクレインが失踪して数か月後に、外務省から職を辞すよう求められたわけです。外務大臣は、あなたが過去に共産主義者と交際していたと言っていました。それが、あなたが辞職するよう求められた理由ですか？

私は、軽率な交際のため辞職するよう求められたのです。

それはバージェスとの交際ということですか？

そうです。

噂されている共産主義者との交際については、どうでしょう？　何かおっしゃりたいことはありますか？

私が最後に、相手が共産主義者だと知った上で共産主義者と話したのは、確か一九三四年です。

それはつまり、あなたはそうとは知らずに共産主義者と話をしたことがあり、そういう自覚がなかったということですね。

そうですね、バージェスと最後に話したのは、一九五一年の四月か五月です。

彼は自分が共産主義者であるような印象は与えなかった？

ええ、まったく。

バージェスとは、一時ワシントンで一緒に暮らしていたわけですが、そのバージェスを今も友人だと思っていらっしゃいますか？　今、彼に対してどんな感情を抱いていますか？

彼のしたことは残念だと……

ここでフィルビーは、ほんの一瞬だけ間を取った。それはまるで、心の中で葛藤する義務感や良心や個人的友情といった思いや、親友に裏切られた苦しみと格闘する男の姿のように見えた。

……友情という点からは残念だと思いますが、できればあまり多くは話したくありません、とても複雑なものですから。

自分を告発したリプトンについて、フィルビーは、下院の外で同じ主張を繰り返すか、そうでなければ、持っている情報をすべて関係当局へ提出するよう求めた。

記者会見は終わった。フィルビーは、以前と変わらず気前のよい主人として、集まった記者たちに母のダイニング・ルームでビールとシェリー酒を振る舞った。あるアメリカ人記者は冗談に「あなたはマスコミの習性をたいへんよくご存じのようだ」と言った。その後のマスコミ報道は、いずれもフィルビーに好意的で、フィルビーは正直で立派な政府の役人であり、共産主義者であることを隠していた友人のために失脚したが、今ではその無実が完全に証明されたと報じた。ソ連の情報将校ユーリ・モジンは、夜のニュースで記者会見を見て、フィルビーの「息をのむような」名演に驚嘆し、次のように書き記している。

「キムは、手持ちのカードを申し分ないほど巧みに切った。私たちは、彼と同じく、イギリス政府は彼に対して不利な証拠を持っていないと判断した」。

マーカス・リプトンは、恥を忍んで引き下がるよりなく、告発を「深く後悔している」と言って正式に撤回した。

「私の証拠は薄弱だった」とリプトンは認めた。「事ここに至って、私の法律顧問から引き下がるようにとの助言を受けた」。フィルビーは短くて慇懃《いんぎん》な声明を発表した。「リプトン中佐は、正しいことをしました。私に関する限り、この件はこれでおしまいです」。

フィルビーの完勝だった。エリオットは、フィルビーが勝利し、組織に戻ってこられる見込みが出てきたことに「大喜びした」。これで追いはぎ貴族たちは、積極的に「かつての部局による彼の再雇用を求める」ようになるだろうし、そうなればフィルビーにとっては「ソ連のためにさらに働く」見込みが増えることになる。

ところが、エリオットが旧友の名誉を回復させた、まさにそのとき、彼自身の情報将校としての評価が、再浮上が見込めないほど沈み込もうとしていた。

水面下のクラレット作戦

一九五六年四月一九日の明け方、ゴム製のダイビング・スーツを着て足ひれを付けた目立つ人影が、ポーツマス港の浮桟橋キングズ・ステアズを横歩きでよたよたと歩いていき、待機していた小型ボートに乗り込んだ。男は、身長が一六五センチしかない。頭にはウールの目出し帽をかぶって、その上からダイビング・キャップを着用し、背中には九〇分間潜水するのに十分な量の酸素が入ったタンクを背負っている。彼は、勲章を受けた戦争の英雄で、イギリスで最も有名な潜水工作員であり、その名をライオネル・「バスター」・クラブ海軍中佐といった。

流れる霧の向こうには、遠くにソ連の軍艦三隻の姿がぼんやりと見える。親善使節としてイギリスに到着したばかりで、今は南鉄道埠頭《ふとう》に停泊中だ。漕艇《そうてい》員がボートを漕ぎ出し、海岸から約七五メートル沖へ向かった。クラブは、空気タンクを調整し、海軍省研究課から支給された新型の実験用カメラを手に持つと、歩いていたときからずっと立て続けに吸っていたタバコの火を消した。彼の任務は、ソ連の巡洋艦オルジョニキーゼの下に潜り、竜骨とプロペラと舵を調査して写真に撮影し、戻ってくるというものだった。長時間、寒さに震えながら単独で潜水しなくてはならない。海は非常に冷たい上に、水深一メートルでも視界がほとんどゼロというほど汚い。もっと若くて健康な男であっても、この仕事には尻込みしただろう。鬱病気味の不健康なチェーン・スモーカーで、数時間前までぐでんぐでんに酔っ払っていた四七歳の男にとって、これは自殺行為と言ってよかった。

暗号名を「クラレット作戦」というこの任務は、ニコラス・エリオットの冒険行為に見られる特徴を何から何までそろえていた。大胆で、想像力に富み、型にとらわれておらず、そして何より、正式な認可を何一つ受けていなかった。

七か月前、ソ連共産党第一書記のニキータ・フルシチョフは、ニコライ・ブルガーニン首相を同道して初めてイギリスを訪問すると発表した。イギリスへは、ソ連の最新鋭巡洋艦オルジョニキーゼに乗り、二隻の駆逐艦に護衛されてやってくる。その後、特別列車に乗ってロンドンへ行き、首相官邸でアントニー・イーデン首相と夕食を共にする予定だ。この訪問を、外交官たちは冷戦における重要な雪解けだとして歓迎した。スパイたちは、それとは違ったチャンスと見ていた。

噂によると、ソ連は新型プロペラを開発し、さらに潜水艦を避けるため水中ソナー技術を向上させたと言われていた。軍拡競争が全力で進められていた当時、ＭＩ６と海軍情報部はさらなる情報を見つけ出したいと思っていた。また、これには報復の意味合いもあった。先だってイギリスの軍艦がレニングラード［現サンクトペテルブルク］に停泊したとき、エリオットいわく「潜水工作員があちこちから浮上してきた」という。ソヴィエト側にできることなら、ＭＩ６はもっと上手に、もっと秘密裏にできるはずだ。

情報機関はさっそく行動を開始した。MI5は、フルシチョフが宿泊するクラリッジ・ホテルのスイート・ルームの盗聴に取りかかり、電話に盗聴器を仕掛けた。海軍情報部は、ソヴィエト艦船の底部の調査を「情報優先度の高い案件」として実施するよう訴えた。MI6のロンドン支局長であるエリオットは、諜報活動にとってまたとないこの機会を活用する責任者となった。よく聞く下品な言い方で彼も述べているが、「我々は、あのソ連女性たちの尻をもっと近くで見たかった」のである。そして彼は、この仕事にピッタリの男を知っていた。

ライオネル・クラブのニックネームは、アメリカの俳優・スポーツ選手・ピンナップボーイであるバスター・クラブから採られたものだ。バスター・クラブは、映画『フラッシュ・ゴードン』シリーズで主役を演じ、一九三二年のオリンピックでは水泳選手として金メダルを獲得している。一方、イギリス人のほうの「バスター」・クラブは、ほとんどの点でアメリカ人のバスター・クラブとはまるで違っていた。イギリス人で、背が低く、泳ぎも下手だった（足ひれがないと、プールを一往復半するのがやっとだった）。鼻が高く、目がキラキラしていて、小柄だったため、その姿は水中を行くガーデン・ノーム（庭に置くこびと人形）のように見えたかもしれない。しかし、驚くほど勇敢で、とてつもなく元気はつらつとしていた。南ロンドンの貧しい家庭に生まれた彼は、まず商船員となり、その後、大戦が始まるとイギリス海軍に入り、潜水兵として訓練を受けた。一九四二年にはジブラルタルへ派遣され、一帯で激しさを増していた水中戦に参加した。当時ここでは、イタリア軍の潜水工作員たちが、小型潜航艇や吸着機雷《きらい》を使って数千トン分の連合国艦船を沈めていた。クラブと仲間の潜水兵たちは、これを食い止めようとして、敵の潜水兵を爆雷で吹き飛ばしたり、潜航艇を迎撃したり、吸着機雷を船体からはがしたりして、目覚ましい成果を上げた。戦争が終わると、クラブはヴェネツィア港とリヴォルノ港で掃海《そうかい》任務に当たったほか、シオニスト軍事組織イルグーン団が水中爆弾でイギリスの艦船を攻撃し始めると、呼ばれて信管の除去作業を行なった。危険が非常に大きい作業の連続だったが、クラブは生き残り、「職務に対する勇敢な献身」に対してジョージ勲章が当然のごとく授与された。彼は、短期間ながら有名人になった。男の子たちがどっと押し寄せ、新聞にもたびたび載った。復員後も長きにわたり海軍のため水中での変わった仕事や秘密の仕事、あるいはきわめて危険な仕事をやり続けていた。

　エリオットは、戦時中にクラブと知り合い、彼を「誰よりも誠実で愛嬌のある男であり、(中略)同時に、この国はもとより、おそらく世界中で最も優秀な潜水工作員」だと評した。クラブは、市民生活に戻ると目立つ格好で人目を引いた。何しろ、ベージュのツイードを着て、片眼鏡をかけ、ポークパイ・ハットをかぶり、手にはスペイン製の仕込み杖を持ち、しかも杖の握りは銀製で、蟹《クラブ》の形に彫られていた。しかし、この「心優しい小柄な奴」には、それとは違う影の側面があった。重い鬱病に悩んでおり、ギャンブルとアルコールとバーのウェイトレスが大好きだった。女性をディナーに連れていくときは好んで潜水工作員の格好をしたが、それが期待した効果をもたらすことは、当然ながらほとんどなく、女性との恋愛は失敗ばかりだった。一九五六年には、結婚したものの数か月しか持たず、離婚手続きを進めていた。仕事も、モデル、葬儀屋、美術商と転々と変えたが、戦時中に大活躍した大勢の人と同じく、彼にとっても平和は退屈で幻滅させられるものでしかなかった。寄る年波も感じていた。エリオットから連絡があったとき、バスター・クラブは、ロンドンのシーモア・プレイス通りにあるエスプレッソ家具店に勤め、カフェにテーブルを売っていた。クラブは、迷うことなく任務を引き受けた。「また海に潜って、女の子たちを取り戻したい」のだという。報酬の話はなかった。その代わり、エリオットは冗談に、もしオルジョニキーゼの調査がうまく行ったら、クラブには「数年間のウィスキー支給」を約束してもいいと言った。もちろん、クラブが適任かを疑う者もいた。ＭＩ６の技術将校ジョン・ヘンリーは、クラブが「心臓発作を起こす」可能性があると指摘している。しかし、エリオットは「クラブは今なお、イギリスで最も経験豊富な潜水工作員であり、完全に信頼できる。（中略）彼は、個人的な動機だけでなく愛国心にも動かされて、ぜひこの仕事をしたいと願い出たのだ」と言い張った。元海軍兵士で、ＭＩ６の海軍連絡部隊を統括していたテッド・デイヴィーズが担当将校に任命された。

彼らは知っていた

クラレット作戦は順調に滑り出したが、それはどうやら、上層部が誰も十分な注意を払っていなかったためらしい。外務省の役人で、MI6を監督するため配属されたばかりのマイケル・ウィリアムズは、ソ連の首脳訪問に際して実施される可能性がある作戦のリストを渡された。そのとき「危険な作戦はファイルの前のほうにあり、安全な作戦は後ろのほうにあります」と告げられた。この日ウィリアムズは、朝に父親を亡くしたばかりで取り乱していた。しばらくして、彼は何のコメントも付けずにファイルを返した。MI6は、これで外務省の承認を得たと考えた。ウィリアムズは、自分より上の者がすでにゴーサインを出しているに違いないと考えた。海軍省は、MI6が任務を実行するのだから、MI6が責任を取るのだと考えていた。MI6は、そもそも情報を求めたのは海軍省なのだから、海軍省が責任者だと考えていた。そして首相は、自分が命令したとおり、スパイは一切活動していないと思い込んでいた。

前年九月、フルシチョフ訪問が最初に議題に上ったとき、アンソニー・イーデンは強い調子で「これらの艦船は我々の客であり、向こうがどのように振る舞うと我々が考えているかに関係なく、発覚の恐れが少しでもある活動は一切これを行なってはならない」と明言した。イーデンは、マクミランと同じくスパイ活動を嫌っており、冒険好きなMI6の連中に、慎重な対応が必要な国際外交の場面を台なしにさせるつもりなど毛頭なかった。後にエリオットが、誰がどんな資格で作戦を承認したのかと詰問されたとき、肩をすくめながら口にした次の返答が、すべてを物語っていた。「我々に指揮系統はありません。クラブのように活動しているのです」。

ソヴィエト代表団が到着する一週間前、アントニー・イーデンは、オルジョニキーゼを水中から偵察する計画が準備中だと知らされると、さらに厳しい態度で強く反対した。「申し訳ないが、今回はこうした類のことを一切やってはならない」と書面で通達した。後にエリオットは、「作戦は、海軍省の関心を保証する書面を受け取ってから開始されたのであり、政府の許可を与えられたものと強く確信していた」と言い張った。首相の禁止通達を知らなかったか、あるいは、こちらの可能性のほうが高いが、知っていて無視したのだろう。

そのころキム・フィルビーはアイルランドにいた。大勝利に終わった記者会見の直後、友人で、かつてトルコのイギリス大使館で報道参事官を務めていたウィリアム・アレンから、一族が経営する大きな印刷・ポスター会社デイヴィッド・アレン&サンズの一〇〇年史を書く仕事を依頼されたのである。アレンはイートン校出身で、だからおそらくエリオットが、この事実上の「ワーキング・ホリデー」を手配するのに一役買っていたのだろう。また、アレンはファシズムの支持者であり、イギリスでファシスト運動を主導したオズワルド・モーズリーの親友だったから、客であるフィルビーとは、これ以上ないと言っていいほど政治的意見がかけ離れていた。しかし、それが障害となることはなく、フィルビーはアレン家がウォーターフォード県に有する家に生活費をアレン持ちで数か月間暮らし、印刷術とインクと紙についての非常に退屈な本を執筆した。イギリスに帰ってきたのは、ちょうどクラレット作戦が始まろうとしていたときだった。フィルビーは「クラビー」をよく知っていた。セクションVでイベリア班の班長だったとき、クラブが戦時中にジブラルタル沖で上げた手柄に携わっていた。きっとエリオットは、訪問中のソヴィエト代表団を水中から訪ねるため、昔なじみの戦友である偉大な潜水工作員を退役生活から引き戻したことを、フィルビーに告げずにはいられなかったことだろう。

ソ連のミニ艦隊が到着する予定日の前日、バスター・クラブとテッド・デイヴィーズは、列車でポーツマスへ行き、サリー・ポート・ホテルにチェックインした。デイヴィーズは、やや創意工夫に欠ける偽名「スミス」を書き込んだが、さらに「外務省所属」と書き加えた。クラブは、ホテルの宿帳に本名を記した。その後、クラブはイギリス海軍練習船ヴァーノンで潜水教官をしている友人ジョージ・フランクリン海軍大尉と連絡を取った。事前にフランクリンには、潜水任務の準備と追加装備の手配を手伝ってくれるよう、内緒で頼んで承諾してもらっていた。翌日クラブは、ソ連の軍艦が入港する様子を強力な双眼鏡で観察した。それから飲みに行った。クラブは、ポーツマスに大勢友人がおり、その全員が彼に一杯おごりたがった。長々とパブをはしごする間、クラブが「潜ってソ連女の尻をちらっと見て」くれば六〇ギニーもらえることになっていると自慢するのを周りの人間が耳にした。潜水の前夜、クラブはウィスキーのダブル五杯と、水代わりの「チェーサー」としてビールを同じく五杯、飲んだ。

翌朝、フランクリンは、チチェスターで潜水用品店ハインケから購入したツーピースのピレリ社製ダイビング・スーツをクラブに着せるのを手伝い、足ひれを渡し、彼の背負ったエアタンクのバルブを調節した。制服姿の警官二名が二人を連れて波止場を抜け、キングズ・ステアズに降りた。フランクリンがボートを漕ぐ間、クラブは船尾に座ってタバコを吸った。午前七時ころ、クラブは装備の最終チェックをすると、船べりから後ろ向きに、小さくドボンという音とともに海へ入り、気泡を残して暗い海に消えた。二〇分後、彼は再び姿を現すと、やや息を切らせながら、フランクリンに「もう一ポンド［約四五〇グラム］分のウェイト」を着けてくれと頼んだ。そして姿を消した。

オルジョニキーゼの艦上では、ソヴィエト側が待っていた。

次に何が起きたのかは、今に至るまで推測の域を出ておらず、想像をたくましくしての当て推量や、まったくの空想で語られてきた。

二〇〇七年、ソヴィエト海軍退役兵エドゥアルト・コリツォフなる七四歳の人物が現れ、次のような説明をした。いわく、彼はソヴィエト海軍で通称「バラクーダ」と呼ばれる部隊に所属し、戦闘潜水員の訓練を受けていた。一九五六年、二二歳のコリッツォフは、オルジョニキーゼに乗船していた。四月一九日の朝、彼は命令を受け、艦の下に潜ってスパイ活動している潜水工作員がいないかパトロールしていたところ、午前八時ころ、船体の右《う》舷《げん》で吸着機雷らしきものを持った潜水兵を発見した。この潜水兵はたいへん小柄に見えたため、最初コリッツォフは子供ではないかと思った。艦に危険が差し迫っていると感じたコリッツォフは、背後から近づきながらナイフを引き抜くと、潜水工作員のエア・チューブを切断し、それから喉元を切り裂いた。その後、死体は港の奥へ流れていった。コリッツォフは、このときの行為でソ連の勲章を授与されたと語り、ライオネル・クラブを殺すのに使ったというナイフも見せた。

　コリッツォフの主張は、信憑性では、クラブ中佐の奇妙な事件をめぐって今も唱えられている無数の説と大差がない。そもそもクラブ事件そのものが、作り話が多くまとわりつきすぎていて、完全に解明するのはもはや不可能であろう。ただ、コリッツォフの話には、明らかに真実味を含んだ部分が一つある。「イギリス人スパイからの通報で、彼が待ち構えていた」ことだ。つまりソヴィエト代表団は、どうやらほぼ間違いなく、クラブが水中から訪問するのを事前に知って十分に準備していたらしいのだ。ソ連海軍の水兵三名が、二隻の軍艦の間から潜水工作員が頭を出し、すぐに潜ったのを見ている。これが、バスター・クラブが生きているところを目撃された最後になった。

とんでもない騒ぎになるぞ

ポーツマス港に日が昇ってもクラブが帰ってこず、ジョージ・フランクリンは、とんでもないことが起こったに違いないと思って愕然とした。ボートを漕いで浮桟橋に戻ると、テッド・デイヴィーズに、クラブが消えたと告げた。通常なら救助隊を派遣し、行方不明の潜水工作員が生きて見つかることを願って、ただちに港をくまなく捜索するところだが、そんなことをすれば、何が起きているのかをソヴィエト側に知らせることになってしまう。デイヴィーズは大急ぎでサリー・ポート・ホテルに戻ると、自分の荷物とクラブの荷物をまとめ、慌ててロンドンへ戻った。クラブが行方不明という知らせに、イギリス情報機関の上層部はパニックの洪水に襲われた。あるＭＩ５将校は、「これが表沙汰になったら、とんでもない騒ぎになるぞ」と言って、窮地のイギリス人がよくやるようにクリケットの比喩を持ち出し、こう断言した。「おれたち全員アウトになってベンチに下がることになる」。

ＭＩ５とＭＩ６と海軍情報部は、上司である政治家と訪問中のソヴィエト代表団と国民から真実を隠そうと、共謀して典型的な隠蔽工作を実施した。公式発表のため、クラブは「ある水中器具の試験に関連して特別に雇用」されたが、ポーツマスから五キロほど離れたストークス湾での潜水試験から戻ってきておらず、現在は行方不明になり、「溺死《できし》したと推定」されるという嘘がでっち上げられた。警官がサリー・ポート・ホテルに派遣され、宿帳から証拠となるページを引きちぎった。ホテルのオーナーには、これはすべて極秘だと告げ、口をつぐんでいるよう警告した。しかし、MI5のディック・ホワイトは、何が待ち構えているか承知していた。「残念だが、いずれ事は露見するのではないかと私には思える」と、冷徹に予言した。クラブの家族と友人たちが騒ぎ出し、マスコミが嗅ぎ回り、ソヴィエト側は、この状況から外交上の得点を最大限に引き出すことに決めていた。

クラブが行方不明になった翌日の晩、ロンドンではアントニー・イーデンが、ソ連の指導者を主賓とする晩餐会を開き、これには閣僚や王族も出席していた。宴たけなわのころ、ニキータ・フルシチョフは巡洋艦オルジョニキーゼを話題にし、明らかに冗談として「行方不明物または紛失物」について触れた。しかし、フルシチョフは曖昧な返事しかもらえなかった。誰もが笑みを浮かべるが、フルシチョフが何のことを話しているのか、誰も分からなかったのだ。次の夜、オルジョニキーゼの艦長V・F・コトフ海軍少将が、ポーツマスの海軍当局主催の晩餐会に出席した。コーヒーの時間になると、彼はイギリスの海軍少将に、三日前、オルジョニキーゼと並んで停泊している駆逐艦ソヴェルシェンヌイに乗っている水兵たちが、潜水員が海面にいるのを見つけたと語った。コトフ少将は、わざと心配そうなふりをして、その潜水員には「何か問題が発生して」いたようだと言い、「無事だといいのですが」と告げた。イギリス側の少将は、その日に潜水作戦は一切行なわれていなかったと厳しい口調で否定した。

タイミングを見計らってのソヴィエト側の質問を受けて、これ以上真実を首相に隠しておくのは不可能になった。アントニー・イーデンは、自分の直接命令が無視されて隠密作戦が実施され、有名な潜水工作員が行方不明になっておそらく死亡し、ソヴィエト側がそうした事情をすべて知っていると分かって、激怒した。首相は、誰が潜水作戦を許可し、失敗の事実をなぜ四日間も隠していたのかを知らせよと迫った。今ではマスコミも唾《つば》を飛ばしながら質問して回り、クラブの家族は回答を求め、この問題は見る見るうちに大ニュースとなり、その上、ホテルの宿帳が改竄《かいざん》されていたことが発覚すると、報道はさらに過熱した。五月五日、ソヴィエト側は、今度は正式な外交ルートを通じて抗議し、「ポーツマスのイギリス海軍基地を訪問中のソヴィエト軍艦の横で秘密潜水作戦を実施するという尋常ならざる事態」について十分な説明を求めてきた。外務省を通じて言い訳めいた回答が出され、「本件について遺憾《いかん》の意」を表明したものの、クラブが駆逐艦に近づいたのは「まったくの独断による」ものだと言い続けた。さらに恥ずかしいことに、外務省が作成したが採用されなかった回答の草案は、クラブの死を本人のせいにしようとして、彼は「助手から呼び戻されても注意を払わなかった」と主張し、「冒険心から彼は自らの決断でソ連艦船を調査しようとしたのであり、（中略）独断で実施した冒険で潜水中に死亡したとしか想定できない」と結論づけていた。

五月九日、イーデンは下院で苦虫をかみつぶしたような顔をしながら声明を出し、その中で、作戦の詳細を公表するのは拒否したものの、責めを負うべきなのは自分ではないことを非常にはっきりと述べた。

> クラブ中佐が最期を遂げたと思われる状況について情報を公開するのは、公共の利益になるものではないと考えられます。確かに大臣が責任を取るのが通例ではありますが、本件の特殊な事情を考慮すれば、今回の件は、イギリス政府の大臣の認可または了解なしに実施されたことを明確にする必要があると思います。厳正な懲戒《ちょうかい》処分を下す所存です。

ソ連の新聞プラウダは、はたから見ても分かるほど大喜びしながら、「その国へ親善訪問のためやってきた者たちに向けられた水中での恥ずべき諜報作戦」を公然と非難した。

クラレット作戦は、紛れもない大失敗だった。何しろ、政府の顔に泥を塗り、ソヴィエト側に格好の標的を与え、冷戦での相互不信を募らせ、有益な情報は何一つ得られず、イーデンの外交的大勝利を外交的大惨事に変え、情報機関どうしの内部抗争を再燃させ、れっきとした戦争の英雄を死に至らしめたのである。一か月たってもイーデンの怒りは収まらず、この「お粗末で不手際な作戦」について処罰を行なえと要求していた。この件に関する二三ページの報告書は、いかにも官僚的な曖昧表現が満載で、首相の怒りを示す「バカバカしい……命令違反……これは何も証明していない」といった走り書きがあちこちに見られる。海軍大臣は辞表を提出した。MI5は、ある将校いわく「MI6の冒険主義が典型的に現れた、杜撰《ずさん》な計画に基づいて稚拙《ちせつ》に実行された事例」だと言って非難した。この騒動の余波で最も割を食ったのは、MI6長官サー・ジョン・「シンバッド」・シンクレアだった。イーデンから、退職をただちに前倒しするよう命じられて一九五六年七月に職を去り、後任にはディック・ホワイトが、姉妹組織を引き継ぐためMI5から移ってきた。MI6の本部にやってくると、ホワイトは新副長官ジャック・イーストンから注意を受けた。「私たちは、いまだに昔気質のスパイなのです。もうじき新たな第二次世界大戦を戦うのだと考えている威勢がいいだけの青臭い連中が多すぎるのです」。誰のことを指しているのかは、言うまでもないだろう。

　ニコラス・エリオットは、「一人だけのピッグズ湾事件［一九六一年、CIAの支援を受けた亡命キューバ人グループがカストロ政権打倒のためキューバのコチーノス湾へ侵攻を企て失敗した事件］」と同僚の一人が後に呼んだ本件の責任を取って解雇されるべきだった。しかし、意外なことに彼は生き残った。無傷とはいかなかったが、クビだけは免れた。ほかの組織では、とうてい考えられないことだ。エリオット本人も言っていたように、ここは会員を守るクラブなのだ。彼は、いかにも彼らしい無頓着《むとんちゃく》さで「カップの中の嵐だったものが、愚行によって吹き荒れ、外交上の大事件に発展し、ＭＩ６に対する筋の通らぬ不信を招いた。問題への対処という点で、無能の責任は政治家、とりわけイーデンにあった」と書いている。エリオットはロンドン支局長の座に居続け、彼であれ誰であれ情報機関の人間には責任がないときっぱり否定した。バスター・クラブについては、エリオットは生涯、彼の名誉を守り続け、この友は職務の遂行中に死んだのだと言い張った。「クラブは、勇敢であり、愛国者であった」とエリオットは記し、「そうした資質によって、彼は自分が実施したことを自ら志願してやった」と書いている。クラブは忠誠心を身をもって証明したのであり、エリオットに言わせれば、ただその点だけが重要なのだった。

　クラブが行方不明になって一年以上たったある日、チチェスター港にあるピルジー島沖の海上で腐敗しかけた死体が浮いているのを地元漁師が発見した。頭部と両手は腐敗のため完全に失われていたが、検死の結果、ピレリ社製ダイビング・スーツを着ていたため残っていた胴体部の特徴から、この小さな死体はライオネル・クラブのものだと断定された。しかし、検死官が死因を不明としたのに加え、頭部と両手が失われていたため、無数の陰謀説が唱えられ、それは今に至るまで、ほとんど衰えることなく続いている。いわく、クラブはソ連へ亡命した。いわく、ソ連の狙撃兵に撃たれた。いわく、捕虜となって洗脳され、ソ連海軍の潜水教官として働いていた。いわく、ＭＩ６の二重スパイとして意図的にソ連に送り込まれた。中には、南アフリカの霊能者の話として、クラブはオルジョニキーゼにあった秘密の水中格納庫に吸い込まれ、拘束された後で海に投げ捨てられたのだというものさえある。八年後も、あの疲れを知らない下院議員マーカス・リプトンが、この件を再調査すべきだと求めたが、成果はなかった。クラブ事件の謎が完全に解明されることはなかったが、この小柄な潜水工作員は、ある意味で不死の存在となった。クラブは、ジェームズ・ボンドのモデルの一人として名を挙げられているのだ。イアン・フレミングは、海軍情報部の将校だったためクラブをよく知っており、クラブ事件をヒントにして『サンダーボール作戦』のプロットを思いつき、ボンドは水中翼船ディスコ・ヴォランテ号の船底を調査することになった。

　クラブの死因については、エリオットの意見が今でも最も可能性が高いように思われる。「彼は、ほぼ間違いなく呼吸器系の問題で死んだのだろう。ヘビー・スモーカーであり、健康状態も万全ではなかった。あるいはもしかすると、装備に何か問題が発生したのかもしれない」。エリオットは、ソ連側がクラブを殺したのかもしれないという説は考えるまでもなく退け、彼が裏切ったなどという考えは頭の中を一瞬もよぎらなかった。しかし、それから五〇年以上たって、元ソ連海軍の潜水兵が秘密の闇から姿を現し、自分がその手でクラブを殺し、しかも事前にイギリス人スパイから通報があったと主張した。

　もしソヴィエト側が事前に水中作戦について警告を受け（今ではそうだった可能性が高い）、そのせいでクラブが死んだ（少なくともその可能性はある）のであれば、その情報を伝えることができた人物は一人しかいない。

キム・フィルビーは、七月にニコラス・エリオットから電話をもらい、「情報部に来てくれないか」と言われて心が沈んだ。マクミランによって疑惑が晴れてからまだ八か月ほどしかたっていない。もしかして、MI5がすでに新たな証拠を見つけたのだろうか？　別の亡命者が現れたのか？

「また何か不愉快なことかい？」。フィルビーは用心して尋ねた。

「たぶん、その反対だ」とエリオットは答えた。

クラブ事件をめぐる激しい嵐に見舞われながらも、エリオットは彼独特の変わらぬ友情を証明するための時間を見つけていた。彼は、自分が約束し、（フィルビーも含め）誰もが不可能と思っていたことをやり遂げていた。フィルビーのMI6復帰を画策して実現させたのである。

14　ベイルートの男

現場に復帰

キム・フィルビーのイギリス情報機関復帰は、同窓生ネットワークが非常に円滑に機能していることを表していた。誰かの耳に一言入れると、相手がうなずき、友人の一人とクラブで一杯やり、そして歯車が動き出すという仕組みだ。

ニコラス・エリオットは、ジャーナリストと親交を深めるようにしており、地位の高い編集者数名とは親密な関係を維持していた。古株のジャーナリストを、定期的にホワイツでのディナーに招いてはＣに紹介した。友人で戦争中は海軍情報部にいたイアン・フレミングは、サンデー・タイムズなどを傘下に収めるケムズリー新聞社の外信部長になっていた。「当時ＳＩＳは、役立ちそうな人物と接触を保っていた」と、後にエリオットは回想し、「イアンは非常に役に立った。然るべき地位の重要人物と知り合いであり、ときおり重要な情報を手に入れていた。シティーにいる人物に会う必要があるときは彼に頼んだし、ごくたまには現場にいる人間を紹介してもらうこともあった」と述べている。フレミングのほうも、心から喜んでイギリス情報機関の歯車に油を差した。「ケムズリー新聞社は、海外特派員の多くがMI6と協力するのを認め、MI6の活動員を海外特派員として受け入れることもあった」。もう一人、役に立ってくれたジャーナリストが、オブザーヴァー紙の編集長デイヴィッド・アスターだった。アスターは後にイギリス情報機関との関係を否定しようとするが、彼とエリオットの関係はかなり以前にまでさかのぼる。同じイートン校出身のアスターは、いとこで女優のジョイス・グレンフェルによると、一九三九年にオランダのハーグにいて、エリオットと同じ時期に「秘密情報活動をやっていた」。

一九五六年の夏、エリオットはアスターに一つ頼み事をした。フィルビーをベイルート駐在のフリーランス特派員として引き受けてくれないだろうか？　アスターは喜んで応じた。当時はスエズ危機が高まっており、中東にはジャーナリストが集まってきていた。フィルビーは、実績が十分あるし、以前オブザーヴァーに記事を書いたこともある。父親は現在レバノンの首都ベイルートに住んでいるので、その父を通じて中東地域の重要人物と会うことができるだろう。アスターは、やはりベイルートへ行けるフリーの記者を探していた週刊誌エコノミストの編集長ドナルド・タイアーマンと連絡を取り、話はまとまった。オブザーヴァーとエコノミストが共同でフィルビーの記事を利用し、年三〇〇〇ポンドの報酬ならびに旅費と必要経費を負担する。同時に、エリオットはフィルビーがＭＩ６での仕事を再開できるよう手配したが、これからは将校としてではなく、工作員として、世界で最も慎重さを要する地域の一つでイギリス情報機関のために情報を集めることになった。報酬の支払いは、ＭＩ６のベイルート支局長で、ニコラス・エリオットの親友であり、フィルビーとはウェストミンスター校時代に一緒だったゴドフリー・「ポール」・ポールソンを通じて行なうことにした。エリオットは、フィルビーが「再雇用されるのは、単なる正義のため」だと言ったが、情報活動の経験が長い有益な人材だったからでもあり、「この国は、フィルビーの能力なしにはやっていけなかった」。後にアスターは、ちょっと信じられないことだが、フィルビーが新聞社に記事を送りながら、その一方でＭＩ６のためにも働いていたとは知らなかったと主張した。本音と建前に挟まれたグレーゾーンは、エリオットが自由に動ける領域だった。当時、中東作戦の責任者になっていたジョージ・ケネディ・ヤングは、この件をそのまま認めた。「交渉はニコラスが全部やった」とヤングは言っている。「私はそれを承認するだけだった」。

フィルビーは、この二重の仕事の申し出を、ためらうことなく受け入れた。これは、誰にとっても好都合な取引だった。オブザーヴァーとエコノミストは、地元にいいコネがある経験豊かな記者を手に入れた。ＭＩ６は、この一触即発の地域で、ジャーナリストを隠れ蓑にして各地を自由に移動できるベテラン工作員を手に入れた。エリオットは、友人を職場に復帰させた。フィルビーは金をもらって、陽光の降り注ぐベイルートで新しい人生を始めるチャンスを手に入れた。

　MI6の新長官ディック・ホワイトは、以前は第三の男の捜索を指揮していたが、フィルビーの再雇用を食い止めようとはしなかった。というより、この段階では知らされていなかったのかもしれない。マクミランの声明発表後、フィルビーに対する追及は行き詰まっており、ホワイトの伝記作家いわく「古傷を開く気はなかった」。依然としてフィルビーの有罪を確信し、「エリオットが自身をフィルビーの最も忠実な支援者の一人と考えていることに怒りを感じ」ていたものの、ホワイトはフィルビーの話題が出ても「何の感情も」示さなかったと言われている。しかし、エリオットがフィルビーの復帰をあえて説明しなかった可能性もある。MI6の上級将校たちは、かなり広い自由裁量権を認められており、遠く離れた支局では、ほとんど監督を受けずに業務を遂行していた。ベイルート駐在の将校たちは、新しいCが自分たちの活動を「知らず」、「もし知ったら衝撃を受ける」だろうと思っていた。歴史家の中には、ホワイトは巧妙な罠の一環としてフィルビーをベイルートへ派遣し、フィルビーがソ連側情報機関と連絡を取るよう仕向けたのだと推測している者もいる。おそらく現実には、ホワイトは事情を完全には知らされておらず（おそらく知りたくもなかっただろうし）、エリオットも知らせたいとは思っていなかったのだろう。フィルビーを孤立無援の状態から引っ張り出した責任は、一人の人間に帰着する。

フィリップ・ナイトリーが書いているように、「彼にクラブに戻って働くチャンスを与えようとしたのは、彼の旧友であり、ＳＩＳで彼を最も熱心に弁護していたニコラス・エリオットであった」。

これで再び、エリオットとフィルビーの人生は肩を並べて進んでいくかのように思われた。フィルビーが中東へ向かう一方、エリオットは新たにＭＩ６のウィーン支局長になった。いつもなら大喜びするエリオットだが、今度の異動には熱意がほとんど湧いてこなかった。ウィーンは「見せかけだけの華やかさしかなく、腐敗の臭いがした」と書いている。街は野暮ったくて単調に見え、ハイレベルな諜報活動を行なえそうなチャンスもほとんどなかった。前任者はかつての学友ピーター・ランで、彼から住まいとして、ベルヴェデーレ宮殿の庭園を見渡すことができ、育ち盛りの子供を抱えていても十分に広い、快適なアパートを譲ってもらった。ほかにもランは、イレーネという名の短気なスロヴェニア人女性コックと、乗用車として赤のウーズレーを残していった（この車は、スパイにとっては非常に目立つ車だった。ウーズレーはウィーンにこの一台しかなかったからだ）。エリオットは、週末にはスキーへ行き、ウィーンの形式ばった情報将校たちをからかう一方、スパイ網の構築にも取り組んだ。しかし、オーストリアには飽き飽きしていた。「ウィーンの気候のせいでエネルギーが湧かない」と書いている。

フィルビー夫妻の関係は、夫のベイルート赴任が決まったことでついにけりがついた。

「キムの裏切り生活に悩まされ」、夫の無罪放免が知れ渡ったことから来るストレスに苦しめられた末に、夫がこの国を離れると知って、アイリーンはアルコール依存症の末期状態に陥った。彼女と子供たちは間違いなく一緒にベイルートへ行くことになる。アイリーンは夫を止めようとしなかったし、止めようとしたところで、どうにもならなかっただろう。担当の精神科医は、彼女の精神崩壊に驚き、精神科病院に一時入院させたほどだ。子供たちは寄宿学校にいたので、アイリーンはクロウバラの陰気な家に閉じこもり、フローラ・ソロモンによると「遊び歩いているキムと和解できるのではないかと期待して家を守っていた」。しかしフィルビーは、アイリーンに家の維持費は後で弁済すると告げて去っていった。

新たなポジション、新たな愛人

ベイルートは、エキゾティックで、緊迫していて危険に満ちた、人種と宗教と政治のるつぼで、しかも当時は高まるアラブ民族主義と冷戦の対立という波によって、いっそう熱気を帯びていた。ここは、一九五六年にはジャーナリズムにとって肥沃《ひよく》な土地であり、諜報活動にとってはさらに都合のよい場所だった。「レバノンは、検閲がなく、通信手段の整った唯一のアラブ国家だった」と、フィルビーが来る直前にこの街へ到着した新聞記者リチャード・ビーストンは書いている。「そのため必然的に、ベイルートは地域の情報収集拠点となり、サン・ジョルジュ〔ホテル〕とそのバーは活動の中心地、すなわち外交官と政治家とジャーナリストとスパイが情報を交換するバザールになった」。フィルビーは、八月にベイルート空港に降り立ち、そのままサン・ジョルジュのバーへ直行した。

ベイルートを担当するのは生易しい業務ではなかった。中東政治は、一九五六年の時点でも現在に劣らず複雑で流動的だった。しかし、フィルビーも内戦期のスペインで特派員として数年を過ごした経験から知っていたとおり、スパイにとってジャーナリストほど格好の隠れ蓑となる仕事はなかった。この職業なら、きわめて微妙な問題について、真正面から直截的にしつこく聞いても、疑念を抱かれることがない。オブザーヴァーの読者が興味を持ちそうな話題は、もっと深く掘り下げれば、イギリス情報機関にも伝えることができる。フィルビーは、政治家や軍の将校、外交官、他のジャーナリストなど、取材活動または諜報活動、あるいはその両方にとって役に立つ情報源となれそうな人物との人脈作りを開始した。フィルビーの二つの職業を分ける境界線は、最初から曖昧だった。彼の住まいは、当初は、父親がベイルート郊外に借りていた一軒家だった。当時老フィルビーは、イブン・サウードの後継者を批判して国外追放になり、この一軒家に住んでいたのである。シンジャン・フィルビーがサウジアラビアに戻ると、フィルビーはベイルートのムスリム地区にアパートを借りた。リチャード・ビーストンは、レバノンの首都に到着した直後のフィルビーと会っている。「彼は典型的なイギリス人で、ゆったりしていて礼儀正しく、楽しい人物であり、こうした点と、かなり痛々しい吃音症により、女性たちにとっては、たまらなく魅力的な男であった。彼なら、その魅力で小鳥たちさえ木々からおびき寄せることができただろう」。しかし、そうした気さくな面の裏で、フィルビーが心の内に孤独を抱えているのをビーストンは感じ取っていた。「彼は、かなり孤独で、身づくろいのできていない人物に見えた」。しかし、彼の孤独は長くは続かなかった。

エレナー・ブルーアーは、シアトル出身の四二歳、元建築家のアマチュア彫刻家で、以前は赤十字職員として働いていたこともあり、今はニューヨーク・タイムズの駐ベイルート特派員サム・ポープ・ブルーアーと結婚していた。背が高くてスリムで、気立てが優しく、絶えず動き回っている。夫と会ったのは戦時中のイスタンブールで、彼はニューヨーク・タイムズに記事を送り、彼女は戦時情報局の海外支局で働いていた。ニコラス・エリオットは当時の二人を知っており、イスタンブール社交界の魅力的なカップルの一組と思っていた。一九五六年には、エレナーは夫婦関係に不満を抱き、退屈していた。ビーストンの回想によると、彼女は「背がひょろりと高く、絶えず酒を飲んでいるアメリカ人女性で、外見からは気が強く洗練されているように思えた。その実、ロマンティストで、政治についてては単純な考えしか持っていなかった」。自由な精神の持ち主を自任する人の大半と同じく、彼女も非常に型にはまった人間だった。

サム・ブルーアーは、以前スペイン内戦の取材中にフィルビーと会っており、そのため、このアメリカ人記者は、かつての同業者がベイルートにやってきたと知ると、ぜひとも歓迎したいと思った。九月上旬、ブルーアーは長期の取材旅行のためベイルートを離れることになり、妻に、フィルビーのことを気に掛けておくようにと告げた。「もし私がキムと会ったら、友人に紹介して、彼の助けになれるよう、できることは何でもすることになっていました」と、彼女は後に語っている。やがてエレナーはフィルビーと会うのだが、その歓迎の態度は、夫が思っていた以上に温かかった。

一九五六年九月一二日、エレナー・ブルーアーがサン・ジョルジュで友人数名と飲んでいたとき、仲間の一人がバーにキム・フィルビーが座っているのに気づいた。彼女はウェイターを介して伝言を送り、こちらで一緒に飲まないかと誘った。

> キム・フィルビーについて私が最初に感じたのは、彼の孤独さでした。ある種の古風な慎み深さがあり、他のジャーナリストが打ち解けやすかったのとは一線を画していました。彼は当時四四歳、中背で、とてもやせていて、端整な顔にはしわが多く刻まれていました。目は濃い青でした。（中略）彼には天性の親しみやすさがあり、私は思わず彼には何でも自由にしゃべっていました。彼の美しい立ち居振る舞いに、とても感動しました。私たちは、彼の面倒を見ることにしました。彼はたちまち私たちの親友の一人になったのです。

フィルビーは、クリスマスをブルーアー夫妻と過ごした。サム・ブルーアーは、フィルビーと中東政治を論じて楽しんだ。フィルビーは、彼の妻と寝て楽しんだ。愛人関係になった二人は、彼らが「揺れる床《シェイキー・フロア》」と呼んだ小さなカフェで会った。もっとも、この店の床が揺れると思ったのは二人がここで飲んだ酒の量のせいだろう。二人は、一緒に野山へピクニックに出かけ、アラブ風のコーヒー・ハウスで水パイプを吹かし、一〇代の若者が書くような思いのたけを綴ったラブレターを交換した。「キムは、一緒にいると楽しい相手でした」とエレナーは書いている。「それまでの人生で、これほど優しく、これほど面白い人に会ったことはありませんでした」。エレナーは夢中になり、夫婦関係が冷えてきたのは夫のせいだと非難した。サムは政治にしか興味がなく、料理にケチをつけて「君のスフレは一度だってうまく行ったことがない」と文句を言うのだと愚痴をこぼした。フィルビーは、裏の生活と同じく、ここでも言い逃れと秘密の手紙と密会、つまり欺瞞のスリルを大いに楽しんでいた。秘密の情事を重ねる間も、フィルビーは監視を受けている様子はないか、ひそかにチェックした。誰も尾行してはいなかった。

　フィルビーがベイルートから送った記事は、平凡ながらも堅実なものだった。執筆を依頼されたテーマが、たとえば「アラブの奴隷少女」のように軽薄すぎると思える場合は、「チャールズ・ガーナー」という偽名を使った。ジャーナリズムの世界でも二重生活を採用したのである。また、ＭＩ６の担当官のための情報も集め始めた。彼には「何を求められているかについての確かな知識」があった。レバノンでの初期の情報活動は、その大半が、アラブ諸国の長老政治家と非公式に談笑し、「彼らが本音では何を考えているのかをイギリス政府に伝えること」だった。ＭＩ６は、明らかに満足していた。ベイルートに着任して一年後には、来訪中だったＭＩ６の中東担当部のトップに、海を見渡せる高級レストランでのランチへ連れていかれ、君の地位は安泰になってきているので報酬を増やすことにしたと告げられた。「何とか気に入られようとして」フィルビーはＭＩ６のため「できるだけ真面目に」働く決心をしたが、その一方で、必ず来るはずのＫＧＢからの連絡も待っていた。

欺瞞にとりつかれて

フィルビーのベイルートでの生活は規則正しいものだった。正午になると、サン・ジョルジュより人目に付かず値段も安いノルマンディー・ホテルへ行き、その日の最初の一杯として、ウォッカのＶ８野菜ジュース割りを飲み干し、それから郵便受けを開けて、新聞を読む。ある日の午後、見るからに外国人風の太った三〇代の青年が、フィルビーの座っているコーナー・テーブルに近づいてきて、名刺を手渡した。そこには「ペトゥホフ、ソ連貿易使節団」とある。

「オブザーヴァーとエコノミストの記事を拝見しました、フィルビーさん」と彼は言った。「とても掘り下げられていると思います。お話しする時間をいただけないかお伺いしたくて、あなたを探しておりました。私は、アラブ諸国の共同市場成立の可能性について特に興味を持っているのです」。

　この瞬間にフィルビーは、二重生活にピリオドを打ってもよかった。ペトゥホフに、私はあなたとアラブ諸国の経済について議論する気はないと説明して、ＫＧＢに、自分はもうこのゲームはやらないというメッセージを伝えてもよかった。一九三〇年代にスカウトされた他の工作員は、アントニー・ブラントのように、ソ連の情報機関と首尾よく関係を断っていた。彼には新たな人生と、新たな愛人と、両立可能で報酬も多い二つの面白い仕事があった。ニコラス・エリオットが守ってくれているので、ＭＩ５のさらなる調査を受ける心配もない。ジャーナリストや中東専門家としての評価も上がってきている。だから、ＫＧＢからの接触を難なく退けることができたはずだ。しかし彼は、アパートでお茶でも飲みながら話しましょうと言って、ペトゥホフを誘った。

　後にフィルビーは、この決断は純粋にイデオロギー的なもので、二二歳のときに誓った「ソヴィエト連邦への全面的献身」に沿うものだったと述べている。本人いわく、人生を導く指針である純粋な政治的信念から、そのように行動したというのである。彼は、スターリン主義の恐怖を目にして逃げ出した者たちを軽蔑していた。「革命の原理は個人の逸脱よりも永続するという確固たる信念に基づいて私は踏みとどまった」と書いている。フィルビーは後に、自分は不信の時期を経験し、考えが「人生で起きた恐ろしい出来事に影響を受け、ときには荒々しく修正された」と述べている。しかし、彼がケンブリッジ大学で初めて触れたイデオロギーに疑念を抱いたり、意見を変えたり、現実の共産主義体制で不正が横行しているのを真剣に認めたりした証拠は何一つない。フィルビーは自分の考えを、味方であれ敵であれ、打ち明けたり論じたりしたことはない。その代わり、聖職者も信者仲間も必要ない信仰を、完全に孤立したまま守り、維持していた。フィルビーは自分を、特定のイデオロギーを支持し、それに忠誠を尽くす者と見なしていた。だが現実には、彼は独断的であり、尊重した意見はただ一つ、自分の意見のみであった。

　しかし、フィルビーがKGBの傘下に是が非でも戻ろうとしたのには、政治以外の理由もあった。フィルビーは、欺瞞が楽しかったのである。秘密主義も、不倫という官能の罪と同じく、やめるのが往々にして難しい。自分の知識をひけらかすのが好きな人もいるが、それとは逆に、他人に話すことのできない情報を保持し、そのことから得られるひそかな優越感に喜びを見出す者もいる。フィルビーは、夫としては不実だったが、思いやりあふれる恋人であり、よき友人であり、優しい父親であり、パーティーでは気前のよいホスト役だった。親切に振る舞う才能の持ち主だった。しかし、彼は最も近しい人々にさえ真実を知らせずにいることを楽しんでいた。片や誰もが知っているフィルビーがおり、片や彼しか知らないフィルビーがいた。二重生活を送るのにアルコールが役に立った。酔っ払ってしまえば、本当の自分から切り離され、作り物の現実にのめり込んでいられる。フィルビーは、スパイ活動をやめたくなかったし、おそらくはやめたくてもやめられなかっただろう。中毒になっていたのだ。

ノルマンディー・ホテルで会った翌日、ペトゥホフは午後三時きっかりにフィルビーのアパートへやってきたが、ここは会合場所としては危険であり、二度とここで会ってはならなかった。基本原則が決められた。フィルビーのほうから会いたいと思ったら、特定の時刻に新聞を持ってバルコニーに立つ。ペトゥホフと緊急に会う必要がある場合は、本を持って立つ。以後、フィルビーと彼の新たな担当将校は、一定間隔を置いて、いつも日没後に、いつもベイルートで、いつも市内のどこか目立たぬ場所で、会うようになった。KGBのベイルート駐在所は、ユーリ・モジンによると、中東全域で展開されている工作員の「活動拠点」だった。フィルビーは、君が最優先にすべきは「この地域におけるアメリカ政府とイギリス政府の意図」を確認することだと言われた。彼は喜んで仕事に取りかかった。

一九五七年秋、エレナー・ブルーアーは夫に別れたいと告げた。サム・ブルーアーは、妻が情熱的な不倫を続けていたことにようやく気づき、反対しなかったので、エレナーは、フィルビーに「メキシコ離婚」してくると言って、娘を連れてシアトルへ戻った。当時メキシコでは、離婚手続きに配偶者の同席は必要なかったため、アメリカほど時間も費用もかけずに離婚することができたのである。これで残る唯一の障害は、アイリーン・フィルビーだけになった。

まだ有用なのか

フィルビーが出発してから、アイリーンの状況は急速に悪化していた。事実上一文無しで、ひどく不幸で、いつも酔っ払っていた。フィルビーは、アイリーンが「怠惰」だと不平を言い、時間の大半をクロスカントリー競馬に費やしていると言って責めた。金を何に使っているのか説明しない限り、これ以上現金は送らないと告げ、「領収書がなければ金はやらない」と言い切った。アイリーンは、精神科病院で過ごす期間が次第に長くなっていった。旧友のフローラ・ソロモンが、マークス・アンド・スペンサーの年金部からスチュアート・リズボナを、「身の回りの世話係を兼ねた監視役」として、「夫に捨てられた（中略）かわいそうなアイリーン」の元へ派遣した。

一九五七年一二月一二日、アイリーン・フィルビーは、クロウバラの自宅寝室で死んでいるのを発見された。彼女の友人たちは、酒と薬で自殺したのだと思った。かかりつけの精神科医は、根拠があるわけではなかったが、彼女は知りすぎていたためフィルビーに「殺されたのかもしれない」と疑った。検死官は死因を、心不全、心筋変性、結核、およびインフルエンザ罹患《りかん》による呼吸器感染と判定した。飲酒癖が死を早めたのも間違いない。彼女は四七歳だった。

エリオットは、アイリーンの悲劇的な最期をウィーンで知ると、ひどく動揺した。彼女は病気の間も「かなり気丈」に振る舞っており、その後もエリオットは、常に彼女を昔のままの「魅力的な女性であり、愛情あふれる妻であり母親である人」として記憶し続けた。しかし、その死をフィルビーのせいだと責める気にはなれず、「深刻な精神的問題」のせいで亡くなったのだと考えた。だがフローラ・ソロモンはそう考えず、フィルビーに直接かつ個人的に責任があると思っていた。彼女はこう書いている。「私は彼を記憶の中から消し去ろうとしました。けれど、このことだけは忘れることができません」。

リチャード・ビーストンと妻のモイラは、ベイルートのバーブ・イドリース地区でクリスマスのショッピングをしていたとき、通りの反対側にいたキム・フィルビーに呼び止められた。フィルビーは、道路を渡って走り寄ると、「素晴らしいニュースがあるんだよ」と興奮気味に言った。「君たちも一緒に来てお祝いしてくれ」。フィルビーはビーストン夫妻を引っ張ってノルマンディー・ホテルへ連れていき、強引に飲み物を勧めると、一通の電報を見せた。アイリーンの死を知らせるイギリスからの電報だ。これは「素晴らしい解放」だ、これで自由に「素晴らしいアメリカ人女性」と結婚できると、彼は言った。ビーストン夫妻は「唖然とした」。

イギリスではファーズ家が葬式の手配をすべて引き受け、フィルビーは葬儀に出席しなかった。フィルビー家の五人の子供たちは、母親がどこに埋葬されたかさえ知らない。エレナーが離婚を認められるには、さらに七か月かかった。離婚が正式に決まり、彼女がただちにフィルビーへ電報を打つと、こんな返信が来た。「お見事。素晴らしい。幸せな浮き浮き気分で帰っておいで。人生は奇跡のようだ。最大の愛をこめて。キム」。同じ日の朝、フィルビーは大急ぎでサン・ジョルジュへ行き、サム・ブルーアーを見つけた。二人の会話は、エレナー本人の描写を読む限り、寝取られ男と寝取った男の典型的なやり取りだったようだ。

フィルビー／「ここへ来たのは、エレナーから電報が来たのをあなたに伝えるためです。離婚が成立したので、誰よりもまずあなたに、私が彼女と結婚するつもりだということを知らせたいと思ったのです」

ブルーアー／「それが考えうる最善の解決策のようだね。ところで、イラク情勢をどう思う？」

キム・フィルビーとエレナーは、アイリーンの死からまだ一年ほどしかたっていない一九五九年一月二四日、ロンドンのホルボーン婚姻登録所で結婚した。ニコラスとエリザベスのエリオット夫妻は、ウィーンから帰国して、MI6の元同僚や現同僚らとともに式に出席した。エリオットは、アイリーンを忘れたわけではなかったが、フィルビーの新たな妻をすぐに歓迎した。「エレナーは、多くの点でアイリーンと似ていた」と、エリオットは書いている。「誠実さと勇気とユーモア感覚を持っていた。アイリーン同様、彼女もインテリとまでは言えないが、確かに頭はよかった」。新婚カップルはハネムーンをローマで過ごし、そこでフィルビーはこう記している。「僕たちは、山に家を借りるつもりだ。彼女は絵を描き、僕は本を書く。平和と安定がやっと手に入る」。エレナーは、彼の三番目の妻であり、彼が真に忠誠を捧げている相手については何も知らない二番目の妻であった。

　新婚の二人は、ベイルートに戻るとカンタリ通りに面するアパートの六階に引っ越した。アパートには山と海を見渡せる広いバルコニーがあり、当時レバノンを覆っていた内戦を「最前列席から見物」することができた。「よく彼は、夜になるとテラスに座って銃声に耳を傾けていました」と、エレナーは回想している。アパートはかなり広く、子供たち全員が休暇中に寄宿学校から泊まりに来ても大丈夫だった。アイリーンの死と、その後すぐのフィルビーの再婚というつらい状況にもかかわらず、子供たちはフィルビーを敬愛し、彼も以前と変わらず思いやりのある親切な父親であり続けた。

　かくして、落ち着いた家庭環境で、特に問題のないジャーナリストの仕事と、秘密の国際諜報活動を行なう日々が始まった。パーティーやピクニックが開かれ、たくさんのアルコールが供された。エレナーは自著で「ゆったりとした、ショッピングとゴシップの繰り返しの日々」を描写しており、それによると、一日はノルマンディー・ホテルで始まり（「キムは、このホテルをクラブのように考えていた」）、それからサン・ジョルジュに移って「ほかのジャーナリストが何を追っているのかを確かめ」た。フィルビーは新しい妻に、自分は「イギリスの情報機関と関係がある」とほのめかしたが、当然ながら詳しいことは話さなかった。ときどき行方をくらますことがあった。それでもエレナーは、どこへ行ってきたのか尋ねようとは夢にも思わなかった。最初の夫と比べると、フィルビーはジャーナリズムという仕事に、リラックスした、気楽とさえ言える態度で取り組んでおり、「彼は、毎週の記事をすらすらと何の苦労もなく書いているようで、何度も私に口述筆記させていました」。記者仲間からは、彼が仕事の責任をかなり軽く考えているように見えたこともあって、怠け者だが「何らかの敬意を抱かせる力がある」と思われていた。

フィルビーは、（あくまで記者活動に比べてという意味で）多くのエネルギーを情報収集に注いでいた。あるジャーナリスト仲間は、「表向きの仕事は実業家や銀行家、大学教授、外国企業の顧問などだが、そうした職業では彼らが内部の人間としてアラブ政治に強い関心を抱いていることを完全には説明できないような人々」と彼が一緒にいるのをたびたび見かけたと指摘している。地道に集めた価値ある情報は、すべてＭＩ６のポールソンに渡し、その後、同じ情報を、ソ連のために役立ちそうな追加情報を添えてＫＧＢのペトゥホフに渡した。

鉄のカーテンのどちら側でも、フィルビーが役に立つのか否かについては情報機関内部で意見が分かれていた。依然として工作員スタンリーを監督していたユーリ・モジンは熱烈な支持派で、次のように書いている。「この地域におけるイギリスの政策について彼が提供する情報は、アラブ諸国との関係を考える上で、我が国の政府にとって非常に貴重なものであった。（中略）私自身、彼の報告書をいくつか読み、その素晴らしい才能がまだ失われていないことを知って満足したものだった」。フィルビーの情報は「上層部で多くの関心を引きつけた」という。しかしモスクワには、フィルビーは報道記事を使い回しにしているだけだと不満を漏らす者もいた。モジンもこう書いている。「彼が確かな情報を、見事な政治評価に包んで送って寄こす傾向については、批判があった。我々には独自に評価を担当する者たちがいるので、フィルビーの評価は必要なかった。（中略）ＫＧＢには、ここモスクワと各国の首都に独自の専門家がおり、そのいずれもが高度な訓練を受けたアラブ専門家だった」。これは、諜報活動ではよくあることだった。入手した事柄が秘密でなかった場合、スパイは単なる事実情報を粉飾して分析済みの価値ある情報に見せようとする傾向があり、信頼できる情報がない場合は偽造さえするものなのだ。モスクワと同様の不平は、ブロードウェーのＭＩ６本部の、特にアラブ専門家たちの間でも出ていた。ロンドンにいる分析官の一人は、フィルビーの最新報告に目を通すと、「先週のエコノミストで読める内容ばかりだ」と指摘し、「しかも間違えているものが多い。これは捏造だ。奴は我々から有り金を全部巻き上げるつもりだ」と言った。エリオットやヤングなどのフィルビー支持派は、批判を無視し、フィルビーの報告を、我らがベイルートの男による最新の鋭い洞察として回覧させた。

実はフィルビーのやる気はゆるみ始めていて、大酒を飲むようになっていた。ちょっとだけ取材活動をして、その合間に両陣営のためちょっとだけ諜報活動を行なって満足し、骨の折れることは一切やらなくなっていた。まるで二流のジャーナリストとして、また小物のスパイとして、静かでのん気な隠遁生活へと惰性で落ちていくかのようであった。

そこへニコラス・エリオットが、ＭＩ６の新たな支局長としてベイルートに到着し、二人の友情の歯車は再び動き出した。

15 居ついた狐

再びの蜜月

ベイルートは、うまみの多い赴任地の一つだった。ニコラス・エリオットは、クラブ事件でも経歴に取り返しのつかない傷がつくことはなく、短期で終わったウィーン赴任中も成果を上げていた。それどころか、ＭＩ６内部で彼はいまだに出世頭であり追いはぎ貴族のリーダーであると考えられていた。「組織運営でなく現場での作戦のほうを好む性分でなかったら、Ｃに任命されていたかもしれない」とさえ言われていた。そのエリオットは、オーストリアから異動になって嬉しかった。「私たちがウィーンで過ごした時期について意地悪なことを言うつもりはない」としながらも（エリオットの配慮は都市にまで及んでいる）、立ち去るのが「嬉しくないことはない」と書いている。中東情勢が激化する中、ベイルートは情報機関で出世の階段を上るのに重要なステップだった。エリオット夫妻はジェノヴァから海路ベイルートへ向かい、船がベイルート港に入っていく中、エリオットは、この街が前回訪れた一九四二年からほとんど変わっていないことに驚いていた。当時、妻のエリザベスは彼の秘書で、ホテル・ルクルスにある、フランス風レバノン料理で有名なレストランでのランチに彼女を誘ったものだった。上陸すると、すぐにエリオットはロマンティックな雰囲気を前面に出して、またルクルスでランチにしようと宣言した。二人が席に着いた途端、満面の笑みを浮かべたキム・フィルビーが現れ、歓迎の印にエリオットを抱きしめた。「実に心地よい再会だった」とエリオットは回想し、これが偶然の再会だったかのように装っている。エリオットは、支局長の地位をポール・ポールソンから引き継ぐことになっていたが、ベイルートでの初日にはまずフィルビーに会いたいと思っていた。ランチにはエレナーも加わり、「最高のブイヤベース」が出され、次々とボトルが開けられ、グラスが掲げられては飲み干された。エリオットは、嬉しそうにフィルビーのほうを向くと、こう言った。「さあ君、注いでくれ」。

　エリオット夫妻は、ヴェルダン通りにあるタベット・アパートの最上階に移り住んだ。ここは、キリスト教徒地区とムスリム地区の境界線上にあり、フィルビー家のアパートからも遠くなかった。アパートは「涼しくて天井の高い部屋と、広いバルコニーと、大理石の床」があり、「あらゆる点で申し分なし」だった。その晩、礼拝を呼びかけるムアッジンの声が街中を流れていくのを聞きながら、エリオットは「何年も前に聞いた、法学者たちがイスタンブールのミナレットから信者たちに礼拝を呼びかける優しい声を、懐かしく思い出していた」。彼はかつてなく幸せだった。自分の適所と言うべき、諜報活動の見込みにあふれる外国の都市に戻り、共産主義の脅威と戦い、その横には共に戦う仲間として、彼の最も古い友人にして最も信頼できる同僚であり、中東の秘密を説明してくれることになっている男がいる。彼らはもう一度、「最前線で王室のために働く旧友二人」になるのだ。

エレナー・フィルビーも書いているように、エリオットはこれまで「ヨーロッパ専門で、アラブ政治についてはほとんど何も知らなかった。中東へは新人同様でやってきていた」。学ばなければならないことは山ほどあり、それは当の本人も分かっていて、「複雑な政治状況と策略——当時の中東では、主な経済的または政治的計略はほとんどがベイルートを拠点としていた——のすべてはもちろん、レバノン人の性格もつかんでおく必要があった。迷路のようなレバノン政界は、気が遠くなるほど複雑だった」と述べている。フィルビーが指南役つまり「彼の個人的アドバイザー」になってくれるものと期待していた。

情報部の新たなトップの到着が、ベイルートのジャーナリストたちに気づかれないはずはなかった。ある記者は、次のようにエリオットを描写している。

彼は、やせて筋張った男で、抜け目ない諜報部員との評判があり、丸眼鏡の奥でおどけたように素早く動く目からは、冷笑的な性格の持ち主であることが分かった。立ち居振る舞いと服装を見ると、比較的優秀な大学に勤めるオックスブリッジ出身の大学教授のようだが、学究生活には必ずしもそぐわない、世間を知った冷酷さがわずかながら感じられた。外国人から好かれており、その気さくさと、次々と出てくる際どい話が好評だった。特にアメリカ人とは仲がよかった。その妻は、礼儀正しい淑女のような人物で、常に目立たないようにしており、ベイルートのイギリス情報機関は紳士によって監督されているとの印象を与えるのに貢献していた。

エリオットとフィルビーは、仕事の上でも社交の上でも、再び切っても切れない仲になった。フィルビーの情報収集のペースは、それまではゆっくりで、無気力と言ってもいいほどだったのが、エリオットが「キムを仕事に取りかからせ、標的を定め、出張に送り出し、報告書を求め、提出後には根掘り葉掘り問いただした」ことで、突然ハイペースになった。ベイルートに来た最初の四年間でフィルビーが仕事のためレバノン国外へ出たのはシリアのみで、それ以外では一度サウジアラビアにいる父を訪ねただけだった。それが今度は、エリオットの命を受けて中東全土を飛び回るようになり、表向きは新聞のための取材と称して、ヨルダン、イラク、エジプト、クウェート、イエメンの各地を訪れた。それまでの怠け記者が大車輪で記事を送り始めた。しかし、注意して見てみると、熱心な割には成果がかなり少ないことに気づいたかもしれない。彼は、記事に書いたよりも多くの場所を訪れ、多くの人に会っている。少なくとも発表した記事の数から見れば、そうだ。一九六〇年の最初の九か月間で、オブザーヴァーに送った記事は六本しかない。エコノミストからは、ある女性編集者が彼を訪ね、うちの雑誌に書く機会がだいぶ少ないようねと言い、「二人の主人に仕える」のが難しいのかと何気なく尋ねた。フィルビーは一瞬言葉に詰まったが、すぐに、それは雇っている新聞社の話であって、諜報活動のことではないと気がついた。

　フィルビーは、情報を次々とエリオットに届けた。「主に政治と人物に関する報告」で、「ほとんどのアラブ諸国における政治情勢についての報告」だった。二人は、長時間の任務報告のため、よく会って話し合った。「週に一度か二度会っていました」とエレナーは書いている。「二人で別の部屋へ消え、残された私はエリザベスと噂話をしたものです」。エリオットの支援と信頼は、これ以外の、もっと実用的な形でも示された。一九六〇年も押し詰まったころ、フィルビーは夜遅くに一〇〇ドル札の束を握って帰宅した。「それぇ」と言うや、嬉しそうに紙幣を部屋中にばらまいた。「これでクリスマスを過ごせるぞ！」。エレナーは、このお金はエリオットが、早めのクリスマス・プレゼントとして親友であり最も勤勉な工作員であるフィルビーにくれたものだと、信じて疑わなかった。

　一部には、エリオットがフィルビーを精力的に活動させたのは単に計略であって、「イギリスの情報活動により多く参加させること」でソヴィエト側と接触していることが判明するかどうか確かめようとしたのだと主張する人々がいる。しかし、この説を支持する証拠はほとんどない。もしエリオットがフィルビーを疑っていたとすれば、彼に尾行をつけていたはずで、ペトゥホフと会っていたこともたやすく判明していただろう。しかし、彼はそうしなかった。ディック・ホワイトの指示は「フィルビーから目を離すな」というもので、調査したり捜査したり、監視下に置いたりせよとまでは言っていなかった。ホワイトは、少なくとも表向きは、フィルビー事件が終結したことを認めていたようだった。エリオットは、フィルビーを疑うどころか完全に信用しており、彼をフル活用しようとの決意は、単に「エリオットの公然たる無邪気な友情」と、二〇年にも及ぶ賛嘆を反映したものにすぎなかった。

一方のフィルビーは、再び積極的に情報活動をするようになって元気になり、旧友からの信頼を喜んでいるように見えた。エレナーは、エリオットが来てから夫の様子が変わったことを、次のように記している。「私は、キムがジャーナリズムに飽き飽きしていて、新聞のために記事を書いてもまったく満足できないようだと思うようになっていました。〔エリオットとの〕会合のほうが本当の仕事のようでした」。フィルビーが本当の仕事と思っていたのは、言うまでもなく、旅行で集めたりエリオットから得たりした情報の断片をすべてソ連側情報機関に渡すことだった。二人の関係は、エリオットが思っていた以上にかつての道をひた走っていた。

ソ連側工作員としてのフィルビーの評価は、イギリス側工作員としての活動が増えるに比例して高まり、また、エリオットへの情報提供者だったため重要な情報にも通じていて、そうした情報には、中東にいるMI6連絡員の正体や、イギリスから現金を受け取っている親英的なアラブ人政治家や役人の名前も含まれていた。エリオットは、「中東に関する情報と引き換えにモサド〔イスラエルの情報機関〕の長官と取引をまとめる」ことに成功して大手柄を上げていた。フィルビーは、エリオットが知っていることをすべて知っていたわけではなかったが、エリオットの出す指示から、少なくともMI6が何を知りたがっているのかは分かっており、それは、スパイ活動という裏の世界では、ほぼ同じくらい貴重なものだった。ユーリ・モジンは、工作員スタンリーについて「全体としてよくやっていた」と言って、満足していた。

パーティーは続く

エリオットとフィルビーは、一緒にスパイ活動を行ない、策略を練り、仲間と交わっていたが、家族どうしも次第に親しくなっていった。エレナーとエリザベスは、夫たちにも劣らぬほどの親友になった。週末には、両家族はハルデ海岸にある「アカプルコ」という名のコテージを、大使館付き陸軍武官で、全身傷だらけで片目しかなく、いつもパイプを吹かしている古参兵アレック・ブローディー大佐と共同で利用した。学校が休みになると、エリオット家とフィルビー家の子供たちは一緒に仲よく過ごした。エリオット家の子供で一〇代だったマークとクローディアは、どちらもフィルビーを、面白いおじさんとして慕っていた。「私と真剣に接してくれる数少ない大人の一人でした」と、マーク・エリオットは回想している。

政治的緊張が高まってはいたが、それでもベイルートは、海外駐在員と旅行者にとっては依然として楽しい行楽地であり、エリオットに言わせれば、「午前中はスキーをして、午後からは海水浴をし」、その合間に山の中腹でピクニックを楽しめる場所だった。楽しみは日が暮れても終わらず、夜遅くまでカクテル・パーティーやディナー・パーティーが延々と続いた。エリオット夫妻は、スイスにいたときと同じように、ひっきりなしにやってくる訪問客をもてなした。最初のころにやってきたのがイアン・フレミングで、一九六〇年一一月に空港から連絡なしに訪ねてくると、そのまま勝手に泊まっていった。フレミングは、クウェート石油会社から同国について書いてくれという実入りのいい仕事を引き受けて、クウェートに向かう途中だった。当時すでに売れっ子作家になっていたフレミングは、フリーランスとして情報活動を続けており、エリオットに、海軍情報部がイラクのバスラ港の防衛態勢についてもっと知りたがっていると説明した。エリオットは「気をつけておこうと約束した」。エリオットは、その代わりに一つ頼み事をした。クウェートでは珍しく雨が降ったため、おいしい白トリュフが採れているという。そこで、一箱送ってくれないかとフレミングに頼んだのだ。この、トリュフと引き換えにスパイ活動をちょっとやるというのが、エリオット流の諜報活動だった。その晩フレミングは、これから大砲広場で「アルメニア人」と会うことになっていると告げたが、エリオットは、この００７の生みの親が実は「総天然色で音声付きのポルノ映画を見る手配をしていた」のだろうと思った。

月日が流れるにつれ、エリオットとフィルビーはますます二人で仲間と付き合うようになり、定期的に「イギリス人外交官やジャーナリストとのパーティーに」参加した。一九六〇年の夏に撮影されたエリオット家の写真には、フィルビーとエリオットの仲間たちが一緒になってベイルートのビーチライフやナイトライフを楽しむ様子がたくさん写っている。フィルビーは、ほとんどの写真に写っていて、水泳パンツ姿だったり、Ｔシャツ姿だったり、スーツを着ていたりするが、いずれも日焼けした笑顔を向けていて、たいていは一目ではっきりと分かるほど酔っ払っていた。

フィルビーの行動は、次第に常軌を逸するようになり、その様子はガイ・バージェスの奇行を連想させた。「悪意からというより周りを楽しませるために」フィルビーは「会話をいきなりピタッと止めてしまうような計算ずくの発言をすることがあった」とエリオットは書いている。「そうした発言は、退屈なパーティーの雰囲気を盛り上げるのに役立ったが、厳しい怒りを招くことも多かった」。エリオットは彼をそそのかしており、その結果生まれた、フィルビーの言語道断ぶりをよく示す、「私の経験の中でも匹敵するもののない怒りの連鎖反応を引き起こした」エピソードを一つ紹介している。社交上のやっかいな問題を生んだという点で、この最低最悪のカクテル・パーティーは、あのワシントンでの最低最悪のディナー・パーティーといい勝負だった。

それは、私の両親が、もうかなりの年だったのだが、こちらへ泊まりに来たときに、エリザベスと私がアパートで開いたカクテル・パーティーで起きた。四〇人ほどを招待しており、その中にはフィルビー夫妻と、我が国の大使サー・ムーア・クロススウェイトがいた。たわいない会話が不自然に途切れた。フィルビーがムーアに、こう発言するのが聞こえたからだ。「アン〔隣に立っていた大使館職員の妻〕はベイルートで一番おっぱいがきれいだと思いませんか？」。ムーアが立腹したのは間違いなかった。配下の職員の妻の胸など、カクテル・パーティーの会話にふさわしい話題とは思えなかったからだ。アンは、自分の体のその部位については当然ながら自慢に思っていたに違いないが、それを公衆の面前で、しかも大使同席の場で話題にされて腹を立てた。彼女の夫も、大使と同じく自分の妻の胸はカクテル・パーティーの噂話には不適切な話題と考え、やはり腹を立てた。別の大使館職員の妻であるジェーンは、自分の胸のほうがアンよりきれいだと思っていたのか、腹を立てた。ジェーンの夫は、自分の妻が無視されたと思ったらしく、腹を立てた。エレナー・フィルビーは、その点ではあまり恵まれておらず、比較されるのは不愉快だったので、非常に腹を立てた。そして最後にエリザベスが、パーティー全体が手に負えなくなりそうだと感じて、腹を立てた。実際、このエピソード全体を大笑いの種と考えていたのは、当のキム・フィルビー本人だけだった。

そしてニコラス・エリオットは、終生この話をして聞く者たちを喜ばせた。

エリオットは、フィルビーのアルコール摂取量をひそかに心配していた。アイリーンが飲み過ぎで死んだことは知っていた。フィルビーの母ドーラは、一九五七年に死ぬまで毎日ジンをボトル一本飲んでいた。エリオットは、フィルビーの過度の飲酒がもたらす健康への影響はもちろん、子供たちへの影響も心配していた。「子供たちの前でもかまうことなく酔っ払っていた」からだ。しかも、末っ子のハリーには「強烈なマティーニ」の作り方を教え込んでいた。

アメリカの新しい友人

フィルビーとエリオットは、二人ともアメリカ人との人脈作りにも熱心に取り組み、特に情報機関の関係者とは、冷戦の戦場であるベイルートに大勢送り込まれていたこともあり、積極的に交わった。ＣＩＡとＭＩ６の関係は、バージェスとマクレインの亡命事件とその後のフィルビーへの非難によって、かなりぎくしゃくしていたが、一九六〇年には安定した関係に戻っていた。アメリカ政府の一部には、フィルビーへの疑念がまだ残っており、ＦＢＩではＪ・エドガー・フーヴァーが依然として彼の有罪を確信していたし、ビル・ハーヴィーも同様だった。しかしＣＩＡ内部では、ＭＩ６が彼を信頼できると考え、ハロルド・マクミランが彼は無罪だと言っている以上、フィルビーは潔白に違いないとの判断が広く受け入れられていた。アングルトンは、ＣＩＡでさらに出世を重ねていた。一九五四年、彼は対情報部門の責任者に任命され、以後二〇年にわたって同職にとどまり続けることになる。アメリカで最高位のスパイ・キャッチャーとして、「非共産諸国で最も優れた対情報担当者として認められる」ようになっていった。以前にも増してやせ細り、孤高になったアングルトンは、ごく一部の人間だけを信頼し、ほとんどの人間を疑い、同僚の間に畏敬と恐怖の混ざり合った一種独特な感情を呼び起こしていた。後に彼はフィルビーの正体を見破っていたと主張するが、彼の行動を見る限り、そうでなかったことは明白である。ある歴史家によると、フィルビーは依然としてときおりアングルトンと親しげに連絡を取っており、「そうした機会を、アメリカ側の友人に自分の無実を改めて納得させるのに利用していた」（この連絡を記録した文書は残っておらず、よって、そうした連絡は行なわれなかったか、もしくはアングルトンが証拠を破棄したものと考えられる）。もしＣＩＡがフィルビーをソ連側スパイだと疑っていたら、ベイルートに派遣されたアングルトンの諜報員には、彼を避け、監視して可能であれば逮捕せよとの指示が出ていたはずだ。しかし現実には、フィルビーは多くのアメリカ側スパイと自由に付き合っていた。

　アメリカ人スパイの中でもとりわけ異彩を放っていたのが、ウィルバー・クレイン・イーヴランドという、西海岸出身の騒々しいベテラン情報員で、モーニングの正装を好み、ベイルートへは、ＣＩＡ長官アレン・ダレスの特別工作員としてフィルビーとほぼ同時期にやってきていた。ＣＩＡ支局からは独立して活動していたイーヴランドの役割は、中東における反共主義者への資金提供だったらしく、シリアでソ連の支援を受けた政府を転覆させようとするＣＩＡの活動に資金を供給し、リヤドのサウード家を支援し、レバノンでは親西欧派の大統領カミール・シャムーンを支えていた。リチャード・ビーストンによると、「彼は、レバノン・ポンドの詰まったブリーフケースを持って定期的に大統領官邸を訪れ、夜遅くにアメリカ大使館に戻ってきて買収資金を補充していた」という。イーヴランドは、ブルーアー夫妻を通じてフィルビーと会ったことがあり（イーヴランドはワシントン州スポーカンの生まれで、エレナーと同じ州の出身だった）、二人はたちまち友情を結んだ。彼は、フィルビーがイギリスの情報機関と関係があることを知っており、その「知識を利用してやろう」と思っていたが、まったく同じことをフィルビーも考えていた。

後にエレナーはCIAに、かつてフィルビーが「イーヴランドとベイルートで一晩一緒に過ごしさえすれば、夜が明けるまでに彼の活動を何から何まで知ることができる」と言っていたと語っている。

フィルビーは、CIA支局長のエドガー・J・アップルホワイトとも、同じような親しい関係を築いた。アップルホワイトは、イェール大学で学んだ、頭のいい、おしゃれな人物で、レバノンへは一九五八年に派遣されていた。フィルビーをめぐるかつての疑惑については知っていたが、それでも彼と付き合い始め、最初は警戒心を崩さなかったが、やがて心から交流を深めるようになった。アップルホワイトは、フィルビーは「マルクス主義のような独断的なものに忠誠心を捧げるには、あまりにも洗練されている」と判断し、しかもアップルホワイト自身がイギリス好きだったため、「アラブ問題についてフィルビーと話すのを好み」、博学なフィルビーと共に過ごすのを楽しんでいた。フィルビーは、どちらかと言えばイギリスの情報部員たちよりもアメリカの情報部員たちから歓迎されていたが、それはこの魅力的で気前のよいイギリス人が信頼できるように見えたためだった。フィルビーこそ、彼らが思い描く、かつてはアメリカが第二次世界大戦に勝利するのを助け、現在は冷戦に勝つ手助けをしてくれているイギリス人だった。「フィルビーは、ベイルートにいるアメリカ人全員と仲よくなった」と、ジョージ・ヤングは後に述べている。「その多くが秘密を洩らした。彼は、連中にしゃべらせるのがとにかくうまかった」。

その中に、ほかの誰よりも多くを語り、やがてフィルビーとエリオットの仲間集団の中心に引き寄せられていったアメリカ人スパイがいた。マイルズ・コープランド・ジュニアは、アメリカ深南部出身の南部なまりが強いジャズ・ミュージシャンで、戦時中にスパイとなり、その後ＣＩＡ工作員となったが、今は広告会社の重役を務めながら情報活動の黒幕として活動していた。父親がアラバマ州バーミングハム出身の医師だったコープランドは、一〇代のころはリバーボートでギャンブルばかりして過ごしていたが、やがて心機一転、アラバマ大学へ進んで高等数学を学んだ。トランペット奏者としての才能があり、彼以外は全員黒人のラジオ楽団で演奏を始め、ついにはグレン・ミラー楽団で演奏するまでになった。真珠湾攻撃が起こるとすぐにＯＳＳに入り、スパイ術を学ぶ気満々の若いアメリカ人たちと一緒にロンドンへ向かった。その地でジェームズ・アングルトンの親友になり（アングルトンは遺言で彼に財産を残している）、やがて、ＣＩＡで最も有能で、最も怪しげな諜報員の一人になった。一九五三年には、イランで民主的に選ばれた首相に対するクーデターを組織する手助けをし、エジプトでは友人であるナセル大佐をソ連政府から遠ざけようと画策した。コープランドは、世界におけるアメリカの役割についてアングルトンと同じ意見を抱いており、ＣＩＡには中東の政治的・経済的動きを誘導する権利と義務があると思っていた。彼に言わせれば、「アメリカは、この地域にアメリカの利害関係が発生する根本原因を生み出した三つの領域、すなわちソ連の脅威とイスラエルの誕生、および石油問題の三つすべてに、正面から取り組んで政策を明確にしなくてはならなかった」のである。一九五六年当時、彼は経営コンサルタント兼広告会社であるコープランド・アンド・アイケルバーガーの共同経営者としてベイルートで暮らしており、公式にはもうＣＩＡに所属していなかったが、ＣＩＡのありとあらゆる活動には気を配っており、アップルホワイトのオフィスを通じて日々やり取りされる電報にも目を通していた。そういうわけでコープランドは、情報機関との関係を隠すどころか、セールス・トークの一環として吹聴していた。

コープランドが最初にフィルビーと「知り合って好感を抱いた」のは一九四四年、アングルトンと共にロンドンのライダー・ストリートでフィルビーの指導を受けながら防諜術を学んでいたときだった。二人はベイルートで旧交を温めた。後にコープランドは、当時は「二、三のイギリス人情報将校を除けば、ほかの誰よりもよく」フィルビーを知っていたと語っている。エリオットも、海賊のようなコープランドを気に入り、「ユーモアがあって非常に頭のいい外向的な男で、誰よりも華やかで面白い友人」と評している。三人の家族は、それぞれが固い絆で結ばれた。エレナー・フィルビーとエリザベス・エリオットと、マイルズの妻で、ずけずけと物を言うスコットランド出身のロレイン・コープランドは、ベイルート・アメリカン大学の同じクラスで考古学を学び、一緒に発掘に出かけた。夫たちは、一緒に策略を練っては酒を飲んだ。子供たちは、一緒にテニスをしたり泳いだりスキーに行ったりした。コープランド家は、丘の上の大きな家に住んでおり（地元のレバノン人たちからは、ほぼ正確に「ＣＩＡハウス」と呼ばれていた）、いつも友人たちやその子供たちであふれかえっていた。ちなみに、コープランド家の子供の一人は、後にバンド「ポリス」のドラマーとなったスチュアート・コープランドである。ビーストンの回想によると、コープランドは常にその場の主役で、「気前がよく、行動が突飛で、いつも楽しく、決して真面目になりすぎることはなく、情報活動という仕事には徹底して皮肉な態度を取っていた」。また、エリオットの評によれば、「今まで会った中で最も軽率な人物の一人」でもあり、だからこそエリオットとフィルビーから、それぞれ違った理由で、かわいがられた。

コープランドは、どうしようもないほど噂好きで、しかも自慢話をせずにはいられない男だった。「彼には、娯楽としての価値がない秘密なら何でも打ち明けることができた」と、エリオットは書いている。実はフィルビーもエリオットも知らなかったが、コープランドは、二人の友人ジェームズ・アングルトンから金をもらって働いているスパイでもあった。アングルトンは、ＣＩＡの対情報活動の責任者として独自の情報提供者ネットワークを持っており、コープランドも、ＣＩＡの記録にはどこにも書かれていないが、そうした提供者の一人だった。二人の取り決めは単純なもので、コープランドは（かなり高額な）交際費の請求書をアングルトンに回して払ってもらい、その代わりコープランドはベイルートの最新情報をアングルトンに伝えるというものだった。

何年も後にコープランドは、自分はアングルトンから「フィルビーから目を離さず」「ソヴィエト側のためにスパイ活動をしていると思しき徴候を報告する」よう具体的に指示されていたと主張した。さらに、レバノン人警備員を使ってフィルビーを尾行させたが、このイギリス人は「今もかつてのスパイ術を実践していて、いつも尾行をまいていた」とさえ言っている。しかし、後にアングルトンがした主張と同じく、コープランドがアングルトンの命令でフィルビーを監視していたという話も、ほぼ間違いなく事実ではないだろう。彼は作り話の達人で、エリオットいわく「面白くて派手な話を創作する」のが好きだった。もし本当にフィルビーを監視下に置いていたのなら、すぐに逮捕していたはずだ。そうしなかったのは、はっきり言って（しかも、たいへん恥ずかしいことに）、フィルビーがソ連側スパイだとは思っていなかったからであり、それはアングルトンも同様だった。

すべては順調だった

フィルビーの物語の主要登場人物たちは、全員が判で押したように、すべてが判明した後で、実は最初から分かっていたのだと言い張っている。そもそもスパイというものは、たいていの人以上に、失敗を取《と》り繕《つくろ》うため過去を捏造するものだ。おそらくフィルビー事件は、諜報史上のどの出来事よりも後付けの陰謀説がたくさん唱えられてきた事件だろう。

いわく、MI6のディック・ホワイトは彼を罠にはめるため策略を用いていた。いわく、ニコラス・エリオットは彼とひそかに戦っていた。いわく、ジェームズ・アングルトンは彼を疑い、マイルズ・コープランドに彼をスパイさせていた、云々。フィルビーの同僚だったジャーナリストたち（過去を間違って記録するのが得意な、もう一つの種族）も後になってから、自分たちは以前から彼の行動に何か怪しげなところがあると思っていたと言い張った。妻のエレナーですら、後に振り返って、彼の本当の正体につながる手がかりを見つけていたと主張している。自分が完全に騙されていたことを進んで認める人間などいない。真相は、ほとんどの真実が常にそうであるように、もっと単純だった。フィルビーは全員をスパイしており、彼をスパイしている者は一人もいなかった。なぜなら、全員が彼に騙されていたからだった。

数週間に一度、水曜日の夕方に、フィルビーは新聞を持ってバルコニーに立った。その日の夜遅く、そっと家を出ると、アルメニア人地区の裏路地にある目立たないレストラン「ヴレージ」（アルメニア語で「復讐」の意味）へ向かい、そこで待っているペトゥホフと会った。

キム・フィルビーにとって、この時期は仕事でのやりがいと家庭での平穏を味わうことができた日々だった。一九四九年以降で、二重生活がこれほど順調に、これほど気づかれることなく進んだことはなかった。アメリカとイギリスの情報機関の職員たちから尊敬されて歓迎され、エリオットとアングルトンによって守られ、オブザーヴァーとエコノミストから定期的に給料をもらい、ＭＩ６とＫＧＢからも秘密裏に報酬を受け取っている。夜になれば、英米両国の外交官たちとのパーティーで慌ただしく過ごす。ごくたまに家で夜を過ごすときは、フィルビーが料理の腕を振るい、それから妻にドイツ語の詩を「歌うような声」でつっかえることなく朗読して聞かせる。この幸せな家庭の総仕上げとして、エキゾティックで意外なペットが加わった。友人数名が、ヨルダン渓谷のベドウィンから狐の赤ん坊を買い、フィルビー家にプレゼントしたのである。子狐はジャッキーと名づけられ、大切に育てられた。ジャッキーはソファーの上で眠り、犬のように言うことを聞いた。フィルビーと同じくアルコールも好きになり、ウィスキーを皿から「ピチャピチャとなめて飲んだ」。「かわいらしくてやんちゃで、バルコニーの手すりの上を走り回っていた」。フィルビーは、この狐を「どうしようもなくかわいい」と言って、雑誌「カントリー・ライフ」のため「居ついた狐」と題した心温まる記事を書いた。

「一番幸せな時期」だったと、エレナーは書いている。

しかし、充実した結婚生活と秘密の二重生活から成るフィルビーの世界は、崩壊が目前に迫っていた。そのきっかけになったのは、二つの死と、一つの亡命と、イギリス情報機関の内部にいたが、キム・フィルビーとは縁もゆかりもなかったソヴィエト側スパイの正体発覚であった。

16　前途きわめて有望な将校

父子関係の終焉

あの反抗的な伝統主義者シンジャン・フィルビーは、一九六〇年の夏にモスクワで東洋学者の会議に出席し、それからロンドンへ行ってローズでクリケットの国際試合を観戦し、イギリスが南アフリカに大勝したのを見て大満足した。サウジアラビアに戻る途中でベイルートに立ち寄り、息子を訪ねた。七五歳のシンジャンは、以前と変わらず気難しくて厄介だった。ノルマンディー・ホテルにチェックインし、「東洋の有力者にふさわしい敬意をもって遇された」。ニコラス・エリオットは、彼のためにランチ・パーティーを開いたが、老フィルビーが理由もなく非常に無礼な振る舞いをすることを知っていたから、内心不安に感じていた。「エリザベスと私は、シンジャン・フィルビーが礼儀正しくする気になれる数少ないイギリス人に含まれていたようだ」。エリオットの不安に反し、ランチは社交的にも外交的にも大成功だった。イギリスの駐イラク大使で当時エリオット家に滞在していたハンフリー・トレヴェリアンは、「ご老体をうまくおだてて、イブン・サウードとの関係にまつわる話を引き出した」。フィルビー夫妻やコープランド夫妻など数名の友人が、この「忘れられないひと時」に居合わせ、レバノン産ワインをしこたま飲んで酔っ払った。

エリオットは、その後の出来事をこう記している。シンジャン・フィルビーは、「ティータイムになると座を離れ、昼寝し、ナイトクラブで大使館職員の妻にちょっかいを出した後、心臓発作を起こして死んだ」。この才能豊かな変人の最後の言葉は「ああ、飽き飽きだ」だった。死んだ後は、書棚一つ分の学術書と、二つの家族と、その名にちなんだ学名（アレクトリス・フィルビイー）が付いた鳥ノドグロイワシャコと、いつまでも続く悪評を残した。

この父と子の関係は、「愛憎の入り混じったもの」だったと、エリオットは回想している。フィルビーは、父を敬愛すると同時に恐れており、その暴君ぶりのせいで自分は吃音になったのだと思っていた。一九三〇年代にシンジャンをスパイしたときは、ソ連の情報機関に、父は「頭が完全に正常というわけではない」と報告している。しかし後年、二人の関係は接近し、特にキムが中東に移ってからはいっそう親しくなった。エリオットによると、フィルビーはかつて父から「どんなことであれ強く確信しているのであれば、他人にどう思われようとそれをやり抜くだけの勇気があるはずだ」とアドバイスされたという。フィルビー親子は、二人とも確かに信念を貫いた。後にキムは、もし父親が長生きして私の本当の姿を知ったら、「びっくり仰天しただろうが、決して非難はしなかっただろう」と書いている。ただ、この判断には疑問の余地が残る。父フィルビーは、確かにあまのじゃくで、規則を破り、知的な悪党のようなところがあったが、裏切り者ではなかった。それでも彼が、常に息子を支え、その大望を後押しし、結果として国を裏切る種をまいたのは間違いない。

キムはシンジャン・フィルビーを、イスラム教のしきたりに完全にのっとって、イスラム教徒の名で埋葬すると、ベイルートのバーに消えた。エリオットは、フィルビーとは「数日間連絡が取れなかった」と記している。エレナーの説明はもっと具体的だ。「彼は意識がなくなるまで飲み」、何日も浴びるように酒を飲んだ後は、まるで別人のように、肉体的にも精神的にも、もろくなって帰ってきた。フィルビーは、母親のドーラからはいつも甘やかされていたが、シンジャンとの関係は緊張をはらんでいることが多かった。しかし、シンジャンの死のほうが、母の死よりも打撃ははるかに大きかった。「キムは、父親の死に打ちのめされているようだった」と、リチャード・ビーストンは書いている。キムの心の支えが、徐々に失われ始めていた。

その数か月前、ベイルートのイギリス情報機関の関係者たちは、新たに魅力的な人物が仲間に加わったことで盛り上がっていた。三八歳のジョージ・ベーハルは、若くして波瀾万丈の人生を歩んでいた。一九二二年にロッテルダムで、オランダ人の母親とエジプト系ユダヤ人の父親との間に生まれ、一〇代のときにオランダで反ナチ抵抗運動に加わり、投獄されたが、修道士を装ってロンドンへ逃れ、ＭＩ６に加わり、数か国語を操る尋問官として訓練を受け、名前を英語風にジョージ・ブレイクと改めた。戦後は朝鮮半島にＭＩ６の情報ネットワークを構築するため派遣されたが、到着直後、進軍してきた北朝鮮の共産軍に捕まり、三年間拘留された。一九五三年にようやく解放されると、ブレイクは帰還した英雄としてＭＩ６に迎えられ、エリオットの友人ピーター・ランの下で働く担当将校となってベルリンへ派遣され、ソ連の情報将校をスカウトして二重スパイにする仕事を任された。その後ブレイクは、エジプト人の血と言語の才能から、中東の任務に理想的な人材と見なされ、一九六〇年、ベイルート郊外の丘陵地帯でイギリス外務省が運営する語学学校、中東アラブ研究所に入学した。この研究所では、外交官や国際的実業家、大学院生、および情報将校向けに、一八か月のアラビア語集中講座を実施していた。レバノン人は、ここはスパイ学校だと思っていた。立派な戦歴と、北朝鮮で拘留された経験から、ブレイクは情報将校の仲間内ではちょっとした有名人であり、この若くてハンサムなＭＩ6将校が、息子二人と妊娠中の妻を連れてベイルートへやってくると、英米のスパイ仲間から熱烈な歓迎を受けた。

　エリオットはジョージ・ブレイクを「前途きわめて有望な将校」で、ＭＩ6の評価を高めてくれる人材であり、「ハンサムで背が高く、立ち居振る舞いは実に見事で、どこへ行っても人気がある男」と評していた。だから、一九六一年の春にロンドンから一件の通信文を受け取ると、その内容に呆然とした。通信文には、ブレイクはソ連側のスパイであり、罠にかけてイギリスへ帰国させ、こちらで尋問して逮捕し、反逆罪で裁判にかけねばならないと記されていたのである。

　ブレイクは、北朝鮮に拘留されていたときに「転向」していた。抑留中にカール・マルクスの著作を読み、その思想は正しいと思った。しかし、心から共産主義に転向するきっかけとなったのは、「アメリカ軍の巨大な空飛ぶ要塞が朝鮮の小さな村々を容赦なく爆撃していたことだった」。「私は自分が間違った側にいると思った」。イギリス人の優越意識と偏見も、彼が革命に賛同する一因になったのかもしれない。外国生まれのユダヤ人だったブレイクは、ＭＩ6というクラブに完全に受け入れられることがなかった。「彼は組織に属する者ではない」と見下すように話す同僚もいた。ブレイクは自分を「階級のない男」と思っていたが、情報機関の長い伝統に従って秘書のアイリス・ピークと結婚したいと考えた。ただし彼女は、イートン校出身の保守党下院議員を父に持つ上流階級の娘だった。二人の関係は、ビクともしないイギリスの階級制度に阻まれた。「彼は彼女に恋していましたが、境遇のせいで結婚することができなかったのです」と述べているのは、彼の妻で、同じくＭＩ６に（父や女きょうだいともども）勤めていたジリアンである。ジリアンは、アイリスとの破局がイギリス上流階級に対する彼の怒りを強くしたのだと考えていた。ベルリンでブレイクは、ソヴィエト情報機関内部でスパイをスカウトするふりをして、ＫＧＢと接触し、深刻な打撃を与える極秘情報を大量に流し始め、その中には、ソ連を標的としたベルリン地下トンネル盗聴作戦など、数々の隠密作戦の詳細も含まれていた。夜には、ピーター・ランの索引カードの写しを取った。このカードには、ドイツにいるＭＩ６の全スパイの名前と正体が記されており、これによってブレイクは推計四〇〇人の工作員を敵に暴露し、何人も死に追いやった。ベイルートに到着すると、すぐにブレイクはＫＧＢの支部長パヴェル・イェフィモヴィッチ・ネドセキンと接触し、ネドセキンから緊急事態が起きたらかけるようにと電話番号を渡された。この時点で二人には知る由もなかったが、その緊急事態は目の前にまで迫ってきていた。

一九六一年初め、立派な口ひげを生やした、エゴ丸出しのポーランド人スパイが、ベルリンで亡命した。ミハエル・ゴレニエフスキ陸軍中佐は、軍の対情報部の副部長で、ポーランド情報機関の技術科学課の課長だった。一九五〇年代、彼はポーランドの機密をソヴィエト側に流していた。ところが一九五九年からは、ポーランドとソ連の機密を匿名でCIAに流し始め、それをCIAはMI6にも提供した。ゴレニエフスキは夢想家（で、後にはロシア皇太子アレクセイを自称するの）だったが、彼の情報には第一級のものもあり、たとえば、暗号名「ラムダ」というソヴィエト側スパイがイギリスの情報機関内部で活動していることを暴露していた。これには証拠もあった。このスパイがソヴィエト側担当官に渡したMI6の文書三通のコピーを持っていたのだ。MI6は、この三通の書類すべてを閲覧できるのは、ワルシャワとベルリンには合計一〇人しかいないことを突き止めた。この一〇人に、ジョージ・ブレイクも含まれていた。一九六一年の春までには、MI6はブレイクが「ラムダ」だと「九〇パーセント確信」していた。ディック・ホワイトはエリオットに電報を送り、ブレイクを「今後の役職について話し合う」という口実で、ただちにロンドンへ」おびき寄せろと命令した。このときばかりは、エリオットは友人であるキム・フィルビーにも、何が進行中かを告げなかった。ジョージ・ブレイクをはめる罠が仕掛けられ、決行日は三月二五日の土曜日と決まった。

ロンドンへのあからさまな召喚状では、ブレイクに危険だと知らせてしまうことになる。そこでエリオットは、ばったり会って話をする作戦を立てた。二五日の朝、エリオットの秘書がブレイク家を訪ね、アマチュア劇団が演じる笑劇『チャーリーのおば』のチケットが一枚余っているのだと告げた。ブレイクの妻は病気の子供の世話で手が離せなかったが、秘書は「ブレイクが一緒に行ってくれないか」と思って来たのだと言った。ブレイクは渋々ながら、勉強を中断して、芝居の中でもとりわけイギリス的なこの劇をイギリス人が演じるのを見るため数時間を割《さ》くことに同意した。劇の幕間に、飲み物を求める他の在留イギリス人たちと一緒にブレイクと秘書もバーへ行くと、そこにはエリオットとエリザベスがいた。「会話の途中でエリオットは私をわきへ呼び、君がここにいてくれてよかった、これで山の上まで君に会いに行かなくて済むからねと言った。本部から手紙が届いており、新たな役職について数日間相談したいので私はロンドンへ戻るようにとの指示が書かれていたのだという。手紙は、火曜日の午前中にはロンドンで会えるよう、復活祭翌日の月曜日「イギリスでは祝日」に移動してはどうかと提案していた」。

この出会いは、疑惑を避けるために仕組まれたものだった。バーで偶然会ったのであって、会いに来いと指示したのではない。日数のかかる手紙であって、緊急電報ではない。ロンドンに来てほしい日時の提案であって、命令ではない。それでもブレイクは警戒した。今はアラビア語講座の受講中で（しかも受講料はＭＩ６が負担していた）、大事な試験が間近に迫っている。それに、七月には休暇でロンドンへ戻ることになっている。なぜこんなに急ぐのだろう？　ブレイクは、ネドセキンから渡された緊急番号に電話をかけた。二人はその日の晩にベイルート近郊の浜辺で会った。ネドセキンは、モスクワ本部に聞いてみると言った。ブレイクは、まだ有効なシリアの査証を持っているから、必要なら数時間で国境を越えてモスクワへ連れていくこともできた。しかし翌日に再び会ったとき、ネドセキンは大丈夫だと言った。「モスクワは、懸念すべき理由を見いだせなかった。KGBの調査も、情報漏洩を突き止めることができなかった。ブレイクは、要請どおりロンドンへ戻ることになった」。

ロンドンへ向かう前に、ブレイクは最後にもう一度エリオットを訪ね、別れを告げると飛行機代として現金を受け取った。エリオットはいつもどおり陽気だったが、ブレイクが出ていこうとすると、君がロンドンに滞在する期間、MI6本部の目と鼻の先にあるカクストン・ストリートのセント・アーミンズ・ホテルに予約を入れようかと尋ねた（セント・アーミンズ・ホテルはスパイの定宿で、クリヴィツキーが事情聴取を受けたのも、フィルビーがスカウトされたのもここであり、情報将校が集まっていて、ロンドンではおそらく一番簡単に裏切りの容疑者を監視できる場所であった）。ブレイクは、ロンドンの北のラドレット村にある母の家に滞在するつもりだからと説明して、丁重に断った。エリオットは引き下がらず、「ホテルに泊まったほうが便利だろうに」と言った。どうしてエリオットは、ハートフォードシャーの田舎にある母の家ではなく、そのホテルに泊まれと、これほど強く言うのだろう？　「一瞬、疑惑の影が私の脳裏をよぎったが、またすぐに消えた」とブレイクは書いている。たぶんエリオットは善意からそう言っているだけなのだろうと、彼は思った。

ディック・ホワイトは、一九五一年にフィルビーが指の間からすり抜けていくのを経験していた。一〇年たった今、ブレイク相手に同じミスをするわけにはいかない。ブレイクは、ロンドンに到着すると、カールトン・ガーデンズにあるＭＩ６の施設へ連れていかれ、二階の部屋（盗聴器が仕掛けてある）へ案内されると、「君のベルリン時代について、いくつか問題が発生しており、それを解決する必要がある」と告げられた。エリオットからは、今後の役職について話し合うために戻るのだと聞かされており、過去の話は一切なかった。ここでブレイクは、何が迫ってきているのか、恐ろしいほどはっきりと気づいた。「深刻な問題に陥った」のだ。尋問の一日目、彼はＭＩ６の将校三人に説明を切り崩されながらも、頑強に抵抗した。二日目、圧力が強まり、諜報活動の証拠を見せられると、彼は動揺し始めた。「厳しくはなかったが、しつこかった」。この時点でブレイクは、ＭＩ６が自分の有罪を知っているのは間違いないと思った。三日目、尋問官の一人が優しい口調でブレイクにこう言った。「君は北朝鮮で拷問されてイギリスの情報将校だと自白させられ、共産主義のスパイとして働くよう脅されたのに違いない。まったく無理もないことだ。

　ここでブレイクは切れた。「いや、私は誰にも拷問されていない！　誰にも脅されたりしていない！　私は自分からソヴィエト側に近づき、自分の意志で彼らのために働きたいと申し出たんだ」。

　そのプライドゆえにブレイクは、最も高邁《こうまい》なイデオロギー的動機以外の理由でスパイ活動をしていたと言われては、どうしても黙っていることができなかった。おそらく、同じ手法を一〇年前に使っていれば、フィルビーの正体をあぶり出すことができたかもしれない。それにブレイクには、フィルビーのような生まれながらの二重性が欠けていた。「ゲームは終わった」とブレイクは書いている。その後の数日間、彼は延々と自白を続け、自分の罪を、いくらかのプライドを込めながら、滔々《とうとう》と認めていった。だが、もしブレイクがすべてを自白すれば罪が軽くなると思っていたとしたら、それは間違いだった。イギリス当局は、「考えられる最大の鉄槌《てっつい》」を彼に下した。

　ブレイク事件は、バージェスとマクレインの亡命以降で最悪のスパイ・スキャンダルであり、生の情報が流出したという点で、ダメージははるかに大きかった。ブレイクは、何十人もの工作員の身元を暴露しておきながら、ちょっと信じられないことに、自分は手を血で汚していないと一貫して主張し続けた。彼は公職守秘法によって告発され、非公開の審問で再勾留されると、裁判を待つ間ブリクストン刑務所に収監された。一通の電報が、二つの部分に分けられて世界中のMI6支局へ送られた。前半には、こう記されている。「以下の名前の人物は裏切り者である」。後半は、暗号を解読すると次の文字が現れた。G-E-O-R-G-E-B-L-A-K-E。ジョージ・ブレイクである。

ＭＩ６内で新たなスパイが見つかったことに対し、アメリカでは様々な反応が起こった。ＣＩＡの一部ベテラン局員にとっては（フィルビーを最初に最も激しく告発したビル・ハーヴィーも含め）、これはイギリス側が無能で裏切り者が横行していることを示す、さらなる証拠となったが、ジェームズ・アングルトンは落ち着いており、ディック・ホワイトに「誰にでも起こりうることだ」と語った。

ブレイクの逮捕と間近に迫った裁判の知らせは、ベイルートの情報部員たちに強い驚きをもって受け止められたが、誰よりも強烈な衝撃を受けて驚いたのはキム・フィルビーだった。ＫＧＢは、情報機関内で決められた規則に従い、ブレイクの活動とフィルビーの活動を完全に分離して管理していた。二人のスパイは会ったことがなく、ブレイクはケンブリッジ・ネットワークとはまったく別個にスカウトされていた。しかし、ブレイクが逮捕されたということは、当然ながら、ＭＩ６がソ連の情報機関内部に新たな情報源を得たということにほかならず、すでにモグラが一匹発見された以上、次はフィルビーの番かもしれなかった。

自白から一か月足らずで、ブレイクは中央刑事裁判所の被告人席にいた。公職守秘法違反の最高刑は、拘禁一四年だ。しかし検察側は、五つの異なる時期に対して一つずつ、計五つの容疑で告発した。有罪は確実だったが、その量刑に法廷中が思わず息をのんだ。「本件は、予見しうる最悪の事件の一つである」と裁判官は述べ、五つの告発一つ一つに対して一四年の拘禁刑を言い渡し、しかもそのうち三つは連続して服役するよう命じたのである。つまり、合計で四二年の拘禁刑だ。判決は、新聞各紙の一面を飾った。イギリスの法廷で言い渡された刑期としては過去最長である。記者たちは勝手に、彼が裏切って殺した工作員一人につき一年の刑期を言い渡されたのだと想像した。その計算で行くなら、彼は刑務所に四〇〇年ほど入っていろと言い渡されていたことだろう。

　ブレイクが厳しい判決を受けたと知って、フィルビーは衝撃を受けた。ブレイクに比べ、彼のスパイ活動は期間が長く、はるかにハイレベルで、犠牲になった人間の数も多い。一九五〇年代、政府はスパイ活動を公開裁判で裁くことに尻込みしていた。それが今、上層部はスパイを起訴し、容赦なく罰する覚悟を決めたようだ。もしフィルビーが捕まり、ブレイクと同じように裁判にかけられて有罪となったら、刑務所からは一生出られないだろう。このとき初めてフィルビーは、自分がどれほど危険な立場にいるかを完全に理解したようだった。

　ジャーナリストのリチャード・ビーストンは、ブレイクの一件をどう思うか聞こうとして、数日後にフィルビーの家を訪ねた。

昼前に彼のアパートへ行ってみると、そこはパーティー後の混乱状態のままで、家具は倒れ、ボトルやグラスがあちこちに転がっていた。キムはひどく具合が悪そうで、二日酔いに苦しんでおり、そのせいで話はなおさらしどろもどろだった。「ブレイクに会ったことはないし、逮捕を新聞で読むまで名前すら聞いたことがなかった」とキムは語った。（中略）キムの外見は、最後に会ったときと比べ明らかに荒《すさ》んでいた。それに、ブレイクの逮捕と、四二年という過酷な刑期を知って、キムのさらなる荒廃が早まったことは、ほぼ間違いない。

それまで何十年も、フィルビーはどんなに酒を飲んでも正体を失うことはなかった。それがこれ以降、怒りやすくなり、何をしでかすか予想がつかなくなった。夜が更けていくにつれ、「キムは無礼で口汚くなっていき、女性たちを突っつき、女主人の股間に手を出すことも一度や二度ではなかった」。かなりの酒豪だったエレナーでさえ、夫が「酒を飲んで陽気になることはもうない」ことに気づいていた。二人は人前で口論し、ときにはつかみ合いのけんかになることさえあった。あるディナー・パーティーでは、ホスト夫妻があっけにとられて見つめる中、フィルビー夫妻がマントルピースの飾りを互いに投げつけ始め、そのせいでパーティーが打ち切りになったこともある。以前は飲めばおしゃべりになったが、今では飲めばろれつが回らなくなり、やがて黙って、最後は前後不覚になった。

パーティーは、フィルビーが正体を失ってソファーに倒れ込んで終わりになるか、あるいは、床に倒れて寝込んだフィルビーに毛布をかけ、そのまま周りでパーティーが続くようになった。フィルビーは、酔いが醒《さ》めた後で、気の利いた謝罪の手紙を、たいていは花束を添えて送った。「翌日には、たいがい許されていた」。

かつてフィルビーは、どれほどアルコールを摂取してもスパイ術を実践することができると常々自慢していた。それが今ではミスを犯すようになっていた。諜報活動にとって第一に重要なのは決まった行動パターンを避けることだが、友人たちは、フィルビーが水曜の夜にたびたび姿を現さないことに気づいていた。ある友人が、からかって「水曜の夜のことは全部知っているよ」と言うと、フィルビーの顔がギョッとなった。水曜日はペトゥホフと会う夜だったからだ。フィルビーの漏らす言葉が、恐怖に震える男を思わせるようになった。ある晩モイラ・ビーストンは、ジョーズ・バーでフィルビーに、冗談交じりに、あなたって本当は「第三の男」じゃないの？　と尋ねた。するとフィルビーは、否定もしなければ質問に直接答えるのでもなく、彼女の手首をあざが残るほど強く握ってこう言った。「いいかい、モイラ、僕はいつだって、友に対する忠誠こそが、ほかの何よりも大切だと思っているんだ」。それは、もっと忠誠を尽くすべきだと自らが主張するものに従って自分の友を何度も裏切ってきた男の、心からの叫びだった。「もし友人の身にひどいことが起こりそうで、しかも、それを何とかできるのが自分しかいないとなったら、君はどうする？」。そう彼女に尋ねた。彼が、何年も前にマクレインに警告しようと決心したときのことを言っているのは明らかだったが、「ひどいこと」が迫っている彼自身の現在の苦境も指していたに違いない。

一九六二年八月下旬、キムとエレナーは、以前から計画していた家族だけの休暇を過ごすためヨルダンへ出かけた。帰宅する予定日の数日前、フィルビーは自分だけすぐにベイルートに戻らなくてはならなくなったと告げ、理由も言わずに突然出発していった。エレナーがアパートに戻ると、電気は消えており、フィルビーが真っ暗なテラスで、酒に酔い、悲しみに沈んだ表情で座っているのに気がついた。

「どうしたの？ どこか具合でも悪いの？」

「ジャッキーが死んだ」とフィルビーは言った。

ペットの狐が、六階のバルコニーから下の道路に落ちたのだ。エレナーは、レバノン人のメイドが以前から臭い野生動物を街のアパートで飼うのは嫌だと言っていたので、このメイドが狐を手すりから突き落としたのではないかと疑った。

「キムは、すっかり悲しみに暮れているようでした」とエレナーは記し、ペットの死を悼《いた》むのは分かるが「度を越しているようだ」と思った。ニコラス・エリオットも、フィルビーが狐の死に「打ち砕かれ」、悲しみ、涙しているのを見て、驚くと同時に心配になった。

「父親が亡くなったときを別にすれば、私がフィルビーと過ごしてきた長い年月の中で、彼が目に見える形で感情を示したのは、私の知る限りこのときだけしかなかった」。フィルビーは、悲しみによって、また恐怖によって、少しずつ壊れ始めていた。

モグラ・ハンターの覚醒

これより約七か月前のヘルシンキで、毛皮のコートに身を包んだ背の低い太ったロシア人男性が、ＣＩＡのフィンランド支局長フランク・フライバーグのドアをノックし、非常にたどたどしい英語で、西側に亡命したいと告げた。ＫＧＢのアナトーリ・ゴリツィン少佐は、しばらく前から亡命を計画していた。ＫＧＢの戦略計画部の上級将校であり、ソ連の諜報機関で一五年間働いてきたベテランだったため、膨大な量の秘密を収集しており、その大半を記憶しているというか、おぼろげに記憶しているというか、とにかくだいたい覚えていた。つまりゴリツィンの問題点は、ソヴィエト情報機関のいくつかの側面については非常に詳しく知っているが、全体として知識が広くて浅いことにあった。彼が持ってきた情報の多くは、それが頭に入っているものであれ、フライバーグのドアをノックする前に雪に埋めて隠しておいた文書の束に書かれているものであれ、正確で信頼できるものだったが、多くは断片的で、間違っているものも含まれていた。ゴリツィンはアメリカへ移送され、その後何年も続く事情聴取が始まった。

ジェームズ・アングルトンは、「今まで西側にやってきた中で最も価値のある亡命者」だと言って喜んだ。彼以外の人々は、ゴリツィンは信用できないと思っていた。頭がおかしいのだと考える者さえいた。一九六二年春、CIAはゴリツィンをロンドンへ派遣してイギリス側情報機関に尋問させる許可を出した。ロンドンでゴリツィンは、モスクワで「五人組と呼ばれるイギリスで非常に重要なスパイ網」の話を聞いたと説明した。このイギリス人スパイ五人組は、大学で出会った者たちで、何年にもわたってソヴィエト側情報機関に非常に重要な情報を提供していたという。ゴリツィンは、フィルビーの名前も、その暗号名も特定することはできなかったが、その情報だけで、長く休眠状態だった調査を復活させるには十分であり、MI5のモグラ・ハンターたちは断固たる決意で再びフィルビーの跡を追い始めた。

この亡命は、KGBに衝撃を走らせた。世界中に五四あるKGB支部に、各支部の活動についてゴリツィンが知っている可能性のある事柄をすべて報告せよとの指示が出された。重要なKGB工作員との会合は一時中断され、アナトーリ・ゴリツィンをチャンスがあり次第暗殺する計画が承認された。

ユーリ・モジンは、すでに一九五八年にイギリスを離れていた。しかし、CIAの記録によると、一九六二年夏にパキスタン経由で中東を訪れている。しばらく後になってようやくMI5の調査官たちは、モジンの中東旅行が、フィルビーがヨルダンでの家族旅行を途中で切り上げ突然帰国した時期と一致しており、このとき以降、彼が「アルコール依存症とストレスの徴候をますます強く示す」ようになったことを突き止めた。ＭＩ５は、「モジンはフィルビーに警告するためベイルートへ行った」のであり、内情をよく知る新たな亡命者が秘密を暴露しようとしていると彼に伝えたのだと判断した。モジンがベイルートでフィルビーと接触したのだとしても、その場所はいまだに明らかになっていない。後にモジンは、かつては意欲満々だった工作員スタンリーが、このときは「昔の面影がなかった」と記している。彼が訪れた目的は明白で、「フィルビーに、逮捕される危険があるのでイギリスに戻らないよう警告することと、脱出のための緊急対策を練ること」だった。しかし、この警告は、フィルビーを恐怖の悪循環に落とすことになったようだ。エレナーに暗闇で座っているところを見つけられたとき、フィルビーは死んだ狐のためだけに涙を流していたわけではなかったのである。

一九六二年一〇月、ニコラス・エリオットは新たなポストとして、ロンドン勤務のＭＩ６アフリカ担当部長の職を打診された。これは、冷戦でもう一つの主戦場を担当する地位であり、さらなる大きな昇進であった。レバノンでの二年間は、充実していて実りも多く、楽しかったし、エリオットの生きがいである「抱腹絶倒」もたくさんあった。ベイルートを去るのは心残りで、とりわけフィルビーの荒んだ生活状態は心配だった。ウィーンで彼の前任者だったピーター・ランが、後任のＭＩ６支局長になった。ランは、エリオットから引き継ぐためベイルートへ向かう前に、ディック・ホワイトに、キム・フィルビーについて何かすべきことがあれば教えてほしいと尋ねた。ホワイトは、フィルビーが再びMI5に目を付けられていることを知っていた。「もちろん、あいつは裏切り者だ」と、彼は鋭い口調で言った。「目を離さないでおけばいい。何が起こるか、しばらく様子を見ながら待つことにしよう」。

フィルビーも、恐怖におびえながら待っていた。親しい者に死なれ、正体発覚の脅威にさらされ、ブレイク事件の恐ろしい事例に驚き、今度は今まで常に守ってきてくれた唯一の人物との交際や直接の支援を奪われ、フィルビーはますますウィスキーにおぼれていった。

しかし終局は、フィルビーが恐れていたような、新たな亡命者からの新情報によってもたらされたのではなかった。それはかつての友人が、彼もすっかり忘れていた三〇年近く前の会話を思い出したことから始まった。

17　君だろうと思っていたよ

ソロモンの証言

フローラ・ソロモンは、ロシア革命の激動からイギリスの市民生活に至る、かなり異色の人生を歩んできた。かつてボルシェヴィキの革命家と関係を持ち、イギリスの軍人と結婚した彼女は、若くして未亡人となり、息子ピーターを女手一つで育て上げ（ちなみに、ピーターは一九六一年にアムネスティ・インターナショナルを設立する）、その後マークス・アンド・スペンサーで福祉部門を創設した。イギリス・ユダヤ人社会の重鎮であり、メイフェアの自宅で一九三〇年代と同じように定期的にサロンを開き続けていた。言葉にはロシア語なまりが残り、立ち居振る舞いはイギリス式で、政治的には熱心なシオニストだった。「ロシア人の魂、ユダヤ人の心、イギリス人のパスポート」というのが、ソロモンの描く自画像だった。一九六二年当時、彼女が生きる情熱を主に注いでいたのがイスラエル国家で、あらゆる機会をとらえては、イスラエルを言葉と行動と資金で守り支援していた。

このイスラエルへの傾倒がきっかけとなって、フローラ・ソロモンの人生に再びキム・フィルビーが現れた。彼女は毎週オブザーヴァーを読んでおり、中東関連の記事には特に注意を払っていたが、次第にフィルビーの記事に腹を立てるようになった。「見る目のある者からすれば、これが反イスラエルの偏見に満ちているのは明白だった。記事は、中東政治に対するソ連の見方を受け入れていた」と彼女は書いている。冷戦で押しつけられた、きわめて単純な対立の構図では、イスラエルがアメリカ政府の支援を受けていたのに対し、ソ連政府はアラブ諸国に影響力を広げており、ソロモンの主観的な意見によれば、フィルビーは彼女の愛するイスラエルの弱体化を狙ったソ連のプロパガンダを量産しているように思われた（これは、実際には間違いだった。フィルビーは無意識に親アラブの立場を採ってはいたが、執筆する記事には、はっきりとしたソ連びいきの傾向が一切出ないよう、かなり気を配っていた）。彼女も一九五〇年代には、フィルビーに対する非難はマッカーシズム的な誹謗中傷にすぎないと思っていた。だが今は、もう以前ほど確信を持てなくなった。彼女は、フィルビーが一九三六年に「運動」云々と言ったことと、かなりぎこちない感じで自分をスカウトしようとしたことを思い出した。「フィルビーは、バージェス＝マクレイン事件の共犯の疑いをＭＩ５によって晴らされていたものの［実際は、既述のとおり、有罪の立証ができなかったにすぎない」、実はずっと共産主義者であったのではないかという考えが、私に浮かんだ」。

一九六二年八月にフローラ・ソロモンは、それまで何度も訪れていたイスラエルをまた訪問し、レホヴォトにあるヴァイツマン科学研究所での会議に出席した。この研究所は、一九三四年に後のイスラエル初代大統領ハイム・ヴァイツマンが、後のマークス・アンド・スペンサー会長シーフ男爵の寄付金を基に設立した研究機関である。会議後にヴァイツマンの自宅で開かれたパーティーで、彼女は研究所のもう一人の後援者であるヴィクター・ロスチャイルド卿と出会った。著名な科学者であるロスチャイルドは、戦争中はMI5の破壊工作・爆破班を率い、「危険な状況における危ない任務」を認められてジョージ勲章を受章していた。ハリス家での夜会の常連であり、バージェスやブラントと同じ時期にケンブリッジ大学で学んだロスチャイルドは、まったくの濡れ衣なのだが、後にソヴィエト側スパイだと告発されることになる。確かに若いころは左派に傾倒していたが、実際にはフローラ・ソロモンと同じく共産主義とは何の関係もなく、MI5と密接な関係を維持していた。ロスチャイルドとソロモンは一九三〇年代からの知り合いで、二人の会話は当然ながら、共通の知人であるキム・フィルビーの話へと移っていった。

「オブザーヴァーは、どうしてキムのような人を使っているのでしょう？　彼が共産主義者だと知らないんでしょうか？」とソロモンは言った。

ロスチャイルドは、彼女が自信満々に言うのを聞いて驚いた。ソロモンはさらに続けて、一九三六年にフィルビーが、自分は「平和実現のため、とても危険な仕事」をしているのだと誇らしげに言い、私を共産主義のスパイとして雇おうとしたと説明した。この話にロスチャイルドは熱心に耳を傾けた。彼はフィルビー事件の経過を詳しく追っており、かつては自分の友だった男にとって不利な状況証拠は山ほどあるが、誰も自ら名乗り出てフィルビーとソヴィエト側情報機関とを直接結びつけようとしなかったことを知っていた。彼は、フィルビーや戦時中に付き合っていた共通の友人グループについて、詳しくソロモンに尋ね始めた。彼女は、キム・フィルビーにとって「ハリスは単なる友達以上の存在だとの直感」を根拠に、前々からトマス・ハリスがソ連のスパイではないかと疑っていたと答えた。

後にフローラ・ソロモンは、フィルビーの正体を暴露した動機は、厳密に政治的なもので、彼が反イスラエル的な記事を書いていたのでオブザーヴァーをクビにさせたかったのだと主張した。しかし、彼女には個人的な理由もあった。一九三九年にフィルビーをアイリーンに紹介したのは彼女であり、それをきっかけに始まりアイリーンの悲しい孤独死で幕を閉じた物語に、責任の一端を感じていたのだ。ソロモンは、この悲劇を頭の中から追い出そうとしたが、フィルビーに対しては「女性たちへのひどい扱い」に怒りが収まることはなかった。アイリーン・ファーズの怨霊《おんりょう》が、復讐を始めようとしていた。

「ぜひ、何とかしてください」と、フローラ・ソロモンはロスチャイルドに、いつもの横柄な口調で言った。

「考えてみましょう」と彼は答えた。

　ヴィクター・ロスチャイルドは老練な策士だった。彼は、考える以上のことをやった。ロンドンに戻ると、さっそくこの会話をＭＩ５に報告した。これを聞いて、フィルビーに裁きを受けさせようとの決意を今も崩していない数人の将校たちは歓喜した。ようやく「決定的な突破口」が見つかったのだ。説得に手こずったものの、フローラ・ソロモンには、ロスチャイルドのアパートでＭＩ５の将校による事情聴取を受けてもらうことになり、そのためアパートには盗聴器が仕掛けられた。その場で彼女は三〇年近く前のフィルビーとの会話をもう一度説明した。調査官たちは、彼女を「風変わりで、あまり信頼できない女性」だと思い、左派の過激思想には本人が主張している以上に深く関与していたのではないかと疑った。事情聴取の模様は、ＭＩ５の調査官ピーター・ライトによって記録された。ライトは、何年も後に大きな話題となった著書『スパイキャッチャー』〔邦訳は久保田誠一監訳、朝日新聞社、一九八七年〕でも書いているが、彼女とフィルビーはかつて愛人関係にあり、彼の正体を遅ればせながら暴露する動機は遺恨《いこん》なのではないかと考えた。同書には、「彼女は明らかに彼に対して恨みを抱いていた」と記されている。

　フローラ・ソロモンは、次第に怖気《おじけ》づいてきて、フィルビーに不利な証言をするとＫＧ

Ｂの暗殺団に狙われるのではないかと怯《おび》えた。「公開の場では絶対に証言しません」とＭＩ５に告げ、「危険が大きすぎるわ」と言った。正式な法的供述を行なうようＭＩ５が迫れば迫るほど、彼女は不安を募らせた。「漏れてしまうの。そう、漏れてしまうのよ。そうなったら、私の家族はどうすればいいの？」。それならモサドの将校と話してほしいと言われると、イギリスの情報将校ではなくイスラエルの情報将校が相手なら協力的になるだろうと思われたことに気分を害したものの、それには同意した。

ソロモンの告白により、フィルビーが活動中のソ連側スパイで、共産主義のためスパイをスカウトしており、尋問では自分の過去を意図的に隠して嘘を繰り返していたことを示す証拠がようやく手に入った。これこそ、バスター・ミルモが持っていなかった弾薬であり、フィルビー支持派から出してみろと絶えず要求されていた有罪の証拠だった。ホワイトは、ソロモンの告白について聞くと、「どうして一〇年前に言ってくれなかったんだろう？」と言った。その質問に、彼女は答えを用意していた。「どの公式声明も彼の無実を指し示していたのですから、自ら進んで情報を伝える気にはなれませんでした」。悪いのは私ではなく、あなた方だというわけだ。フィルビーが裁きを免れたのは、「クラブ会員どうしの友情や同窓生どうしの絆が、どれほど我と我が身を守ろうとするか」を示す証拠であった。

損害報告書が必要だ

その自己防衛も、これで終わりだ。MI5は攻撃準備を整えた。一九五一年からフィルビー事件を担当してきた将校アーサー・マーティンが、最後のとどめを刺すことになった。一〇年以上前からマーティンは、フィルビーの鎧《よろい》に穴を開けようと苦闘してきた。この件を彼よりよく知る人間はいなかった。ソロモンの発言と、裏づけとなるゴリツィンからの証拠により、ほかの疑わしい点もピタリピタリとはまっていった。次に、どうやってフィルビーの責任を問うかをめぐって激しい議論が始まったが、それは政治的にも法的にも、また具体的方法においても、いまだに大きな問題をいくつも抱える難題だった。仮にソロモンを何とか説得して宣誓証言させたとしても、それは伝聞証拠にしかならない。ジョージ・ブレイクは本人の証言により有罪となったが、おそらくフィルビーは、今までどおり、すべてを否定するだろうし、自白がなければ有罪に持ち込める保証はない。裁判にかけるのは恥をさらすようなものであり、とりわけ、フィルビーが今もMI6から報酬をもらっていることが明らかになれば、なおさらだ。しかも、裁判で有罪を勝ち取るのに失敗すれば一巻の終わりだ。現在首相を務めるハロルド・マクミランにとっては、特に微妙な問題だった。外務大臣時代に自らフィルビーの潔白を宣言していたし、それに新たなスパイ裁判となったら保守党政権が倒れかねない。フィルビーを、編集長からの呼び出しとか何かで騙してイギリスへ帰国させ、自白を強要することはできるかもしれない。しかし、フィルビーはブレイクが罠にはめられた経緯を非常に詳しく知っており、「あまりにも頭がよい」ので同じ策略には引っかからないだろうと思われた。ロンドンへ呼び戻すのは、むしろ警告を与えることになるだろう。もっと過激な手段も検討された。フィルビーをベイルートから拉《ら》致《ち》するか、いっそのこと殺してしまうという案だ。しかし、冷戦の緊張が高まっていることを考えると、ソ連側のスパイを殺すなり誘拐するなりすれば、醜い報復合戦が始まり、甚大な影響を及ぼすことになりかねない。それに、クラブ事件以降は、活劇風の冒険をやろうという意欲もほとんど失われていた。フィルビーの諜報活動の全容を知っているのは当の本人しかいない。生かしておけば、イギリスの支配階級に忍び込んでいるほかのソヴィエト側スパイの正体を暴露するよう説得できるかもしれない。

「我々は、彼がどのような損害をもたらしたのかを明らかにする必要があります」と、ディック・ホワイトはマクミランに説明した。「ソ連側がどのように作戦を実行し、ほかに誰がフィルビーと共に活動していたのかに関する詳細をすべて含む、完全な損害報告書が、大きな意義を持つのです」。それに、フィルビーは裏切り者かもしれないが、「紳士として遇すべきです」。ホワイトは、さらす恥を最も少なくしつつ、引き出す利益を最大にするための行動計画を説明した。それは、アーサー・マーティンがただちにベイルートへ飛び、フィルビーに、彼にとって不利な決定的証拠を突きつけ、それから解決案として、すべてを自白して完全に協力するなら起訴を免除しようと提案するというものだった。ジョージ・ブレイクにはこうした提案は一切なされなかったが、そもそもブレイクは外国人で、紳士ではなかった。マクミランは計画に同意したが、すべて秘密裏に行なうよう主張し、「常にフタをしておくように」とディック・ホワイトに指示した。法務長官と外務次官も、この計画を承認したが、用心して文書には一切残さなかった。ＭＩ５は「対決の準備として膨大な資料」を集め、それをマーティンがベイルートでの対決に備えて検討した。彼はフィルビーを論破して真実を引き出し、二度と立ち上がれないよう徹底的に潰してしまうつもりだった。この素晴らしいシナリオにとって唯一の障害が、ニコラス・エリオットだった。

ロンドンに戻って数日後、エリオットはディック・ホワイトに呼び出されると、いくぶん嬉しそうに、もう疑いようがないと言われた。フローラ・ソロモンの証言により、フィルビーが一九三〇年代からソ連側のスパイだったことが確認された。彼は自分の国と階級とクラブを裏切っていた。ＭＩ５とＭＩ６に嘘をつき、ＣＩＡとＦＢＩにも、家族と友人と同僚にも嘘をついていた。彼は三〇年近くにわたって誰も彼もを、実にひどく、実に見事に騙してきた。そして、誰よりも徹底的に騙されていたのが、ニコラス・エリオットであった。

エリオットがフィルビーの友となり、彼から騙されるようになったのは、ちょうどバジル・フィッシャーの死を悲しんでいた二四歳のときだった。以来彼は成人期の大半を、フィルビーを信頼し、尊敬し、支持して過ごしてきた。二人の人生は、パブリック・スクールからケンブリッジを経てＭＩ６に至るまで、仕事においても教養においても、また住む所においても、互いに重なり合いながら相前後して進んでいるように見えた。セント・オールバンズ時代からイスタンブール時代まで、エリオットはフィルビーを手本にして、スパイ術を学び、世間ずれした皮肉な雰囲気を身につけ、柄が黒檀の傘を持つようになった。二人が悩みや希望を語り合うことはめったになかったが、それは二人の友情が、クリケットとアルコールとジョークに支えられ、共通の世界観と、その世界における特権的な地位との上に成り立っている、きわめてイギリス的な友情だったからだ。二人の関係は、二〇世紀半ばの上流階級出身で同性愛者ではないイギリス人男性二名としては、これ以上ないほど親密だった。エリオットの忠誠心は、軍隊に典型的な、砲火を浴びている戦友は無条件で即座に掩護《えんご》するというものだった。彼は、戦時中に育んだこの友情を、何よりも大切にしてきた。しかし、今になって初めて、その友情の代償を計算し、いったいどれほどの人を、自分やジェームズ・アングルトンたちは知らず知らずのうちに死へ追いやったのだろうかと考え始めた。そうした犠牲者の中には名前を知っている者もいた。フェアメーレン夫妻が特定したドイツのカトリック系反共活動家たち。イスタンブールのヴォルコフ夫妻。トルコから国境をひそかに越えて母国で死んだグルジア人青年たち。もしかすると、バスター・クラブの不可解な死も、フィルビーのせいかもしれない。無名の被害者も多い。鉄のカーテンの向こう側に潜入して二度と戻ってこなかった数多くの工作員たち。捕まって家族ともども殺された何百人ものアルバニアの「妖精たち」。中東で正体を暴露された無数の工作員たち。正確な死者数を計算することなど、エリオットにはできなかっただろう。二〇年以上前から現在に至るまでに友人と交わした会話や打ち明けた秘密を残らず思い出すことのできる人間など、どこにいよう。クリケットに興じた週末も、クラブで過ごした夕べも、ベイルートの街に繰り出した夜も、すべてはフィルビーがソ連側監督官に渡す情報を集めるための茶番であり、見せかけの友情にすぎなかった。エリオットは、自分が持っている秘密をほとんどすべてフィルビーに打ち明けていたが、フィルビーが自分の秘密を打ち明けたことは一度もなかった。

長年にわたる不実

フィルビーの裏切りを知らされたときのエリオットの気持ちは、本人が話したがらなかったため、推測するよりほかにない。この件については頑《かたく》なに口を閉ざしたままだ。彼は、感情とは弱さの印であり、抑圧するか無視するか、笑い飛ばすべきものだと信じて疑わない世代のイギリス人だった。違った種類の人間だったら、苦しさに耐えかねて参っていたかもしれないが、エリオットはタフであり、一種の猫かぶりであった。イギリスのしつけと教育が、身を守るために嘘をつく非常に特異な種族を生み出してきた。ジョン・ル・カレも書いているが、私学教育を受けたイギリス人は「地上最大の猫かぶりである（中略）。彼らはだれよりも言葉じょうずに人を魅惑し、だれよりもうまく感情を隠し、だれよりも巧みに足跡《そくせき》をごまかし、自分が馬鹿だったと白状するのをだれよりもきらう。（中略）バス待ちの列でとなりに涼しい顔で立ちながら、じつは極度の情緒不安定をきたしていたり、親友のはずなのに、さてどんな人間なのかはいつまでもわからなかったりする」「ジョン・ル・カレ『影の巡礼者』村上博基訳、早川書房、一九九一年」。エリオットは、プレップ・スクールでの虐待も、父親の冷淡な態度も、最初にできた親友の死も、すべては順調でまったく問題ないと装うことで乗り越えてきた。だからフィルビーの徹底した裏切りも、まったく同じ方法で乗り越えた。しかし、彼をたいへんよく知る者たちは、いつもどおりの物憂げな態度や、連発されるジョークや、のんきな雰囲気の裏で、エリオットの世界が、フィルビーの裏切りをようやく理解して事実と認めた瞬間からまったく変わってしまったことに気づいていた。内心、彼は打ち砕かれ、誇りを傷つけられ、激怒し、そして悲しみに暮れていた。それからは終生、自分があれほど親しいと思い、あれほど何もかもが似ていると思った男が、実は詐欺師だったとはどういうことかと、絶えず悩み続けた。以前は、フィルビーのためなら死んでもいいと思っていたが、それが今では、息子に語ったところによると、「喜んで殺してやる」と思うまでになった。フィルビーは、彼を実に見事に騙し、生涯変わらぬはずだった二人の友情をぶち壊しにした。クラブ会員や友愛組織のメンバーが守るべき神聖な規則を一つ残らず破壊し、エリオットが愛してやまないＭＩ６と祖国に、計り知れないダメージを与えた。エリオットは、その理由を知る必要があった。最後にもう一度、フィルビーの目をじっと見たかった。どういうことかを理解したかった。

エリオットは、フィルビーとの対決は自分に任せてほしいと訴えた。彼と知り合った期間はすでに人生の半分に及び、あの男から自白を引き出すことのできる人物がいるとすれば、それは私以外にありえないと主張したのだ。この考えに、ディック・ホワイトは興味を抱いた。エリオットの当然の怒りによって、道義心に訴える力がさらに強まるかもしれず、「激怒している支援者のほうが、下層中流階級出身の執拗《しつよう》なＭＩ５将校よりも、フィルビーを自白するよう説得できる確率が高かった」。ホワイトは、エリオットは「一九五一年にはフィルビーの最大の支援者」だったのだから、「彼が騙されていたことに怒っているのを見れば、フィルビーは思っている以上の証拠が我々にあると考えるだろう」と計算した。以前、ホワイトはエリオットがフィルビーを支持していることにいらだたされたが、今では彼を「有能で賢く、イギリスの国益上必要ならどんなことでも辞さない、断固たる決意を抱いた将校」と考えた。話は、次のようにまとまった。エリオットがベイルートへ飛び、フィルビーを捕まえる。ＣＩＡには、フィルビー有罪の証拠のことも、エリオットに彼と対決させるという決断も、知らせない。アメリカ側には、この件が落着した後で知らせる。ジェームズ・アングルトンに何が進行中かを知られたら、自分にも関与させろと要求してくるに違いない。彼には秘密にしておくことに決まった。一部からは、果たしてエリオットは、自分をこれほど徹底的に騙してきた友と同じ部屋に入れられても怒りを抑えることができるのだろうかと危ぶむ声が上がったが、「エリオットは、今は抑えきれないほど激怒しているが、自分の任務を超えたことはやらないと誓った」。

ピーター・ライトは、ＭＩ６が根気強いアーサー・マーティンではなく仲間の一人をフィルビーとの対決に送ることにしたと知らされたときの、ＭＩ５内部での反応を次のように説明している。

> ＭＩ５内部でこの決定をひそかに伝えられた我々少数の人間は、愕然とした。強烈な対抗意識が働いたことは否めないが、問題はそれだけではなかった。ＭＩ５にいる我々は、当初からフィルビーの有罪を疑ったことなど一度もなく、彼を追い詰めるのに必要な証拠が、今ようやく手に入ったところだった。ＭＩ６にいるフィルビーの味方は、エリオットを筆頭に、彼は無実だと一貫して抗議してきた。それが、逃れられない証拠が出てきた今になって、内輪で処理したいという。エリオットが選ばれたことには、大いに腹が立った。

エリオットの立場を有利にするため、ディック・ホワイトは彼に、新たな証拠が亡命者アナトーリ・ゴリツィンから得られたと告げた。もっとも、ゴリツィンが明らかにしたことは、正確には推測の域を出ず、曖昧なものも含まれていた。彼はフィルビーを「工作員スタンリー」だと名指しで特定したわけではなかったが、ホワイトは、ゴリツィンが特定したかのような印象をエリオットに与えた。これは、フィルビーに不利な証拠は実際よりも強固だとエリオットに思わせようとしたホワイトの策略だったのだろうか？　それともエリオットのほうが、ほのめかされたにすぎないことを確かな事実と解釈してしまったのだろうか？　いずれにせよ、彼はフィルビーが動かぬ証拠を押さえられたと確信して、ベイルートへ向かう旅の準備を進めた。「我々はKGBの秘密を十分に見抜いており、だから確証があった」。エリオットへの指示は口頭で行なわれ、その内容を知る者は、ディック・ホワイトとニコラス・エリオット本人の二人しかいなかった。

　ベイルートでは、エレナー・フィルビーが、かつては魅力にあふれていた夫が酒と抑鬱に蝕まれてボロボロになっていくのを、なすすべなく見ていた。フィルビーは「立っているときは酔っており、横になっているときも酔っていて」、しかも、しばしば独りで飲んでは酩酊していた。「まるで、私たちのアパートしか安心していられる場所がないかのようでした」。社交の集まりに出かけてみても、結局は決まって酔いつぶれてしまう。一度など大使館のパーティーから担ぎ出してもらわなければならず、エレナーは非常に肩身の狭い思いをしたこともあった。「彼は、お酒の匂いさえ嗅げば、動き出しました。ふさいだ気持ちが晴れることはなかったようです」とエレナーは書いており、彼女は「彼の不安と孤独感の原因を何とか理解しようと」した。「どうしたの？ どうして話してくれないの？」と彼女は何度も尋ねた。

「いや、何でもないんだ、何でも」としか彼は答えてくれなかった。

彼女は後になって振り返り、フィルビーが浴びるように酒を飲み、アルコールで何もかも忘れようとしていたのは、不安にさいなまれながら生きる男の特徴だったと思うと述べている。

フィルビーの書く記事の数がめっきり減った。ピーター・ランは、フィルビーと初めて会ったとき、その手が震えているのに気がついた。フィルビーはランに、今後は社交の集まりで会っても他人のふりをしようと主張したが、そんな用心は奇妙だし不必要だとランは考えた。エレナーは、エリオットが温かく接してくれたのに比べ、ランは「とても冷たい人だ」と思った。

大晦日の日、フィルビーは、ベイルートのあちこちで開かれているパーティーから無数の招待を受けていたが、そのすべてを断り、自宅のバルコニーに座って、重苦しい沈黙の中、エレナーとシャンパンを飲んで過ごした。翌日はフィルビーの五一回目の誕生日で、エレナーはお昼にちょっとしたドリンク・パーティーを計画していた。午後二時三〇分、客はすべて帰った。フィルビー夫妻は、その後は一日家で静かに過ごすつもりだったが、そこへマイルズ・コープランドが乱入してきた。「彼は、嫌がる私たちを、何人かのアメリカ人が朝からやっていた新年パーティーへ無理やり引っ張っていったのです」。フィルビーは「すでにかなり飲んで」おり、だんだんと酔っ払っていった。夜になり、二人は千鳥足でカンタリ通りの自宅に戻ってきた。エレナーがベッドを整えていると、浴室からガタンという大きな音がしたかと思うと、痛いという叫び声が聞こえ、またガタンと音がした。フィルビーが転んで頭をラジエーターに打ちつけ、覚束ない足で立ち上がろうとして、また転んだのだ。「彼の頭のてっぺんに大きな切り傷が二つでき、そこから血がだらだらと流れていました。浴室はどこもかしこも血だらけでした」。エレナーは彼の頭にタオルを巻くと、慌てて電話に駆け寄った。しかしフィルビーは、意識が朦朧《もうろう》としてまだ酔ってはいたが、アパートから出るのを嫌がった。ようやくレバノン人医師がやってきたが、医師からは「ご主人を病院へ連れていかないと、命の保証はできません」とはっきり言われてしまう。何とかフィルビーを説き伏せてエレベーターに乗せ、車でアメリカン大学病院へ連れていき、傷を縫合して鎮静剤を投与してもらった。医師はエレナーを離れた所へ連れていくと、真剣な表情で、「血中にアルコールがあと一オンス〔約三〇ミリリットル〕余計にあったら、彼は死んでいましたよ」と告げた。

フィルビーは、その晩は家に帰ると言って聞かなかった。着ていたガウンは血に染まり、両目には青黒いあざができ、頭は包帯でぐるぐる巻きになっていて、まさに哀れを誘う姿であった。「僕は本当にバカだった。酒はやめる。金輪際《こんりんざい》やめる」と、彼は小声でつぶやいていた。

撃たれる覚悟で

一週間後、ニコラス・エリオットはベイルートへ向かう途中アテネに立ち寄り、イスタンブール時代の大切な友人夫妻であるＭＩ６支局長ホールジー・コルチェスターとその妻ロザンに会った。エリオットは、すでに「絶対に勝つ覚悟でいる頭脳戦の準備を整えていた」が、ベイルートへ行く前に秘密を打ち明けておく必要があった。「ひどい仕事をすることになった」と、ホールジーとロザンに語った。「彼に立ち向かわなくてはならないんだ」。エリオットと同じくコルチェスター夫妻も、以前からフィルビーを敬愛して擁護しており、だから彼が有罪だという証拠を聞かされて愕然とした。後にロザンは、「彼がこれほど恐ろしいスパイだったと聞いて、とてもショックでした。いつもあんなに感じがよくて、あんなに気さくで頭もよかったのに」と語っている。

それまでロザンが知っていたエリオットは、気楽な性格で、「いつも物事を笑い飛ばしていた」が、アテネでのディナーでは、ひどく深刻で、不安を抱き、苦悩しているようだった。その夜の様子を語るロザンの説明に現れるのは、人生で最悪のときを迎えようとしている男の姿だった。

ニコラスは、自分の手が血で汚れていたことに気づきました。フィルビーをとてもよく知っていて、だから事のすべてに衝撃を受けたのです。自分がフィルビーを射殺してもいいとさえ言っていました。何を言うつもりか自分でも分かっていなかったようで、独りで「もうお芝居は終わりだ。僕たちは君の正体を知っている」と言う練習をしていたのを覚えています。ニコラスは、普段はとても面白い人でした。役者か芸人みたいで、本当に見せかけどおりの人だとはまったく思えなかったのです。誰だって、彼を本当に知っているとは思えなかったのです。ニコラスは、いかにもイギリス人らしく、相手に深入りしない方法を身につけていて、延々と続くジョークで作った一種の仮面をかぶっていました。ですが、あの夜の彼は神経がとても張りつめていました。任務をひどく恐れていて、確かにそれはとても危険なものでした。フィルビーか、あるいはソヴィエト側に射殺されるかもしれないと思っていたようです。「彼が手当たり次第に撃ってこなければいいんだが」と言っていましたから。とりつかれたようにフィルビーのことばかり話し、彼をどれほどよく知っているかを語っていました。ニコラスは、この試練を受けなくてもよかったのですが、自分からやりたがったんです。本当に、とても勇気ある行動でした。自分のために確かめたかったんです。

エリオットは、一九六三年一月一〇日にベイルートに到着し、スパイやジャーナリストが普段よく出入りする場所から遠く離れた、小さくて目立たないホテルにチェックインした。彼が来たことを知っているのは、ピーター・ランだけだ。二人は一緒に、対決の準備を始めた。ランの秘書が、海に近いキリスト教徒地区にアパートを持っていた。その居間に盗聴器が仕掛けられることになり、MI6の技術者がソファーの下に隠しマイクを設置し、そこからコードを伸ばして隣の部屋のテープレコーダーにつないだ。エリオットは、ブランデーのボトルを一本買った。すべての準備が整うと、ランはフィルビーに電話をかけ、「普段どおりの声で」「今後の計画について話し合うためフィルビーと二人で会合」を持ちたいと提案した。何かおかしなところがあるという素振りは示さなかった。フィルビーは身の安全の必要を強調していたので、ランは、自分の秘書のアパートなら内密の話もできるから、そこでお茶でも飲みながら会おうと言った。フィルビーは、元日に酔って転んで以来カンタリ通りの自宅から外に出ることはほとんどなかったが、翌日の午後に指定された住所でランと会うことに同意した。ただフィルビーは、後にエレナーに「電話が来た瞬間、いよいよ始まったと分かったよ」と語っている。

一月一二日の四時、フィルビーは、まだ頭に包帯を巻いた姿で、やや覚束なげな足取りで階段を上り、アパートのドアをノックした。

ドアを開けたのはニコラス・エリオットだったが、フィルビーはなぜか驚いた様子を見せず、ただ一言、こう言った。「きっと君だろうと思っていたよ」。

18 ティータイム

洗練された死闘

エリオットが予告なくベイルートにやってきたと知ってフィルビーが示した反応は、特に猜疑心が強いＭＩ５では、事前に情報を得ていた証拠と解釈された。これをきっかけに、イギリス情報機関内に潜むもう一人のソヴィエト側スパイの捜索が以後二〇年にわたって続き、このとき生まれた陰謀説は、今なおくすぶり続けている。だが実際には、アパートで待っているのがエリオットだと分かっても意外でなかったと言ったとき、フィルビーは事実を述べているにすぎなかった。彼は何年も前から正体が発覚するのを恐れており、その瞬間が迫っていると考えていた。彼にはエリオットの心の動きが分かっていて、だから、自分のスパイ活動について真相がついに明らかになったら、そのときはエリオットが、その事実を私に突きつけたいと願い出るだろうと思っていた。

二人は握手を交わした。エリオットは、フィルビーが頭に巻いている包帯について尋ねた。フィルビーは、パーティーの後で転んだのだと説明した。大使館の秘書が紅茶を注ぎ、それからそっと部屋を出た。二人は腰を下ろしたが、その様子は、どこから見ても、まるでクラブで会っているかのようだった。隣の部屋では、ピーター・ランと速記者が、二人ともヘッドフォンをつけ、作動中のテープレコーダーの前で身を乗り出して座っていた。

その後の会話を文字に起こした記録の全文を、ＭＩ５はいまだに公開していない。実を言うと、録音にはほとんど聞き取れない箇所がいくつもある。エリオットは、技術関係にはまったく詳しくなかった。フィルビーが到着する直前、彼は部屋の窓を開け、そのせいで二人の会話の大半は、にぎやかなベイルートの街から聞こえてくる喧騒にかき消されている。冷戦史上で最も重要な会話の一つが、車のクラクションや、うなるエンジン音、アラブ人の話し声や、陶磁器の触れ合うカチャカチャという音とともに録音されているのだ。しかし、その後の展開を再現するのに十分な内容は聞き取れた。それは、イギリス人の非情な礼儀正しさを示す、洗練された死闘だった。

エリオットは、フィルビーの健康状態を尋ねた。

「まったく問題なしだ」とフィルビーは言い、インフルエンザと気管支炎のダブル・パンチから回復に向かっていると付け加えた。「両方にやられてね」。

フィルビーは、エリオットの家族は元気かと聞いた。おかげさまで、とエリオットは答え、マークが新学期をイートンで迎えることになったと告げた。

「おいしいお茶だ」とフィルビー。

会話が途切れる。

「ここまではるばる僕に会いに来たというわけじゃないんだろ？」とフィルビーは言った。

エリオットは、モンブランの万年筆を取り出すと、テーブルの上に置き、手のひらで前後に転がし始めた。緊張している印だったが、それは相手の気をそらそうとする、尋問での常套《じょうとう》手段でもあった。

「すぐに切り出さなくて申し訳なかった。キム、僕にはこの件を先延ばしにする時間がない。それに、僕たちは長い付き合いだから、君さえよければ、すぐ要点に入ろうと思う」とエリオットは言ったが、まだ要点には入らなかった。「残念ながら、あまり楽しい話じゃないんだ」。再び会話が途切れる。「僕が来たのは、君の過去の不正が明らかになったと告げるためなんだ」。

フィルビーは即座に反撃に出た。「君たち全員、また頭がおかしくなったのかい？　あれをまた最初からやりたいって？　何年もたった今になって？　君たちはユーモアのセンスをなくしたんだろう。笑い者になるぞ！」。

「いや、僕たちは何もなくしたりはしていない。反対に、君についての追加情報を見つけたんだ。それですべて説明がつく」

「どんな情報だい？　それに、何の説明がつくと言うのさ？」

エリオットは立ち上がると窓辺に歩いていき、通りを見下ろした。

「いいかい、キム、君も知ってのとおり、僕は君が嫌疑を受けた瞬間からずっと君の味方だった。でも、今は新たな情報がある。それを僕は見せてもらった。だから今では、この僕さえも、君がソ連の情報機関のために働いていたと完全に、そう、完全に確信している。四九年までずっと彼らのために働いていたと」

後にフィルビーは、なぜエリオットが一九四九年という年を、ソ連のためのスパイ活動をやめた時期として特定したのか分からないと述べている。答えは簡単だ。一九四九年はフィルビーがワシントンへ行った年であり、もし彼がアメリカ滞在中もスパイ活動をしていたと認めれば、ジェームズ・アングルトンとＣＩＡとＦＢＩが、彼がどんな情報を流したのかをこぞって知りたがり、彼をアメリカの法で裁くため身柄の引き渡しを求めてくる可能性があった。そうなれば、訴追免除の提案は無意味になってしまう。取引をまとめるため、エリオットはフィルビーに、スパイ活動は一九四九年までであって、それ以降はやっていないと認めさせる必要があった。そうすれば、問題をアメリカに口出しされずにＭＩ６の「内部」で処理することができた。

しかし、フィルビーには何も認める気はなかった。

「そんなたわ言を君に言ったのは誰だい？　まったくバカげてるよ」と言い、そしてエリオットのフェアプレイの精神に訴えるように、こう付け加えた。「君だって、バカげてると思っているんだろ」。

しかし、エリオットはかまわず続けた。「こちらには、君が本当にソ連の情報機関と働いていたことを示す新たな情報があって……」。

「僕に、また一から説明させたいのかい？」

「キム、ゲームは終わったんだ。我々は君のやったことを知っている。ＫＧＢの秘密を見抜いているんだ。君がＫＧＢの工作員だったことを、僕はもう少しも疑っていない」

数十年来の友情が、二人の周りでバラバラと崩れ落ちていた。それでもなお雰囲気は、張りつめてはいたものの、穏やかであり、言葉も丁寧だった。さらに紅茶が注がれた。エリオットはペンを前後に転がしている。フィルビーが沈黙を破った。

「ねえ、こんなのまったくバカみたいじゃないか。ビックリだよ！　ある男が、長い間、重罪の疑いをかけられていたが、彼らは何も証明できず、全世界の前で恥をかく。彼らは謝罪する。ところが一〇年後、どこかのチーフが、この昔の考えをまた思い出す。彼らは、今度は旧友を派遣することにする。頭がよくて礼儀正しい男だ。その目的はただ一つ、無実の男を説き伏せて、ソ連のスパイだと自白させること……それが、君が来た理由だろ？」

「キム、君が僕の立場だったら、君が僕の知っていることを知っているのなら……」

「君のような話し方はしないだろうね」

「じゃあ、どんなふうに話をする？」

「僕なら、こんなひどいお茶の代わりに酒を一杯勧めるね」。それはジョークのつもりだったが、エリオットは笑わなかった。それに、酒も勧めなかった。

「君は僕に、君がソ連側のためにやってきた仕事の説明をさせたいのか？　君の考えていることを僕に言わせたいのか？」

「ニコラス、本気なのか？」

「本気だ」

エリオットは何年もの間、自分はフィルビーの考えていることを分かっていると思っていたが、それはまったくの勘違いであったことに気づいていた。続けて彼が語ったことは、理解不能なことを理解しようと悪戦苦闘する男の言葉であった。

> 僕は君を理解している。僕は以前、同時に二人の女性に恋したことがある。きっと君も、政治的に同じ状況だったんだろう。イギリスとソヴィエト連邦を同時に愛してしまったんだ。でも、君はソヴィエト連邦のため十分長く働いてきたし、ソ連を十分に助けてきた。今度は我々を助けてくれなくてはならない。（中略）君は、一九四九年に彼らのために働くのをやめた。それは絶対に間違いないと思っている。今は一九六三年一月だ。あれからもう一四年だ。その間に、君の考えや見方は変わった。変わ

ったはずだ。ソヴィエト連邦のため、たとえば戦争前や戦時中に働いていた人のことは僕にも理解できる。でも一九四九年には、君ほどの知性と精神を持った人なら、スターリンの極悪非道な行為の噂がすべて噂ではなく事実だったことが分かったはずだ。だからソ連と手を切る決心をした。

フィルビーは肩をすくめ、首を振った。「君はここへ僕を尋問しに来た。でも僕は、今も友達と話をしているつもりでいる」。

フィルビーが二人の友情を引き合いに出すのは、これが二度目だ。エリオットの頭の中で何かが切れ、彼はいきなり激高した。

「君は僕を何年も騙してきた。今度は僕が、無理やりにでも君から真実を引き出す番だ。君は、マルクス主義と家族の二者択一を迫られてマルクス主義を選んだ。以前は君を尊敬していたよ、キム。ああ、でも今は軽蔑しかしていない。どうしてなのかを理解するくらいの良識は、君にも残っているんだろ」

それは、彼が長い付き合いで初めてフィルビーに向けて発した怒りの言葉だった。礼儀の仮面は、すでに消えた。二人とも、動きも話もしなかった。

エリオットが、徐々に落ち着きを取り戻し、ついにピリピリとした沈黙を打ち破った。

「きっと僕たちでうまく解決できると思う」。

エリオットは、取引の内容を説明した。フィルビーが、ロンドンか、それが嫌ならベイルートで、すべてを自白すれば、起訴はしない。しかし、自白ではすべてを明かす必要がある。ソ連側情報機関との連絡員も、イギリスにいる他のモグラも、スパイとして活動していた間にモスクワへ流した秘密も、一つ残らず白状しなくてはならない。「僕と、それからディック・ホワイトも保証人として約束する。君は完全に免責され、赦免《しゃめん》されるが、それは君自身がすべてを話した場合に限られる。我々には、君の協力、君の助けが必要なんだ」。

フィルビーは何も言わず、エリオットの声は、話が進むにつれて険しくなった。もしキムが協力するのを拒み、あくまで真実を否定するのであれば、見放されることになる。パスポートは取り上げられ、居住許可は取り消される。銀行口座を開くことさえできなくなる。ＭＩ６はおろか、ほかのイギリスの新聞社で働くこともできない。子供たちは、学費のかかる学校から退学させられる。彼は残りの人生を無一文の下層民、エリオットの言う「つまはじき者」として生きていくことになる。これは厳しい選択だ。完全な自白の見返りとして身の安全を保障するというのは紳士協定であり、それが嫌なら、あくまで否認を貫き通してもよいが、その場合は「人生が耐えがたいものに変わる」。もちろん、これ以外に第三の選択肢もあるが、それはエリオットがあえて口にする必要がないほど、二人には明々白々だった。フィルビーが急いで逃亡するという選択肢だ。

フィルビーは立ち上がるとドアへ向かった。ティー・パーティーは終わった。

「もし協力してくれるなら、訴追免除を認めよう。何も公表しない」

すでにドアは開いている。

「今までは運がよかったんだよ、キム。きっかり二四時間あげよう。明日の午後四時ちょうどに、ここに戻ってきてくれ。君が僕の思っているとおり頭がいいなら、承諾してくれるはずだ」

フィルビーは返事をしたのかもしれないが、たとえそうだったとしても、その返答を隠しマイクが拾うことはできなかった。

「僕はね、命綱を渡そうとしているんだよ、キム……」

彼が出ていき、ドアが閉まった。

そして翌日

フィルビーが何も言わずに出ていったこと自体が、承諾した印だった。「彼は一度も、新たな証拠とは何なのかと尋ねなかった」。彼はもう反論していない。命綱をつかむだろう。「キムは落ちた」とエリオットはランに告げた。「万事順調だ」と言い、その晩にはロンドンのディック・ホワイトに宛てて大丈夫だと知らせる電報を大急ぎで送った。しかし心の内では、非常に不安に思っていた。フィルビーは戻ってくるだろうか？　協力するだろうか、口を閉ざして黙秘するだろうか、それとも逃げ出そうとするだろうか？　「続く二四時間は試練のときであった」。

翌日、時計が四時を打つと、フィルビーが再びアパートに現れた。素面《しらふ》で、落ち着いているようだ。

「オーケー、情報を話そう」と彼は言った。「でも、まず一杯飲ませてくれないか。元日の誕生日から一杯もやっていないんだ」。

エリオットは、大きなグラス二つにブランデーを注いだ。

それからフィルビーは準備していた話を始めたが、それは確かな真実と、一部を隠した真実と、真っ赤な嘘とを混ぜ合わせた、実に奇妙な作り話だった。彼は、最初の妻リッツィにスカウトされてソ連の秘密情報部に入り（これは厳密に言うと真実ではない）、その後に自分がマクレインとバージェスをスカウトしたと言った（これは真実）。そして、ポケットから二枚の紙を取り出した。そこには、モスクワのために行なった活動について、不都合な部分を削った不完全な説明がタイプで打たれており、詳しい内容は少なく、具体的な人名はそれよりさらに少なかった。彼は、一九三四年にソ連の情報機関にスカウトされたことは認めたが、戦後すぐに「自分の生き方が間違っていることに気づいて」モスクワのために働くのをやめたと主張した。一九五一年にマクレインに警告したことも認めたが、それは友人に誠意を示す行動にすぎず、活動中のスパイが仲間のスパイを守るためにやったのではない。初期のKGB担当官の名前は列挙したが、イスタンブール、ワシントン、ロンドン、およびベイルートで接触したソ連の情報将校については一言も触れなかった。

「ネドセキンは君の連絡員なのか?」とエリオットは言って、ジョージ・ブレイクが拘束・逮捕されるまで彼の担当官を務めていたKGBの支部長について尋ねた。

「僕に連絡員なんてものはいない」と、フィルビーはいらだった様子を見せて嘘をついた。「KGBとは関係を断ったんだ」。

エリオットは、フィルビーが何かを隠していると思っていた。二枚の紙に記された概要は、ごく限られた時期のスパイ活動を認めた「非常に中身が薄い文書」にすぎない。「限定的な自白」であることはエリオットも分かっていたが、それでもこれが、法廷でも通用する、罪を認めた署名入りの文書であり、形勢を逆転させる文書であるのは確かだった。フィルビーがソ連側のスパイであることを認めた以上、これからさらに真実を暴露してくれるはずだ。彼は暗黙のうちに取引を大筋で受け入れ、焦点は情報と引き換えに自由放免を求める交渉へと移っていた。今やMI6の手元には、部分的とはいえ、署名入りの供述書がある。彼も、ここまで来たからにはもう後戻りできない。エリオットが優勢になった。

しかし、このときフィルビーは何を考えていたのだろうか? この疑問に答えるのは難しい。当のフィルビーが自分の意図について完全な真実を明らかにしていないからだ。確かに後年、彼は単に時間稼ぎをしていただけで、エリオットをもてあそび、「少しばかりの言い逃れと少しばかりのアルコール」で状況をコントロールして、その間に計画を練っていたのだと主張している。しかし、彼の行動を見る限り、事実は逆のようだ。フィルビーは混乱し、身動きが取れず、エリオットの提案に心動かされ、自分の未来はこの事態にどう対処するかにかかっていることを強く自覚していた。どこまで秘密を隠しおおせるだろう？　MI6は、約束を守ってくれるだろうか？　しゃべりすぎたら、結局は絞首刑になってしまうのではないか？　エリオットは今も友達なのか、それとも復讐に燃える大敵なのか？

　エリオットは答えを求めた。フィルビーの供述書を手に、彼は圧力を強め始めた。「訴追免除と赦免の約束は、君が持っている情報をすべてこちらに渡すかどうかの一点に懸かっている。何よりもまず、我々はモスクワの側で活動していた者たちについての情報が必要だ。ついでに言えば、その者たちを我々は知っている」。もちろんこれは一部はったりだったが、フィルビーには知る由もない。エリオットはどれくらい知っているんだ？　アントニー・ブラントが口を割ったのか？　尋問官の常套手段を使い、すでに答えを知っている質問をわざとしているのか？　二人は二時間、飲みながら対決を続け、ついに日が暮れ始めてムアッジンの声がベイルートの街に流れ始めた。二人が愛する競技クリケットにたとえて言えば、エリオットが投手としてボールを投げるのに対し、フィルビーが打者として、ボールを脚のプロテクターにわざと当てたり、慎重にボールを打ち返したり、ボールを見逃したり、クリース［打撃ボックスのようなもの］にとどまろうとしたり、延々と続いた長いイニングが次の投球で終わるかもしれないと考えたりしながら、ここまでプレイを続けてきたのだ。何か月も後に録音テープを聞いたピーター・ライトは、エリオットが「三〇年にわたり欺瞞が第二の天性となっていた男を追い詰めようと、勇ましく全力を尽くしている」と感じた。勝負はまったくの互角で、激しい死闘が、イギリス人らしい完璧に礼儀正しい口調を最後まで保ったまま、ほのかに酔ったテンポで進められた。「終わるころには、二人はまるで、ほろ酔い気分のラジオ・アナウンサーが、聞き心地よい正統的なパブリック・スクール・アクセントで、二〇世紀最大の裏切り行為を話し合っているかのようだった」。

　部屋を出ようと立ち上がったとき、フィルビーが、今夜は僕の家でディナーを食べないかと誘った。エレナーは君がベイルートに来ていることを知っているから、訪ねてこなければ、どうしたのかと思うだろうというのだ。エリオットは、ロンドンのディック・ホワイトに新たな報告を送ったら行くと約束した。ホワイトの返信は激励調で、フィルビーが「とうとう落ちた」のだから、エリオットはこのまま尋問を続けるようにと指示していた。数時間後、エリオットがカンタリ通りに到着すると、すでにフィルビーはウィスキーのボトルを一本空けて酔いつぶれ、床で寝ていた。エリオットとエレナーは、以前のように彼をベッドまで運んだ。それから二人は少し話した。エリオットは、いつもどおりに振る舞おうと努力したが、エレナーはバカではなかった。どうして「目立たないホテル」に泊まっているの？　と彼女は尋ねた。エリオットは、「自分が来ていることをあまり多くの人に知られたくない」のだと答えた。エレナーは、すでにエリオットに好感を持つようになっており、「このこそこそとした態度は彼らしくない」と思った。

　翌朝エリオットは電話をかけ、フィルビー夫妻をベイルートで最もおしゃれで最も高価なレストランの一つ「シェ・タンポレル」でのディナーに招待した。四人連れにするため以前の秘書を連れていくことにした。普段どおりを装わなくてはならない。エリオットは、キャンドルのともった静かな隅のテーブルを選んだ。料理は、グリーン・ペッパー・ステーキとシリア産トリュフのサラダで、どれもおいしく、白いアーチの向こうに広がる海の眺めは絶景で、会話は取りとめのないものだった。フィルビーもエリオットも、「昔からの大切な友情を破壊しようとするものなど何一つないかのように」振る舞おうとした。懐かしい昔とほとんど変わらないようだった。だが、エレナーは落ち着かなかった。キムは目に見えて不安げで、エリオットの振る舞いは明らかにおかしかった。

　彼が何より熱心だったのは、下品な話をすることでした。そうした話をいつも一つ、こっそり用意していました。こうやって彼はパーティーをくつろがせたのです。でも、ジョークの陰には鋭いプロ意識がありました。いつもどおり、いかがわしいジョークが次から次へと出てきましたが、でも私は、この陽気さは見せかけのものだとはっきり感じました。二人の間で、私には分からない何かが進行していたのです。（中略）目の前にいる人物は、キムの過去を知る、とても古い友人で、秘密を打ち明けていいと思える相手でした。キムが立ち上がって手洗いへ行ったので、私はエリオットにこう言おうと思いました。「キムが何かでひどく悩んでいるの。いったい何があったの？」」。

命綱にして首綱

しかし彼女がそう言う前に、エリオットも失礼と言い、フィルビーを追ってレストランのトイレに入った。並んで小用を足しながら、フィルビーは全部で八ページか九ページほどの、タイプで打った紙の束を渡した。供述書の第二部で、第一部よりもはるかに充実した内容だ。フィルビーは約束を果たそうとしていた。

翌日、フィルビーとエリオットはもう一度会った。今回はエリオットも書類を持ってきていた。たった一枚の紙で、そこには名前が、おそらく全部で一〇個ほどリストアップされていた。エリオットは、これを渡しながら、これらの人物のうち誰がソ連側スパイなのかと聞いた。挙がっている名前のうち、二人はアントニー・ブラントとジョン・ケアンクロス、つまりケンブリッジ・スパイ網の第四の男と第五の男で、二人とも、バージェスとマクレインの亡命以降、調査の対象になっていた。リストにはもう一人、現在ＭＩ６の将校として極東に派遣されているティム・ミルン（フィルビーの学校時代の旧友で、エレナーとの結婚式では証人を務めた）もいた。それ以外に誰の名前があったかは分かっていないが、フィルビーの友人トマス・ハリスの名前と、バージェスとブラントとの関係のため嫌疑をかけられてＭＩ５を去ったガイ・リデルの名前は、リストにあったに違いない。

　エリオットは鎌をかけていた。フィルビー、バージェス、マクレインの三人と仲間だったかもしれないと思える人物を残らず書き出したのである。後にフィルビーも書いているが、このリストには「私をハッとさせた名前がいくつか」含まれており、彼は本能的に、黒を白あるいはグレーだと言って、誤解させ、混乱させようと考えた。フィルビーは、「ブラントは潔白だが、彼を長年誠実に擁護してきたティム・ミルンは違う」と説明した。もちろん本当は、ミルンはまったくの無実で、ブラントは完全に有罪だ。エリオットは、ほかの名前についても答えを強く求めたが、フィルビーはイギリスにいるほかのスパイについては「何も知らないと主張し」、ソ連情報部とは一四年も連絡を取っていないんだと繰り返し言い張った。

　このやり取りで、フィルビーの苦境はいっそう鮮明になった。ＭＩ６は、情報を一滴残らず絞り取るまで彼を締め上げ続けるだろう。部分的な自白で追い払えるなどという甘い期待は抱けない。すでにブラントが有罪を認めているかもしれず、そうだとすれば、フィルビーが無実を主張しても、それは嘘だとエリオットには分かるはずだ。今度はＭＩ６も手を緩めはしないだろう。エリオットは「事情聴取は長いものになるだろう」と言っていたが、それは、明らかにフィルビーが徹底的に絞り上げられ、「ＫＧＢについて知っていること」をすべて白状して「イギリスにいる者たちの名前を挙げる」よう強制されることを意味していた。ロンドンに戻ろうがベイルートにとどまろうが、彼は事実上ＭＩ６に囚われの身となる。もし協力するのを断固拒否したり、嘘をついているのが露見したりすれば、署名済みの供述書は不利な証拠として使われるだろう。「私の訴追免除はいつでも撤回できることが明白になった」と、フィルビーは書いている。エリオットはフィルビーに、署名入りの供述書はロンドンの上層部に対して「大いに役に立ってくれるだろう」と言っていた。だが実際には、それはエリオットが必要としていた足場となった。エリオットの渡した「命綱」は、実際には首綱で、かつてあれほど長い間フィルビーの擁護者だった男は、今では彼の監禁者になろうとしていた。フィルビーが選べる道は次第に少なくなっており、そのことは二人とも分かっていた。

対決は四日間続いた。エリオットはフィルビーに、明日ベイルートを出発し、コンゴ［旧ベルギー領のコンゴ。現在のコンゴ民主共和国。旧ザイール］へ行く予定だと告げた。ベイルートでの事情聴取はピーター・ランが引き継ぐことになる。ロンドンからはさらなる質問が送られてくるだろうし、アメリカ側は彼と話がしたいと言ってくるだろう。尋問は、まだ始まったばかりだった。一方、ロンドンは歓喜に沸いていた。ディック・ホワイトは、フィルビーは協力するつもりだと確信して、エリオットに「大げさに感謝の言葉を述べた」。「彼は、免訴の提案を拒絶することもできた。しかし、受け入れた以上、とどまって協力するだろう」とホワイトは書いている。MI5長官サー・ロジャー・ホリスは、FBIを本件に関与させることに決め、なだめるような覚書をJ・エドガー・フーヴァーに宛てて書いた。

> 我々の見るところ、RIS〔ソ連情報機関〕との関係についての〔フィルビーの〕陳述は、おおむね真実だと思われます。我々が入手した全証拠と一致しており、孤立した事例であるマクレイン事件を除き、一九四六年以降にRISのため活動を続行していたことを示す証拠は、一切ありません。そうであるならば、アメリカの国益に対する損害は、第二次世界大戦期に限定されることになるでしょう。

　FBIのロンドン支局長が呼ばれ、フィルビーへの事情聴取が始まったらランに聞いてほしい質問のリストを作るよう言われた。「どうして、彼がじっとしていると思うのですか？」と支局長は尋ねた。しかし、「彼はじっとしている。どこへも行かない」と言われただけだった。ＣＩＡには、フィルビー事件の進展は伝えられなかった。ジェームズ・アングルトンには後でゆっくり伝えればいいとされた。エリオットは、ベイルートを出発してランに任務を引き継ぐ準備を進める一方、報告書を送って、フィルビーはまだ行動が予測不能であり、精神的に不安定で、酩酊していて鬱状態にあると伝え、「もしかすると自殺するかもしれない」と警告した。エリオットは、彼の元友人が生きようが死のうが、もうどうでもよいと思っていた。少なくとも、そうした印象を周りに与えた。

キム・フィルビーとニコラス・エリオットは握手を交わし、かつての友情を最後にもう一度示して別れた。表面上、二人は不愉快な幕間劇の後で、共に働く仲間としてまた同じ側に戻り、再び友となったように見えた。だが二人とも、そうではないことを知っていた。

エリオットがフィルビーに見張りも付けずベイルートに残してアフリカへ向かったという決断は、後に致命的なミスだと非難され、その言語道断な独りよがりの行為により、フィルビーはスパイとして最後の一撃を見舞うことができたのだと責められることになる。確かに、フィルビーとＫＧＢの担当官たちは、その後の出来事をそのように説明しようとした。しかしエリオットの行動には、これとは違う、まったく別の見方もある。フィルビーをイギリスで起訴するというのは、情報機関にとっては何が何でも避けたい事態だった。ブレイク事件という大失態の直後にまた裁判となれば、政治的なダメージは大きいし、面目も丸つぶれとなる。ブレイクはいかがわしい外国人だったが、フィルビーは内輪の人間で、つい最近までＭＩ６から報酬をもらっていた工作員だ。報道機関のあしらいのうまさも、すでに実証済みだ。彼はとにかく知りすぎていた。エリオットは、「彼にロンドンへ戻ってほしいと思っている者など一人もいなかった」とはっきり断言している。しかし、フィルビーをいつまでもベイルートにとどめておくのも、受け入れがたいという点ではほとんど同じだった。フィルビーへの尋問がすべて終了した後は、彼をどうすればいいのか？　もうイギリスの新聞社で働けないのは明白だが、だからといってＭＩ６が金を払い続けるのか？　裏切り者と分かっている男に金をやって、ノルマンディー・ホテルのバーの売り上げに貢献するというのは、面白い話ではなかった。

後にエリオットは、フィルビーがソ連へ亡命するかもしれないという考えは、自分にも、また、ほかの誰にも、浮かばなかったと主張し、「我々には、まったく思いもよらなかった」と述べている。しかし、これは信じられない。バージェスとマクレインは二人とも亡命したし、ブレイクも、後の一九六六年にワームウッド・スクラブズ刑務所から脱走してモスクワへ向かっている。エリオットは、フィルビーが万が一のための脱出計画を用意しているのではないかと疑っていたはずだ。しかも、彼は意図的にフィルビーを追い詰めていた。フィルビーは、これから長期間、ピーター・ランという「好意的でない」人物の手による尋問を延々と受けなくてはならないことを知っていた。エリオットは、もしフィルビーが完全に協力しなければ免訴の取引は無効となり、すでに署名を書き入れた供述書は不利な証拠として使われると、はっきり明言していた。バージェスとマクレインは消えてソヴィエト連邦へ行き、その後の話はほとんど聞かない。フィルビーがモスクワへ行って友人たちと合流すること、つまりスパイ用語で言う「蒸発する」ことを暗黙のうちに許すのが、全員にとって一番満足のいく解決策なのかもしれなかった。

エリオットは、意図的であれどうであれ、フィルビーにとってこれ以上ないと言っていいほど逃げやすい環境を作り出した。彼は情報活動の鉄則に反し、二重スパイであることを自白したばかりの人物に監視を付ける手配を一切せずにベイルートを離れた。フィルビーは尾行も監視もされなかった。アパートは監視下に置かれなかった。電話は盗聴されなかった。レバノンの治安当局にいるＭＩ６の協力者にも注意連絡はなかった。フィルビーは何の制限も受けず、後日ピーター・ランから連絡があると告げられただけだった。エリオットは何もせずにベイルートを立ち去り、モスクワへのドアを開け放っておいた。

それはとんでもない愚行か、さもなければ、ずば抜けて賢明な処置であった。

まさにその次の日の晩、時計が六時を打ったとき、フィルビーはカンタリ通りにある自宅アパートのバルコニーに、本を手にして立っていた。

19　蒸　発

君の番が来た

フィルビーとペトゥホフは、その数時間後、裏通りにあるアルメニア・レストラン「ヴレージ」で会った。フィルビーは、たった数分で大急ぎで状況を説明し、ＭＩ６が新たな決定的情報をゴリツィンから手に入れ、情報と引き換えに免訴を提案してきたと伝えた。ただ、すでに自白していることは、このＫＧＢ担当官には言わなかった。その代わり、今のところ自分は（今まで何度もそうしてきたように）質問に耐えているが、もうじき新たな尋問が始まりそうだとペトゥホフに信じさせた。ペトゥホフは急いでソ連大使館に戻ると、モスクワ本部イギリス局の局長ワシリー・ドジダレフに電報を送って指示を仰いだ。ドジダレフは、フィルビーがさらなる厳しい尋問に耐えられそうかと質問した。ペトゥホフは「フィルビーは、今度は逃げられないと考えています」と答えた。ドジダレフは命令を下した。フィルビーをできるだけ早くベイルートから脱出させよ、と。

「君の番が来た」。ペトゥホフは、また大急ぎで手配した会合でフィルビーにそう告げた。「もう彼らは君を一人にはしておかないだろう。君は姿を消さなくてはならない。ほかに方法はないんだ。モスクワには君の居場所がある」。おそらくフィルビーは、以前からそう言ってほしいと願っていたのだろうが、この時点ではまだ亡命する決心を完全にはつけていなかった。彼は後に、エリオットの言葉が「私に疑念を植えつけ、彼が使った論法について改めて考えた」とほのめかしている。彼は、心の中では亡命というドラマを何度もリハーサルしていたが、それでもまだ躊躇していた。

「手はずを整えるのにしばらく時間がかかる」とペトゥホフは言った。だが、その時が来たら、フィルビーは迅速に行動しなくてはならない。今までどおり、ペトゥホフはカンタリ通りのアパートの前を事前に打ち合わせた時間に通る。「もし私が新聞を持っているのが見えたら、それは君と会う必要があるということです。もし本を持っていたら、出発の準備は全部できたということなので、行動を起こしてください」。

フィルビーは待った。数日後、ピーター・ランがアパートに電話を寄こし、「私たちが興味を持っている問題」について話し合う準備ができたかと聞いてきた。フィルビーは、もっと時間が必要だと答えた。ランは彼に圧力をかけず、アパートへ行ってフィルビーの記憶を呼び起こす手助けをしようかとも言わなかった。その代わり、これからスキーへ行くと告げた。フィルビーは大使館にいる友人から、山間部で新雪が積もって絶好のコンディションになったので、オリンピックのスキー選手だったランは、これから四日間出かける予定だと教えてもらっていた。少なくとも、フィルビーはそう聞いていた。しかしランはスキーへ行かなかった。

一九六三年一月二三日、イギリス大使館の一等書記官グレン・バルフォア＝ポールと妻マーニーは、ディナー・パーティーを催した。記者が何人か招待され、その中に「ガーディアン」のクレア・ホリングワースと「オブザーヴァー」のキム・フィルビーもいた。フィルビーは、バルフォア＝ポールが二年前にベイルートに着任して以来「何かと手を貸してくれる親切な知人になって」おり、両夫妻は次第に親密になっていた。エレナー・フィルビーは、パーティーを楽しみにしていた。数週間ぶりにフィルビーがアパートを出て社交の場へ行くことに同意してくれたからだ。グレン・バルフォア＝ポールはアラブ世界の専門家で、エレナーは、新たな趣味となった中東地域の考古学について彼の話を聞きたいと思っていた。マーニーのコックはシェリー・トライフルを用意していた。

その日は朝からひどい雨だったが、フィルビーはバルコニーでコーヒーを飲みながら午前中を過ごしていた。ベイルートでは、予想ができないほどの激しさで襲ってくる冬の嵐に街中が備えていた。そんな中、一人の人物が本を持って、濡れた通りを顔も上げずにゆっくりと歩いていった。午後遅く、フィルビーはレインコートとスカーフをつかむと、これから知人に会いに行くが、六時には戻るからディナー用に着替える時間はたっぷりあるだろうと言って、外出した。その後、サン・ジョルジュ・ホテルのバーに、考え込んでいるらしい彼の姿があった。何杯か飲むと、フィルビーはバーテンダーに電話を借りてもいいかと尋ねた。エレナーが、休暇で泊まりに来ていた娘アニーとフィルビーの末っ子ハリーのため夕食を作っていたとき、電話が鳴った。一三歳のハリーが出て、台所にいたエレナーに大声で言った。「パパが遅れるって。バルフォア＝ポールさんのところで八時に会おうって言ってたよ」。

バルフォア＝ポール邸では、八時になってしばらくたってもキム・フィルビーが現れる気配はない。エレナーは夫の遅刻をわび、エコノミストに記事を送っているのかもしれないと思うと言った。九時三〇分には、それまで「心地よい集まり」だったのが、みな空腹でイライラし始めた。マーニーが、とにかく食事にしましょうと言った。外では嵐が強まってきた。食事が終わって食器が下げられると、新たに飲み物が出され、エレナーは、もうかなり酔っていたが、だんだんと心配になってきた。「ああ、なんてひどい夜なの！もしかして、あの人は車にひかれたか、転んで海に落ちたんじゃないかしら」。

マーニーが彼女を安心させようとして、「バカなこと言わないで、キムはきっと遅れているだけよ」と言った。クレア・ホリングワースは、ホストである外交官グレン・バルフォア＝ポールが「行方不明の招待客について何も言わない」ことに気づき、妙だと思った。

バルフォア＝ポール家の客たちがトライフルを食べていたころ、外交官用のナンバープレートを付けた車が一台、降りしきる雨の中を港へ向かって走っていた。後部座席にはフィルビーが、パヴェル・ネドセキンと並んで座っていた。助手席にはペトゥホフが座っている。「すべては順調で、すべてが計画通りに進んでいる」とネドセキンが言った。フィルビーは、タイミング悪くスキー旅行に出かけたせいでピーター・ランはどれほど困ったことになるのだろうかと、ちょっと意地悪く考えた。そのころ港近くのバーでは、ラトヴィア人の船員が、ソ連の情報将校から酒を気前よく勧められて、へべれけに酔っ払い始めていた。車は港に入り、埠頭を走ると、荷物を積んでオデッサへ向かうソ連の貨物船ドルマトヴァ号の横に着けた。ロシア人船長がタラップでフィルビーと握手し、船室へ案内した。テーブルにはコニャックのボトルが一本置いてあった。フィルビーと担当官たちと船長がグラスを挙げて飲んだ。数分でボトルは空になった。ペトゥホフは、彼にリガ出身の商船員「ヴィリー・マリス」の名前が記された身分証明書を渡した。新しい服がベッドの上に用意されており、暖かい下着も置いてあった。この季節のモスクワは、きっと寒いのだろう。

　エレナーは、深夜零時になる前にバルフォア＝ポール邸でのディナー・パーティーを辞去し、雨の中を家に戻った。カンタリ通りの自宅には、夫の姿もなければ伝言もない。今度は本当に心配になった。零時過ぎに彼女はピーター・ランの自宅に電話した。電話にはランの妻アントワネットが出て、ピーターは外出中だと説明された。伝言を頼み、大至急エレナーに連絡をくれるよう伝えてもらうことにした。実はランは、すでにイギリス大使館にいて、「キムの件で急ぎ招集された会議」に出席していた。この晩にランが行動を起こした速さを考えると、彼は準備して待っていたようだ。フィルビーがパーティーに現れなかったという知らせがバルフォア＝ポールから届いていたのかもしれないが、ほかの方法でフィルビーの動きを追っていた可能性もある。数分後、ランはエレナーに電話した。

「そちらへ行ったほうがいいですか？」。彼は聞いた。

「そうしていただければ、たいへんありがたいです」とエレナーは言った。

しばらくしてランが来ると、エレナーは、フィルビーがその日の午後にアパートを出て、電話を寄こし、それから行方不明になったと説明した。ランは、服や書類やフィルビーのタイプライターなど、何かなくなっている物はないかと尋ねたが、イギリスのパスポートも含め、何一つなくなっていない。ランは、フィルビーが「蒸発」しようとしており、すでにモスクワへ向かっていると分かったはずだ。史上最も重要なソ連側スパイが逃走したのだ。しかしランは、こうした重大事態で予想される行動は何一つ取らず、平然としていた。アパートの徹底的な調査もしなければ、レバノン警察に通報もせず、国境や港や空港に監視を置くこともしなかった。夫が何か事故に遭ったのではないかと心配したエレナーは、病院に電話したり、馴染みのバーへ探しに行ったりしたかったのだが、ランはほとんど関心がなく、「彼のアドバイスは、朝まで何もするなということ」だった。ランは、二時ごろにアパートを出ると、すぐにイギリス大使に電話をかけた。それからロンドンのディック・ホワイト宛てに二六個のパラグラフから成る電報を書いた。

エレナーは、不安の中で夫を待ちつつ、自分の生活が永久に変わってしまったという「とてつもない恐怖」と戦いながら、眠れぬ一夜を過ごした。夜明け前、ドルマトヴァ号が錨《いかり》を揚げて出港した。このソ連の貨物船が大急ぎで出発したことは、荷物の一部が波止場に置き去りになっていたことからも明らかだった。この船はさらに船員も一人、置き去りにしていた。すっかり酔っ払ったラトヴィア人船員ヴィリー・マリスは、ようやく目を覚ますと、身分証明書と乗るべき船の両方がなくなっていることに気がついた。フィルビーは、ドルマトヴァ号の船縁に立ち、寒さから身を守るのにウェストミンスター校のスカーフを巻き、遠ざかっていく入り江の奥から夜が明けていくのを見つめながら、これで「イギリスとの最後の絆が永遠に断たれたのだ」と思った。

衝撃走る

独立から三年後のコンゴは、混乱状態にあり、内戦で分裂して冷戦の戦場になっていた。確かにここは、エリオットがいて当然の場所だった。彼は、自分はブラザヴィル「コンゴ共和国の首都。旧ザイールとは異なる」にいてコンゴ川を渡る準備をしていたときに、フィルビーの失踪を知らせる暗号文を受け取り、ただちにベイルートへ戻れとの命令を受けたのだと一貫して主張している。しかし、彼が再びベイルートに現れたスピードを考えると、どうやらどこか近くにいたようだ。エリオットは、「フィルビーは青い空の向こう（はっきり言えば、赤い国）へ消えた」と即座に判断した。エレナーは、夫が拉致されたか、もっとひどい運命に遭ったのではないかと心配し、半狂乱状態にあった。数日後、彼女はフィルビーから来たという不思議な手紙を受け取った（同様の手紙は、その後さらに何通か来た）。そこには、自分は秘密の取材活動に出かけているのだというようなことが記されており、「同僚たちに、この地域の長期旅行に出かけたと伝えてほしい」と書かれていた。手紙は文体が妙で、そのためエレナーは、無理やり書かせられたものではないかと考えた。ベイルートのジャーナリストたちの間では、もしフィルビーが取材をしているのでないとしたら、酒を飲んで酔っ払っているか、さもなければどこかで愛人と寝ているのだろうとの見方が一般的だった。ＭＩ６は、もっとよく知っていた。ドルマトヴァ号が慌てて出港したことが、フィルビーがどこへ、どうやって行ったのかをはっきりと示していた。ソ連との関係は、フィルビーの金庫から見つかった紙幣が、最近ベイルートの銀行からソ連の外交官に渡された紙幣と通し番号が一致したことで、確認された。

　エリオットは、自分の知っていることは漏らさぬまま、エレナーを落ち着かせようと頑張った。「彼女が彼を深く愛しており、彼が国を裏切った反逆者だとは疑いもしていなかったことに疑問の余地はない」とエリオットは書いている。フィルビーは「意図的に彼女を最も深く傷つける状況で」失踪したが、それでもエリオットはエレナーに真実を暴露する気にはなれなかった。フィルビーはソ連側のスパイで、結婚生活の最初から最後まで彼女に嘘をついていたのであり、そればかりか、前の結婚でもアイリーンに最初から最後まで嘘をつき、エリオットにも友人になったときから今の今まで嘘をついてきたのだと、打ち明けることはできなかった。とはいえ、真実をそれとなくは告げた。「君も、夫が普通の人間じゃないことは分かっていただろ？」と彼女に言った。エレナーは、夫がどれほど普通でなかったかをすぐさま知ることになった。

数週間後、みすぼらしい格好の見知らぬ人間が、カンタリ通りのアパートのドアをノックし、エレナーの手に封筒を押しつけると、吹き抜けの階段を下りて姿を消した。封筒には、タイプで打った三枚の手紙が入っていて、「愛をこめて、キムより」との署名があり、次のような指示が書かれていた。まず見張りの目をそらすためロンドン行きの航空券を買ったら、ひそかにチェコの航空会社のオフィスへ行って新たにプラハ行きの航空券を買ってほしい。それから、家の向かいにある、海へ通じる路地へ行って、「壁の右側の高い所を選び」、白いチョークでプラハ行きの便の正確な日時を記してほしいというのである。フィルビーは、この手紙は読んだら燃やすようにとも指示していた。エレナーは強い疑念を抱き、困惑し、「キムは誘拐されたのだと確信し」、これは自分を罠に誘い込もうとしているのだと考えた。実を言うと、エレナーを合流させようというフィルビーの計画は本物だったが、現実には実行不可能だった。このころにはマスコミがフィルビーの不可解な失踪の話を取り上げており、エレナーの行動は見張られていたから、彼女が気軽に飛行機に乗ってチェコスロヴァキアへ飛んでいけるという発想は、バカバカしいほど非現実的だった。しばらく迷った末に手紙のことをエリオットに話すと、エリオットは「家の外では見知らぬ人と絶対に会わないように」と彼女に指示した。それから彼は手紙にあった路地へこっそり行くと、「この手順を試して敵方に混乱を引き起こそう」と考え、壁にチョークで飛行便の日時を書いた。これが、鉄のカーテンを挟んで繰り広げられる奇妙な決闘の、最初の一手となった。

フィルビー亡命の知らせは、大西洋を挟んだイギリスとアメリカの情報活動関係者の間に燎原《りょうげん》の火のごとく広まり、衝撃と、当惑と、怒りに満ちた非難とを引き起こした。ＭＩ６でフィルビーを擁護していた者たちは唖然となり、ＭＩ５で彼を非難していた者たちはフィルビーがまんまと逃げおおせたことに激怒した。ＣＩＡでは、この件はイギリスの情報機関がまた失策を犯したのだと見なされ、あっけにとられて言葉もなかった。フーヴァーは激怒した。ＭＩ５のある将校は、「秘密活動の世界にいる多くの者が、「この件を」聞いた夜に、一気に年を取ったように感じた」と書き、続けて「フィルビーのように、好感が持てて、一緒に酒を飲み、敬愛していた男が何もかもを裏切っていたと知り、何人もの工作員の命や数々の作戦が無駄になったと思ったとき、若さと無邪気さは過去のものとなり、暗黒の時代が始まった」と綴っている。もともとベイルートでフィルビーと対決することになっていた将校アーサー・マーティンは怒り狂い、「チャンスがあるうちに我々のほうでチームを送って奴を締め上げるべきだった」と言った。MI5では、フィルビーはイギリス情報機関内部にいる別のソヴィエト側スパイから事前に警告されていたに違いないという考えが根を張り、これをきっかけに、その後何年も続くモグラ狩りが始まって、猜疑心と不信の種を組織の隅々にまでまくことになった。エリオットさえも調査の対象になった。彼を尋問する担当者としてアーサー・マーティンが選ばれた。「しかし、長時間にわたる尋問の末、エリオットは尋問官に潔白であることを何とか納得させた」。

セント・オールバンズ時代にフィルビーの後輩だったデズモンド・ブリストーは、MI6で着実に出世を重ねていたが、フィルビーが亡命したと知って愕然となった。「彼は私の上司であり、いろいろな意味で、諜報活動を教えてくれた恩師だった。彼がソ連側のスパイだったとは、どうしても考えられなかった。フィルビーの亡命は、現在と過去と未来を覆う、消えることのない疑念の雲に変わった」。ディック・ホワイトは、知らせを聞くと「嫌悪」の反応を示したと噂された。「彼が免訴の提案を受け入れておきながら国から逃げていくとは、思ってもいなかった」と彼は述べている。またエリオットには内心を打ち明け、「すべてを再開したのが悔やまれる。何たる事態だ」と言った。ホワイトは、一連の出来事に本気で驚いていたのかもしれないが、もしかすると、そう見せかけていただけなのかもしれない。フィルビーの亡命は、確かに面目丸つぶれだが、おかげで問題も解決された。Ｃの同僚たちは、ＭＩ６長官であるホワイトが、フィルビー失踪への驚きを口にしながらも、それほど「落胆している」ように見えなかったと語っている。

エリオットには、ジェームズ・アングルトンに事件を知らせるという難しくて非常に不愉快な任務が待っていた。ＦＢＩは、ベイルートでの対決とフィルビーの自白について知っていたが、ＣＩＡは完全に蚊《か》帳《や》の外だった。「私はジム・アングルトンに電話して関係を修復しようとしたが、手遅れだった」と、後にエリオットは言っている。アングルトンは、人前では激怒していたが、内心では屈辱を感じていた。エリオットと同じく、彼もこれから「恐るべき真実と向き合い、彼にとっては友人にして英雄であり、師匠でもあったイギリス人がＫＧＢの上級工作員だったと認め」なくてはならない。アングルトンというスパイの達人は、彼よりはるかに熟達したスパイに騙されていた。アルコールを飲みながらの長いランチも、一〇年以上前にあれほど気安く秘密を漏らしたことも、ソ連圏で秘密の戦争を進めるため送り込まれた工作員があれほど多く死んだり行方不明になったりしたことも、すべては情け容赦ない勝負の一部であり、その勝負にフィルビーは楽々と勝利していたのだ。ショッキングな新事実発覚の衝撃は、アメリカと世界に広範囲にわたる影響を及ぼすことになるだろう。とりあえずアングルトンは、過去の改竄に取りかかり、自分は一貫してフィルビーを疑っていて、彼を監視下に置いており、イギリス側が無能でなかったら自分が彼を罠にかけていただろうと言いふらし始めた。この作り話を、彼は生涯死ぬまで語り続け、異常なほどに執着していくことになる。しかし、真実は文書に記録されていた。一九四九年から一九五一年の間にＣＩＡ本部ではフィルビーの出席した会議が三六回開かれ、その内容は毎回アングルトンの秘書グロリア・ルーミスがタイプで個々の文書としてまとめていた。レストラン「ハーヴィーズ」で話し合った内容も、一つ残らず丹念に記録されていた。アングルトンがフィルビーに話したことすべて、すなわち二人の友情の正確な人的・政治的コストが、書類に記され、文書保管所に保存されていたのである。この保管所を直接管理しているのは、ＣＩＡの対情報活動の責任者ジェームズ・アングルトンだった。数年後、ＣＩＡは内部調査を実施してこの文書を探したが、一枚残らず消えていた。「私が焼却させた」とアングルトンは、ＭＩ５将校ピーター・ライトに語っている。「すべて非常に不都合だったからだ」。

フィルビーのかつての友人や同僚たちは、何か兆候はなかったのかと思い、彼と知り合いだった時期を詳しく振り返った。彼らのうち比較的率直な者は、一度も疑ったことがなかったと認めた。それ以外の者は、一九五一年にバージェスとマクレインが亡命してから彼の忠誠心を疑うようになったと主張した。中には、最初から見破っていたと言う者もいたが、そうした連中は、「最も信用できない者とは、すべてが終わってから何が起こるか最初から分かっていたと言う人間だ」という言葉を身をもって証明しているにすぎない。最も正直な者たちは、フィルビーの容赦ない魅力にすっかりたぶらかされていたと認めた。フィルビーが消えた夜にディナー・パーティーをすっぽかされたグレン・バルフォア＝ポールは、次のように書いている。「彼は祖国を裏切った許しがたい売国奴であり、中でも、多くの勇者たちがソ連関係者の手で暗殺されたことについては、とりわけ罪が重かった。ただ私に言えるのは、私が知る彼（もちろん、偽りの彼だが）は、とても楽しい友人だったということだけである」。

　マイルズ・コープランドは、フィルビーの「信じられない」亡命を聞いて「言葉を失い」、「彼は世界最高の役者だった」と考えた。後に、自分はアングルトンの命令を受けてベイルート滞在中にフィルビーを監視下に置いていたと言うようになるが、この当初の反応を見る限り、その主張にはかなり無理がある。コープランドもほかの全員と同じく騙されていたのであり、ＫＧＢの最も有能なスパイが与えた損害について次のような客観的な評価を述べている。「フィルビーが行なったのは、ＣＩＡの反応に関するフィードバックだった。彼ら［ＫＧＢ］は、ＣＩＡに流した報告が信用されているかどうかを正確に判断することができた。（中略）要するに、一九四四年から一九五一年までの全期間に目を向けた場合、西側の情報活動は、非常に大規模だったが、そのすべては、いわゆるマイナス効果だった。何もやらないほうがましだったのである」。

こんにちは、フィルビーさん

一九六三年三月、マスコミからの強い圧力を受け、やむなくイギリス政府はフィルビーが行方不明になったと認めた。三か月後、王璽《おうじ》尚書《しょうしょ》エドワード・ヒースが声明を発表し、「フィルビー氏は、一二年前の一九五一年に外務省を退職して以降、公的情報をいかなる形であれ一切閲覧していない」と明言した。その同じ月、フィルビーはソ連国籍を与えられた。「こんにちは、フィルビーさん」の見出しがソ連政府の公式紙イズヴェスチヤに、プーシキン広場にいるフィルビーの姿とともに掲載された。ここからフィルビーの偉人神話が始まった。いわく、フィルビーはイギリスを騙したスーパー・スパイで、イギリスとその同盟国の秘密を三〇年にわたって漏らし続け、最後のどんでん返しで勝利して、不意を食らったＭＩ６の間抜けどもが身をよじって悔しがる中、モスクワへ逃亡したのだ云々。この神話は、折に触れてソ連のプロパガンダが体裁を整え、フィルビー本人が熱心に宣伝したことから、今に至るまで固く信じられている。

しかし、フィルビーの勇敢な夜の脱出行の物語が真実だとはとうてい思えないという人々もいた。「フィルビーは、逃げるのを黙認されたのだ」と、デズモンド・ブリストーは主張し、「脱出するよう勧められた可能性さえある。彼をイギリスへ連れ戻して裏切り者として有罪にすれば、恥の上塗りになっただろう。それに、有罪にしたところで、果たして彼を絞首刑にできただろうか？」と指摘している。同じ見方をする者はモスクワにもいた。明敏なソ連側担当将校ユーリ・モジンは、こう書いている。「私が考えるに、この件はすべてが政治的に仕組まれたものだったと思う。イギリス政府は、フィルビーを起訴しても得るところがなかった。大々的な裁判となれば、人々の目を引く新事実やスキャンダルが必然的に伴うことになり、イギリスの支配階級は根底から揺らぐことになっただろう」。フィルビーの亡命によって窮地に陥るどころか、「秘密情報部は、こっそりと逃げるよう彼を積極的に後押ししていた」のだと、モジンは記している。情報活動に関わる者の多くは、エリオットはモスクワへの扉を開いたままにして立ち去ったことで、意図的にフィルビーを亡命せざるをえないようにしたのだと考えた。もしかすると、そのとおりかもしれない。

　エリオットの正確な動機を突き止めることはできない。その後の三〇年間、彼が動機を丹念に隠し、曖昧にしたからだ。ある者に対しては、騙された人間を演じ、フィルビーの逃亡はショックだったと言い、亡命するとは思いもしなかったと主張した。だが別の者には、それとは逆の印象を与えた。つまり、フィルビーの逃亡は少しも意外ではない、なぜなら逃亡は自分が仕組んだものだからだ、と思わせたのである。後年、ＫＧＢの監督下で書かれた本の中で、フィルビーは自分の亡命を、チェスの名人による大胆な詰めの一手にたとえて説明した。「次にどうすればいいか正確に分かっていた」と書き、「彼らに僕を止めることなどできただろうか？」と疑問を投げかけている。その答えは「非常に簡単にできた」だ。カンタリ通りにザ・ウォッチャーズの一人を配置するだけで、フィルビーが逃亡することは事実上不可能になっていただろう。しかし、そうした処置は取られなかった。モジンも書いているように、「フィルビーをレバノン国外へひそかに連れ出すのは、赤子の手をひねるようなものだった」が、それはエリオットとＭＩ６がそれほど簡単に、つまりモジンが疑念を抱くほど簡単にできるようにしておいたからだった。

　フィルビーのモスクワ逃亡については、一八〇度異なる二つの解釈がある。一つ目の解釈では、フィルビーはスパイの達人で、エリオットはバカである。二つ目はその逆で、フィルビーがバカで、エリオットが達人だ。一つ目のシナリオでは、フィルビーが決断を下し、イギリス情報機関の目がそれるのを待って逃げ出したことになる。亡命が容易だったのは、フィルビーいわく、イギリス側のへま、つまり「失敗、純然たる愚かさ」のせいである。ただし、この説明が成り立つためには、ＭＩ６は無能で考えが甘かっただけでなく、どうしようもないほど間抜けだったとも考えなくてはならない。第二の、もっと現実味のある解釈では、次のようになる。エリオットは自白を引き出すことに成功し、これによってフィルビーはＭＩ６の統制下に入った。エリオットは、フィルビーが今後も自由の身でいられるかどうかは、これからも協力し続けるかどうかにかかっていると明言した。その後、おそらくはディック・ホワイトの黙認を得てのことだろう、その場を離れ、ランがスキーへ出かけるという噂を広め、そしてフィルビーに、今がチャンスで、モスクワへの道は大きく開けていると信じさせたのである。

最後に勝ったのはフィルビーではなくエリオットだと考えた者の一人に、当のキム・フィルビー本人もいた。彼はベイルートを離れるとき、自分から飛び出したのだと考えていた。しかし後になってフィルビーは、自分は後ろから押し出されたのだと信じるようになっていった。

鉄のカーテンを挟んだ夫婦

キム・フィルビーは、モスクワでKGBの出迎えを受けると、徹底的な健康診断を受けてから、ソ連の水準から言えば豪華なアパートに落ち着いた。警護のために護衛が一人ついた。フィルビーには、二〇〇ポンドの月給と、イギリスにいる子供たちに経済的な支援を行なうとの約束が与えられた。KGBは、ベイルートから家具と調度品を、トマス・ハリスからもらったオーク材のテーブルも含め、運んでくると約束した。お気に入りのパイプが二本、ロンドンのジャーミン・ストリートで購入され、外交用郵袋でモスクワへ運ばれた。ガイ・バージェスとドナルド・マクレインの二人もモスクワに住んでいたが、当時二人は仲違いしていた。原因の一つは、酔ったバージェスが中国大使館の暖炉に小便したことだった。このスパイは、環境は変わっても性癖はまったく変わっていなかったわけだ。

一九六三年夏、バージェスは肝不全で死に、フィルビーに四〇〇〇冊の蔵書を残した。フィルビーは、生前の彼には会わなかったが、それはソ連側担当官から禁じられていたからだと後に主張している。「バージェスは、ここではちょっとした厄介者だった」と、ジャーナリストのフィリップ・ナイトリーに語っている。フィルビーは、本とパイプと家具と絨毯《じゅうたん》を手に入れた。次は妻に会いたくなった。

フィルビーが失踪してから四か月後の五月、エレナー・フィルビーは飛行機でロンドンへ行った。今やマスコミは、第三の男の亡命事件で大騒ぎしており、彼女が来るのを待ち伏せていた。その数週間前、「見間違えようのないほど明らかなロシア人」が玄関に現れて、こう告げた。「私はキムの使いの者です。彼はあなたに、一緒に来てもらいたがっています。そのお手伝いに来ました」。彼女はこの申し出を断り、エリオットに報告してイギリスへやってきたが、頭の中はまったくの混乱状態で、夫がどこにいるのかまだよく分からず、夫の諜報活動や亡命にまつわる話を信じていいのかどうかさえ分からなかった。ニコラス・エリオットが空港に迎えの車を寄こして彼女をマスコミから救い出した。彼は、エレナーの足首が腫《は》れていたので医者を呼んで治療してもらい、自分の足で立てるようになるとランチへ連れていった。エレナーがフィルビーとの再会の件を持ち出すと、エリオットは「キムは共産主義側の現役工作員であり、〔エレナーは〕モスクワへ行くなど絶対に考えてはいけない」と強く主張した。さらに、こう警告もした。「もし行けば、おそらく彼らは君を出国させないだろう」。エレナーは、このときもエリオットの「思いがけない優しさ」にびっくりしたが、それでも夫がソヴィエトのスパイであることを受け入れる気にはなれなかった。エリオットは、彼女を説得するため、MI6長官本人を呼ぼうと申し出た。ディック・ホワイトが一時間ほどで現れると、エリオットは二人をウィルトン・ストリートの自宅の居間に案内し、コーヒーとブランデーでもてなした。ホワイトは、礼儀正しく毅然とした態度を取りながら、ほんの少しだけ嘘を交えて、こう言った。「我々は、キムがソ連側のため無給で働いていたことを、七年前から確実に知っていました」。ホワイトは、それよりはるか以前からフィルビーを疑っていたが、有罪を示す決定的な証拠を見つけたのは一年足らず前だった。日が暮れるころには、エレナー・フィルビーは涙をぼろぼろと流し、鎮静剤とブランデーのせいで頭がぼーっとなりながらも、ついに夫が本当にスパイだったと得心した。彼女は、本人いわく「長期にわたる極悪非道な信用詐欺の犠牲者」だったが、それでも、その詐欺師とモスクワで会おうと心に決めた。

九月、彼女は再びキムからの手紙を受け取った。「今考えているのは君に会うことだけだ」と書いてある。エリオットは、あらゆる手を尽くして彼女を行かせまいとした。たとえばある日、彼は映画のチケットを一枚買って彼女に渡した。映画はアルフレッド・ヒッチコックの「鳥」。町が凶暴化した鳥に襲われるというストーリーだ。「彼が何を考えていたのか、今も分かりません。もしかすると、やる気をくじくためだったのかもしれません」と彼女は後に書いている。おそらくこれはエリオット流の警告で、エレナーに、人生は穏やかで平和に見えても瞬く間に悪夢に変わることがあると教えたかったのだろう。彼女の決意は変わらず、数日後、にこやかなソ連領事のオフィスへ行くと、領事は二日後に飛行機でモスクワへ行く準備が整っていますと告げ、現金五〇〇ポンドを渡しながらこう言った。「ご自分用に、とても暖かな服を買っておいてください」。

　エレナーが行くことに決めたと告げると、エリオットは最後の頼みの綱として妻を動員し、何とか分からせようとした。

「もし愛する人が鉄のカーテンの向こうへ行ったら、あなたならどうします？」。エレナーは、二人でお茶を飲みながらエリザベスに聞いた。

　ニコラス・エリオットがソ連へ亡命するというのは、まったくバカげた考えで、そのためエリザベスは笑いをこらえるのに苦労した。しかし、エレナーが後に書いているように、「最後には彼女も、私が計画しているのと同じことをすると認めてくれました」。

　エリオットは、エレナーが永久にソ連から出られなくなるのではないかと恐れ、フィルビーとの夫婦生活を再開させようとする試みはことごとく不幸な結末を迎えるに違いないと思っていた。それでも、彼女の勇気と、あの裏切り者が今もかき立てることのできる「情熱的な愛情と献身」とを、賛嘆せずにはいられなかった。「私は彼女を脅したが、それでも彼女はモスクワへ行って彼と対決する覚悟を決めた。翌日、彼女は出発した」。

エレナーは、一九六三年九月二六日にモスクワへ向けて飛び立ち、ターバンとサングラスという格好で空港に降り立った。フィルビーと彼の護衛が待っていた。「エレナー、君なのか？」と彼は言った。

調子のいい手紙

それから数週間後のある日、自宅にいたエリオットは夜遅くに小さなコトンという音を聞いた。誰かがウィルトン・ストリート一三番地の郵便受けに、手紙を直接入れていったのだ。中にはタイプで打った手紙のほかに、「モスクワ中央郵便局私書箱五〇九号キム・フィルビー行」との宛先が記された封筒が入っていた。手紙には、消印もなければ日付もレターヘッドもなかったが、その筆跡は見間違えようがなかった。

親愛なるニック

この手紙に驚いているのではないだろうか。僕たちの最後のやり取りは実に奇妙なもので、どうも僕には、君が僕に蒸発してもらいたがっていたのではないかと思えてならない。

いつも友人として間に入ってくれたことには、とても感謝している。もっと早く君に連絡したかったのだが、この件については間を置いたほうがいいと思ったのだ。

　二人で会って話したときのことを、いつも楽しく思い出している。あれは、この込み入った世界で自分の進むべき道を確かめるのに、ずいぶんと役立ったよ！　君との懐かしい友情を今も昔と変わらずとても大切にしているし、聞こえてきた噂によると君は僕のせいでいろいろと苦労しているそうだけれど、そんな噂は大げさに言われているだけであればと願っている。

　僕が君の苦労の原因になったのではないかと思うとつらいけれど、君のことだから、降りかかってくるどんな困難にも必ず解決策を見つけるはずだと思うと、僕の気持ちも晴れてくる。

　僕はたびたび、この件全体に関連して君が関心を持ちそうな質問が多数あるのではないかと考えていて、もし昔のように二人で会って、互いの利益となる問題を話し合えれば、いろいろな点で好都合ではないかと思っている。じっくり考えた末に、結論としてヘルシンキなら、君も難なく来られるだろうから、最適な待ち合わせ場所になるのではないかと思う。それとも、ベルリンがいいだろうか？

　宛名を書いた返信用の封筒を同封する。僕の提案に賛同してくれるなら、タワー・ブリッジの絵葉書を入れて投函してほしい。君の手紙を受け取ったら、同じ方法でまた手紙を送って、会合の段取りについて提案したいと思っている。

　たぶん想像がついていると思うが、この手紙は、言うまでもない理由から、「安全な手段」で君の自宅の住所へ送っている。もちろん君は、これを僕たち二人だけの間の、まったく個人的なやり取りと考えてくれると思う。少なくとも、この件については僕のアドバイスに従ってくれるものと期待している。

ガイが死んだのは、つらい一撃だった。ずいぶん前から体調がひどく悪く、牛のような体格だったおかげで、あれほど長生きできたようなものだ。また三人でプルニエに集まれないのが、とても残念だ！

返事を待っている。

エリザベスによろしく（ところで、この手紙の内容はエリザベスに知らせないほうがいいだろう。もちろん、彼女以外にはもってのほかだ）。

エリオットは面食らった。フィルビーの手紙は、まるで彼の裏切り行為が、二人の長い友情の中では些細な問題にすぎないかのような書きぶりだった。まるでフェアメーレンが教えたドイツのカトリック系反共活動家やヴォルコフや妖精たちなど、裏切られて死んだ無数の者たちは最初から存在しなかったかのようだ。彼はエリオットを罠にはめようとしているのか？ あるいはエリオットを説得して二重スパイにし、この「込み入った世界」で進むべき道を変えさせようというのか？ そもそもタワー・ブリッジの未使用の絵葉書を送れば、KGBに解釈できるメッセージを伝えることになってしまう。それとも、この手紙はフィルビーがKGBの承認を受けずに行動していることを伝えようとしていて、「互いの利益となる問題を話し合」うためなら戻ってくる用意があるとほのめかしているのか？　エリオットが最初に示した反応は激怒だった。「私が上司や妻に隠れて彼と会うことに同意すると考えることすら、バカバカしかった」。文面には、かつてのフィルビーの魅力が、虚勢も交えて、あちこちにあふれていたし、二人の大切な友情について触れた箇所や、自分のせいで友人のキャリアに傷がついていないことを望む箇所もあった。エリオットは、この手紙は「明らかに私の忠誠心に疑念を投げかけることを意図した、信じられないほど不器用なKGBの偽情報」に違いないと判断した。翌朝、彼は手紙をMI6本部へ持っていき、ディック・ホワイトに見せた。ホワイトも、同じように興味を抱いた。この奇妙な手紙をめぐって、「これに対処すべきだとすれば、どのような手を打つかについて、何時間もの議論」が行なわれた。エリオットは会合を設定することに賛成で、その理由として「第一に、私のほうが彼よりも間違いなく健康であり、第二に、私のほうが会合場所を選べるからだ」と言った。彼の希望は却下された。

フィルビーの真意を知るカギは、手紙の冒頭にあるのかもしれない。彼は、エリオットが彼を意図的に追い詰めて亡命させたのかどうかを、とにかく知りたかったのだ。友情をもう一度利用して、つまるところ自分は本当に騙し合いに勝ってエリオットを出し抜いたのか、それともその逆なのかを確かめたかったのである。

エリオットは、そうした彼の願いを叶えてやらず、明らかにとげのある最後のメッセージを送り返した。それは、数ある「悲劇的なエピソード」のうちのたった一つ、フィルビーが殺した数多くの人々のうちのたった一人にズバリと触れた一文であり、いわば、無残に裏切られた友情への墓碑銘であった。彼は一言、こう言い返した。「哀れなヴォルコフの墓に、僕の代わりに花を手向けてくれ」と。

20　三人の老いたスパイ

モスクワのイギリス人

キム・フィルビーは、モスクワが好きになれず、モスクワも彼を好きになれなかった。両者とも相思相愛のふりをしようと努めてはいたが、本心は違っていた。フィルビーは、一九三四年の時点では、自分は「エリート」集団に加わるのだと思っていたかもしれないが、モスクワに来てみれば、KGBでの階級は与えられず、やるべき仕事もほとんどなかった。ソ連側の目に映る彼は、将校ではなく工作員であり、しかも今後の利用価値がないに等しい工作員であった。彼は歓迎され、感謝され、事情聴取を受け、報奨も与えられたが、まったく信用されていなかった。ベイルートをやすやすと脱出してきたことが、モスクワで長らく眠っていた疑念に再び火をつけたのかもしれない。これからKGBを裏切ろうとしているのではないかという、不安と不信を煽る疑惑が頭をもたげてきた。ユーリ・

モジンは、彼を不可解な人間だとして、次のように書いている。「彼は、本当の自分を絶対に明らかにしなかった。イギリス人も、彼と一緒に暮らした女性たちも、我々も、彼を覆う神秘という名の鎧を突き破ろうとしたが、できなかった。（中略）結局私は、フィルビーは誰も彼もを笑い者にし、とりわけ我々をバカにしていたのではないかと疑っている」。どこへ行くにもKGBの護衛が付いて回り、表向きは万が一のイギリスによる報復から守るためということだったが、その実、監視役と刑務官も兼ねていた。彼は、あるKGB将校の言葉を借りれば、「指の先までイギリス人」であり続け、そのため当然、怪しまれた。イギリスでは、フィルビーはあまりにもイギリス人的だったがゆえに疑われなかった。ソ連では、あまりにもイギリス人的だったがゆえに信用されなかった。

フィルビーはタイムズ紙を購読しており、発行からたいていは数週間遅れでモスクワに届くと、ていねいにアイロンをかけ、それから、とっくの昔に終わっているクリケットの試合の記事をじっくりと読んだ。肉厚のオックスフォード・マーマレードをトーストに塗って食べ、イギリスから輸入した紅茶を飲み、毎晩七時にBBCラジオの国際放送を聞く。子供たちが西側から訪れるときは、マーマイト［イギリスの国民的調味料］とウスター・ソースと、彼が好んで調理するインド料理用にスパイスを持ってきてもらった。上着には、ハウンドトゥース［千鳥格子］柄のツイードのジャケットを着て、ウールのネクタイを締める。ジョニーウォーカーのレッドラベルを飲み、飲めばたいていボトル一本空にした。

口では、ソ連を我が「祖国」と言い、自分はイギリスの支配階級に本当の意味で「属していた」ことはなく、よって裏切ったわけではないのだと主張していた。しかし心の奥深くでは、自分が「変えようのない完全なイギリス人」だと認めていた。ときには（ある意味、実際にそうだったわけだが）解雇された元公務員のような口ぶりで、現代生活の俗悪さに不満を漏らし、変化に異議を唱えていた。クリケットをめぐる新たな動きには、戸惑い、激怒し、こう言った。「アルミニウムのバット、白いボール、変な服装……私のような昔風の紳士には、まったく訳が分からない」。音楽についても、知らず知らずにマーカス・リプトン下院議員と同意見になり、「現代音楽の不愉快な騒音」や「ブルジョワ的なロック・ミュージックに扇動されたゴロツキども」に不平をこぼした。

ほかにも昔と変わらない点はいくつもあった。エレナーとの夫婦生活は、しばらくはぎくしゃくしながらも続いたが、実質的にはすでに破綻していた。彼女にとってモスクワは、暗くて寒くて孤独な地だった。ある日、エレナーは夫に尋ねた。「あなたの人生で大切なのは、私と子供たちなの？　それとも共産党なの？」。フィルビーの答えは、感情と政治のどちらが大事か聞かれたときにいつも答えてきた返事と同じだった。「もちろん、共産党さ」。彼は、イデオロギーを守り通して「踏みとどまった」ことへの賛嘆を求めただけでなく、それによって失ったものへの同情も求めた。「政治的な信念が個人的な愛情と衝突するのがどれほど大変なことか、分かってもらえたらと思う」と、外交官グレン・バルフォア＝ポールに宛てた手紙に記している。ごく稀に西側から訪問客が来ると、友達の消息を熱心に尋ねた。「友情は、何よりも大切なものだ」と、自分が友情を一つ残らず壊したことなどどこ吹く風という感じで語っている。ロレイン・コープランドは、「私たち全員がキムを愛し、彼を毎日のように自宅に招いていた時期に、彼がずっと私たちを笑い者にしていたかと思うと、胸が痛む」と書いている。フィルビーは、そう指摘されて怒り、こう反論した。「私は彼らを笑っていたのではない。私はいつも、個人的レベルと政治的レベルという二つのレベルで活動していた。この二つが衝突したとき、私は政治を優先させなくてはならなかった。その衝突が非常につらいこともある。人を騙すのは好きではないし、それが友人となればなおさらで、私は皆が考えているのとは違い、それについてひどくすまないと思っている」。しかし、すまなく思っているからといって騙すのをやめたわけではなかった。

フィルビーは、ドナルド・マクレインとその妻メリンダとの友情を再び深め、二組の亡命者夫婦は、当然ながら親しくなった。マクレインはロシア語が達者で、イギリスの外交政策を分析する仕事を与えられていた。夜遅くまで仕事をすることも多かった。フィルビーとメリンダはオペラへ行くようになり、やがて二人で買い物へ出かけ始めた。一九六四年、エレナーは、パスポート更新のついでに娘と会うため、アメリカへ戻った。彼女が不在の隙に、キム・フィルビーとメリンダ・マクレインは不倫関係になった。それは、まさに彼らしい関係だった。フィルビーは、イデオロギー上の同志の妻とひそかにベッドを共にし、自分の妻を騙して、彼の世界の特徴とも言うべき、友情と裏切りを両立させる奇妙な行為を再び繰り返したのである。エレナーは戻ってきて不倫に気づくと、私はあなたと別れてもう二度と帰ってこないと告げた。フィルビーは止めようともしなかった。ただ、彼は自分が何よりも大切にしてきた宝物を彼女に贈った。使い古したウェストミンスター校のスカーフだ。「それは、学校時代からモスクワでの亡命生活まで、彼と行動を共にしてきたものだった」とエリオットは述べている。このように母校への愛着を示す品を持ち続けたのは、エリオットいわく「二重人格の最高の見本」だった。空港では、出国するエレナーにＫＧＢ将校がチューリップの花束を贈った。

　前妻アイリーンの場合と同じくエレナーも、とうとう別れた後はそれほど長く生きられなかった。悲しみと苦しみに満ちた回顧録を書き、アメリカに戻って三年後に亡くなっている。「彼は、私も含め、多くの人を裏切ったのです」と彼女は書いている。「キムには、三〇年前に固めた決意を、彼を誰よりも愛する者たちにどのような犠牲を強いようとも守り通すという気概、いや、弱点がありました」。エレナーは残りの人生を、自分が結婚した相手は実は誰だったのだろうかと考えながら過ごし、最後にこんな結論に達した。「他人のことを本当に理解できる者などいない」。

ジェームズ・ジーザス・アングルトンは、キム・フィルビーのことをまったく分かっていなかったと気づいたことで、性格が変わった。同僚への信頼は、それまでも強くはなかったものの、内輪の中枢集団は必ず信頼できるとするイギリス人の考えは正しいと思っていた。しかしフィルビーの亡命後は、強く猛烈な猜疑心にとらわれたようだ。「あれほど親密だった友情が壊れたことで、彼は誰も信頼できなくなり、その精神的な痛手が、その後の人生に影響を与えた」。彼は、フィルビーがモスクワから仕掛けた、広範囲にわたる大規模な陰謀が自分の目と鼻の先で進行中に違いないと思い込むようになった。「ジムは、フィルビーがＫＧＢの大計画の中心人物だとひたすら思い続けていた」と、当時ＣＩＡにいた人物がアングルトンについて語っている。「彼にとってフィルビーは、酒好きの燃え尽きた元スパイなどでは決してなかった。謀略の首謀者だったのである」。アングルトンの歪んだ論理では、自分がフィルビーに騙されていたとすれば、ＫＧＢのスパイがほかにも大勢西側の重要な地位に就いているに違いない、ということになる。「もう二度と、これほどひどく騙されるのを許すつもりはなかった。彼は誰も信じようとはしなかった」。

ＣＩＡにソ連側スパイが何人も巣くっていると思い込んでいたアングルトンは、自分を幾重にも取り巻く欺瞞を一枚また一枚と見破りながらスパイたちを根絶していく作業に取りかかった。彼は、世界の指導者たちは、イギリスのハロルド・ウィルソン首相やスウェーデンのウーロフ・パルメ、西ドイツのヴィリー・ブラント首相など、その多くがKGBに操られていると思っていた。疑わしい人物や反戦活動家、国内の反体制活動家などについては、たびたび違法な手段を使って情報を収集し、一万点以上のファイルを作成した。彼がCIAに与えたダメージは非常に大きく、ついにはアングルトン本人が、組織を弱体化させる相互不信の空気を作り出すことでCIAを内側から破壊しようとするソヴィエト側のモグラだと非難されるまでになった。強迫観念にとりつかれて頑迷になったアングルトンは、フィルビーが蒸発して一〇年以上がたっても、裏切りの新たな兆候が出るたびに、それを彼がかつて偶像視していた男の手によるものだと言い続けた。「これはすべてキムの仕業だ」と彼は何度もつぶやいた。

ニコラス・エリオットは、アングルトンが自ら「無数の鏡」と呼んだ複雑怪奇な諜報活動の世界に沈んでいくのを、驚きながら見つめていた。二人は、離れていても友人であることに変わりはなかったが、友情のぬくもりは消えていた。フィルビーの裏切り行為が、アングルトンの精神を蝕んでいるらしかった。「彼は、友好国の同僚の間で普通に見られる関係をはるかに超えて、フィルビーを信用し、秘密を打ち明けていた」とエリオットは書いている。「ジムが、ソ連の諜報活動について世界でトップクラスの専門家でありながら、完全に騙されていたと知らされたことは、結果として彼の性格に激変をもたらした。

以来、ジムは誰も信用できなくなり、二足す二が四だとは思えなくなった」。エリオットは、この旧友が人間不信にさいなまれていると思った。「過度の疑念は、ときに過度の軽信よりも悲劇的な結果を生むことがある。彼の悲劇は、騙されていると主張する場合のほとんどが彼の想像にすぎなかったことであり、その結果は往々にして破滅的であった」。

ジェームズ・アングルトンは、一九七四年、大規模に進めていた違法なモグラ狩りが発覚し、ＣＩＡを追われた。彼は、蘭と釣竿と秘密とともに隠棲し、いつまでも解けない深い謎を持った男として、また、とんでもない愚か者として、余生を送った。隠遁中は、時間の多くを、ロンドンの昔ながらの紳士クラブを強く連想させる陸軍・海軍クラブで過ごした。自分は最初からキム・フィルビーを疑っていたと言い続けたが、ＣＩＡの文書から彼とフィルビーの関係を示すものをすべて抜き取っているのだから、その主張が嘘であるのは明白だった。フィルビーはＣＩＡを悩ませた。「彼が加えた損害を実際に計算できるかどうか分からない」と、一九六六年にＣＩＡ長官に就任したリチャード・ヘルムズは書いている。ＣＩＡの歴史を研究した人物は、次のように文中に傍点を用いて、この損害の大きさを示している。「大規模な作戦だけでも、少なくとも二五の作戦が失敗に帰した」。

一九八七年、アングルトンは、ワシントン郊外のフォート・マイヤー基地にある将校クラブでＣＩＡの元将校たちとの昼食会に出席した。六九歳だったが、それより一〇歳老けて見え、体は肺から転移したガンに侵されていた。同席者たちは、彼に「フィルビー事件の真相を話す」よう迫った。アングルトンは、例の引きつったような笑みを浮かべると、こう言った。「私には、墓まで持っていかなくてはならない事柄がいくつかあって、キムもその一つなのだ」。

一週間後、その言葉を守ったまま、彼は世を去った。

すべてを呑み込んで

ニコラス・エリオットの出世は、フィルビーとの関係が原因で止まった。MI6の一部の者は、彼が個人的な忠義立てからフィルビーをベイルートから逃したのだと思っていた。今もそう思っている者も少なくない。一九六〇年代になると、一九四〇年代に活躍した追いはぎ貴族たちは過去の遺物となった。MI6は、素人臭さが抜けて、一か八かの山師的な性格が薄れ、エリオットに言わせれば、仕事の面白さが激減した。サー・スチュアート・ミンギスとエリオットは交際を続けた。一九六八年、この元Cは、狐狩りクラブのボーフォート・ハントに参加して馬に乗っている最中に落馬し、そのまま帰らぬ人になった。MI6の現役将校で葬儀に参列したのはエリオットだけであった。そのころ彼は、MI6で要求部長の職にあった。これは、情報部が他の政府機関のために集めた情報の質と妥当性を管理する役職で、重要だがまったくのお役所仕事であり、まさに彼が以前から嫌悪していた類の任務であった。「管理職になるのは、私に言わせれば、しょうがないからなるのである」。

エリオットは、スパイとしてほぼ三〇年を過ごした後、一九六九年に退職した。「自分でもずいぶん意外だったが、これからは機密情報が私の未決書類入れを通ることがなくなって残念だ、などとは思わなかった」と書いている。退職後は、シティー・オヴ・ロンドンのチープサイド地区に拠点を置く国際的な鉱業・メディア企業で、型破りな実業家タイニー・ローランドが率いる会社ロンローの重役になった。エリオットはローランドを「現代のセシル・ローズ」と考えていたが、それにもかかわらず、彼に対する重役たちのクーデターに加わった。このクーデターが失敗すると、ローランドは反逆者たちを追放し、エリオットも、ローランドから「チープサイドのハリー・ライム」と呼ばれて解任された。エリオットは、グレアム・グリーン原作の映画「第三の男」でオーソン・ウェルズが演じた悪役に比せられたことに大喜びし、これを自分のあだ名にした。その後、証券会社に入ったが、「このような暮らしを、憂鬱と退屈の泥沼に再び陥ることなく送るのは不可能」と思ってすぐに辞め、選ばれた者だけが楽しめる普通と違った人生を追い求め始めた。

エリオットは競走馬の共同出資者となり、アスコット競馬のある日は毎日欠かさず出かけた。クリケットをさかんに観戦し、立派なワイン・セラーを作った。エセ科学の一つである筆跡学に興味を持ったほか、自分に「ダウジングの才能」があることに気がついた。ダウジングとは、地中の水脈や鉱石や宝石などを見つけ出す手法のことで、ロンドン周辺の田園地帯では、彼がダウジング用の占い棒を持って歩き回り、熱心に穴を掘っている姿をたびたび目撃することができた。一度など、ローマの修道院の敷地に埋まっているナチの財宝を掘り出す計画をMI6に持ち込んだことさえある。超越瞑想《めいそう》法にも手を染め、これを精神的に「宗教への傾倒に代わるもの」だと考えた。クロップ・ユスティノフが、シルクハット・ケースに入れた熱々の子牛の腎臓のソテー・リエージュ風を手土産に、ウィルトン・ストリートの自宅をたびたび訪ねてきた。娘のクローディアが悲しいかな若くして亡くなったときも、エリオットは普段どおり毅然とした態度を保ち、人前では悲しい様子を見せなかった。一日の大半をクラブで過ごし、猥談《わいだん》の名人として一目置かれていた。猥談は、会話で何を言っていいのか見当もつかないイギリス人、いや、自分が本当に知っていることを口にすることのできないイギリス人にとっては、格好の逃げ道だった。彼はもはや中枢集団の一員ではなかったが、秘密情報の世界とはまだ縁を切っていなかった。

一九八〇年代初頭、背が高くてやせた人物が、一分の隙もないスリーピース・スーツを着て、ファンファーレもなくひそかにダウニング街一〇番地の首相官邸に入っていく姿がときおり目撃された。ニコラス・エリオットは、どういう経緯かよく分からないが、情報活動に関するマーガレット・サッチャー首相の非公式の顧問になっていた。こうした会合で何が話し合われたのかは、今も完全には明らかにされておらず、エリオットも、きわめて慎重だったので何も口に出していないが、彼の政治的アンテナは感度が抜群によかったようだ。ソヴィエト連邦崩壊後、ロシアに全体主義的政府が登場するだろうと予測し、現にそのとおりになった。ほかにも、イスラム原理主義勢力の拡大、イラン強硬派の台頭、および中国の経済的・政治的影響力の増大も予見していた。サッチャーが、植民地独立後のイギリスは「正当な理由なく自信を失っている」という彼の意見に賛同していたのは間違いない。陰の実力者という役が、彼にはぴったりだった。

年を取るにつれて、フィルビーの背信による痛みも薄れていった。アングルトンとは異なり、彼はフィルビーの幽霊に、我と我が身を苦しめて破滅させるようなことはさせなかった。やがて、自分が騙された経緯を、恥辱の証しではなく名誉の勲章と見るようになった。エリオットは、義理堅い性格と古い行動規範を守ろうとする意志とをフィルビーに逆手に取られて騙されたのであり、その点に不名誉なことなど何一つなかった。それでも、自分とよく似た生い立ちと学歴を持ち、「長期にわたって非常によく」知っていた人物が、どうしてこれほどまったく違う道を選ぶことになったのだろうかと、不思議に思わないことはなかった。「当然ながら、私は裏切りの背後にある動機について考えた」と書いている。晩年には、「フィルビーという人間」を理解しようとして「変化した人格についてある種の分析を行なう」ようになった。フィルビーのせいで無駄死にした人々のことを考えると、そのたびに怒りが込み上げてきた。「外面的には、彼は親切な男であった。内面的には、冷たくて計算高く、残忍だったに違いない。そうした特徴を、友人や同僚たちから巧みに隠していたのだ。彼は、偽りの上品さというヴェールに隠れながら、ひそかにうぬぼれていたに違いなく、よって、間違いなくかなり自己中心的な性格だったはずだ」。エリオットは、フィルビーは二つの顔を持つ男であり、自分はその一方の魅力的なほうの顔、つまり「非常に優れた欺瞞の才能を持つ二重人格者の表側」しか見ていなかったのだと結論づけた。

エリオットは、一面ではフィルビーを切り捨てたが、同時に彼のために嘆いていた。フィルビーのちょっとした親切や、周囲の人々から得ていた人気、魅力ある茶目っ気を、よく思い出した。彼がモスクワで「悲しい亡命生活」を、「退屈な人々や、監視役の使用人や、地味な衣服」に囲まれて送っている様子を想像しては、同情に似た心のうずきを感じた。類稀《たぐいまれ》なる才能を持ちながら、その一生を「無益な大義のために浪費」し、「友人と家族と祖国を、今では誰も信じていない信条のために裏切る決断を下した」男に、やるせない思いを抱いた。エリオットは、一九四〇年に初めて会った日にフィルビーに引きつけられるきっかけとなった、あのきらめきを懐かしく思い出した。「彼には輝くような魅力があった」と、渋々ながらも懐かしそうに書いている。「今もまだ失くしていないと聞いている」。

親友たちの最期

フィルビーも、年老いたエリオットについて考えた末に、自分はベイルートから逃げるよう仕向けられたのだとの確信に至った。「すべては、私が逃げざるを得ないよう仕組まれたものだった」。エリオットは、「ロンドンでＳＩＳが新たなスパイ・スキャンダルに悩まされることのないようにしたいという願望」に動かされ、彼をモスクワに押しつけたのに違いない。

冷戦が激しくなるにつれ、フィルビーは両陣営からプロパガンダの道具として利用されるようになった。ソヴィエト側はフィルビーが、ある擁護者の言葉を借りれば、モスクワで「至福の平和」を享受しながら暮らしていると証明しようとし始めた。一九六八年には、ＫＧＢの承認（と編集）の下、回顧録『我が静かなる戦争（*My Silent War*）』［邦訳は『プロフェッショナル・スパイ』笠原佳雄訳、徳間書店、一九六九年］が出版されたが、これは真実とフィクション、あるいは歴史的事実と偽情報とを混ぜ合わせたもので、同書ではソヴィエトの情報機関が常にきわめて優秀に描かれ、フィルビー自身はイデオロギーに忠実な英雄として描写されている。西側の政府関係者たちは、真実は逆だと主張し、フィルビーは大酒飲みで、鬱病に苦しみ、現状に幻滅しており、極悪非道な教義に執着しながら歩んできた裏切り人生に対して当然の報いを受けているのだと言った。アメリカ大統領ロナルド・レーガンは、次のように言い切った。「キム・フィルビーは、モスクワで眠れぬ夜を過ごしているに違いない。（中略）彼や、彼の同類たちは、彼らが裏切った者たちが結局は勝者になりそうだということを痛感しているに違いない」。あるＭＩ５の元将校などは、眠った後のフィルビーの心に何が去来しているのか私には分かると言って、「彼は、ドアの周りをバラで飾ったサセックスのコテージを夢見る、まったく哀れな男だ」と話していた。

真相は、この二つの中間にあった。ソヴィエト連邦は、バージェスがいみじくも言ったように「ヴィクトリア時代の土曜の夜のグラスゴーみたいな」場所で、フィルビーもソ連に来た当初は何一つ楽しいことがなかった。不倫関係にあったメリンダとはすぐに破局し、彼女はマクレインの元に戻ると、やがてソ連から永久に去った。フィルビーは、たびたび一人で深酒をし、慢性の不眠症になった。やがては、生きていくのが「耐えられない」と言うようにさえなった。実際、人生を終わらせようとして手首を切ったこともある。しかし一九七〇年、亡命者仲間のジョージ・ブレイクからルフィーナ・イヴァノヴナを紹介されると、次第に元気になっていった。ルフィーナは、ポーランド系のロシア人女性で、彼より二〇歳若く、後に彼の四番目の妻になった。ＫＧＢは結婚祝いとして、二人にイギリス製のボーン・チャイナのティーセットを贈った。ソヴィエト情報機関がいつまでも抱いていた疑念はようやく晴れ、一九七七年にフィルビーはＫＧＢ将校向けに講義を行ない、その中で、秘密工作員は尋問では何も認めてはならず、絶対に自白してはならないと説いた。いわく、「自白をすれば、敵に情報を与えることになる。したがって、自白するのは当然ながら間違いである」。聴講者の中には、当のフィルビーが一九六三年にニコラス・エリオットに自白したことを知っていた者もいたに違いない。それでも、気を利かせてそのことを指摘はしなかった。

フィルビーの最晩年は、平穏で騒ぐこともなく、新しい生活によくなじんでいた。ルフィーナは、夫に禁酒させようとしたが、あまりうまく行かなかった。彼はソ連国家のため臨時の仕事をいくつかやり、たとえばＫＧＢの新入隊員を訓練したほか、ソ連ホッケー・チームの士気高揚に協力したこともあった。もっとも、エリオットがかつて記したところによると、彼は何よりもクリケットが好きで、「それ以外のスポーツには一切興味を示さなかった」という。レーニン勲章を授与されると、これをナイト爵に比し、「よいほうの一つ」だと言った。お返しとして、彼は自分が成人して以来一貫して支持してきた体制を決して批判せず、仕えてきた組織の本当の性格を決して認めず、後悔の言葉を一言も口にしなかった。ソヴィエト公認の主張に従い、共産主義を実践する際の誤りは、思想そのものにあるのではなく、それを実践する人間にあると言い続けた。

フィルビーは、一九八八年五月一一日、モスクワの病院で亡くなった。ＫＧＢの儀仗《ぎじょう》兵が参列する盛大な葬儀が営まれ、遺体はモスクワ郊外のクンツェヴォ墓地に埋葬され、彼の進めた「平和と明るい未来のための、たゆみなき戦い」が賞賛された。ソ連の記念切手にもなった。二〇一一年、ロシアの対外情報庁は、キム・フィルビーの横顔二つが互いに向き合う図の記念銘板を設置した。意図的ではないのだろうが、二つの顔を持った男にまさにふさわしい銘板だった。

　エリオットは、これとは違う形でフィルビーを記念する計画を練った。ＭＩ６に、フィルビーにＣＭＧつまり聖マイケル・聖ジョージ三等勲章を授与するよう勧めたのである。聖マイケル・聖ジョージ勲章は、イギリスの勲章制度では上から六番目に高い勲章で、外国において軍事以外で優れた業績や重要な功績を残した男女に与えられるものだ。さらにエリオットは、勲章に添える署名入りの追悼文を自分が書き、その中では次のことだけを言おうと提案した。「私の口は今まで封をされてきたが、これで私は、フィルビーが私の知る中で最も勇敢な男の一人だったと明かすことができる」。その意味するところは、モスクワに明白だろう。つまり、フィルビーはずっとイギリスのために行動していたのであり、ソ連の勇敢な二重スパイではなく、イギリスの英雄的な三重スパイで、エリオットが彼のスパイ監督官だったとソ連側に伝えようというのである。フィルビーがＫＧＢを騙していたという着想は、エリオットいわく「安心しているルビャンカの面々に大騒動」を巻き起こし、最も愉快な復讐を死後に加えることができるだろう。フィルビーを出しにした最高のいたずらで、しかもフィルビーには反論のしようがない。しかし、エリオットの提案は却下された。いまどきのＭＩ６は、冗談をやらないのだ。

自分の最期が近づいてくると、エリオットは一生を振り返り、「やや悪評を残したものの、平凡な」人生で、とても愉快だったと考えた。

彼は、屈辱と逆境を経験し、親しい者の裏切りにも遭ったが、根っからの楽天主義が完全に失われることはなかった。「私は、とてつもなく運がよかったのだと思う」と書いている。「自分の生涯を振り返ると、いささか驚きを禁じえない」。

エリオットは、フィルビーを思い出すよすがを常に携帯していた。彼は、何年も前に買った古い傘を大切にしていたが、それは、一番の親友であり一番の大敵であった人物にあこがれ、その真似をして購入したものであった。エリオットが一九九四年に亡くなったとき、彼は短い回顧録を残していた。内容は下品な話が多いが、この本には何かを悔やむような自嘲《じちょう》的なタイトルが付けられていた。いわく、『人を持っている傘で判断してはいけない*(Never Judge a Man by his Umbrella)*』。

このタイトルは内輪のジョークで、その真意を完全に理解できる者は二人しかいなかった。一人はニコラス・エリオット、そしてもう一人は、キム・フィルビーであった。

あとがき

ジョン・ル・カレ

「ああ、下らない本当の自分でいるよりは、偽者でいいから大物でいるほうがいい」

――マイク・タイソン、ボクシング世界ヘビー級チャンピオン

ＭＩ６のニコラス・エリオットは、私が会った中で最も魅力的でウィットに富み、エレガントで、礼儀正しく、何が何でも相手を楽しませようとするスパイだった。今思えば、彼は誰よりも謎に満ちた人物でもあった。その外見を描写しても、今では嘲笑を招くことにしかならない。彼は、昔風の伊達《だて》男だった。仕立ての見事なダークのスリーピース・スーツ以外の服を着ているところを、私は一度も見たことがなかった。完璧なイートン校の立ち居振る舞いを身につけており、人付き合いを楽しんでいた。

体は杖のように細身で、体を格好よく斜めに傾けながら、いつも地面から少し浮いているかのような感じで歩き、顔には静かな微笑みをたたえ、片手には必ずマティーニのグラスかタバコを持っていた。

ベストは内側に曲線を描き、外側に膨れ上がることは絶対になかった。見た目はまるでＰ・Ｇ・ウッドハウスの小説に出てくる遊び人のようで、話し方もまさにそんなふうだったが、違っていたのは、彼の話が驚くほど率直で、何でもよく知っており、権威を軽んじてはばからないことだった。

私がＭＩ６に勤めていたころ、エリオットとは会えば会釈を交わす程度の関係だった。最初にＭＩ６の面接を受けたとき、彼は面接官の一人だった。新人として入ったときには、六階に陣取る大物で、その諜報活動の成功例として最も有名な、戦時中イスタンブールにいたドイツ・アプヴェーアの高官をスカウトし、彼とその妻をひそかにイギリスへ入国させた件は、機略に富む現場の将校が達成し得る究極の模範例として訓練生に示されていた。そして私の在職中、彼は変わることなく魅力あふれる遠い存在であり続けた。本部をエレガントに出入りしては、講義を行ない、作戦会議に出席し、幹部だけが入れるバーで数杯飲むと、帰っていくのである。

私は三三歳のときに、たいした成果も上げられぬまま退職した。エリオットは五二歳のときに、第二次世界大戦勃発以降ＭＩ６が手がけてきた主要な作戦すべてで中心的な役割を担った後に、退職した。数年後、私はあるパーティーで彼とばったり出くわした。

エリオットは、シティーで大変な時期を過ごした後であり、彼の最も洗練された側面が少々失われているように思われた。また、我々の元職場であるＭＩ６には、守秘義務の期限がとうに過ぎているはずなのに秘密を公開するのを止められたため、強い不満を抱いていた。彼は、自分には歴史に対して真実を語る権利があり、真実を語るのは義務ですらあると信じていた。おそらく、そこに私の出番があると考えたのだろう。ある種の仲介者、スパイ流に言えば「連絡係」として、公表されるべき彼の話を公にする手助けをさせようとした。

それに彼は何より、友人にして同僚であり宿敵でもあったキム・フィルビーについて、私に話したかったのである。

そういうわけで会合が実現した。一九八六年五月のある晩、ハムステッドにある私の家で、二三年前にベイルートの一室でフィルビーと対峙し、彼の部分的な自白を聞いたニコラス・エリオットは、これ以降に何度も行なわれることになるインタビューの一回目で、その本心を私に打ち明けてくれた。あるいは、たとえ本心でないとしても、その一バージョンを語ってくれた。

私はすぐに、彼が私を話に引き込みたがっていることに気づいた。彼自身が驚いたことを私にも驚かせ、受けた仕打ちの非道さに彼が抱いたのと同じ恐れと落胆を私にも共有させ、公職守秘法による制限はもちろん、彼の磨き抜かれた礼儀作法により隠さざるをえなかった怒りと苦しみを、できることなら私にも感じさせ、それが無理ならせめて想像させようとしていた。

彼が話している最中、私はときおり帳面にメモを取ったが、彼は異議を唱えなかった。四半世紀たった今、そのままになっていたメモに目を通してみると、全部で二八ページ、手書きしたメモの紙は色あせ、角を止めたホチキスはさびついているが、消したりした部分がほとんどなくてホッとしている。

私は、フィルビーとエリオットの関係を軸に小説を書く考えだったのだろうか？　そんなはずはない。その題材は、すでに『ティンカー、テイラー、ソルジャー、スパイ（*Tinker, Tailor, Soldier, Spy*）』で取り上げていたからだ。では、舞台用の戯曲にしようと考えたのか？　二人芝居の、ニック&キム・ショーで、二〇年に及ぶ互いへの、恋愛感情と言っていいほどの愛情と、破滅的な容赦ない裏切りを描こうとしていたのか？

たとえ私が、そうしたいとひそかに考えていたとしても、エリオットにその気はまったくなかった。

「芝居については二度と考えないように」という厳しい調子の手紙を一九九一年に受け取っている。以来、私は劇にしようとはしていない。

フィルビーと同じくエリオットも、酒をどれほど飲んでも無分別なことは決して言わなかった。もちろん、フィルビー本人に対してだけは別だ。フィルビーと同じく、エリオットも五つ星級のエンターテイナーで、常に相手の先を読み、大胆で、卑猥で、とにかく面白かった。それでも私は、エリオットから聞いている話が、怒れる老スパイの作り話——

つまり自己正当化――であることを少しも疑っていなかったと思う。

だが、フィルビーの作り話が敵を騙すために作られたものだったのに対し、エリオットの作り話の目的は、自分を騙すことにあった。そして、ベン・マッキンタイアーが指摘しているように、時間と共に、作り話に異なった相矛盾するバージョンがいくつも現れ始め、その一つを私は聞かされたのである。

話は、たいてい私を前にしての独演会だったのだが、それによれば、彼はディック・ホワイトの指示を受け、ベイルートでの対決の一〇年前から、フィルビーから「真実」を聞き出そうとかなり努力していたという。ただし、聞き出そうとしたのは真実のすべてでは断じてなかった！　そんなものは、ホワイトもエリオットも、どれほどひどい悪夢の中でも決して受け入れようとはしなかっただろう。

彼らが聞き出したかったのは、受け入れやすい部分的な真実だった。つまり、エリオットの言葉を借りれば、そうするのも無理はなかった戦争中のある時期に、キムは我らの勇敢な同盟国ソ連にちょっとふらついて、あれやこれやを少しばかり与えてしまった、と言ってほしかったのだ。もしフィルビーがそういうふうに打ち明けてくれさえすれば、漏らした情報が何であろうと、全員が心から安心でき、彼は自分が最も得意とすること、つまり自分の土俵でソ連側を打ち負かすことに取りかかればいい。

ああ、しかしマッキンタイアーの調査により、現実にはそんな虚々実々のやり取りがなかったことが、議論の余地なく証明された。実際は、疑惑の雲が厚くなると、二人の友は、面と向かって対決するのではなく、肩を組んで共に進んでいった。遅くまで酒を飲みながら一緒に過ごした晩？　そんなのはいくらでもあった。アルコールは、当時はＭＩ６の風土の重要な一部で、職員で酒を飲めない者は、破壊分子か何かのように見られかねなかった。

しかし、フィルビーの鎧《よろい》の割れ目を常に探していたというエリオットの主張については、まあ、エリオットはそう信じていたのだろうし、彼が私にもそう信じさせようとしていたのは間違いない。なぜなら、彼とフィルビーが共に長らく住んでいた世界では、作り話を信じてもらえない人間は、作戦上は死人扱いだったからである。

★

「とても魅力的な男で、周りをびっくりさせるのが好きだったよ。私はフィルビーをものすごくよく知っていて、特に家族はよく知っていた。本当によく面倒を見たものさ。酒に酔うことにかけては、彼ほどの人間を見たことがなかったね。私が彼を尋問すると、彼はその間中ずっとスコッチを飲み、おかげで私は文字どおり彼を担いでタクシーに乗せて家まで送ってやらなくてはならなかった。運転手に五ポンド渡して、彼を上まで運んでもらうんだ。ディナー・パーティーへ連れていったこともある。みんなを魅力の虜《とりこ》にしたと思ったら、いきなり、その家の奥さんのおっぱいの話を始めたんだ。情報部で一番いいおっぱいをしてると言ってね。まったく下品な話さ。だってね、ディナー・パーティーでは、その家の奥さんのおっぱいの話を始めるものではないからね。でも、それが彼という人間なんだ。ショックを与えるのが好きなのさ。父親も知っているよ。亡くなる直前に、ベイルートでディナーに招いたんだ。魅力的な人でね。イブン・サウードとの関係を延々と話し続けていたよ。エレナーは、フィルビーの三番目の奥さんだけれど、彼女は義父が大好きだった。爺さんは、だれかの奥さんにちょっかいを出そうとして、それから家に帰った。その数時間後に亡くなったんだ。最後の言葉は『ああ、飽き飽きだ』だった」

すでに私はエリオットが、妻エリザベスがいないときはフィルビーを常に姓で呼ぶことに気がついていた。妻がいるときだけ、フィルビーはキムになった。

★

「フィルビーへの尋問は長期にわたったよ。ベイルートでのが、一連の尋問の最後だった。こちらには情報源が二人いた。一人はかなり立派な亡命者。もう一人は、例の母親的人物だ。彼女のことは役所の精神科医が教えてくれてね。電話をくれたんだ、その精神科医が。フィルビーの二番目の妻のアイリーンを担当していてね、それでこう言うんだ。『彼女は私をヒポクラテスの誓いから解放してくれました。あなたにお話ししたいことがあります』。それで会いに行ったら、フィルビーは同性愛者だって言うのさ。かなりの好色だとか、アイリーンから——彼女のことは私もよく知っていたんだが——フィルビーは同性が好きで、かなりうまいと聞いたとかね。彼は同性愛者で、そういう病気なんだと言い、さらにその精神科医は、確たる証拠はなかったんだが、彼は悪者だとも確信していた。ソ連のために働いているとか、何とかとね。はっきりしたことは言えなかったが、確信していたよ。それで私に、母親的人物を探すべきだと勧めたのさ。どこかに母親的人物がいると言うんだ。それが、このソロモンという女性だった〔一九三九年にフィルビーをアイリーンに紹介したフローラ・ソロモンのこと〕。ユダヤ人女性だ。マークス・アンド・スペンサーで、バイヤーか何かをしていた人だ。彼女は、ユダヤ人問題でフィルビーに怒っていてね。当時フィルビーは、エルサレムの支局長ティーグ大佐のために働いていて、そのティーグは反ユダヤ主義者だったから、彼女は怒ったんだね、それで彼のことを我々に話したんだ。当時はファイヴ（MI5）が担当していたから、全部ファイヴに任せて、この母親的なるソロモンを渡したのさ。もちろん、聞く耳は持たなかっただろうね、連中は官僚的すぎるから」

★

「みんなフィルビーについてはとてもひどいことを言っていた。シンクレアやミンギス

〔二人ともＭＩ６の元長官〕は、まあ、彼に不利なことには耳を傾けようとしなかったね」

★

「それから例の電報が来て、証拠があるっていうものだから、私はホワイトに返信を送って、私が行って彼と対決するって言ったんだ。もうずいぶん前から続いていることで、彼から自白を引き出せたのは、彼の家族のおかげだった。どんな気持ちだったかって？　そうだね、私は自分をそんなに感傷的なタイプの男ではないと思っているけど、彼の奥さんと子供たちが好きでね、だから当のフィルビー本人がすべてを打ち明けて、落ち着いてクリケットを観戦したいと思っているんじゃないかという気はずっとしていたよ。クリケットは、彼が大好きなものだった。クリケットのことは、裏の裏まで知っていた。クリケットのことなら、いつまでだって話していられたからね。とにかく、ディック・ホワイトはオーケーと言った。ゴーサインだ。それで私はベイルートへ飛び、彼に会ってこう言った。君が僕の思っているとおり頭がいいなら、家族のためにすべて白状してくれ、もうゲームは終わったんだからって。いずれにしても、私たちは彼を捕まえて法廷に出すことは絶対にできなかっただろう。彼は否認しただろうしね。ここだけの話、取引はまったく単純な内容だった。彼はすっかり白状しなくてはならない。私は、彼はどのみちそうしたいんだと思っていたのだけれど、そこで騙されたんだね。とにかく、彼はこちらにすべてを話さなくてはならず、とりわけ損害についてはすべてを白状しなくてはならなかった。それが絶対条件だった。損害の範囲のことだよ。つまりだね、いいかい、KGBが彼にずっと尋ねていたことの一つは、我々が君とは無関係に接近できるのは誰か？　誰が情報部にいるのか？　誰が我々のために働いてくれそうか？　ということだったと思うんだ。彼は何人かの名前を出したのかもしれない。こちらはそれを全部知らなくてはいけない。それから、それ以外に彼が渡した情報全部。こちらとしては、その点は絶対に譲れなかった」

私のメモでは、この先はやり取りがそのまま記されている。

私／「それで、彼が協力しなかった場合の制裁は何だったのですか？」

エリオット／「何のことだね、君？」

「あなたからの制裁ですよ、ニック。万が一の場合に彼を脅すための方策です。たとえば、痛めつけてロンドンへ連れていくとか？」

「彼にロンドンに来てほしいと思う者など一人もいなかったよ、君」

「では、究極の制裁はどうです？　こんな言い方をしてすみませんが、彼を殺して抹消するのは？」

「君ねえ。彼は我々の仲間なんだよ」

「では、どうすると言ったんですか？」

「私はこう言ったんだ、さもなければ完全に縁を切るとね。大使館も領事館も公使館も、中東全域で君とまったく関係しなくなる。実業界も接触してこず、ジャーナリストとしてのキャリアは終わりになる。そうなれば、つまはじき者になってしまう。人生そのものが終わってしまうよと言ったんだ。彼がモスクワへ行くなんて、私の頭にはよぎりもしなかったよ。以前に干されて一度そういう目に遭ったことがあったから、そうなりたくないと思ったら白状するしかなかったんだ。その後は、お互い忘れてしまうつもりだった。彼の家族やエレナーのこともあるしね」

私は、フィルビーほどではないが裏切り行為により何年か刑務所に入れられた不運な裏切り者たちの運命について話した。

「ああ、ヴァッサルのことだね。まあ、彼はトップリーグ級ではなかったんだろ？」（ジョン・ウィリアム・ヴァッサルは、イギリス国教会の教会区牧師の息子で、同性愛者であり、モスクワのイギリス大使館で海軍武官付きの職員だったが、ＫＧＢのためスパイ活動をしていたとして、一八年の禁固刑を言い渡された）

★

「それが最初の会合で、僕たちはまた四時に会おうと約束し、四時になると彼が何枚かの紙に書いた自白書を持ってやってきた。全部で八ページか九ページで、タイプでびっしりと損害から何から、たくさん書いてあった。それから彼はこう言ったんだ。実は君に一つ頼みがある。エレナーは君がこちらに来ていることを知っている。僕のことは何も知らない。だが、君が一杯やりに来なければ、彼女は怪しいと思うだろう。そう言われたんで、私はこう言った。分かった、エレナーのため君の所へ行って一杯やろう。でもその前に、これを暗号にして電報でディック・ホワイトに送らなくてはならない。そう言って私は電報を打った。彼の家へ飲みに行くと、彼はもう酔いつぶれていた。べろんべろんさ。床の上に横になっていてね。エレナーと二人でベッドに寝かせなくてはならなかったよ。彼女が頭を持って、私が足を持つ。彼は酔っ払うと何も言わなくなるんだ。私の知る限り、これまでにうっかり口を滑らせたことは一度もない。そう彼女に言ったんだ。それからこう言った。『これがどういうことか、分かるかい？』。彼女が『いいえ』と答えたんで、私は、『彼は何とソ連のスパイなんだ』と言ったのさ。彼は、彼女は正体を見抜いていないと言っていたけれど、そのとおりだったよ。それから私はロンドンに戻り、尋問はピーター・ランに任せた。ディック・ホワイトは、この件をとてもうまく処理していたけれど、アメリカ側には一言も知らせていなかった。それで私が大急ぎでワシントンへ行って教えてやらなければいけなくなった。かわいそうなのはジム・アングルトンさ。フィルビーがMI6のワシントン支局長だったときは、あんなにもてはやしていたのに、アングルトンが真実を知ると、というか私が教えたんだが、すると、まったく逆の態度を取ったよ。私なんて、数日前にフィルビーとディナーを食べたばかりだったんだがね」

★

「私の考えではね、君、いつかKGBはフィルビーの自伝の残りの部分を出版するつもりなのだろう。最初の本は、一九四七年でバッサリ切れているからね。たぶん、もう一冊がロッカーにしまってあるのさ。フィルビーが連中に本当に言ったことの一つは、配下のゴロツキどもを磨き上げろということだ。まともな服を着せ、臭いにおいをさせない。洗練させろということさ。最近は、見た目が以前とまったく違う。ずいぶんあか抜けして、上品で、一流の人間になった。あれはフィルビーの仕業さ、賭けてもいい。いや、我々は彼を殺そうなんて一度も思わなかった。確かに私は騙されたがね。彼は今いる所にいたいのだと思ったよ」

★

「いやさ、こう振り返ると、君もそう思わないかい？　今までいろいろやってきたことを振り返ると、いや、確かに大笑いすることもやったし、そうそう、確かに爆笑ものだったが、私たちはある意味、ひどくアマチュアっぽかったんだ。つまり、あのカフカス山脈を抜ける潜入路から工作員を入れたり戻したりというのは、ずいぶんアマチュアっぽかったのさ。ああ、もちろん彼はヴォルコフを裏切り、彼らがヴォルコフを殺した。だからフィルビーがモスクワから私に手紙を寄こして、ベルリンかヘルシンキまで会いに来ないかと誘い、このことはエリザベスにもディック・ホワイトにも言うなと書いてきたとき、私は返事で、私の代わりにヴォルコフの墓に花を手向けてくれと言ってやったんだ。あれは我ながら上出来だったと思ったね。

つまりさ、二人に言うなんて、彼はいったい私をどんな人間だと思っていたんだろうね。私が最初に話す相手はエリザベスで、そのすぐ後にディック・ホワイトに話すはずだろ。あれはゲーレン〔ラインハルト・ゲーレン。当時は西ドイツの情報機関BNDの長官だった〕とのディナーに出かけた日で、君はゲーレンを知っているかな？　で、夜遅くに帰ってくると、表に『ニック』と書かれただけの無地の封筒がドアマットに落ちていたんだ。誰かが直接落としていったんだな。『もし来られるなら、ヘルシンキの場合はネルソン記念柱の絵葉書を、ベルリンの場合は近衛騎兵連隊本部の絵葉書を送ってほしい』とか何とか。いったい私を誰だと思っていたんだろうねえ？　アルバニア作戦の件？　ああそうだ、あれもたぶん彼が失敗させたんだ。つまりだ、あのころは我々にもソ連にけっこうな数の協力者がいたんだ。彼らがどうなったかも知らない。それなのに、寂しいから私に会いたいと言ってきたんだ。まあ、当然寂しかっただろうさ。行くべきじゃなかったんだ。彼は私を騙したんだ。彼についての本を書いたよ。出版社はシャーウッド・プレスだ。大手の出版社は、どこも尋問について書けと言ってきたんだが、書くつもりはなかった。これはむしろ出世していく友人たちの話で、回顧録だ。情報部のことなど書けるわけがない。尋問は技術だ。それは君も知っているだろう。長期にわたって続けられたのだ。はて、どこまで話したっけ？」

★

ときにエリオットの話は、かつて関係した別の事件の回想へと移ることがあった。そのうち最も重大だったのはオレク・ペニコフスキー事件だ。ペニコフスキーはＧＲＵ（ソ連軍の情報機関）の大佐で、キューバ・ミサイル危機の直前にソ連の重要な防衛機密を西側に提供した人物である。エリオットは、ＣＩＡが冷戦のプロパガンダとしてでっち上げ、『ペニコフスキー文書（*The Penkovsky Papers*）』〔邦訳はオレグ・ペンコフスキー著、フランク・ギブニー編『ペンコフスキー機密文書』佐藤亮一訳、集英社、一九六六年〕のタイトルで出版した本に激怒していた。

「とんでもない本だ。あの男を聖人か英雄のようなものだと言っている。奴はそんなものではなく、昇進できずに腹を立てていただけだ。アメリカ側は彼を相手にしなかったが、シャーギー〔ハロルド・シャーゴールド。ＭＩ６でソ連圏の作戦を担当していた監督官〕は奴を大丈夫だと思った。シャーギーは鼻が利くんだ。私たちには似たところはまったくなかったが、それでも仲は素晴らしくよかった。両極端な者どうしが惹かれ合う《レ・ゼクストレーム・ストゥーシュ》というわけさ。

私が作戦の責任者で、シャーギーが副官になった。素晴らしい現場人間で、とても感覚が鋭く、間違うことはほとんどない。フィルビーについても、彼は最初っから正しかった。シャーゴールドがペニコフスキーを観察して、大丈夫と思ったから、私たちは引き入れることにした。スパイ活動では、相手を信頼するのはとても勇気のいることなんだ。自分のデスクに戻って『おれはこいつをまったく信用しない。表から見ても裏から見てもだ』と言うのは、バカでもできる。腹をくくって『私は彼を信頼します』と言うのは、そうとう肝が据わっていないとダメだ。シャーギーがやったのは、まさにそういうことで、私たちは彼と一緒に進んでいった。女だよ。ペニコフスキーにはパリに例の娼婦たちがいて、こちらで雇った女たちだったんだが、彼は彼女たちと何もできない、一晩に一回で、それでおしまいだって文句を言うのさ。仕方がないから私たちは政府の医師をパリへ派遣して、奴が勃起できるよう尻に注射を打ってもらったんだ。爆笑ものだね。腹を抱えて笑って、ああ生きていてよかったと思える、そういう話さ。これはまったく傑作だ。だってさ、いったいどうすればペニコフスキーを英雄に祭り上げられるんだい？ いいかい、裏切るには勇気が必要だ。その点はフィルビーについても認めなくてはダメだ。彼は勇気を持っていた。シャーギーは一度辞職したことがあるんだ。ひどい気分屋でね。出勤したらデスクに彼の辞表が置いてあるんだ。『ディック・ホワイトが』、もちろん辞表には秘密情報部長官と書いてあったけれど、そのホワイトが『私の同意なしに情報をアメリカ側に渡し、そのため私の非常に微妙な情報源が危険にさらされてしまったため、私は情報部の他の部員に対する戒めとして辞職を願い出るものである』とか何とか書いてある。ホワイトが謝罪して、シャーギーは辞職を撤回した。それでも私は彼とじっくり話し合わなくてはならなかった。簡単じゃなかったよ。とても気分屋でね。でも、素晴らしい現場人間なんだ。それに、ペニコフスキーは絶対大丈夫だと見極めたんだ。職人技だね」

★

エリオットの寸評

〈第二次世界大戦中にMI6副長官を務めたZ大佐ことサー・クロード・ダンジーについて〉

「まったくのクズ。しかもバカ。だがタフで頑強。こういうひどくて短い覚書を書いて周囲の者に渡していた。本当にクズだったよ。戦後、私はベルン支局長になったとき、彼のネットワークを引き継いだんだ。まあ、確かに実業界にああいうハイレベルの情報源を持っていたよ。彼らは優秀だった。彼は、この実業家たちを自分のために働かせるコツをつかんでいたんだ。そういうことには優れていたよ」

〈冷戦中にサー・ディック・ホワイトの下で副長官だったサー・ジョージ・ヤングについ

て〉

「欠点だらけ。優秀で、粗野で、いつでも独りでやらせなくてはならない。情報部を辞めたあとはハンブローズ銀行へ行った。後で銀行の連中に聞いてみた。ジョージとはうまくやっているかい？ 黒字になりそうかい、それとも赤字かい？ すると連中、計算するとだいたいトントンになりそうだと答えたよ。イラン国王の金を預かってきたが、正真正銘のとんでもないへまをやって、利益と同じくらいの損失を出したそうだ」

〈歴史家で、戦時中にSISのメンバーだったヒュー・トレヴァー＝ローパー教授について〉

「優秀な学者なんだが、間抜けで役立たず。偏屈なところがある。彼がヒトラーの日記に飛びついたときは大爆笑したねえ。情報部全体が、あれは偽物だと分かっていたよ。それなのにヒューはまともに取り上げたんだから。ヒトラーが書いたはずがないだろ？ 戦時中は、あいつを側に近づけないようにしていたよ。私がキプロスの責任者だったとき、ドアに立つ歩哨に、もしトレヴァー＝ローパー大尉が現れたら、その尻を銃剣で突くように命じたんだ。奴《やっこ》さんが現れると、歩哨は私に言われたことをそのまま告げてね。ヒューは面食らっていたよ。大爆笑さ。これぞ情報部で私が好きだったところだ。そういうすばらしい大笑いがね」

〈中東出身のSIS協力者候補に売春婦を提供したときのこと〉

「セント・アーミンズ・ホテルが職場だと言ったら、彼女は行きたくないと言う。下院が近すぎるから。『父が下院議員なんです』って言うんだ。それに、六月四日は甥をイートン校へ迎えに行けるよう休みにしてくださいとも言われてね。『そういうことなら、我々は別の人を探したほうがよいでしょうか？』と私は言ったよ。すると彼女はためらわずにこう言ったんだ。『私が知りたいのは、いくらいただけるのかということだけです』」

〈グレアム・グリーンについて〉

「戦時中にシエラレオネで会ったよ。グリーンは私を港で待っていてくれてね。私が声の届く距離まで近づいた途端、大声で『コンドームは持ってきてくれましたか？』と叫ばれてさ。彼は宦官《かんがん》に異常に執着していたよ。支局の暗号帳を読んでいて、情報部に何と宦官を意味する符号群があることを見つけたんだ。きっと、我々がハレムの宦官を工作員として動かしていた時代の名残なんだろう。彼は、宦官という言葉が入った通信文をどうしても作りたくなってね。それである日、その方法を思いついた。本部から、どこそこでの会議に出席せよと言ってきた。ケープタウンだったかな。彼には予定の決まっていた作戦か何かがあった。作戦じゃなかったな、彼のことを思い出してみると、作戦は一度もやったことがなかったから。とにかく、こう返信したんだ。『宦官が行けないように、私も行けません』」

〈戦時中、外交官を隠れ蓑にしたトルコでの生活の思い出〉

「大使公邸でのディナー。戦争の真っ最中だよ。大使夫人が、私が先っちょを切り落としたと言って大声を上げたんだ。『何の先っちょのことです？』。『チーズのよ』。『従者がこのチーズを私に手渡したのですよ』と私は言う。『で、その先っちょをあなたは切り落としたのよ』と夫人は返す。いったいどこから手に入れたんだろうね？　いまいましい戦争の真っ最中にさ。しかもチェダー・チーズだよ。それから、私にチーズを手渡した人間は、キケロといって、我々の秘密をすべてアプヴェーアに売り渡していた男だった。ノルマンディー上陸作戦のこととか、そのほかいろいろな秘密を売っていたんだ。でも、ドイツ軍は彼を信用しなかった。よくある話さ。信頼がないんだ」

私はエリオットに、私がＭＩ５にいたころ、グレアム・グリーンの『ハバナの男』が出版され、ＭＩ５の法律顧問が、公職守秘法に基づき、彼を支局長と主任工作員の関係を暴露したとして起訴したがっていたことを説明した。

「ああ、それであともう少しというところまで行ったんだろ。起訴されていればいい気味だったのに」

なぜいい気味なのか？　そう思ったが、それは尋ねなかった。

★

そして何より記憶に残ったのは、エリオットが思い出した、事実か想像か分からないが、フィルビーのケンブリッジ大学時代について以前に彼と交わしたという次のやり取りだった。

「みんなは、君がちょっと評価を落としていると思っているようだね」

「なぜ？」

「だって、ほら、以前の情熱とか、会員になったとか……」

「何の？」

「ほら、とても興味深いグループさ、名前からしてそうだろ。実際、大学はそのためにあるようなものだ。左派がみんな集まっている。使徒会って言ったっけ？」［ケンブリッジ使徒会は、親睦を目的とした同大学の知的秘密結社］

★

一九八七年、ベルリンの壁が崩壊する二年前に、私はモスクワを訪問した。ソヴィエト作家同盟が開いた歓迎会で、私はゲンリフ・ボロヴィクという名の、KGBと関係を持つ非常勤のジャーナリストから、自宅に来て私の作品のファンだという古い友人に会ってもらえないかと誘われた。その友人の名前を尋ねると、キム・フィルビーだという。当時私は、かなり信頼できる筋から、フィルビーは自分の死期が迫っているのを悟り、新たな回顧録を書くため私に協力してほしいと思っていると聞かされていた。

私は会うのを断った。それをエリオットは喜んでくれた。少なくとも、喜んでくれたと私は思った。だがもしかすると、彼はひそかに、私が旧友の消息を知らせてくれるのではないかと期待していたのかもしれない。

謝辞

このたびも本書の執筆に当たっては、多くの方々から、ご指導や励まし、ご厚意をいただいたほか、文書や写真を閲覧させていただいたり直接お話を伺わせていただいたりと数々の便宜を図っていただき、深く御礼申し上げます。とりわけ、本書に登場する人々のご家族ならびにご子孫には、この物語が多くの方にとって今なお過去の痛ましい一章であることを考えると、感謝の念に堪えません。ニコラス・エリオットのご子息マーク・エリオットならびにご令孫デイヴィッド・エリオットには、多大なるご支援と実務的なご助力をいただき、お二方の惜しみないご協力がなければ本書を完成させることはできなかったと思います。また、ニコラスの未亡人であるエリザベス・エリオットには、二〇一二年にお亡くなりになる数週間前に幸いにもお会いすることができました。以下に掲げる名前のリストは不完全なものです。ご協力いただいた方の多くから、当然と言うべきか、職業上の理由から名前を伏せてほしいとの要望があったためです。名前は挙げませんが、その方々にも深く感謝申し上げます。

以下の皆様に、私から心よりの感謝をお伝えしたいと存じます。ネイサン・アダムズ、クリストファー・アンドルー、ディック・ビーストン、故リック・ビーストン、ポール・ベルシャム、キース・ブラックモア、トム・バウアー、ロジャー・ボーイズ、アレックス・ブルマン＝ホワイト、キャロライン・ブルマン＝ホワイト、アントニー・キャヴェンディッシュ、ロザン・コルチェスター、ゴードン・コレーラ、デイヴィッド・コーンウェル、ジェーン・コーンウェル、レオ・ダロー、ナターシャ・フェアウェザー、フランシス・ギブ、オレク・ゴルジエフスキー、ピーター・グリーンハルシュ、バーバラ・ホニグマン、ウィリアム・フッド、アリステア・ホーン、キース・ジェフリー、マージー・キンマンス、ジェレミー・ルイス、ピーター・リネハン、ロバート・マクラム、フィリップ・マーズデン、ニック・メイズ、トミー・ノートン、ジョン・ジュリアス・ノリッジ、マイケル・パケナム、ローランド・フィリップス、ハリー・チャップマン・ピンチャー、ギデオン・ラクマン、フェリシティー・ルービンスタイン、ジェニー・ラッセル、ジョン・スメドリー・アーカイヴズ、ザン・スマイリー、ヴォルフガング・ズーシツキー、アントニー・テイト、ルパート・ウォルターズ、ナイジェル・ウェスト、デミアン・ホイットワース。

ロバート・ハンズ、ピーター・マートランド、リチャード・オールドリッチ、ヘイデン・ピークの各位には、原稿を読んで数多くあった恥ずかしい間違いから私を救っていただき、ありがとうございました。本書に残るミスは、すべて私に責任があります。本作でも、ジョー・カーリルには写真の調査という難事業を見事に進めてもらいました。ＢＢＣのジャニス・ハドロー、マーティン・デイヴィッドソン、ドミニク・クロスリー＝ホランド、フランシス・ホウェイトリー、トム・マッカーシー、ベン・ライダー、ルイス・コールフィールド、アダム・スカウアフィールド、ダイナ・ロジャーズ、ジェズ・マウンター、ジェーン・チャンの各位と働けたのは、喜びであるとともに、得るところも非常に大きかったです。タイムズ紙の同僚や友人たちからも、助言と助力をいただきました。ケンブリッジ大学のセント・ジョンズ・カレッジからは、寛大にもフェロー・コモナーの身分を与えていただき、おかげで本書を学究的な理想的環境の中で仕上げることができました。

出版社ブルームズベリーから本を出すのは、喜びであり名誉であります。感謝の気持ちを、どこまでも有能で忍耐強いケイティー・ジョンソンとアンナ・シンプソン、ならびに親友である編集者マイケル・フィッシュウィックに伝えます。エド・ヴィクターは、今回も、広大で複雑な新プロジェクトを、老練な船長のような腕前で目的地まで導いてくれました。

私の家族は、称賛と同情に値します。何しろ、またまたスパイ・プロジェクトに熱中する私を、家から放り出すことなく辛抱してくれたのですから。最後に妻ケイトへ、ありったけの愛を贈るよ。

訳者あとがき

もし、あなたの二〇年来の親友が、出会ったときからあなたを騙し続けていたとしたら？

その「親友」とは若いころから公私にわたって親しく交わり、彼が成功すれば我が事のように喜び、試練のときには盾となって守り、彼とは肝胆相照《かんたんあいて》らす仲だと信じてきた。しかし、その「親友」は、当初からあなたを利用するつもりで近づき、表向きは親しく付き合うふりをしながら、裏では、あなたから得た情報を基に、あなたの知人たちを破滅させていた。

あなたにとって、兄であり、師であり、理想であり、憧れの的でさえあった「親友」が、実は二〇年前に出会ったときからあなたを騙し、裏切っていた「大敵」だったとしたら？

本書は、「親友」＝「大敵」キム・フィルビーと、長年彼に裏切られていた友人たちの物語である。

キム・フィルビーの名を知る人は、日本でも少なくないのではないか。二〇世紀の諜報戦を扱った書籍では必ずと言っていいほど登場するし、イギリス社会を論じた書籍で見かけることもある。最近では、二〇一一年制作のスパイ映画「裏切りのサーカス」との関連で、その名を知った人もいるだろう（映画の原作はジョン・ル・カレの小説『ティンカー、テイラー、ソルジャー、スパイ』で、これがフィルビー事件を題材にしていることは、本書の「あとがき」にあるとおりだ）。

フィルビー（一九一二〜一九八八）は、イギリス上流階級の一員でありながら、一九三四年にソ連のスパイとなった人物である。しかも、一九四〇年にはイギリスの秘密情報部MI6に入って二重スパイを務め、戦後はMI6でソ連側スパイと戦う部署の責任者になると、（自分はソ連側の二重スパイなのだから当然）その立場を利用して、英米による対ソ秘密作戦の情報を、一九六三年にソ連へ亡命するまでモスクワへ伝え続けた。彼の裏切り行為により、MI6やCIAの情報活動はソ連側に筒抜けとなり、数々の秘密作戦は何人もの犠牲者を出して失敗に終わった。イギリスでは、フィルビーは「イギリス史上で最も悪名高い二重スパイ」と呼ばれるほど有名で、彼のソ連亡命五〇年に当たる二〇一三年の前後には、関連する書籍が何冊か出版されている。本書も、そうした一冊である。

著者のベン・マッキンタイアーは、一九九二年のデビュー作『エリーザベト・ニーチェ――ニーチェをナチに売り渡した女』（藤川芳朗訳、白水社、一九九四年・二〇一一年）以来、綿密な文献調査に基づいて歴史の真実を明らかにし、それを物語形式で綴る作家として、高く評価されている。特に近年は、著者自ら「第二次世界大戦諜報もの三部作」と呼ぶ『ナチが愛した二重スパイ――英国諜報員「ジグザグ」の戦争』（高儀進訳、白水社、二〇〇九年）、『ナチを欺いた死体――英国の奇策・ミンスミート作戦の真実』（拙訳、中央公論新社、二〇一一年）、および『英国二重スパイ・システム――ノルマンディー上陸を支えた欺瞞作戦』（拙訳、中央公論新社、二〇一三年）の三冊により、スパイ・ノンフィクション作家としての地位を不動のものとしている。そのマッキンタイアー氏が、この三部作の次に、戦中から戦後にかけて活躍した二重スパイ、フィルビーの物語を描こうとしたのは、当然の成り行きであった。しかし、本書には他とは違う、著者独自の視点がある。

　これまでキム・フィルビーの物語は、「政治」や「イデオロギー」という視点から語られるのが常だった。それに対して本書が光を当てるのは、フィルビーをめぐる人間関係、特に同僚たちとの関係である。フィルビーは、筋金入りの共産主義者であると同時に、非常に人なつこく魅力的で、情報機関では多くの同僚と「友人」になった。中でも、とりわけフィルビーと親しかった「親友」が一人いた。本書のもう一人の主人公ともいうべきニコラス・エリオット（一九一六～一九九四）だ。ＭＩ６で同僚だったエリオットは、四つ年上のフィルビーを兄のように慕い、理想の人物として敬愛していた。本書でマッキンタイアー氏は、公開されたＭＩ５の関連文書などの一次資料のほか、エリオットの私文書を遺族の厚意により参照することで、フィルビーとエリオットの二〇年にわたる「友情」の顚末《てんまつ》を鮮やかに描き出している。

フィルビーとエリオットの「友情」に限らず、本書に登場する人間関係は、イギリスの上流階級に典型的なものが多い。このイギリス的な人間関係を理解する鍵となるのは、学校教育と「クラブ」の二つだろう。上流階級の子弟は、プレップ・スクールからパブリック・スクールを経て、オックスフォード大学かケンブリッジ大学へ進むというエリート・コースを歩むのが一般的だ。特にパブリック・スクールは、人格形成期に当たる一〇代を過ごすという点で、非常に重要である。これは全寮制の男子校で、紳士にふさわしい精神と肉体を鍛える全人教育の場であった。多感な一〇代の青年たちが四六時中共に過ごすことで、生徒どうしの間に密接な関係が生まれた（ときには、それが同性愛関係になることもあった）。そうした絆は、卒業後も続いた。また、エリオットの通ったイートン校やフィルビーの出たウェストミンスター校などの名門パブリック・スクールは、政界・官界の指導者を数多く輩出しており、その同窓生ネットワークは、卒業生にとっては社会で活躍する際の大きな資産となった。

大学を卒業した上流階級にとって社交の場となったのが、クラブである。クラブは紳士の集う場であるが、誰もが入会できるわけではない。入会資格は厳しく制限され、そのため会員には名のある人物が多い。フィルビーの入っていたアシニーアム・クラブは、名門クラブの一つで、会員にはチャーチルやキプリングなど、著名な政治家や文人が名を連ねていた。こうしたクラブに所属していることが、その人物が立派な紳士であることの証明になった。

同様のことは、名門校の同窓生ネットワークについても言える。名門校の出身であるというだけで、その人物が信頼に足ることの証明となる。しかも、所属する組織が排他的であればあるほど、その人物の信頼度も上がっていく。エリオットは、イートン校時代にそうした校内団体に入っていたし、フィルビーもケンブリッジ大学時代に、哲学者バートランド・ラッセルや経済学者ケインズも所属していた秘密結社「使徒会」に入っていた。そうした組織に所属することで社会的ステータスが上がり、信頼度も高まっていった。

本書では、「男と男の友情」を中心とする人間関係を軸として、二〇世紀イギリスで最大の裏切り物語が語られていく。またフィルビー亡命の真相については、著者が新資料に基づく独自の見解を提示している。本書を手にした皆様の中には、すでにフィルビーについて詳しく知っている方もいれば、本書で初めてフィルビーを知るという方もいらっしゃるだろう。この物語が、フィルビー事件のみならず、人と人との関係についても読者諸賢の興味をかき立てるものとなることを、訳者として願っている。

本書の翻訳に当たっては、Ben Macintyre, *A Spy Among Friends: Kim Philby and the Great Betrayal*（Bloomsbury Publishing, London, 2014）を用いた。原著には引用出典を記した原注があるが、日本語版では割愛した。引用出典には、フィルビー自身が執筆した『プロフエッショナル・スパイ――英国諜報部員の手記』（笠原佳雄訳、徳間書店、一九六九年）や、フィルビー親子の評伝であるアンソニー・ケイヴ・ブラウン著『裏切りの血統』（栗山洋児訳、原書房、一九九六年）など、邦訳が数点ある（詳細は「参考文献」を参照）が、引用箇所は、既訳がある場合でも、諸事情により一部を除いてすべて新たに訳出した。ご了解いただきたい。訳語については、原則として拙訳の前二作とそろえた。また、スパイの指揮・監督を担当する者の呼び名として「担当官」「担当将校」「スパイ監督官」の三つが出てくるが、これは前作同様、いずれも同義語と思っていただきたい。

最後に、本書の翻訳においては多くの方々からご協力・ご支援をいただいた。この場を借りて皆様に感謝申し上げたい。とりわけ、前二作に引き続き今回も拙文を厳しい目でチェックしてくださった中央公論新社の打田いづみさんと、仲介の労を取ってくださった株式会社バベルのロドリゲス純子さんには、たいへんお世話になりました。ここに深く感謝いたします。

二〇一五年春

小林朋則

文庫版訳者あとがき

本書は、二〇一五年に単行本として出版されたものである。出版後は、ありがたいことにいくつかの書評で好意的に評価していただき、多くの方々に読んでいただくことができた。原作は本国イギリスでも好評で、二〇二二年にはガイ・ピアース主演でドラマ化された。このドラマは、日本でも二〇二三年夏に「亡国のスパイ～かくも親密な裏切り～」のタイトルで配信されたため、読者の中にはご覧になった方もいるだろう。そんな本作が中公文庫の一冊として再び世に出ることを、訳者としてたいへん喜ばしく感じている。「誰からも愛されながら、その全員を裏切っていた男」キム・フィルビーと、その偽りの友情の物語を、さらに多くの人に楽しんでいただけたらと思う。

著者のベン・マッキンタイアーは、現在も精力的に活動しており、彼の代表作のひとつ『ナチを欺いた死体』がコリン・ファース主演で映画化され、二〇二二年に「オペレーション・ミンスミート」として公開されたことは記憶に新しい。さらにマッキンタイアー氏は、本作『キム・フィルビー』以降、四冊のノンフィクションを執筆しており、そのうち二作が、『KGBの男　冷戦史上最大の二重スパイ』（二〇二〇年）と『ソーニャ、ゾルゲが愛した工作員　愛人、母親、戦士にしてスパイ』（二〇二二年）として拙訳で中央公論新社から出版されている。『KGBの男』はフィルビーとは逆の立場で二重スパイになった男の話であり、『ソーニャ』はフィルビーとは違った理由でソ連側スパイとなった女性の物語だ。もし興味があれば、こちらも手に取っていただけると幸いである。

最後に、文庫版にするにあたって、中央公論新社の打田いづみさんと株式会社バベルのロドリゲス純子さんにお世話になったことを心より御礼申し上げる。

二〇二三年一二月

小林朋則

単行本　二〇一五年五月　中央公論新社刊

——— *Mask: MI5's Penetration of the Communist Party of Great Britain* (London, 2005)

——— *MI5: British Security Service Operations 1909–45* (London, 1981)

——— *Venona: The Greatest Secret of the Cold War* (London, 1999)

West, Nigel and Oleg Tsarev, eds, *The Crown Jewels: The British Secrets at the Heart of the KGB Archives* (London, 1998)

——— *Triplex: Secrets from the Cambridge Spies* (Yale, 2009)

Wheatley, Dennis, *The Deception Planners: My Secret War* (London, 1980)

Whiting, Charles, *Ghost Front: The Ardennes before the Battle of the Bulge* (London, 2002)

Wright, Peter, *Spycatcher: The Candid Autobiography of a Senior Intelligence Officer* (London, 1987)　ピーター・ライト、ポール・グリーングラス『スパイキャッチャー』久保田誠一監訳、朝日新聞社、1987年。朝日文庫（上下巻）、1996年

(London, 1984)

Philby, Eleanor, *Kim Philby: The Spy I Loved* (London, 1968)

Philby, Kim, *My Silent War: The Autobiography of a Spy* (London, 1968)　キム・フィルビー『プロフェッショナル・スパイ――英国諜報部員の手記』笠原佳雄訳、徳間書店、1969年

Philby, Rufina, Mikhail Lyubimov and Hayden Peake, *The Private Life of Kim Philby: The Moscow Years* (London, 1999)

Pincher, Chapman, *Treachery: Betrayals, Blunders and Cover-Ups: Six Decades of Espionage* (London, 2012)

Poretsky, Elisabeth K., *Our Own People: A Memoir of 'Ignace Reiss' and His Friends* (Oxford, 1969)　エリザベート・ポレツキー『絶滅された世代――あるソヴィエト・スパイの生と死』根岸隆夫訳、みすず書房、1989年

Pugh, Marshall, *Commander Crabb* (London, 1956)

Read, Anthony and David Fisher, *Colonel Z: The Secret Life of a Master of Spies* (London, 1985)

——— *Operation Lucy: Most Secret Spy Ring of the Second World War* (London, 1981)　アンソニー・リード、デイヴィッド・フィッシャー『スパイ軍団〈ルーシイ〉を追え』井上寿郎訳、サンケイ出版、1982年

Rose, Kenneth, *Elusive Rothschild: The Life of Victor, Third Baron* (London, 2003)

Rubin, Barry, *Istanbul Intrigues* (New York, 1989)

Seale, Patrick and Maureen McConville, *Philby: The Long Road to Moscow* (London, 1973)

Sisman, Adam, *Hugh Trevor-Roper: The Biography* (London, 2011)

Solomon, Flora and Barnet Litvinoff, *Baku to Baker Street: The Memoirs of Flora Solomon* (London, 1984)

Trento, Joseph J., *The Secret History of the CIA* (New York, 2001)

Trevor-Roper, Hugh R., *The Philby Affair: Espionage, Treason, and Secret Services* (London, 1968)

Weiner, Tim, *Legacy of Ashes: The History of the CIA* (London, 2007)　ティム・ワイナー『CIA秘録――その誕生から今日まで』（上下巻）藤田博司・山田侑平・佐藤信行訳、文藝春秋、2008年。文春文庫、2011年

West, Nigel, *At Her Majesty's Secret Service: The Chiefs of Britain's Intelligence Agency, MI6* (London, 2006)

Holzman, Michael, *James Jesus Angleton, the CIA, and the Craft of Counterintelligence* (Boston, 2008)

Horne, Alistair, *But What Do You Actually Do?: A Literary Vagabondage* (London, 2011)

Jeffery, Keith, *MI6: The History of the Secret Intelligence Service, 1909–1949* (London, 2010)　キース・ジェフリー『MI6秘録――イギリス秘密情報部 1909–1949』（上下巻）高山祥子訳、筑摩書房、2013年

Kahn, David, *Hitler's Spies: German Military Intelligence in World War II* (New York, 2000)

Knightley, Phillip, *The Master Spy: The Story of Kim Philby* (London, 1988)

——— *The Second Oldest Profession* (London, 1986)

Lenczowski, George, *American Presidents and the Middle East* (Duke, 1990)　ジョージ・レンツォウスキー『冷戦下・アメリカの対中東戦略――歴代の米大統領は中東危機にどう決断したか』木村申二・北澤義之訳、第三書館、2002年

Lewis, C. S., *The Inner Ring*, Memorial Lecture at King's College, University of London, in 1944, collected in *Mere Christianity* (London, 2012)　C. S. ルイス「エリート・グループ」『C. S. ルイス宗教著作集 8　栄光の重み』西村徹訳、新教出版社、1976年所収［原注割愛に伴い、文献追加］

Liddell, G., *The Guy Liddell Diaries, 1939–1945*, Vols. I and II, ed. Nigel West (London, 2005)

Lycett, Andrew, *Ian Fleming* (London, 1996)

Mangold, Tom, *Cold Warrior: James Jesus Angleton: The CIA's Master Spy Hunter* (London, 1991)

Martin, David C., *Wilderness of Mirrors: Intrigue, Deception, and the Secrets that Destroyed Two of the Cold War's Most Important Agents* (Guilford, CT, 2003)　デイヴィッド・C・マーティン『ひび割れたCIA』上村良和訳、ハヤカワ文庫、1985年

Modin, Yuri, *My Five Cambridge Friends: Burgess, Maclean, Philby, Blunt, and Cairncross by Their KGB Controller* (New York, 1995)

Morgan, Ted, *A Covert Life: Jay Lovestone: Communist, Anti-Communist, and Spymaster* (New York, 1999)

Muggeridge, Malcolm, *Chronicles of Wasted Time*, Vols. I and II (London, 1973)

Page, Bruce, David Leitch and Phillip Knightley, *Philby: The Spy Who Betrayed a Generation* (London, 1968)

Paine, Lauran, *The Abwehr: German Military Intelligence in World War II*

——— *The Game Player: Confessions of the CIA's Original Political Operative* (London, 1989)
——— *Without Cloak or Dagger: The Truth About the New Espionage* (New York, 1974)
Corera, Gordon, *MI6: Life and Death in the British Secret Service* (London, 2012)
Crowdy, Terry, *Deceiving Hitler: Double Cross and Deception in World War II* (London, 2008)
Curry, J., *The Security Service 1908–1945: The Official History* (London, 1999)
Dalton, Hugh, *The Fateful Years: Memoirs, 1931–1945* (London, 1957)
Doerries, Reinhard R., *Hitler's Intelligence Chief: Walter Schellenberg* (New York, 2009)
Dorril, Stephen, *MI6: Fifty Years of Special Operations* (London, 2001)
Driberg, Tom, *Guy Burgess: A Portrait with Background* (London, 1956)
Elliott, Nicholas, *Never Judge a Man by his Umbrella* (London, 1992)
——— *With My Little Eye: Observations Along the Way* (Norwich, 1993)
Foote, Alexander, *Handbook for Spies* (London, 1949)
Gilbert, Martin, *Winston S. Churchill*, Vol. 6: *Finest Hour, 1939–1941* (London, 1983)
Hale, Don, *The Final Dive: The Life and Death of 'Buster' Crabb* (London, 2007)
Hamrick, S. J., *Deceiving the Deceivers: Kim Philby, Donald Maclean and Guy Burgess* (New Haven, CT, 2004)
Harris, Tomás, *Garbo: The Spy Who Saved D-Day*, introduction by Mark Seaman (London, 2004)
Harrison, Edward, *The Young Kim Philby: Soviet Spy and British Intelligence Officer* (Exeter, 2012)
Hastings, Max, *Finest Years: Churchill as Warlord 1940–45* (London, 2009)
——— *Overlord: D-Day and the Battle for Normandy 1944* (London, 1984)
Helms, Richard, *A Look over My Shoulder: A Life in the Central Intelligence Agency* (New York, 2003)
Hermiston, Roger, *The Greatest Traitor: The Secret Lives of Agent George Blake* (London, 2013)
Hersh, Burton, *The Old Boys: The American Elite and the Origins of the CIA* (New York, 1992)
Hollingworth, Clare, *Front Line* (London, 1990)
Holt, Thaddeus, *The Deceivers: Allied Military Deception in the Second World War* (London, 2004)

Bassett, Richard, *Hitler's Spy Chief: The Wilhelm Canaris Mystery* (London, 2006)

Beeston, Richard, *Looking for Trouble: The Life and Times of a Foreign Correspondent* (London, 2006)

Bennett, Gill, *Churchill's Man of Mystery: Desmond Morton and the World of Intelligence* (London, 2007)

Bennett, Ralph, *Behind the Battle: Intelligence in the War with Germany, 1939–45* (London, 1999)

Best, Sigismund Payne, *The Venlo Incident* (London, 1950)

Bethell, Nicholas, *The Great Betrayal: The Untold Story of Kim Philby's Biggest Coup* (London, 1978)

Borovik, Genrikh, ed. Phillip Knightley, *The Philby Files: The Secret Life of Master Spy Kim Philby* (London, 1994)

Bower, Tom, *The Perfect English Spy: Sir Dick White and the Secret War, 1935–1990* (London, 1995)

Boyle, Andrew, *The Climate of Treason: Five who Spied for Russia* (London, 1979)　アンドルー・ボイル『裏切りの季節』亀田政弘訳、サンケイ出版、1980年

Bristow, Desmond with Bill Bristow, *A Game of Moles: The Deceptions of an MI6 Officer* (London, 1993)

Brook-Shepherd, Gordon, *The Storm Birds: Soviet Post-War Defectors* (London, 1988)

Bryher, W., *The Days of Mars: A Memoir, 1940–1946* (New York, 1972)

Butler, E., *Mason-Mac: The life of Lieutenant-General Sir Noel Mason-MacFarlane* (London, 1972)

Carl, Leo D., *The International Dictionary of Intelligence* (McLean Virginia, 1990)

Carter, Miranda, *Anthony Blunt: His Lives* (London, 2001)

Cave Brown, Anthony, *Bodyguard of Lies*, Vol. I (London, 1975)　アンソニー・ケイヴ・ブラウン『謀略——第二次世界大戦秘史』（上下巻）小城正訳、フジ出版社、1982年

——— *Treason in the Blood: H. St. John Philby, Kim Philby, and the Spy Case of the Century* (London, 1995)　アンソニー・ケイヴ・ブラウン『裏切りの血統』栗山洋児訳、原書房、1996年

Cavendish, Anthony, *Inside Intelligence* (London, 1990)

Copeland, Miles, *The Game of Nations: The Amorality of Power Politics* (New York, 1970)

参考文献

公文書類

British Library Newspaper Archive, Colindale
Bundesarchiv-Militärarchiv, Freiburg
Churchill Archives Centre, Churchill College, Cambridge
IWM Archives, Imperial War Museum, London
National Archives, Kew
National Archives, Washington DC
The Times Archives

出版物

Aldrich, Richard J., *GCHQ: The Uncensored Story of Britain's Most Secret Intelligence Agency* (London, 2011)

Andrew, Christopher, *The Defence of the Realm: The Authorised History of MI5* (London, 2009)

——— *Secret Service: The Making of the British Intelligence Community* (London, 1985)

Andrew, Christopher and D. Dilks, eds, *The Missing Dimension: Governments and Intelligence Communities in the Twentieth Century* (London, 1984)

Andrew, Christopher and Oleg Gordievsky, *KGB: The Inside Story of Its Foreign Operations from Lenin to Gorbachev* (London, 1990)　クリストファー・アンドルー、オレク・ゴルジエフスキー『KGBの内幕——レーニンからゴルバチョフまでの対外工作の歴史』（上下巻）福島正光訳、文藝春秋、1993年

Andrew, Christopher and Vasili Mitrokhin, *The Sword and the Shield: The Mitrokhin Archive and the Secret History of the KGB* (London, 1999)

——— *The Mitrokhin Archive II: The KGB and the World* (London, 2005)

Balfour Paul, Glencairn, *Bagpipes in Babylon: A Lifetime in the Arab World and Beyond* (London, 2006)

A SPY AMONG FRIENDS: Kim Philby and the Great Betrayal
by Ben Macintyre
Copyright ©2014 Ben Macintyre
Published by arrangement with Ben Macintyre
c/o Ed Victor Ltd acting jointly with C&W, London
through Tuttle-Mori Agency, Inc., Tokyo

Afterword by John le Carré
Copyright © David Cornwell, 2014

Japanese paperback edition © 2024 by Chuokoron-Shinsha,Inc.

中公文庫

キム・フィルビー
――かくも親密《しんみつ》な裏切《うらぎ》り

2024年 2 月25日　初版発行

著　者　ベン・マッキンタイアー
訳　者　小《こ》林《ばやし》 朋《とも》則《のり》
発行者　安 部 順 一
発行所　中央公論新社
〒100-8152　東京都千代田区大手町 1-7-1
電話　販売 03-5299-1730　編集 03-5299-1890
URL https://www.chuko.co.jp/

ＤＴＰ　平面惑星
印　刷　三晃印刷
製　本　小泉製本

©2024 BABEL PRESS K.K.
Published by CHUOKORON-SHINSHA, INC.
Printed in Japan　ISBN978-4-12-207489-7 C1122

定価はカバーに表示してあります。落丁本・乱丁本はお手数ですが小社販売部宛お送り下さい。送料小社負担にてお取り替えいたします。

●本書の無断複製（コピー）は著作権法上での例外を除き禁じられています。また、代行業者等に依頼してスキャンやデジタル化を行うことは、たとえ個人や家庭内の利用を目的とする場合でも著作権法違反です。

中公文庫既刊より

各書目の下段の数字はISBNコードです。978-4-12が省略してあります。

S-22-28
世界の歴史28 第二次世界大戦から米ソ対立へ
油井大三郎
古田元夫
第二次世界大戦の勃発、原爆投下、植民地独立、冷戦時代の幕開け、ベトナム戦争に介入したアメリカの敗北——激しく揺れ動く現代史の意味を問う。
205276-5

S-22-29
世界の歴史29 冷戦と経済繁栄
猪木武徳
高橋進
二十世紀後半、経済的繁栄の一方、資本主義と共産主義の対立、人口増加や環境破壊など、かつてない問題が生まれていた。冷戦の始まりからドイツ統一まで。
205324-3

タ-10-1
諜報の技術 CIA長官回顧録
アレン・ダレス
鹿島守之助 訳
兄の国務長官ジョンと冷戦外交を主導、スエズ動乱、朝鮮戦争、キューバ危機、U2事件から対KGB諜略戦の実態と情報機関の在り方を問う。〈解説〉有馬哲夫
207195-7

ケ-7-1
ジョージ・F・ケナン回顧録Ⅰ
ジョージ・F・ケナン
清水俊雄
奥畑稔 訳
封じ込め政策を提唱し冷戦下の米国政治に決定的な影響を与えた外交官ケナン。米国外交形成過程を活写した本書はその代表作にして歴史的名著である。
206324-2

ケ-7-2
ジョージ・F・ケナン回顧録Ⅱ
ジョージ・F・ケナン
清水俊雄
奥畑稔 訳
本書はケナンの名を一躍知らしめた「X-論文」とそれがトルーマン政権下で対ソ政策の基調となり冷戦が始まる時代を描く。日本問題への考察も重要だ。
206356-3

ケ-7-3
ジョージ・F・ケナン回顧録Ⅲ
ジョージ・F・ケナン
清水俊雄
奥畑稔 訳
最終Ⅲ巻は冷戦が激化を迎える一九五〇-六三年が対象。ケナンはモスクワ等での経験を描きつつ冷戦下世界へ根源的な分析を加える。〈解説〉西崎文子
206371-6

マ-10-3
世界史(上)
W・H・マクニール
増田義郎
佐々木昭夫 訳
世界の各地域を平等な目で眺め、相関関係を分析しながら歴史の歩みを独自の史観で描き出した、定評ある世界史。ユーラシアの文明誕生から紀元一五〇〇年までを彩る四大文明と周縁部。
204966-6

マ-10-4
世界史（下）
W・H・マクニール
増田義郎
佐々木昭夫 訳
俯瞰的な視座から世界の文明の流れをコンパクトにまとめ、歴史のダイナミズムを描き出した名著。西欧文明の興隆と変貌から、地球規模でのコスモポリタニズムまで。
204967-3

マ-10-5
戦争の世界史（上）技術と軍隊と社会
W・H・マクニール
高橋　均 訳
軍事技術は人間社会にどのような影響を及ぼしてきたのか。大家が長年あたためてきた野心作。上巻は古代文明から仏革命と英産業革命が及ぼした影響まで。
205897-2

マ-10-6
戦争の世界史（下）技術と軍隊と社会
W・H・マクニール
高橋　均 訳
軍事技術の発展はやがて制御しきれない破壊力を生み、人類は怯えながら軍備を競う。下巻は戦争の産業化から冷戦時代、現代の難局と未来を予測する結論まで。
205898-9

マ-10-1
疫病と世界史（上）
W・H・マクニール
佐々木昭夫 訳
疫病は世界の文明の興亡にどのような影響を与えてきたのか。紀元前五〇〇年から紀元一二〇〇年まで、人類の歴史を大きく動かした感染症の流行を見る。
204954-3

マ-10-2
疫病と世界史（下）
W・H・マクニール
佐々木昭夫 訳
これまで歴史家が着目してこなかった「疫病」に焦点をあて、独自の史観で古代から現代までの歴史を見直す好著。紀元一二〇〇年以降の疫病と世界史。
204955-0

か-80-1
兵器と戦術の世界史
金子　常規
古今東西の陸上戦の勝敗を決めた「兵器と戦術」の役割と発展を、豊富な図解・注解と詳細なデータにより検証する名著を初文庫化。〈解説〉惠谷　治
205857-6

ウ-12-1
ウィトゲンシュタイン家の人びと　闘う家族
A・ウォー
塩原通緒 訳
破格の富、恐るべき才能、凶事の予感——天才哲学者と片腕のピアニストを生んだ名家の百年を、二度の大戦を背景に描いた傑作評伝。〈解説〉金原瑞人
207053-0

ケ-8-1
黒死病　ペストの中世史
ジョン・ケリー
野中邦子 訳
ある日、人びとは「この世の終わり」が来たことを知った——十四世紀の欧州を覆い尽くした史上最悪の疫病に、あらゆる角度から迫った克明なる叙事詩。
206914-5

ベン・マッキンタイアーの好評既刊

ナチを欺いた死体

英国の奇策・ミンスミート作戦の真実

小林朋則 訳

「死人なら口を割る心配は絶対にない」。調達した遺体に、上陸攻撃に関する偽情報をまとわせ、敵陣に流れ着くよう海に流す――推理小説をヒントに英情報部の変わり者たちが仕掛けた大芝居が、ヒトラーを惑わせ、やがて大戦の趨勢を変えてゆく。最も奇想天外ながら最も成功した欺瞞作戦を描いた、傑作ノンフィクション。図版多数収録。〈解説〉逢坂 剛

中公文庫